AF325649

DICTIONNAIRE

DES

APPELLATIONS ETHNIQUES

DE LA FRANCE ET DE SES COLONIES

PAR

ANDRÉ ROLLAND DE DENUS

MEMBRE DE LA SOCIÉTÉ DE GÉOGRAPHIE DE BORDEAUX
MEMBRE DE LA SOCIÉTÉ ARCHÉOLOGIQUE DE LA DORDOGNE
PRÉSIDENT DE LA SOCIÉTÉ DES BEAUX-ARTS DE LA DORDOGNE
AVOCAT, OFFICIER DE L'ORDRE DU NI-CHAN
OFFICIER D'ACADÉMIE, ETC.

PARIS

LIBRAIRIE HISTORIQUE DES PROVINCES

EMILE LECHEVALIER, QUAI DES GRANDS-AUGUSTINS, 39

1889

DICTIONNAIRE

DES

APPELLATIONS ETHNIQUES

DE LA FRANCE ET DE SES COLONIES

PRÉFACE

Nous dédions ce travail à la Société de Géographie commerciale de Bordeaux et nous le plaçons sous le cordial patronage de notre excellent ami M. le commandant Bonetti, officier de la Légion d'honneur, officier de l'instruction publique, vice-président de cette Société.

Dans un précédent ouvrage auquel le public a bien voulu faire un sympathique accueil[*], nous nous sommes attaché à mettre en relief les particularités intéressantes touchant le nom des anciennes provinces de la France et celui de leurs habitants. Ces études étymologiques et onomatologiques visaient particulièrement le passé, mais un passé qui se lie intimement avec le présent, puisque bien des appellations qui avaient cours aux époques précédentes, sont restées, de nos jours, dans la circulation géographique.

Tel de nos compatriotes, sorti de l'extrémité de la vieille Armorique qui confine à la mer, est à proprement parler un Breton. Cependant, et comme pour mieux préciser son origine, une appellation nouvelle est venue le baptiser plus spécialement du nom de *Finistérien*.

Cet exemple, qui frappera certainement le lecteur, lui indique plus

---

[*] *Les Anciennes provinces de la France*, études étymologiques et onomatologiques sur leur nom et celui de leurs habitants, par A. Rolland de Denus, librairie historique des provinces, Emile Lechevalier, Paris, 1885.

que ne le feraient de longs développements, l'intention qui a présidé à la confection de notre Dictionnaire.

Recueillir les ethniques nés avec l'histoire moderne et les faire figurer à côté de ceux qui ont reçu la consécration des âges, tel a été le but que nous avons poursuivi sans nous laisser rebuter par les longues et patientes recherches auxquelles il a fallu nous livrer pour mener à bonne fin notre travail.

Faire une nomenclature pure et simple des appellations ethniques eût été une œuvre banale de compilation sans grand charme ni grande portée utilitaire. Mais un autre but s'imposait à nos efforts et ouvrait devant nous le vaste champ du contrôle. Nous voulons parler de la nécessité qu'il y avait d'expliquer le nom des habitants chaque fois que sa physionomie, à première vue du moins, ne paraissait pas trahir son origine.

Que de gens s'étonneraient si on leur disait, par exemple, que les habitants de Saint-Yrieix s'appellent des *Arédiens ?* Leur surprise cesserait s'ils apprenaient que la ville en question prit le nom du fondateur du moûtier ou couvent autour duquel elle se groupa au VII° siècle et que ce fondateur était un certain *Arédius* dont on fit plus tard un saint.

Nous n'avons eu garde d'oublier les sobriquets malins ou flatteurs. Ils tiennent, eux aussi, au nom des habitants comme la racine tient à l'arbre. Ils en sont inséparables. Que de choses intéressantes de ce côté ! Souvent, en un trait rapide, pittoresque, le sobriquet dépeint l'habitant dans ses qualités comme dans ses défauts, visant tour à tour ses goûts, ses aptitudes, ses traditions, ses imperfections morales ou physiques, ses préférences ou ses rancunes. Parfois, il remplace l'ethnique et s'y substitue.

L'anecdote ne devait pas être négligée non plus. On la trouve sous une forme brève, mais suffisante toutefois pour souligner les mœurs, accuser les types ou les caractères.

En outre, nous avons cru devoir appuyer le plus possible d'un exemple l'énonciation des ethniques. En dehors de l'intérêt particulier que présentent ces exemples, ils affirment encore la sincérité de nos recherches en même temps qu'ils constituent des éléments bibliographiques dont nos lecteurs tireront profit.

Pour arriver au résultat auquel nous sommes parvenu, dans notre Dictionnaire, il nous a fallu puiser à des sources multiples, consulter des documents considérables, solliciter l'obligeance des maires des communes, faire appel aux lumières des archivistes, des bibliothécaires, des savants, des chercheurs. C'est pour nous un devoir de les remercier, ici, du concours précieux qu'ils ont bien voulu nous donner.

Nous ne nous dissimulons pas, cependant, que notre œuvre, malgré nos incessants labeurs, est encore incomplète. Notre Dictionnaire relève à peine quatre mille appellations ethniques, et la France compte plus de trente-six mille communes. Cet écart, qui, tout d'abord, peut paraître considérable, se trouve immédiatement réduit dans des proportions sensibles, si l'on veut bien se souvenir qu'un grand nombre de communes portent le même nom et qu'il convient, par suite, de leur donner la même appellation ethnique. De plus, nous croyons que la plupart des habitants des petites communes n'ont jamais été désignés par des appellations de ce genre.

Quoi qu'il en soit, notre Dictionnaire contient les dénominations ethniques spéciales aux habitants de tous les chefs-lieux de département et d'arrondissement sans exception ; il relate encore celles qui s'appliquent aux gens originaires de nombreuses régions ou bourgs, comme aussi il fournit des renseignements sur cette catégorie d'individus qu'on appelait jadis des *Cagots, Agots, Cascarots, Gahets*, etc.

Mais si nous avons des lacunes, notre ardent désir est de les combler le plus possible. Aussi faisons-nous appel à tous ceux qui consulteront notre ouvrage et les prions-nous instamment de vouloir bien nous communiquer les ethniques qui nous auraient échappé. Nous serons heureux de les accueillir et ils prendront place, à leur rang, dans notre deuxième édition.

Ainsi se trouveront complétés les membres de la grande famille française dont notre livre passe en quelque sorte la revue.

On remarquera que nous ne nous sommes pas borné à mentionner seulement les nationaux de la métropole, mais que nous avons étendu nos recherches aux Français des colonies, ainsi qu'aux peuples et peuplades qui vivent à l'ombre de notre drapeau. Il nous a paru que partout où ce drapeau flottait, là encore était la patrie.

Et maintenant, nous ne terminerons pas sans envoyer un mot de remercîment tout spécial à l'adresse de deux de nos excellents amis qui ont été pour nous des collaborateurs dévoués dans l'œuvre que nous avons entreprise. Que Messieurs Charles Daubige, homme de lettres, correspondant du *Figaro* à Périgueux, et Maurice Dallas, membre de la Société de géographie et de la Société d'anthropologie de Bordeaux, reçoivent ici l'expression de toute notre gratitude pour le précieux concours qu'ils n'ont cessé de nous donner, pendant toute la durée de nos recherches.

Notre œuvre est achevée ; qu'on la juge ! Elle ne nous appartient plus ; elle est tout entière au public.

A. ROLLAND DE DENUS.

Périgueux, le 1er juin 1889.

DICTIONNAIRE

DES

APPELLATIONS ETHNIQUES

DE LA FRANCE

ET DE SES COLONIES

ABAINVILLOIS, OISE, d'Abainville, c^{ne}, c^{on} de Gondrecourt, arr^t de Commercy (Meuse).

ABANCOURTOIS, OISE, d'Abancourt, c^{ne}, c^{on} de Formerie, arr^t de Beauvais (Oise).

ABBEVILLOIS, OISE, d'Abbeville, c^{ne}, c^{on} de Conflans, arr^t de Briey (Meurthe-et-Moselle).

ABBEVILLOIS, OISE, d'Abbeville*, ch.-l. d'arr^t (Somme).

La maison où demeure la sœur de l'amiral Courbet a ses volets clos. C'est une grande habitation carrée, qui touche presque à la maison natale de l'amiral et qui fait face à l'hôtel de ville, déjà rempli de projets patriotiques en l'honneur du héros *Abbevillois*.

P. GIFFARD. *(Figaro,* 17 juin 1885.)

* *Abbatis villa,* la ville de l'abbé, la ville des moines.

ABJATOIS, OISE, d'Abjat, c^{ne}, c^{on} et arr^t de Nontron (Dordogne).

ACADIEN, IENNE, de l'Acadie ou Nouvelle-Ecosse, presqu'île de l'Amérique anglaise du Nord.

Hors de France, toute une population, française également, s'adonne aussi à la grande pêche. Ce sont les

habitants de Saint-Pierre et Miquelon. Issus de familles originaires du
pays Basque, de Bretagne et de
Normandie, leurs ancêtres s'étaient
établis en Acadie. Ils furent aban-
donnés par Louis XIV et par son
successeur et brutalement chassés
de leurs foyers par l'Angleterre. Le
poète américain Longfellow a chanté
leur exode dans son touchant poème
d'*Evangelina*. En 1764, ils se réfugièrent à Saint-Pierre et Miquelon.
Comme ces îles tombèrent à deux
reprises entre les mains des Anglais,
plutôt que de céder, ils revinrent en
France. Réintégrés en 1815, et pro-
tégés directement par la Restauration, ils commencent à croire à leur
installation définitive ; mais ils trahis-
sent encore quelque inquiétude sur
la permanence de leur séjour par
leur goût tout spécial pour les maisons de bois et les campements
provisoires.

Cette énergique et vaillante population est aujourd'hui dans l'aisance.
Les *Acadiens* de Saint-Pierre et
Miquelon sont, comme jadis leurs
ancêtres, simples, honnêtes, hospitaliers, durs au travail et courageux.

P. GAFFAREL. *(Les Colonies
françaises.)*

La Nouvelle-Ecosse fut découverte en
1497 par S. Cabot, puis visitée en 1524
par le Florentin Verazzani, qui était au
service de la France. Ce fut lui qui en prit
possession au nom de François Ier et qui
lui donna le nom d'Acadie. L'Acadie ou
Nouvelle-Ecosse fut cédée à l'Angleterre
par le traité d'Utrecht (1713). Malgré
cela, quelques colons français, que l'on
désigne sous le nom d'*Acadiens*, ont
persévéré à habiter dans leur pays
d'adoption ; ils sont au nombre d'environ
6,000, tous Français de cœur et d'origine.

ACHEULÉEN, ÉENNE, de Saint-
Acheul', cⁿᵉ, cᵒⁿ de Bernaville, arrᵗ
de Doullens (Somme).

On dit époque *Acheuléenne*, du
nom de la célèbre station de Saint-
Acheul, près Amiens.

G. et A. DE MORTILLET *(Musée
préhistorique.)*

Alcheria, ferme, métairie.

ACHICOURIEN, IENNE,
d'Achicourt, cⁿᵉ, cᵒⁿ et arrᵗ d'Arras
(Pas-de-Calais).

ADOURIEN, IENNE *, habitant
des rives de l'Adour, fleuve des
Pyrénées.

C'est dans une zone un peu boisée,
dans laquelle on admire de jolis
bouquets de chênes ou de beaux
châtaigniers situés sur les rampes des
grands ravins que sont situées les
landes appelées landes *Adouriennes*.

*(Les Primes d'honneur en 1865,
2ᵉ partie.)*

* Adour vient du mot basque *Ituria,
Iturissa*, et, plus tard, *Aturis, Atur,* qui
signifie source.

ADRECHAN, ANE, des Adrets,
cⁿᵒ, cᵒⁿ de Fréjus, arrᵗ de Draguignan (Var).

AGATHOIS, OISE, d'Agde*
(Pagus Agathensis), ch.-l. de cᵒⁿ,
arrᵗ de Béziers (Hérault).

La gratitude des *Agathois* ne fut
pas très grande, puisqu'ils épousèrent
la cause de Henri de Montmorency.

Ch. AUBERT. *(Le Littoral
de la France.)*

Les *Agathoises* ont conservé le
type des fondateurs de leur cité.

Ch. AUBERT. *(Ibidem.)*

* Strabon l'appelle *Agatha* et Ptolémée
Agathépolis ; mais son nom primitif fut
Agathé Tyché, « bonne fortune », allusion
à la situation excellente et toute excep-
tionnelle de son port. Dans la suite, le
premier mot seul fut employé, et enfin,
par contraction, Agathé ou Agatha ne
forma plus que le nom moderne Agde.

AGÉNAIS, AISE, d'Agen *(Pagus Aginninsis)*, ch.-l. du dépt du Lot-et-Garonne.

En 1792, un *Agenais*, l'illustre Lacépède, présidait l'Assemblée législative. — Trois cents jeunes volontaires du département du Lot-et-Garonne, obligés de passer à Paris pour rejoindre l'armée du Nord, furent admis au sein de l'Assemblée, et l'un d'eux, citoyen d'Agen, Delbourg aîné, prononça ces mots sublimes : « Législateurs, nous sommes trois cents, placez nous aux Thermopyles. »

DUCOURNEAU. *(La Guienne historique et monumentale.)*

AGEVILLOIS, OISE, d'Ageville, cne, con de Nogent-le-Roi, arrt de Chaumont (Haute-Marne).

AGINCOURTOIS, OISE, d'Agincourt, cne, con et arrt de Nancy (Meurthe-et-Moselle).

AGNANAIS, AISE, de Saint-Agnan (1), cne, con de Monsauche, arrt de Château-Chinon (Nièvre).

AGONAIS, AISE, d'Agon, cne, con de Saint-Malo-de-la-Lande, arrt de Coutances (Manche).

AGONACAIS, AISE, d'Agonac, cne, con de Brantôme, arrt de Périgueux (Dordogne).

AGONGIEN, IENNE, d'Agonges, cne, con de Souvigny, arrt de Moulins (Allier).

Connaissez-vous Agonges ? C'est un modeste village du canton de Souvigny, qui n'est qu'à 17 kilomè-

---

(1) 13 communes portent le même nom ; on doit appliquer à leurs habitants la même appellation ethnique.

tres de Moulins. Eh bien ! on fait courir sur le compte des habitants une histoire un peu.... inqualifiable.. On raconte qu'un jour d'orage (c'était bien des années avant la Révolution), ils se prosternèrent devant la statue de la Très Sainte Vierge, à laquelle leur église est dédiée, et la prièrent de détourner la grêle de leur territoire. L'orage ne changea point sa direction ; les *Agongiens*, irrités, ordonnèrent au sacristain de frapper la statue ! Le lendemain, dit la chronique, la niche se trouva vide.

F. ASCLEPIADES. *(Assises scientifiques du Bourbonnais, 1857.)*

AGOT, OTE, ou AGOTAC, nom donné aux Cagots dans les Pays Basques et dans les Landes. (Voir CAGOT.)

Le pays Basque dans lequel nous allons entrer a ses *Cagots*, qui y sont appelés *Agotacs*... A Bayonne, il ne reste rien des *Agots*, si ce n'est une source qui porte leur nom et qui est située hors de la ville, du côté de Lachepaillet et de Saint-Léon, ce qui semble indiquer qu'il y avait là une réunion de ces malheureux.

Fr. MICHEL. *(Les Races maudites.)*

Le nombre des familles *Agotes* d'Orx (cne, con de Saint-Vincent-de-Tyrosse, arrt de Dax (Landes), est de dix, sur soixante-treize maisons.

Fr. MICHEL. *(Ibidem.)*

Chez les habitants de Saubrigues, il existe environ sept familles *Agotes*. Outre ces familles, il y en a plusieurs qu'on cite comme *Macouaous*, mot patois qui indique le produit du cheval et de l'ânesse et par lequel on désigne les individus nés d'une union mixte.

AIGLON, ONNE, de l'Aigle, ch.-l. de con, arrt de Mortagne (Orne).

AIGNANNAIS, AISE, de Saint-Aignan (1), c^{ne}, c^{on} de Fronsac, arr^t de Libourne (Gironde).

Après une brillante retraite aux flambeaux, la musique *Aignannaise* a donné un charmant concert.

La Gironde (31 octobre 1885).

AIGREFEUILLAIS, AISE, d'Aigrefeuille, ch.-l. de c^{on}, arr^t de Rochefort (Charente-Inférieure).

AIGREFEUILLAIS, AISE, d'Aigrefeuille, ch.-l. de c^{on}, arr^t de Nantes (Loire–Inférieure).

AIGUEBELLAIN, AINE, d'Aiguebelle*, ch.-l. de c^{on}, arr^t de Saint-Jean-de-Maurienne (Savoie).

Les habitants d'Aiguebelle sont appelés *Aiguebellains*.

C^{on} de M. Ducis, archiviste de la Haute-Savoie.

* Les belles eaux, du vieux mot français *aygues* eaux, du latin *aqua*.

AIGUESMORTAIN, AINE, d'Aigues-Mortes*, ch.-l. de c^{on}, arr^t de Nîmes (Gard).

Tout Marseillais qui, de ses anciennes franchises municipales, n'a conservé, comme les *Aiguesmortains*, que le droit de porter un fusil, tout Marseillais est chasseur.

Alexandre DUMAS.

On dit aussi :

AIGUES-MORTAIS, AISE.

Le service militaire ne pesait pas davantage aux *Aigues-Mortais*. — Chaque année, ils élisaient quatre consuls, lesquels tenaient sous leur juridiction le *clavaire* ou trésorier de la ville et les membres de la communauté *Aigues-Mortaise*.

Ch. AUBERT. *(Le Littoral de la France.)*

____

(1) 18 communes portent le même nom ; on doit appliquer à leurs habitants la même appellation ethnique.

* Aigues-Mortes s'appela d'abord *Aquæ-Mortuæ*, dénomination due à la nature même des eaux qui l'environnent. Le vieux mot *aygue (aqua*, eau) se retrouve dans plusieurs noms de ville, Aigueperse, Chaudesaigues, Aiguebelle, etc., etc.

AIGUILLONNAIS, AISE, d'Aiguillon, c^{ne}, c^{on} de Port-Sainte-Marie, arr^t d'Agen (Lot-et-Garonne).

AIGURANDAIS, AISE, d'Aigurande*, ch.-l. de c^{on}, arr^t de La Châtre (Indre).

Tu es un Marchois ! s'écria l'*Aigurandais*. A ces mots, le paysan fit un bond et se rua sur le blâtier.

GAIDOZ et SEBILLOT. *(Blason populaire de la France.)*

* On retrouve encore ici le mot *aygues*, eaux. (Voir ci-dessus, au mot AIGUES-MORTAIN.)

AIMARGUOIS, OISE, d'Aimargues, c^{ne}, c^{on} de Vauvert, arr^t de Nîmes (Gard).

AIMEN, ÈNE, d'Aime *(Axima)*, ch.-l. de c^{on}, arr^t de Moutiers (Savoie).

On dit les *Aimens* pour désigner les habitants d'Aime.

C^{on} de M. Ducis, archiviste de la Haute-Savoie.

AIRIEN, IENNE, d'Aire-sur-la-Lys, ch.-l. de c^{on}, arr^t de St-Omer (Pas-de-Calais).

AISNIER, IÈRE, du département de l'Aisne (peu usité). (Voir AXONIEN.)

AIXOIS, OISE, d'Aix-les-Bains, ch.-l. de c^{on}, arr^t de Chambéry (Savoie).

Société des Tireurs *Aixois*, société de tir.

AIXOIS, OISE, d'Aix* (1) *(Pagus Aquensis)*, ch.-l. d'arr¹ (Bouches-du-Rhône).

Le Petit *Aixois*, journal hebdomadaire publié à Aix.

Ce n'est pas sans douleur que l'on verrait un homme de la valeur de M. X... abandonner la vieille métropole *Aixoise*.

Le Figaro (9 novembre 1885).

* Le mot d'Aix vient du mot latin *Aquæ*, eaux, par allusion aux sources d'eaux minérales qu'on y rencontre.

AJACCIEN, IENNE, d'Ajaccio, ch.-l. du dép¹ de la Corse.

L'*Ajaccien*, journal hebdomadaire anti-opportuniste, publié à Ajaccio.

ALAINCOURTOIS, OISE, d'Alaincourt, cᵉ, cᵒⁿ de Moy, arr¹ de Saint-Quentin (Aisne).

ALAINIER, IÈRE, de Courcy, cᵉ, cᵒⁿ de Morteaux-Coulibœuf, arr¹ de Falaise (Calvados).

Après les Romains, dans le VIIIᵉ siècle, on prétend, dit F. Galeron, que les Alains s'emparèrent des champs de Courcy et s'y établirent en maîtres. On se fonde sur les traditions et sur le nom d'*Alainiers* de Courcy, que portent encore les habitants de cette commune parmi leurs voisins. Les *Alainiers* sont les descendants des Alains.

(Statistique de l'arrondissement de Falaise.)

Si cette explication pouvait être fondée, le sobriquet (car ce n'est pas un nom) des habitants de Courcy serait remarquable comme souvenir historique.

(1) 11 communes portent le même nom ; en doit appliquer à leurs habitants la même appellation ethnique.

ALAISIEN, IENNE, d'Alais *(Pagus Alesiensis)*, ch.-l. d'arr¹ (Gard).

L'*Alaisienne*, société musicale d'Alais.

ALBANAIS, AISE, d'Albens, ch.-l. de cᵒⁿ, arr¹ de Chambéry (Savoie).

La race *Albanaise* est plus ou moins pure ; ses formes sont élégantes et sa robe est froment, sans aucune tache blanche ou noire.

(Les Primes d'honneur en 1865.)

ALBENASSIEN, IENNE, d'Aubenas, ch.-l. de cᵒⁿ, arr¹ de Privas (Ardèche).

Il paraît que lorsque les *Albenassiens* apercevaient de l'Airette (place d'Aubenas) *li* Coucourdiès d'en Val, au tournant de Lautaret, distant de deux kilomètres, la colique les prenait tous et les forçait à descendre sous les remparts (lou barry). — Depuis on dit *Fouïro barry d'Oubena:*

A. VASCHALDE. *(Guide à Vals.)*

Un vieux proverbe de l'Ardèche disait :

Aubenas sans eau,
Joyeuse sans joie,
Largentière sans argent,
Les Vans sans vents.

De ces trois calembourgs, le premier seul était autrefois d'une exactitude parfaite. Mais, grâce à Jean Mathon, depuis 1853, plus de cinquante bornes-fontaines débitent une grande quantité d'eau dans les rues d'Aubenas, et chaque année, la veille de la Saint Jean, beaucoup de baigneurs de Vals vont assister à la fête pyrotechnique que l'on célèbre à la mémoire du Moïse *Albenassien*.

ALBERTIN, INE, d'Albert, ch.-l. de cᵒⁿ, arr¹ de Péronne (Somme).

On dit *Albertin, ine*, pour désigner les habitants d'Albert.

Cᵒⁿ de M. BONVALLET, officier de l'instruction publique à Amiens.

ALBERTVILLAIN, AINE, d'Albertville, ch.-l. d'arr^t (Savoie).

On appelle *Albertvillains* les habitants d'Albertville, l'antique Albertopolis, la cité de Charles-Albert.

C^on de M. Ducis, archiviste de la Haute-Savoie.

ALBIGEOIS, EOISE, d'Albi *(Pagus Albigensis)*, ch.-l. du dép^t du Tarn.

Dans tous les pays de l'Europe, les Bulgares, les Catharres ou les Patarins étaient proscrits comme leurs frères les *Albigeois* de France.

A. Guilbert. *(Histoire des villes de France.)*

La première dame du château de Lombers, dont l'histoire nous ait conservé le souvenir, est Adélaïde de Boisseson, surnommée par les historiens de l'époque la Belle Adélaïde ou la Belle *Albigeoise*.

Abbé Brunet, ch. de Lombers en Albigeois.

* Le mot Albi vient du latin *Albus,* blanc, par allusion au groupe de coteaux *aux terres blanches* qui sont autour de cette ville.

ALENÇONNAIS, AISE, d'Alençon, ch.-l. du dép^t de l'Orne.

M. Louis du Bois, en citant l'*habit de velours et le ventre de son* * des *Alençonnais*, s'empresse de conclure ainsi : « Comme la plupart des » axiomes populaires, le proverbe » n'a pas tort. »

Canel. *(Blason populaire de la Normandie.)*

Alençon est célèbre dans l'histoire des arts de luxe par la manufacture des « points de France » ou « points d'Alençon, » introduits dans le pays en 1673, par une ouvrière *Alençonnaise* revenue de Venise.

E. Reclus. *(Géographie de la France.)*

* Le proverbe auquel il est fait allusion ci-dessus est le suivant :

Alençon, petite ville grand renom,
Habit de velours et ventre de son.

Ou bien, comme variante :

Alençon, petite ville grand renom,
Plus de cocus que de maisons.

' Un autre proverbe, qui semble corroborer le dernier, est celui-ci :

Alençon,
Petite ville grand renom,
Autant de putains que de maisons,
Et si elles étaient bien comptées,
Autant que de cheminées.

Jamais proverbe ne fut plus faux, dit M. Canel, car « M. de La Sicotière nous écrit qu'Alençon est une de nos villes normandes où les mœurs sont aujourd'hui les plus pures. »

ALFORTVILLAIS, AISE, d'Alfortville, ou Alfort (Seine).

L'*Alfortvillaise,* société de tir d'Alfortville.

ALGANAIS, AISE, d'Augan, c^no, c^on de Guer, arr^t de Ploërmel (Morbihan).

ALGÉRIEN, IENNE, de l'Algérie, ancienne régence d'Alger, située dans l'Afrique septentrionale.

Tout *Algérien* comme tout Musulman de l'Orient, à l'exception des marabouts, fume la pipe ou le cigare.

A. Behaghel. *(L'Algérie.)*

J'étais chez lui et il me présenta à une des plus jolies femmes que j'aie jamais vues... Une *Algérienne* née en Algérie, me dit mon ami.

P. Bourde. *(A travers l'Algérie.)*

La population indigène musulmane de l'Algérie comprend des éléments très divers. On distingue les *Berbères* ou *Kabyles,* les *Arabes,* les *Maures* ou *Arabes des villes,* les *Koulouglis,* fils de Turcs et de femmes *Mauresques* ; les *Juifs,* les nègres, originaires du centre de l'Afrique ; enfin, les *Berranis,* ou *gens du dehors,* gens d'origine ou de races diverses. Ces *Berranis,* vivant au milieu des *Hadars* ou citadins indigènes de l'Algérie, sont les *Biskris* originaires du Zab, dont Biskra est la capitale ; les *Kabyles,* les *Mzilis,* les

Mzabis ou *Mozabites,* enfin les *Laghouatis,* qui sont mesureurs et porteurs d'huile et qu'on reconnaît aisément à leurs costumes graissés par la marchandise qu'ils exploitent. (Voir ces différents mots.)

ALGÉRIEN , IENNE, d'Alger, ch.-l. du dép* d'Alger et capitale de toute l'Algérie.

Les *Algériens* avaient été fort menacés par les Turcs après la bataille de Lépante. Ils pensèrent à se donner à la France et écrivirent dans ce sens à Charles IX. On doit regretter de ne plus avoir l'acte authentique par lequel le pays s'offrait de lui-même à la domination française.

P. GAFFAREL. *(L'Algérie.)*

Ce morceau de bombe historique, conservé depuis le bombardement de lord Exmouth, rappelle une date mémorable dans la vie de ce vieillard malicieux, type accompli de la petite bourgeoisie *Algérienne.*

Eug. FROMENTIN. *(Une année dans le Sahel.)*

ALLEMAND, sobriquet des habitants d'Almenêches, c^ne^, c^on^ de Mortrée, arr* d'Argentan (Orne).

Ce sobriquet, dit M. Canel (*Blason populaire de la Normandie),* ne repose que sur le prétendu équivoque qui existe ou semble exister au premier abord entre *Almenêches* et *Allemand.*

ALLEMONDAIS, AISE, d'Allemond, c^ne^, c^on^ de Bourg-d'Oisans, arr* de Grenoble (Isère).

ALLONNAIS, AISE, d'Allonnes, c^nᵉ^, c^on^ et arr* du Mans (Sarthe).

ALRÉEN, ÉENNE, d'Auray *, ch.-l. de c^on^, arr* de Lorient (Morbihan).

Le temps est loin où un dicton peu courtois affirmait que « tête d'Auray, tête du diable, » c'était tout un,

gratifiant ainsi les *Alréens* d'un renom peu enviable de penchant aux querelles et à la brutalité.

Ch. AUBERT. *(Le Littoral de la France.)*

De taille moyenne, bien prises, fraîches, la petite coiffe modeste en mousseline blanche, la robe en drap noir orné de velours de même nuance, seyent admirablement aux *Alréennes* et ne leur enlèvent rien de leur souplesse gracieuse.

Ch. AUBERT. *(Ibidem.)*

* D'après quelques historiens, la ville d'Auray, en latin *Alras,* en breton *Alré,* doit sa fondation au roi Artus. Nous nous contenterons de relater cette opinion, sans vouloir discuter cette origine, aussi fabuleuse qu'invraisemblable.

ALSACIEN, IENNE, de l'Alsace* *(Alsatia),* ancienne province de la France.

Les *Alsaciens* avaient cela de commun avec les Romains du temps de Plaute et de la vieille République, qu'ils mangeaient avec délices, comme eux, le lard.

Ch. GÉRARD. *(L'Ancienne Alsace à table.)*

La cuisine *Alsacienne* connaissait aussi depuis longtemps le potage à l'écrevisse, ou les bisques d'écrevisses dont Boileau chantait les louanges dans ces vers :

Qu'est devenu ce teint dont la couleur
[fleurie
Semblait d'ortolans seuls et de bisque
nourrie ?

Ch. GÉRARD. *(Ibidem.)*

* Alsace vient des deux mots celtiques *El* et *Sass,* qui veulent dire pays de l'Ell, du nom de ce fleuve.

AMANDINOIS, OISE, de Saint-Amand-les-Eaux (1), ch.-l. de c^on^, arr* de Valenciennes (Nord).

(1) 22 communes portent le même nom ; on doit appliquer à leurs habitants la même appellation ethnique.

L'Echo *Amandinois,* journal de Saint-Amand.

L'Union *Amandinoise,* journal ré-publicain.

AMBARÉSIEN, IENNE, d'Ambarès, cⁿᵉ, cᵒⁿ de Carbon-Blanc, arrᵗ de Bordeaux (Gironde).

Sobriquet : « *Les Cambes nègres.* » Ce surnom injurieux, qui signifie les jambes noires, a été donné aux *Ambarésiens* sans qu'on puisse en expliquer l'origine.

AMBARROIS, OISE, d'Ambérieu (1), ch.-l. de cᵒⁿ, arrᵗ de Belley (Ain).

Il y a beaucoup d'apparence que les *Ambarrois* se plaignirent à César des hostilités que les Helvétiens faisaient dans leur pays.

M.-C. GUIGUES. *(Histoire des Dombes.)*

AMBAZACIEN, IENNE, d'Ambazac, ch.-l. de cᵒⁿ, arrᵗ de Limoges (Haute-Vienne).

AMBERTOIS, OISE, d'Ambert*, ch.-l. d'arrᵗ (Puy-de-Dôme).

Les *Ambertois* laissèrent prêcher à son aise le pasteur Massin, qui était venu s'établir à Ambert en 1575.

Ch. CASSOU. *(Histoire d'Ambert.)*

* Le nom d'Ambert viendrait, dit-on, d'un certain Ambertos, fondateur de cette ville.

AMBOISIEN, IENNE, d'Amboise, ch.-l. de cᵒⁿ, arrᵗ de Tours (Indre-et-Loire).

AMIÉNOIS, OISE, d'Amiens* *(Pagus Ambianencis)*, ch.-l. du dépᵗ de la Somme.

Les *Amiénois* avaient pour les vers une si vive passion qu'ils en mettaient partout, même sur les tombeaux.

Ch. LOUANDRE *(La France du Nord.)*

L'*Amiénoise,* société de gymnastique d'Amiens.

* Le premier nom d'Amiens fut *Samarobriva,* des mots *Samara,* Somme, et *Briva,* pont, c'est-à-dire pont sur la Somme. Au ivᵒ siècle, on commence à trouver les noms des peuples unis à ceux des villes ; avant la conquête de César, la Gaule renfermait plus de trois cents peuples divers... Samarobrive s'appela alors *Samarobriva Ambianorum* (Samarobrive des Ambiens).

AMOGNAUD, AUDE, des Amognes *(Pagus Amoniensis).,* ancien district du Nivernais (Nièvre).

On appelle *Amognauds* les habitants des Amognes.

Cᵒⁿ de M. de Ferron, Maire d'Imphy (Nièvre).

ANCÉEN, ÉENNE, d'Ancey, cⁿᵉ, cᵒⁿ de Sombernon, arrᵗ de Dijon (Côte-d'Or).

Voulant se venger d'une taupe qui bouleversait leurs jardins, les *Ancéens* l'avaient condamnée à être enterrée vive. De là leur sobriquet de *Enterrou de taupe vivante.*

Clément JANIN. *(Sobriquets des villes et villages de la Côte-d'Or.)*

ANCENIEN, IENNE, d'Ancenis, ch.-l. d'arrᵗ (Loire-Inférieure).

Les habitants d'Ancenis sont appelés *Anceniens.*

Cᵒⁿ du Maire d'Ancenis.

ANDELYSIEN, IENNE, des Andelys*, ch.-l. d'arrᵗ (Eure).

Union, union ! Que cette devise soit à jamais gravée dans le cœur de tous les *Andelysiens,* comme elle l'est depuis longtemps déjà sur le listel de leurs armes.

B. DE RUVILLE. *(Histoire des Andelys.)*

On dit « les Danseurs d'Andelys » en parlant de la population *Andely-*

---

(1) 2 communes portent le même nom ; on doit appliquer à leurs habitants la même appellation ethnique.

sienne. Ce sobriquet vient de ce que la danse a toujours été dans cette ville une passion caractéristique.

CANEL. *(Blason populaire de la Normandie.)*

* Le mot *and,* dans tous les idiomes dérivés soit de la langue celtique, soit de la langue germanique, correspondait au mot *ora* des Latins et signifiait, par conséquent, *terme, limite, frontières.* Or, le sol *Andelysien* faisait partie du pays habité par les *Velocasses* et était situé le long de la Seine, fleuve servant de limite, de frontière, de ce côté-ci, à la tribu dont nous venons de parler et à celle des *Eburovices,* qui a donné son nom à la tribu d'Evreux. Quant à la désinence *iacum,* on sait que les Romains avaient adopté cette terminaison pour pouvoir se servir des noms propres de lieux adjectivement. *Nilus,* le Nil ; *Niliacus,* qui appartient au Nil ; *And,* Andel, frontières ; *Andeliacus,* qui appartient aux frontières, d'où les Andelys, ville de la frontière.

ANDORRAN, ANE *(Vallis Andorrensis),* du Val d'Andorre *, pays situé sur les confins du pays de Foix et de la frontière espagnole.

Calvo, celui-là même que Louis XIV distinguait par le nom flatteur de *brave,* est né dans ce petit coin de terre, isolé et pauvre, sous le toit modeste d'un *Andorran,* plus modeste encore.

H. CASTILLON. *(Histoire du pays de Foix.)*

Les Espagnols ne cessent de se plaindre des citoyens de la République, qu'ils regardent comme d'affreux contrebandiers, et aujourd'hui encore, ils accusent le syndic actuel de se montrer facile dans la délivrance des certificats propres à justifier de l'origine *Andorrane* des bestiaux exportés en franchise de droit dans les provinces de la Catalogne.

H. CASTILLON. *(Ibidem.)*

* Le mot Andorre vient du mot espagnol Andar, qui signifie marcher ; les mots *Andorri, Andorrisæ, Andorriani* indi-

quent par leur étymologie que cette peuplade appartenait à une horde de fugitifs, qui, chassés des rivages ibériens, étaient venus chercher un refuge au sein des Pyrénées.

ANDUZIEN, IENNE, d'Anduze, ch.-l. de c^on, arr^t d'Alais (Gard).

L'*Anduzienne,* fanfare.

ANÉTON, ONE, d'Anet, ch.-l. de c^on, arr^t de Dreux (Eure-et-Loir).

ANETON, ONE, d'Asnières, hameau, c^ne, c^on et arr^t de Bourges (Cher).

On dit aussi : « Les *Hannetons* d'Asnières... » Au temps de la Ligue, il a couru contre les Huguenots une chanson où ils étaient représentés comme des hannetons, sorte de plaie d'Egypte, qui vient gâter les récoltes de la vigne.

GAIDOZ et SEBILLOT. *(Blason populaire de la France.)*

ANGÉRIACIEN, IENNE, de Saint-Jean-d'Angély * *(Ager Angeriacensis),* ch.-l. d'arr^t (Charente-Inférieure).

La haine de la domination étrangère couvait au cœur des *Angériaciens,* et lorsque vint le moment de s'en débarrasser, ils déployèrent une vaillance rare. Ils attaquèrent la garnison anglaise et la chassèrent (1372).

Abbé COUSIN. *(Histoire de Cognac.)*

Le terme populaire est :

ANGÉRIEN, IENNE.

L'*Angérienne,* société de gymnastique et d'instruction militaire de Saint-Jean-d'Angély.

Quelques jeunes gens ont convoqué la jeunesse *Angérienne,* hier, 22 mars, dans la salle du Tivoli.

La Gironde (25 mars 1886).

* *Angeriacum,* nom primitif latin de cette ville.

ANGEVIN, INE, de l'Anjou, *(Pagus Andegavus)*, ancienne province de la France.

Il passa toute la nuit à banqueter avec Son Altesse royale et les gentilshommes *Angevins* et à faire la révérence aux dames *Angevines*.

Alexandre DUMAS.

Angevin,
Sac à vin.

(Vieux proverbe.)

ANGEVIN, INE, d'Angers, ch.-l. du dépt de Maine-et-Loire.

Les *Angevins* sont très fiers de leurs boulevards, et ils ont raison.

A. GUILBERT. *(Villes de France.)*

L'industrie *Angevine* est loin d'avoir acquis tout le développement qu'elle peut prendre.

A. GUILBERT. *(Ibidem.)*

Sobriquet : « Les Sonneurs d'Angers. » Cette ville renfermait une si grande quantité de couvents qu'on y entendait continuellement sonner les cloches ; de là ce sobriquet, qui remonte au xiiie siècle, mais qui est tombé en désuétude aujourd'hui.

ANGLAIS, sobriquet des habitants de Bellême, ch.-l. de con, arrt de Mortagne (Orne).

Quelle que soit la cause de cette qualification, dit M. Canel *(Blason populaire de la Normandie)*, ce ne peut être qu'avec des intentions hostiles qu'on l'a appliquée aux habitants de Bellême.

ANGLARDIEN, IENNE, d'Anglards (1), cne, con de Salers, arrt de Mauriac (Cantal).

A la suite d'une insurrection vers la fin du règne de Louis XIV, on envoya aux *Anglardiens* des lettres

____

(1) 4 communes portent le même nom ; on doit appliquer à leurs habitants la même appellation ethnique.

de grâce qui furent enregistrées au bailliage de Salers ; elles y existaient encore en 1788.

A. HUGO. *(Le Cantal.)*

ANGOUMOIS, OISE, de l'Angoumois *(Pagus Engolismensis)*, ancienne province de la France.

Les cultivateurs *Angoumois* engraissent généralement des porcs et de la volaille et se livrent à l'éducation des abeilles.

A. GUILBERT. *(Villes de France.)*

Nous étions entourés de fort jolies *Angoumoises*.

LAROUSSE. *(Encyclopédie.)*

Mais il vaut mieux dire :

ANGOUMOISIN, INE.

Rien de bien tranché dans les opinions politiques des Saintongeois et des *Angoumoisins*.

A. GUILBERT. *(Villes de France.)*

Je soupçonne fort ma vieille robe de velours et ma figure *Angoumoisine* d'amuser les Parisiens.

DE BALZAC.

Est-ce bien à Nicot, sieur de Villemain, que nous sommes redevables du tabac ? Le doute aujourd'hui n'est plus permis. C'est bien André Thévet qui, le premier, a importé cette plante en France, en la désignant sous le nom d'herbe *Angoulmoisine*.

(Les Primes d'honneur en 1872.)

ANGOUMOISIN, INE, d'Angoulême, ch.-l. du dépt de la Charente.

Les *Angoumoisins* allèrent à la rencontre de François Ier, avec leur maire Laurent Journeau, qui, chargé des clefs, comme capitaine de la ville, les offrit au roi.

A. GUILBERT. *(Villes de France.)*

La municipalité *Angoumoisine* — celle-là seule nous occupe ici — n'a plus à cette heure, au milieu du XVIII° siècle, les vues larges ni l'énergie vaillante de ses aînées des grands jours.

> Emile BIAIS. *(Bulletin de la Société archéologique de .la Charente.)*

Il y a à Angoulême un « Cercle *Angoumoisin* » de la Ligue de l'enseignement.

Sobriquet : « Les Angroisses d'Angoulême.» On appelle Angroisses les habitants d'Angoulême, de même que les petits lézards gris qui se cachent dans les rochers ; c'est une allusion au rocher sur lequel est bâtie la ville d'Angoulême. On désigne sous le sobriquet de « Crapauds » les gens du quartier de l'Houmeau, situé sur les bords de la Charente.

ANICIEN, IENNE, nom scientifique des habitants du .Puy. (Voir PODOT.)

Le Puy s'est appelé *Anicium* et les habitants du Puy sont souvent appelés *Aniciens* par des auteurs français.

> C^{on} de M. Peyrard, curé de Saint-Julien (Haute-Loire).

ANJOUANAIS, AISE, d'Anjouan (île de l'archipel des Comores. (Voir MAYOTTAIS.)

ANNAMITE, ITE, de l'empire d'Annam (Asie), placé sous le protectorat de la France.

Les *Annamites* ont le visage plat, le nez épaté, écrasé à la racine.... Le baiser leur est inconnu. Les mères *Annamites*, qui cependant aiment leurs enfants, les respirent pour ainsi dire, quand elles veulent les caresser, et les flairent et les rapprochent de leur nez.

> P. GAFFAREL. *(Les Colonies françaises.)*

ANNECIEN, IENNE, d'Annecy, ch.-l. du dép^t de la Haute-Savoie.

C'est à tort que quelques auteurs appellent « Anniçois » les habitants de cette ville ; *Anneciens*, tel est le nom des habitants d'Annecy.

> C^{on} de M. Ducis, archiviste de la Haute-Savoie.

ANNONÉEN, ÉENNE, d'Annonay*, ch.-l. de c^{on}, arr^t de Tournon (Ardèche).

La Lyre *Annonéenne*, harmonie.

Charitables sans générosité, les *Annonéens* n'adorent et n'encensent qu'un seul Dieu, celui de l'argent.

> Ovide DE VALGORGE. *(Souvenirs de l'Ardèche.)*

* La ville d'Annonay doit son origine à des magasins de blé qu'y avaient établis les Romains *(Annona)*.

ANSOUISIEN, IENNE, d'Ansouis, c^{ne}, c^{on} de Pertuis, arr^t d'Apt (Vaucluse).

L'*Ansouisienne*, marche provençale, par Michiels.

ANTALOT, nom sous lequel on désigne la classe aristocratique de Mayotte et des Comores. (Voir MAYOTTAIS.)

ANTIBOIS, OISE, d'Antibes*, ch.-l. de c^{on}, arr^t de Grasse (Alpes-Maritimes).

Les *Antibois* commencèrent à respirer un air plus doux sous la domination des Grimaldi.

> Jean ARAZI. *(Histoire de la ville d'Antibes.)*

La courageuse *Antiboise* n'était pas accessible à la peur.

> V.-E. GAUTHIER. *(Episodes du blocus d'Antibes en 1815.)*

* La ville d'Antibes est un des boulevards maritimes de la France sur le littoral méditerranéen. Son nom est composé de deux mots grecs : *anti*, contre, à l'opposé

de, et *polis*, ville, c'est-à-dire ville bâtie à l'opposé d'une autre ville, de Nice vraisemblablement, car ces deux villes sont en face l'une de l'autre et ne sont séparées que par la baie des Anges.

ANTILLAIS, AISE, des Antilles, groupe d'îles dans l'Amérique occidentale, parmi lesquelles la France possède la Martinique, la Guadeloupe, Marie-Galante, la Désirade et les Saintes.

ANTONIN, INE, de Saint-Antoine, c^ne, con et arr^t de Saint-Marcellin (Isère) (1).

La fanfare *Antonine*, société musicale.

ANTRAIGUIN, INE, d'Antraigues*, ch.-l. de c^on, arr^t de Privas (Ardèche).

Les populations de l'Ardèche ont donné aux *Antraiguins* un sobriquet peu flatteur ; on les appelle *les faou témouen*, c'est-à-dire les faux témoins.

On a vu et on voit encore aujourd'hui des habitants d'Antraigues traduire devant les tribunaux des individus qui les avaient appelés par ce sobriquet, dont il est impossible d'indiquer l'origine.

* Antraigues est située au milieu de trois cours d'eau, le Mas, la Bise et la Volane, d'où son nom, *inter aquas*, entre aigues, entre les eaux.

ANTRAINOIS, OISE, d'Antrain, ch.-l. de c^on, arr^t de Fougères (Ille-et-Vilaine).

ANZINOIS, OISE, d'Anzin, c^ne, et arr^t de Valenciennes (Nord).

L'Union *Anzinoise*, société de gymnastique.

AOUILLY, berger des Landes. (Voir LANDAIS).

(1) 12 communes portent le même nom ; on doit appliquer à leurs habitants la même appellation ethnique.

APPAMÉEN, ÉENNE*, de Pamiers, ch.-l. d'arr^t (Ariège).

Le mot ethnique *Appaméen* est très rarement employé ; toutefois, un recueil de poésies a paru sous ce titre : La Lyre *Appaméenne*.

* Le nom latin des habitants de Pamiers est *Appamœœ*, d'où leur nom d'*Appaméens ;* en patois, on les appelle *Pamios*.

APTÉSIEN, IENNE, d'Apt* *(Pagus Aptensis)*, ch.-l. d'arr^t (Vaucluse).

Tous les *Aptésiens* sont gastronomes et savent Brillat-Savarin par cœur.

TAXILE DELORD. *(Le Provençal.)*

La population *Aptésienne* se pressait hier matin aux funérailles de la jeune Félicie M...

Le Figaro (15 mars 1885).

On trouve également :

APTOIS, OISE (peu usité).

* La ville d'Apt est l'ancienne *Apta Julia* des Romains.

Nous ne pouvons résister au plaisir de donner l'étymologie humoristique de M. Tax. Delord sur le nom de cette ville. Le nom d'Apt, dit-il, trahit les préoccupations culinaires de ses habitants ; ce nom n'est pas, en effet, autre chose qu'une dérivation d'*appetere*, au parfait *appétit,* qui, à la longue, sera devenu *Apt* par contraction ; on trouve même ce mot écrit de la manière suivante, dans une vieille chronique : Apt. Tout le monde est confiseur à Apt, cuisinier ou marchand de truffes.

Apt, ajoute-t-il en terminant, renfermé entre des collines, est le chaudron à confitures de la France.

AQUITAIN, AINE, de l'ancien pays d'Aquitaine. *(Provincia Aquitania).*

Forcés de se plier aux mœurs de Rome, comme de parler sa langue et d'obéir à ses lois, les *Aquitains*, au bout de cinquante ans, étaient devenus aussi Romains que leurs vainqueurs, lorsque ceux-ci tombèrent à leur tour sous le joug des barbares.

MARY LAFON. *(La Gascogne.)*

ARABE, nom de la population de l'Algérie, originaire de l'Arabie.

L'*Arabe* est de race blanche ; il est de grande taille, vigoureux ; il a le visage ovale, le front fuyant, les yeux noirs et vifs, le nez busqué, les lèvres minces, les cheveux et la barbe noirs ; il s'habille avec des burnous et des haïcks ; l'ensemble de ces différentes pièces maintient sur le corps une température toujours égale, soit qu'on les relâche, soit qu'on les resserre.

A. BEHAGHEL. *(L'Algérie.)*

ARABE, sobriquet des habitants de Montabard, c^{ne}, c^{on} de Trun, arr^t d'Argentan (Orne).

On les appelle *Arabes*, dit M. Canel *(Blason populaire de la Normandie)*, comme d'autres sont qualifiés Juifs ; on les appelle encore *éventés* à cause des vents qui frappent leur plaine élevée.

ARAGONAIS, AISE d'Aragon, c^{ne}; c^{on} d'Alzonne, arr^t de Carcassonne (Aude).

ARANDONAIS, AISE, d'Arandon, c^{ne}, c^{on} de Morestel, arr^t de La Tour-du-Pin (Isère).

ARANOIS, OISE, du Val d'Aran *(Arania)*, dans le Couserans (Guyenne et Gascogne).

Les archives de Seix possèdent une foule de lettres de leurs bons amis les *Aranois* adressées *al senors consols y jurados* de Ceyx, qu'ils traitaient de magnifiques seigneurs.

Dr BORDES-PAGÈS. *(Les eaux d'Aulus.)*

ARATIN, appellation donnée dans le Zab et dans le Tidikelt aux Rouarha, habitants de l'Oued-Rirh, province de Constantine (Algérie).

L'Oued-Rirh est une région d'oasis qui est située au sud de Biskra ; les habitants de cette région sont des nègres sahariens qu'on appelle *Aratins*, du mot arabe *harra*, qui veut dire affranchi.

ARAUJUZONAIS, AISE, d'Araujuzon, c^{ne}, c^{on} de Navarrenx, arr^t d'Orthez (Basses-Pyrénées).

ARBANATAIS, AISE, d'Arbanatz, c^{ne}, c^{on} de Podensac, arr^t de Bordeaux (Gironde).

ARBOISIEN, IENNE, d'Arbois, ch.-l. de c^{on}, arr^t de Poligny (Jura).

L'*Arboisien*, journal d'Arbois.

« *Arboisiens* têtus », vieux dicton.

On trouve également :

ARBOISIN, INE.

A la suite d'une échauffourée, des *Arboisins*, ayant été emprisonnés comparurent devant le tribunal : « Quels étaient vos meneurs ? » demande le président. Et comme ils avaient l'air de ne pas entendre, il répéta : « Quels étaient vos meneurs, vos chefs, enfin ? » Alors, un *Arboisin* répliqua : « Nous sommes tous chefs, à Arbois. »

Arthur HEULARD. *Le Figaro* (8 décembre 1887).

On trouve encore :

ARBOSIEN, IENNE.

Au nombre des *Arbosiens* qui se sont fait diversement remarquer par leurs services militaires, nous devons nommer, dans l'ordre chronologique, le capitaine Morel et le général Pichegru.

A. GUILBERT. *(Histoire d'Arbois.)*

Aucun monument, aucune inscription ne rappelle la mémoire de Pichegru dans la ville où il est né et à laquelle il voulait imposer son nom. La population *Arbosienne* n'a, du reste, jamais partagé les sentiments politiques pour lesquels il sacrifia si malheureusement sa vie.

A. GUILBERT. *(Ibidem.)*

Cette dernière appellation est la plus scientifique, étant donné le nom ancien de la ville d'Arbois, qui s'appelait *Arbosium* en latin ; mais l'usage a prévalu et le terme d'appellation populaire est *Arboisien, ienne.*

ARBOTAIS, AISE, d'Arbot, c^ne, c^on d'Auberive, arr^t de Langres (Haute-Marne).

ARCACHONNAIS, AISE, d'Arcachon, c^ne, c^on de La Teste, arr^t de Bordeaux (Gironde).

L'*Alcyon* sort des mains d'ouvriers *Arcachonnais.*

La Gironde (18 mai 1885).

ARCÉEN, ÉENNE, d'Arcey, c^ne, c^on de Sombernon, arr^t de Dijon (Côte-d'Or).

A l'instar des gens de Couternon, ceux d'Arcey ont voulu changer leur église de place pour l'éloigner d'une « villonie. » Un étranger ayant, d'un coup de pied, envoyé bien loin l'objet, pendant que les *Arcéens* tiraient sur la corde de laine, ils crurent avoir réussi.

Clément Janin. *(Sobriquets des villes et villages de la Côte-d'Or.)*

ARCISIEN, IENNE, d'Arcis-sur-Aube* *(Pagus Arciacensis)*, ch.-l. d'arr^t (Aube).

On appelle *Arcisiens*, les habitants d'Arcis-sur-Aube.

C^on du Maire d'Arcis.

* *Arx, arcis*, signifie proprement une éminence, un sommet ; les Romains employaient ce mot dans le sens de forteresse, comme *Acra*, d'où *Acropolis* chez les Grecs.

ARCHIEN, IENNE, des Arches*, hameau de la ville des Andelys (Eure).

Les Arches ! Est-ce un faubourg ? Est-ce un hameau ? Grave question qui a divisé et agité, au commence-

ment du siècle dernier, nous ne dirons pas la cour et la ville, mais le fisc et les *Archiens* ou les *Arcécaniens*, cette dénomination comme plus euphonique.

B. de Ruville. *(Histoire des Andelys.)*

* Ce nom d'Arches vient à ce hameau de ce que, vers l'an 1660, il y avait des arches qui servaient pour l'écoulement des eaux qui passaient dans la ville des Andelys, ou bien des murailles de la ville, qui lui servaient de limite au couchant ; le mot *arche* a été également employé au moyen-âge dans le sens de clôture et de muraille. (Voir le Glossaire de Ducange, au mot *Arca.)*

ARDÉCHOIS, OISE, du département de l'Ardèche.

M. Villard a légué une somme de douze mille francs, dont le revenu doit servir tous les deux ans à un prix destiné à l'auteur du meilleur ouvrage concernant l'Ardèche ou écrit par un *Ardéchois.*

Dr Francus. *(Voyage dans le midi de l'Ardèche.)*

L'ail entre souvent en proportio notable dans les omelettes *Ardéchoises.*

Dr Francus. *(Ibidem.)*

ARDENNAIS, AISE, du département des Ardennes *(Arduennæ).*

L'*Ardennais*, réfléchi jusqu'à la taciturnité et souvent brusque dans ses manières, se ressent du séjour des montagnes auxquelles il doit aussi la vigueur de sa constitution, sa peau brune et son teint coloré.

A. Guilbert. *(Villes de France.)*

_ La Semaine *Ardennaise*, journal.

ARDOISIEN, IENNE, d'Ardes, ch.l. de c^on, arr^t d'Issoire (Puy-de-Dôme).

L'*Ardoisienne*, société de tir de la ville d'Ardes.

ARDRÉSIEN, IENNE, d'Ardres*, ch.-l. de c^on, arr^t de Saint-Omer (Pas-de-Calais).

L'*Ardrésien*, journal hebdomadaire non politique, publié à Ardres.

* On fait venir le nom d'Ardres *(Horda, Ardua, Arda, Ardria, Orolannum)*, plus anciennement Ardes, du teuton *hard,* dur, ferme, solide, qualification à laquelle on ne trouve rien d'applicable, même à la nature du sol sur lequel cette ville a été bâtie, puisque ce sol, à l'époque où on fait remonter l'origine d'Ardres, n'était qu'un marais. Ceux qui traduisent le nom d'Ardres par *terre dure* dépassent donc les limites permises de la conjecture.

ARÉDIEN, IENNE*, de Saint-Yrieix, ch.-l. d'arr^t (Haute-Vienne).

Lorsque nous pensâmes à la création d'une feuille littéraire à Saint-Yrieix, des esprits distingués d'ailleurs ne manquèrent pas de nous opposer la phrase convenue : En Limousin, on n'aime pas la littérature. Nous nous souvenons même qu'à ce sujet, un de nos amis nous dit raillant spirituellement : « L'*Arédien* trouvera moins de lecteurs que d'auteurs. »

La Rédaction de l'*Arédien*.

Journal littéraire et d'annonces, imprimé à Saint-Yrieix, en 1837, chez J.-E. Noyer, imprimeur, rue de la Mairie.

La population *Arédienne* justifia fort peu la confiance du fondateur de cette petite feuille, qui vécut trois ans à peine (1835, 36 et 37).

* Les habitants de cette ville tirent leur nom d'*Aredius,* nom latin de Saint Yrieix, qui fut le fondateur de cette localité.

ARDENTAIS, AISE, d'Ardentes, ch.-l. de c^on, arr^t de Châteauroux (Indre).

ARGELÉSIEN, IENNE, d'Arge-lès, ch.-l. d'arr^t (Hautes-Pyrénées).

ARGENTACOIS, OISE, d'Argentat*, ch.-l. de c^on, arr^t de Tulle (Corrèze).

Il possède des propriétés dangereuses, paraît-il, le *petit bleu* des coteaux *Argentacois,* car il anime les buveurs d'une colère peu sainte, qui leur vaut les honneurs du violon policier.

Le *Corrézien* (14 janvier 1887).

Voici que les *Argentacoises* commencent à user du vitriol.

Le *Corrézien* (8 avril 1887).

* Argentat, d'*Argentum*, argent, ainsi appelé de mines d'argent, situées aux environs ; de même pour Largentière (Ardèche), Argentières (Hérault), Argenton, Argental, Argentan, etc., etc. *

ARGENTONNAIS, AISE, d'Argenton (1), ch.-l. de c^on, arr^t de Châteauroux (Indre).

Pour l'étymologie d'Argenton, voir au mot ARGENTACOIS.

ARGENTINAIS, AISE, d'Argentan, ch.-l. d'arr^t (Orne).

Le bonnet des *Argentinaises* a quelque ressemblance avec celui des Lexoviennes ; mais il est plus retroussé, plus coquet, plus hardi.

RACINET. *(Le Costume historique.)*

On trouve également :
ARGENTANAIS, AISE.

L'*Argentanaise,* société de tir d'Argentan.

On rencontre aussi :
ARGENTÉNOIS, OISE.

Almanach *Argenténois* pour 1836. — Caen, imp. A. Hardel, in-12.

M. Canel *(Blason populaire de la Normandie),* appelle les habitants d'Argentan *Argentenais.*

(1) 5 communes portent le même nom ; on doit appliquer à leurs habitants la même appellation ethnique.

Il paraît que la chicane est pour les *Argentenais* un titre à l'illustration, puisque l'on dit proverbialement : « *Chicane d'Argentan.* »

ARGONNAIS, AISE, de l'Argonne *(Argona)*, ancien district de la Champagne (Marne).

ARIÉGEOIS, EOISE, du département de l'Ariège *.

L'hiver, le bétail *Ariégeois* est nourri dans les vallées.

LAROUSSE. *(Encyclopédie.)*

Bulletin de la Société *Ariégeoise* des sciences, lettres et arts, publié à Foix.

* Cette rivière a été appelée Auriège par Olhagaray ; la plupart des gens du pays la nomment *Auriej* et les Espagnols *Aurigera*, comme en latin, ce qui signifie aurifère ou charriant des paillettes d'or qu'on trouve parmi ses sables.

ARLÉSIEN, IENNE, d'Arles * *(Pagus Arelatensis)*, ch.-l. d'arr^t (Bouches-du-Rhône).

Les troubles de la Ligue firent éclater le pur catholicisme des *Arlésiens.*

A. PICHOT. *(Histoire d'Arles.)*

L'*Arlésienne* joue en Provence le rôle que les femmes de Milet remplissaient à Athènes et à Rome ; ce sont les plus belles, mais aussi les plus nombreuses courtisanes du midi.

Taxile DELORD.

De nos jours, les *Arlésiennes* qui se distinguent entre elles sous les noms de *Hauturenques, Placenques* et de *Roquettières*, paraissent encore offrir des caractères différentiels assez prononcés. Au lieu de la noble stature, de la régularité des traits que présenteraient les premières, les femmes du faubourg de la Roquette,

aux yeux pétillants, aux formes gracieuses, se feraient remarquer par leur air riant et espiègle.

LAGNEAU. *(Bulletin de la Société d'anthropologie.)*

Hauturenc, enque, Roquettier, ière, Trinquetaillenc, enque, sont des dénominations sous lesquelles on désigne les habitants des divers quartiers de la ville d'Arles.

1º L'Hauture (mot provençal signifiant hauteur) est le quartier de la haute ville, le quartier le plus élevé de cette ville qui est bâtie en amphithéâtre. De là l'appellation de *Hauturencs* pour les hommes et de *Hauturenques* pour les femmes.

2º La Roquette est le quartier de la basse ville, situé sur les bords du Rhône : on désigne ses habitants sous le nom de *Roquettiers, ières.*

3º Le Rhône divise la ville d'Arles en deux parts très inégales : la plus petite, sur la rive droite du fleuve, s'appelle Trinquetaille, d'où la dénomination de *Trinquetaillencs, enques.*

4º La dénomination de *Placenques*, (de la grande Place) citée par M. Lagneau n'est pas employée, nous écrit M. le Dr Gay, maire d'Arles ; et si quelques personnes ont voulu la mettre en vogue, elle n'a pas été adoptée dans le langage local.

* Selon une opinion controversée, le nom même d'Arles ne serait que la contraction des deux mots *ar* et *laith,* qui dans la langue celtique signifient lieu humide, comme si les Ligures eussent été obligés de conquérir sur les eaux une partie de son territoire pour l'habiter. A cette étymologie gauloise, quelques-uns préfèrent l'étymologie latine d'*Ara lata* (large autel), parce que les Romains y trouvèrent un autel consacré à la Diane d'Ephèse par les Grecs.

ARMAGNACAIS, AISE, ou simplement ARMAGNAC, de l'Armagnac *(Pagus Armeniacensis)*, ancien district de la Gascogne.

Le duc et le pape trouvèrent des éléments de réconciliation dans le projet d'union de Gaston, unique héritier de Foix, et de la fille du comte Jean, Béatrix d'Armagnac, dite la gaie *Armagnacaise.*

H. CASTELLAN. *(Histoire du comté de Foix.)*

ARMENONVILLOIS , OISE, d'Armenonville-les-Gatineaux , c^ne, c^on de Maintenon, arr^t de Chartres (Eure-et-Loir).

ARMENTIÉRAIS, AISE, d'Armentières, ch.-l. de c^on, arr^t de Lille (Nord).

Armentières tire son nom du mot latin *Armentaria*, lieu où l'on réunissait les troupeaux.

> Armentières
> Pauvre et fière,
> Ambitieux
> Comme des gueux.
>
> (Vieux proverbe.)

ARMINOT, OTE, nom sous lequel les habitants de la plaine désignent les habitants des hauts plateaux des Ardennes.

Personne ne connaît l'origine de cette appellation ethnique. Cependant, M. Hubert a fait sur cette origine une remarque qui paraît très fondée. Ce mot, d'après lui, pourrait bien avoir sa racine dans le vieux gaulois. On sait que *Menes*, en gaëlique, désigne une montagne, et que *ar* est l'article. *Ar menes* signifie la montagne ; l'appellation légèrement altérée d'*Arminots* signifierait donc les gens d'en haut, les montagnards.

ARMOISIEN, IENNE, des Grandes Armoises, c^ne, c^on de Chêne, arr^t de Vouziers (Ardennes).

L'*Armoisienne*, société musicale.

ARMORICAIN, AINE, de l'Armorique, ancien pays de la France (Bretagne).

Si, de cette répartition de la taille, il est permis d'inférer que les anciens *Armoricains*, de taille peu élevée, se sont retirés vers le centre devant des immigrants de haute taille, quel nom ethnique donnera-t-on à ces immigrants?

> G. Lagneau. *(Bulletin de la Société d'anthropologie.)*

ARPAJONAIS, AISE, d'Arpa-jon, ch.-l. de c^on, arr^t de Corbeil (Seine-et-Oise).

ARPAVONAIS, AISE, d'Arpavon, c^ne, c^on et arr^t de Nyons (Drôme).

ARQUAIS, AISE, des Arques (1), c^ne, c^on d'Offranville, arr^t de Dieppe (Seine-Inférieure).

ARQUENAISIEN, IENNE, d'Arquenay, c^ne, c^on de Meslay, arr^t de Laval (Mayenne).

ARQUOIS, OISE, d'Arc-en-Barrois, ch.-l. de c^on, arr^t de Chaumont (Haute-Marne).

ARRAGEOIS, EOISE, d'Arras, ch.-l. du dép^t du Pas-de-Calais.

Rien ne put vaincre la haine des *Arrageois* contre Louis XI, le meurtrier de leurs frères.

> A. Guilbert. *(Villes de France.)*

Les coutumes *Arrageoises*.

ARROUTAIN, AINE, d'Arrou, c^ne, c^on de Cloyes, arr^t de Châteaudun (Eure-et-Loir).

ARSACOT, OTE, d'Arsac, c^ne, c^on de Castelnau, arr^t de Bordeaux (Gironde).

ARTAISIEN, IENNE, d'Artaise-le-Viviers, c^ne, c^on de Raucourt, arr^t de Sedan (Ardennes).

ARTÉSIEN, IENNE, de l'Artois *(Pagus Atrebatensis)*, ancienne province de la France.

Il n'y a pas de meilleurs ni plus avisés agriculteurs que les *Artésiens*.

> A. Baudrillart. *(Populations rurales de la France.)*

---

(1) 4 communes portent le même nom ; on doit appliquer à leurs habitants la même appellation ethnique.

En 1752, les particuliers contribuè-
rent puissamment au rétablissement
de notre marine nationale ; les Etats
d'Artois firent construire à leurs
frais, dans les chantiers de Dunkerque, une frégate de 44 canons, qui
fut baptisée l'*Artésienne*.

M.-P. DECROOS. *(France du Nord.)*

Sobriquets : « Les *Artésiens*, têtes de
chiens. » « Les *Artésiens*, boyaux rouges »;
allusion à la ceinture rouge que portaient
les Espagnols, qui occupèrent l'Artois jusqu'en 1659 ; c'est une très grave injure.

ARTHÉZIEN, IENNE, d'Arthez,
ch.-l. de c^on, arr^t d'Orthez (Basses-
Pyrénées).

ARVAIN, AINE, de Saint-Jean-
d'Arves, c^ne, c^on et arr^t de Saint-
Jean-de-Maurienne (Savoie).

AR'VORENN. (En breton, *femmes du bord de la mer.)*

On appelle ainsi en général les
femmes des îles du Morbihan et de
la côte occidentale de Rhuys, circu-
lant dans la foule, gracieuses sous
leur simple vêtement noir, jolies et
modestes sous leur coiffe de blanche
mousseline.

Ch. AUBERT. *(Le Littoral
de la France.)*

ARZAIS, AISE, d'Isle-d'Arz, c^ne,
c^on et arr^t de Vannes (Morbihan).

Les *Arzais* sont non seulement
braves, énergiques, mais probes et
hospitaliers. Nous n'éprouverions
aucune surprise si l'on nous disait
qu'ils croient encore à beaucoup de
légendes, moins authentiques les
unes que les autres : à l'An Ankou,
par exemple, c'est-à-dire au spectre
avant-coureur de la mort.

Ch. AUBERT. *(Ibidem.)*

ARZONNAIS, AISE, d'Arzon,
c^ne, c^on de Sarzeau, arr^t de Vannes
(Morbihan).

Dans un combat contre la flotte
hollandaise, commandée par Ruyter
(7 juin 1673), l'équipage d'un navire
français périt, sauf les marins *Arzonnais*, qui venaient de se vouer à
sainte Anne d'Auray.

Ch. AUBERT. *(Le littoral
de la France.)*

ASCHÉROIS, OISE, d'Aschères,
c^ne, c^on d'Outarville, arr^t de Pithiviers (Loiret).

ASCQUOIS, OISE, d'Ascq, c^ne,
c^on de Launay, arr^t de Lille (Nord).

ASFELDOIS, OISE, d'Asfeld,
ch.-l. de c^on, arr^t de Réthel (Ardennes).

ASNIÉROIS, OISE, d'Asnières*
(1), c^ne, c^on de Courbevoie, arr^t de
Saint-Denis (Seine).

L'*Asniérois*, journal d'Asnières.

On trouve également :
ASNIÉRISTE.

On m'a dit que les *Asniéristes*
avaient soumis des villes importantes, telles que Courbevoie ou Bois-
de-Colombes ; je n'en sais absolument rien.

E. GOUDEAU. *(Voyage d'A'Kempis.)*

* Le nom des animaux est rentré dans
la formation d'un grand nombre de noms
de lieu ; on retrouve celui de l'âne dans
Asnières.

ASPREMONTAIS, AISE,
d'Aspremont-la-Forêt, c^ne, c^on de
Saint-Michel, arr^t de Commercy
(Meuse).

(1) 15 communes portent le même nom ;
on doit appliquer à leurs habitants la
même appellation ethnique.

ASPOIS, OISE, de la vallée d'Aspe *(Vallis Aspallucensis)* (Basses-Pyrénées).

En 1340, dit le vénérable Jean Baïole, de la Compagnie de Jésus, les *Lavedanais* ayant querelle contre les *Aspois*, invoquèrent l'aide d'un sorcier.

MARY LAFON. *(La Gascogne.)*

ASSÉOIS, OISE, d'Assé-le-Riboul, c^no, c^on de Beaumont, arr^t de Mamers (Sarthe).

ASSINIEN, IENNE, d'Assinie, comptoir français de l'Afrique méridionale.

La population *Assinienne* n'est pas très dense. Kinjaboo, la capitale, qui compte deux ou trois mille habitants, est le plus gros village du pays ; sur les bords des lagunes, on voit un grand nombre de petits villages, que leurs habitants abandonnent après la saison de pêche pour retourner dans l'intérieur travailler au lavage des terres aurifères. C'est là, en effet, la grande occupation des *Assiniens*.

A. RAMBAUD. *(La France coloniale.)*

ASTARACOIS, OISE, de l'Astarac *(Pagus Astarencis)*, ancien district de la Gascogne.

ASTAUDEL, ELLE, de Saint-Jean-d'Ataux, c^no, c^on de Neuvic, arr^t de Ribérac (Dordogne).

L'*Astaudelle*, société de gymnastique et de tir.

ATURIN*, INE, d'Aire-sur-l'Adour, ch.-l. de c^on, arr^t de Saint-Sever (Landes).

Lorsque je suis encore plein de vie, me signaler à mes amis les *Aturins*

comme un exemple à ne pas suivre, cela dépasse la mesure et m'oblige à protester !

Dr LOURTIES. *(Le Républicain landais,* 24 décembre 1885.)

La société de gymnastique et de tir *Aturine*.

On trouve également :
ATURAIN, AINE.

Un vent d'enthousiasme souffla des basses rives de l'Adour au sommet du Mas, et tous les *Aturains*, électrisés, sans distinction de classes, n'eurent plus qu'un cœur et qu'une âme pour préparer une réception glorieuse aux restes sacrés de leur Vierge-Martyre.

Mg^r BOURRET. *(Semaine religieuse des Pyrénées,* 26 juillet 1885.)

Si Toulouse ne fut pas le premier berceau de la Martyre *Aturaine*, elle est devenue incontestablement son second.

Mg^r BOURRET, évêque de Rodez, *(Ibidem).*

* Le mot ethnique *Aturin* vient de *Aturum, Atarensium ;* Aire était autrefois la *civitas Aturensium,* la cité des Aturiens. Sidoine Apollinaire fait dériver Aire du mot *Atur,* qui, chez les Celtes, signifiait source, rivière. Cette ville a été successivement désignée sous les noms d'Atur, Aturæ, Atura, Aduræ, Ayre, Aire. Suivant M. Cocheris, Aire vient des mots *Aera, aeria, aria,* variantes de basse latinité du mot *Area,* qui signifie aire à battre le blé, qui est pris très souvent dans le sens de « emplacement non cultivé ».

ATUROIS, OISE, d'Atur, c^ne, c^on de Saint-Pierre-de-Chignac, arr^t de Périgueux (Dordogne).

C'est sur le territoire de la commune d'Atur que se trouvait le *Campus Asturiorum,* le camp des Asturiens.

AUBAGNANAIS, AISE, d'Aubagnan, c^no, c^on d'Hagetmau, arr^t de Saint-Sever (Landes).

AUBANAIS, AISE, d'Aubagne, ch.-l. de con, arrt de Marseille (Bouches-du-Rhône).

Aujourd'hui, doivent arriver cent dix *Aubanais*, devant lesquels la fameuse société « *En Avant* » fera les exercices qui ont eu tant de succès à l'Hippodrome.

Le Figaro (30 octobre 1886).

On dit aussi :

AUBAINIEN, IENNE, et même AUBANIEN, IENNE.

AUBUSSONNAIS, AISE, d'Aubusson, ch.-l. d'arrt (Creuse).

Ouvrez l'œil, messieurs les *Aubussonnais*, dans votre intérêt particulier et dans le nôtre en général ; la cité *Aubussonnaise* doit en effet s'enorgueillir de posséder dans ses murs un homme du mérite de M. Antoine Moratille.

Le Petit Centre (20 février 1887).

M. Broquin est le chef de la fanfare *Aubussonnaise*.

Union républicaine de la Creuse (8 février 1887).

AUDOENNIEN, IENNE, de Saint-Ouen-de-Thouberville, cne, con de Routot, arrt de Pont-Audemer (Eure).

AUDOENNIEN, IENNE, de Saint-Ouen-les-Champs (1), cne, con de Quillebœuf, arrt de Pont-Audemer (Eure).

La procession *Audoennienne* se mit en marche comme de coutume.

CANEL. *(Blason populaire de la Normandie.)*

AUDOMAROIS *, OISE, de St-Omer, ch.-l. d'arrt (Pas-de-Calais).

---

(1) 42 communes portent le même nom ; on doit appliquer à leurs habitants la même appellation ethnique.

Les *Audomarois* aiment passionnément la musique ; ils aiment aussi les bals, les banquets et les tirs à la cible.

VUATINÉ. *(Guide de Saint-Omer.)*

Arrière ceux qui voudraient que la famille *Audomaroise* fût éternellement divisée en deux camps hostiles et que les hommes du même parti fussent parqués dans un cercle infranchissable.

J. DERHEINS. *(Notice sur l'arrondissement de Saint-Omer.)*

Audomarois vient d'*Audemarus*, dont nous avons fait Omer, St-Omer. Adroald habitait autrefois le fort de Sithiu. Saint Omer, l'évêque de Thérouanne, y vint ; Adroald lui laissa la terre de Sithiu, qui était fortifiée et qui devint *Castrum Sancti Audomari*.

Sobriquets : On appelait *Brouckaillers* les habitants des faubourgs de Saint-Omer, à cause de leurs grands hauts-de-chausses, appelés *brocks* en flamand ; on les nommait aussi *Lyzelards* et *Sarrasins*. (Voir LYZELARD.)

AUDRESSELLOIS, OISE, d'Audresselles, cne, con de Marquise, arrt de Boulogne (Pas-de-Calais).

Les *Audressellois* ont le dos rond.

GAIDOZ et SÉBILLOT. *(Blason populaire de la France.)*

Sobriquet : « *Les Crincheu* d'Audresselles. » On appelle *Crincheu*, celui qui *crisse* des épaules, comme s'il avait des démangeaisons.

AUGERON, ONE, du pays d'Auge * *(Pagus Algensis)*, ancien district de la Basse-Normandie (Calvados).

Les *Augerons* s'établirent, vers 1422, en confrérie de tanneurs, de toiliers, de drapiers.

R. SEGUIN. *(Histoire du pays d'Auge.)*

* Les lieux bas, par conséquent humides et paludéens, étaient autrefois désignés par les termes *Baissa*, d'où les noms de lieu Bessédé (Tarn), Bessège (Gard), etc., et *Augia*, d'où le nom d'Auge *(Pagus Algiæ, Algiensis pagus)*.

Le pays d'Auge était traversé par deux rivières, la Touques et la Dive, qui débordaient souvent et dont les eaux formaient des marais dans lesquels les algues *(algæ)* abondaient.

AUMALOIS, OISE, d'Aumale*, ch.-l. de c^on, arr^t de Neufchâtel-en-Bray (Seine-Inférieure).

Malgré les attentions des habitants d'Aumale pour MM. les élus de Neufchâtel et pour leur président, la décision ne fut pas aussi favorable pour notre ville qu'ils le désiraient; ils se plaignirent amèrement ; ils prétendirent que c'était par animosité que les élus avaient surhaussé les *Aumalois* de la moitié de la cotisation.

E. SENICHON. *(Histoire de la ville d'Aumale.)*

* Marle signifie un domaine où, après un défrichement, on a répandu de la marne pour diviser et réchauffer le sol. Marle vient de *Marga* (marne), qui a fait *Margila,* suivant une tendance persistante à transformer les mots en leur diminutif, sans cependant en modifier le sens. Puis *Margila* est devenue *Marla* par contraction, et même Malle, par le doublement de la lettre *l* remplaçant la lettre *r.*

On rencontre fréquemment cette mutation, que nous trouvons dans Aumale, qui est appelé, en 1150, Albe-Marle, et encore Aube-Marle en 1256, puis *Alba Malla* en 1301.

AUNELLIEN, IENNE, d'Auneau, ch.-l. de c^on, arr^t de Chartres (Eure-et-Loir).

Cette localité doit son nom au mot latin *Alnus,* aune, qui a formé un nombre considérable de noms de lieu.

AUNISIEN, IENNE, de l'Aunis*, ancien district de la Saintonge.

Les *Aunisiens* donnent aux tumuli le nom de *Chirons* ou de terriers ; on en voit plusieurs sur le littoral, près de Mornage, Brouage et de Marennes.

A. GUILBERT. *(Villes de France.)*

Chroniques Saintongeoises et Aunisiennes, par H. d'Aussy. (Saintes, 1857.)

Dans le siècle dernier, l'exploitation du sel de Bretagne, moins pur mais aussi beaucoup moins cher, porta un coup sensible aux propriétaires des salines *Aunisiennes* et *Saintongeoises.*

A. GUILBERT. *(Ibidem.)*

* L'Aunis est le pays des *Aunes,* du mot *Alnus.* (Voir ci-dessus AUNELLIEN.)

AURASIEN, IENNE, qui appartient à la région des Monts Aurès *(Aurasius Mons),* chaîne de montagnes de l'Algérie, dans la partie méridionale de la province de Constantine.

Au sud de Batna s'étendent obliquement les plis serrés de l'Aurès, le massif le plus élevé de toute l'Algérie. Là aussi habitent des Bèrbères que l'on peut considérer comme sédentaires, les *Aurasiens.*

A. RAMBAUD. *(La France coloniale.)*

AURILLACOIS, OISE, d'Aurillac, ch.-l. du dép^t du Cantal.

Les calvinistes avaient le libre exercice de leur religion à Aurillac ; mais les *Aurillaquois* jouissaient à peine de ce privilège, qu'un fanatique au service des Guises, Louis de Brezons, fit une levée de six cents hommes et vint s'emparer par surprise de leur ville.

Ch. CASSOU. *(Histoire d'Aurillac.)*

On remarquera que l'auteur auquel nous empruntons cet exemple écrit *Aurillaquois* par un *q,* tandis qu'il faut l'écrire par un *c.*

L'*Aurillacoise,* société de gymnastique, d'escrime et de tir.

Jeunesse *Aurillacoise*, arrivez donc! Allez au milieu de vos amis de Saint-Simon ; il vous sera fait accueil parfait.

Indépendant du Cantal
(27 avril 1887).

AURIPLAN, ANE, d'Auriples, c^no, c^on de Crest, arr^t de Die (Drôme).

AUROIS, OISE, de la vallée d'Aure* (Hautes-Pyrénées).

Les travaux de voirie n'étaient pas en faveur auprès des *Aurois*. Heureusement, il n'en est plus de même aujourd'hui, grâce peut-être à M. Celler, ingénieur des ponts et chaussées, qui a sillonné la vallée d'Aure de routes et de chemins nombreux.

Bois et Durier. *(Les Hautes-Pyrénées.)*

* *Vallis Aurea*, le Val d'Or, la blonde vallée.

AUSCITAIN*, AINE, d'Auch *(Pagus Ausciensis)*, ch.-l. du dép^t du Gers.

Un studieux annaliste *Auscitain* du XVIII° siècle, l'abbé Louis Daignan du Sendat, a inséré dans ses *Mélanges* cent quatre proverbes et dictons de la Gascogne.

J.-F. Bladé. *(Proverbes et Devinettes populaires.)*

L'Orphéon *Auscitain*, société musicale.

On trouve également :

AUCHOIS, OISE (peu usité).

* Le mot *Auscitain* vient du latin *Ausci*, nom de l'ancien peuple de la Gaule établi dans la Novempopulanie, dont la capitale était Auch.

AUTERIVAIN, AINE, d'Auterive, ch.-l. de c^on, arr^t de Muret (Haute-Garonne).

La Lyre *Auterivaine*, société chorale.

AUTERIVAIN, AINE, d'Auterive, c^no, c^on de Beaumont, arr^t de Castelsarrazin (Tarn-et-Garonne).

AUTEUILLOIS, OISE, d'Auteuil, (1) c^no de Paris (Seine).

AUTHENAISIEN, IENNE, d'Authenay, c^ne, c^on de Damville, arr^t d'Evreux (Eure).

AUTHEUILLOIS, OISE, d'Autheuil *, c^ne, c^on de Tourouvre, arr^t de Mortagne (Orne).

Les habitants de cette commune sont désignés sous le sobriquet de « Pitheux d'Autheuil. »

* Les Celtes donnaient aux collines le nom de *Alt*. — On trouve cette racine dans Auteuil, autrefois *Altogilum*, et dans les congénères Autheuil, Authuil, Autouillet, etc.

AUTHONNIER, IÈRE, d'Authon, ch.-l. de c^on, arr^t de Nogent-le-Rotrou (Eure-et-Loir).

AUTIGNAIS, AISE, d'Autigny-le-Grand et d'Autigny-le-Petit, c^no, c^on de Souville, arr^t de Vassy (Haute-Marne).

AUTUNOIS, OISE, d'Autun *(Pagus Augustaudunensis)*, ch.-l. d'arr^t (Saône-et-Loire).

Il semble que les *Autunois* aient toujours eu un sentiment de haine pour les monuments qui embellissaient leur ville ; aucun d'eux n'en paraît frappé, et ils mettent à les détruire le même zèle que d'autres apporteraient à les conserver.

L. Millin. *(Voyage dans le midi de la France.)*

La Chorale *Autunoise*, société musicale.

---

(1) 6 communes portent le même nom ; on doit appliquer à leurs habitants la même appellation ethnique.

On trouve encore :

EDUEN [*], ENNE.

On a beaucoup trouvé, en remuant les ruines de l'antique cité *Eduenne*.

LAROUSSE. *(Encyclopédie.)*

La société archéologique d'Autun a pris le nom de Société *Eduenne*.

[*] Le nom primitif d'Autun était *Bibracte* ; c'était la capitale des *Œdui*, peuple de la Gaule ; de là cette appellation ethnique d'*Eduens*. Bibracte devint ensuite Œdua et puis enfin Augustodunum, mot composé du latin *Augustus* et du mot gaulois *dun*, qui signifie élévation, montagne, parce qu'en effet Autun est au pied d'une montagne. D'Augustodunum, on en vint à dire *Augstdun*, puis *Augstun*, *Austun* et enfin *Autun*.

AUVERGNAT, ATE, de l'Auvergne *(Arvenia, Pagus Arvenicus)*, ancienne province de la France.

L'esprit mercantile et égoïste de l'industriel *Auvergnat* est suffisamment connu.

A. LEGOYT. *(Français peints par eux-mêmes.)*

La syntaxe *Auvergnate* est presque absolument identique à la syntaxe française.

LAROUSSE. *(Encyclopédie.)*

AUVERPIN, INE, mot d'argot qui veut dire *Auvergnat*, de l'Auvergne, ancienne province de la France.

Est-ce qu'il n'y a pas dans ce quartier un brave *Auverpin* qui a fait des affaires.

P. D'ANGLEMONT.

AUVILLARAIS, AISE, d'Auvillars, ch.-l. de c^{on}, arr^t de Moissac (Tarn-et-Garonne).

La Lyre *Auvillaraise*, société musicale d'Auvillars.

AUXERROIS, OISE, d'Auxerre *(Pagus Autisiodorensis)*, ch.-l. du dép^t de l'Yonne.

Chers *Auxerrois*, si vous voulez m'en croire,
Contre Joigny ne lancez plus vos traits ;
Occupez-vous du noble soin de boire,
Ou rimez mieux, ou ne rimez jamais.

Le Mercure (15 février 1731.)

Société *Auxerroise* d'instruction militaire.

AUXILIEN, IENNE, d'Auxy-le-Château [*], ch.-l. de c^{on}, arr^t de Saint-Pol (Pas-de-Calais).

[*] Auxy vient de *Aucia,* qui veut dire eau, *aqua.*

AUXONAIS, AISE, d'Auxon, c^{ne}, c^{on} d'Evry, arr^t de Troyes (Aube).

AUXONNOIS, OISE, ou bien AUXONNAIS, AISE, d'Auxonne *(Territorium Aussonense)*, ch.-l. de c^{on}, arr^t de Dijon (Côte-d'Or).

Le patriotisme des *Auxonnois* eut encore occasion de se signaler pendant les guerres de la République et pendant l'invasion de 1815.

MALTE-BRUN. *(La France illustrée.)*

Sobriquet : « Les Traîtres d'Auxonne... » Les gens d'Auxonne ayant fait prisonnier le vicomte de Tavannes, ligueur, celui-ci les fit peindre en un tableau, où il appelait les *Auxonnois* traîtres... de là ce sobriquet.

AUZONNAIS, AISE, d'Auzon, ch.-l. de c^{on}, arr^t de Brioude (Haute-Loire).

La Fanfare *Auzonnaise.*

AVALLONNAIS, AISE, d'Avallon *(Pagus Avalensis)*, ch.-l. d'arr^t (Yonne).

Signalons, en 1664, l'établissement du collège et de l'hôpital par un généreux *Avallonnais*, le président Odebert.

Alph. DOUILHAC DE BONNE.
(Géographie physique et agricole de l'Yonne.)

AVESNOIS, OISE, d'Avesnes (1), ch.-l. d'arr¹ (Nord).

Les Carabiniers *Avesnois*, société de tir d'Avesnes.

Dans les temps reculés, certains terroirs tcut entiers, ou certaines portions d'un terroir, faute de culture et d'engrais, ne pouvaient produire que de l'avoine ; la redevance était servie en nature au seigneur du lieu ; elle s'appelait *Avenagium,* avenage.

Au mot *Avenariæ,* du Cange dit : *Arva in quibus solæ excrescunt avenæ ;* ce sont des terres dans lesquelles l'avoine seule est cultivée.

Beaucoup de terres restaient en friche plusieurs années, et, de temps en temps, on y faisait une récolte d'avoine ; puis, la population et le nombre des bestiaux augmentait insensiblement avec l'aisance : ces mêmes terres produisaient diverses céréales ; mais la dénomination primitive persista assez souvent, et nous la trouvons appliquée à tous les villages que nous appelons *Avesnes.*

AVEYRONNAIS, AISE, du département de l'Aveyron.

L'*Aveyronnais* a le corps musclé et nerveux, la taille un peu massive et la physionomie sévère. Les *Aveyronnaises* ne sont mariées que fort tard ; leur constitution y gagne, ainsi que celle de leurs enfants.

MONTEIL. (Le département
de l'Aveyron.)

C'est une petite rivière, l'*Aveyron,* qui a donné son nom à ce grand et magnifique département.

AVIGNONNAIS, AISE, d'Avignon *(Pagus Avenionensis),* ch.-l. du dép¹ de Vaucluse.

Les *Avignonnais* ont une physionomie prononcée et un peu dure, et leur langue est fortement accentuée.

R. MEUNIER.

Aujourd'hui, les Juifs ne forment plus une caste particulière et leurs femmes ne se distinguent des *Avignonnaises* que par leur étonnante beauté.

L. MILLIN. (Voyage dans le midi
de la France.)

Le nom d'Avignon, *Avenio,* viendrait, suivant quelques étymologistes, des mots *a vento,* ce que semblerait confirmer ce vieux dicton latin : *Avenio ventosa, sine vento venenosa, cum vento fastidiosa.*

Avignon la venteuse,
Avec le vent fastidieuse,
Sans le vent vénéneuse.

AVOTIN, INE, d'Avot, cⁿᵉ, cᵒⁿ de Grancey, arr¹ de Dijon (Côte-d'Or).

Quand leurs brebis étaient mouillées, les *Avotins* les faisaient sécher dans un four.

Clément JANIN. (Sobriquets des villes
et villages de la Côte-d'Or.)

AVRANCHINAIS, AISE, d'Avranches, ch.-l. d'arr¹ (Manche).

Les habitants d'Avranches s'appellent des *Avranchinais.*

Cᵒⁿ du Maire d'Avranches.

La Lyre *Avranchinaise*, fanfare.

On trouve, mais à tort :

AVRANCHAIS, AISE, et AVRANCHIN, INE.

Le mot *Avranchin* doit être employé comme adjectif. On dit le pays *Avranchin.*

« Li Museur d'Avranches, » dit un vieux proverbe, qui signifie nonchalants d'Avranches.

C'est les filles d'Avranches qui lavent leur chemise le samedi pour le dimanche.

(Ancien proverbe.)

Avranches le pimpant,
Granville le puant,
Coutances le friand,
Saint-Lô le marchand.

(Vieux dicton.)

AVRANCHINAIS, AISE, de l'Avranchin *(Pagus Abrincantinus),* ancien pays de la Normandie, dont Avranches était la capitale (Manche).

---

(1) 10 communes portent le même nom ; on doit appliquer à leurs habitants la même appellation ethnique.

On a donné aux *Avranchinais* les sobriquets de *Bouiderots, Bouilloux* et *Bouilleux*. (Voir BOUIDEROT.)

AXÉEN, ÉENNE, d'Ax, ch.-l. de c^on, arr^t de Foix (Ariége).

Aïe, en celtique (eau), *Aquæ, Aquas* en latin (même signification), c'est-à-dire ville des eaux. Du mot *Aquas,* la corruption du langage fit plus tard Acqs ; de nos jours, l'orthographe et la prononciation de ce mot ont été identifiées, et la ville s'appelle Ax.
Ax est la ville des eaux par excellence. Il ne fut pas difficile de donner un nom à cette ville naissante ; on s'inspira de ce que sa topographie présentait de plus saillant et on l'appela *Aïe* selon les uns, *Acquæ* ou *Acquais* selon les autres, mots qui signifient, le premier en celte et les autres en latin, la ville des eaux. A part les trois torrents qui l'arrosent, un grand nombre de sources chaudes sourdaient et sourdent encore dans son enceinte.

AXONIEN, IENNE, du département de l'Aisne ou de l'Axonne, pays qui n'est, à proprement parler, qu'une grande portion du bassin de l'Aisne.

L'*Axonien* est un laboureur fashionable ; fort différent en cela des *Champenois*, il aime à avoir chez lui le confortable et le brillant.

HUBERT. *(Géographie historique des Ardennes.)*

On trouve également le mot *Aisnier* employé pour désigner les habitants de ce département, mais le mot *Axonien* est plus scientifique, car le nom latin de l'Aisne était *Axona.*

AYÉEN, ÉENNE, d'Ay, ch.-l. de c^on, arr^t de Reims (Marne).

Malheur à l'*Ayéen* qui, pour se débarrasser de leurs instances assommantes, consent à leur faire une aumône quelconque.

A. PROST. *(Figaro,* 1er déc. 1887. Supplément littéraire.)

AZUNOIS*, OISE, du Val d'Azun, arr^t de Bagnères-de-Bigorre (Hautes-Pyrénées).

* En patois, on dit *Asuès.*

AALONAIS, AISE, de Baalon, c^{ne}, c^{on} de Stenay, arr^t de Montmédy (Meuse).

BACALANAIS, AISE, de Bacalan, quartier de la ville de Bordeaux (Gironde).

Un groupe d'électeurs *Bacalanais*.
Le Nouvelliste de Bordeaux
(23 août 1888).

BACHANENCH, ENCHA, de Baixas, c^{ne}, c^{on} de Rivesaltes, arr^t de Perpignan (Pyrénées-Orientales).

BACHANTAIS, AISE, de Bachant, c^{ne}, c^{on} de Berlaimont, arr^t d'Avesnes (Nord).

BACHELLIER, IÈRE, de La Bachellerie, c^{ne}, c^{on} de Terrasson, arr^t de Sarlat (Dordogne).

BACQUEVILLAIS, AISE, de Bacqueville, ch.-l. de c^{on}, arr^t de Dieppe (Seine-Inférieure).

BAGNACOIS, OISE, de Bagnac, c^{ne}, c^{on} et arr^t de Figeac (Lot).

BAGNÉRAIS, AISE, de Bagnères-de-Bigorre, ch.-l. d'arr^t (Hautes-Pyrénées).
Société civile du tir *Bagnérais*.

BAGNOLAIS, AISE, de Bagnoles-les-Bains, hameau, c^{ne} de Tessé-la-Madeleine, c^{on} de Juvigni, arr^t de Domfront (Orne).

La légende de Bagnoles. Un mot sur la bibliographie *Bagnolaise*. — Cette nouvelle a paru dans le *Journal de Laferté-Macé*, sous la signature L. Duval.

BAILLEULOIS, OISE, de Bailleul, ch.-l. de c^{on}, arr^t d'Hazebrouck (Nord).
La *Bailleuloise*, journal de Bailleul.

BAILLOLAIS, AISE, de Bailleau-sous-Gallardon, c^{ne}, c^{on} de Maintenon, arr^t de Chartres (Eure-et-Loir).

BAISSIN, de la basse Normandie.
On appelle ainsi, dans le département de l'Orne, les manœuvres qui viennent de la basse Normandie travailler dans la haute. Ce mot signifie *gens du bas pays*. *Baissin*, dit L. du Bois, n'a nul rapport avec *Bessin*, le territoire de Bayeux, comme quelques personnes l'ont cru. Son origine est la même que celle de *Baissière*, liqueur du bas, du fond du tonneau.
CANEL. *(Blason populaire de la Normandie.)*

BALANAIS, AISE, de la Balagne, pays de la Corse.

Les habitants de la Balagne sont appelés *Balanais*.

(*Les Primes d'honneur en 1865*, 2ᵉ partie).

BALZATOIS, OISE, de Balzac, cⁿᵉ, cᵒⁿ et arrᵗ d'Angoulême (Charente).

Je possède un ami charmant,
Balzatois trempé de Normand.
E. CARRANCE. *(Contes grivois.)*

BANYULEN *, ÈNE, de Banyuls-sur-Mer, cⁿᵉ, cᵒⁿ d'Argelès, arrᵗ de Céret (Pyrénées-Orientales).

La Convention nationale décréta que les *Banyulens* avaient bien mérité de la patrie.
P. VIDAL. *(Guide des Pyrénées-Orientales.)*

On dit aussi :
BANYULENCH, ENCHA.

Les *Oreillards*, tel est le surnom des *Banyulenchs* ou habitants de Banyuls.
GAIDOZ et SEBILLOT. *(Blason populaire de la France.)*

On dit aussi :
BANYULÉEN, ÉENNE.

La principale industrie des *Banyuléens* est la pêche.
P. VIDAL. *(Guide des Pyrénées-Orientales.)*

On trouve également :
BANYULAIS, AISE.

Entraînés par l'appât de la vente facile et fructueuse du vin, les *Banyulais* lui avaient trop inconsidérément sacrifié une autre culture, celle des oliviers.
Ch. AUBERT. *(Le Littoral de la France.)*

* Du mot de basse latinité *bagnum* pour *balneum*. (Voir le Glossaire de Ducange.) De ce mot sont venus baigner, baigneur, baignoire, ainsi que les noms de Bagnères, Bagneux, Bagnolet, etc.

BAPAUMOIS, OISE, de Bapaume, ch.-l. de cᵒⁿ, arrᵗ d'Arras (Pas-de-Calais).

Pour désigner l'habitant de Bapaume, on dit *Bapaumois, oise*.
Cᵒⁿ du Maire de Bapaume.

BARBENTAN, ANE, de la Barben, cⁿᵉ, cᵒⁿ de Salon, arrᵗ d'Aix (Bouches-du-Rhône).

BARBENTANAIS, AISE, de Barbentane, cⁿᵉ, cᵒⁿ de Château-Renard, arrᵗ d'Arles (Bouches-du-Rhône).

Ah ! si un beau dimanche le temps voulait rire et le ciel se faire bleu sur Paris ; si *Barbentanais* et *Barbentanaises*, bras-dessus, bras-dessous, tambourins en tête, voulaient, comme dans Avignon, dans Arles, essayer d'une promenade à travers la ville, s'arrêtant de loin en loin, aux endroits propices, pour donner une aubade et danser, le succès serait grand et la quête fructueuse.
Paul ARÈNE. *(Le Gil Blas,* 31 décembre 1886.)

BARBEZILIEN, IENNE *(Territorium Barbezillense)*, de Barbezieux, ch.-l. d'arrᵗ (Charente).

Plusieurs conférences ont déjà été faites à Barbezieux, sous les auspices du Cercle *Barbezilien* de la Ligue de l'enseignement.
La Charente (9 mars 1887).

BARCELONNETTAIN, AINE, de Barcelonnette, ch.-l. d'arrᵗ (Basses-Alpes).

Les habitants de Barcelonnette sont appelés *Barcelonnettains*.
Cᵒⁿ du Maire de Barcelonnette.

BARÉGEOIS, EOISE, de Barèges *(Vallis Baredgina)*, hameau très important (eaux minérales), c^{ne} de Betpouey, c^{on} de Luz, arr^t d'Argelès (Hautes-Pyrénées).

Les Anglais furent chassés, vers l'an 1392, du fort de Sainte-Marie, chassés du fort de Castelnau d'Azun et de toutes nos vallées ; ils furent obligés de fuir devant les *Barégeois* victorieux. Ces derniers étaient commandés par un de ces héros que la France improvise toujours au moment du danger, Auger Coufitte, de Luz, qui, à la tête de la noblesse *Barégeoise*, avait entrepris avec autant d'énergie que de succès la délivrance de son pays.

Bascle de Lagrèze. (Histoire de Lourdes.)

BARENTINOIS, OISE, de Barentin, c^{ne}, c^{on} de Pavilly, arr^t de Rouen (Seine-Inférieure).

On appelle les habitants de Barentin des *Barentinois*.

C^{on} du Maire de Barentin.

BARETON, ONE, de la vallée de Baretons (Basses-Pyrénées).

La race *Baretone* de la vallée de Baretons (Basses-Pyrénées) est excellente pour le travail, quoiqu'elle soit moins forte que la race *Basquaise*.

(Les Primes d'honneur en 1865, 2° partie).

BARISIEN, IENNE, de Bar-le-Duc*, ch.-l. du dép^t de la Meuse.

Bar-le-Duc a son cercle *Barisien* de la Ligue de l'enseignement et une fanfare, qui a pris le nom de *Barisienne*.

Barrum signifie barrière, élévation, et, par extension, place fortifiée.

BARJONNAIS, AISE, de Barjon, c^{ne}, c^{on} de Grancey, arr^t de Dijon (Côte-d'Or).

Les *Barjonnais* sont-ils les bien

nommés : *Les dépendou d'andouille*, c'est-à-dire les imbéciles?

Clément Janin. (Sobriquets des villes et villages de la Côte-d'Or.)

BARMONTOIS, OISE, du petit pays de Barmont (Creuse), dont la ville principale est la *Celle-Barmontoise*, c^{ne}, c^{on} de Crocq, arr^t d'Aubusson (Creuse).

BAROT, OTE, de Bar, ch.-l. de c^{on}, arr^t de Grasse (Alpes-Maritimes).

Les habitants du canton de Bar sont désignés sous le nom de *Barots ;* ceux du canton de Broc sont connus sous le nom de *Broquois*.

(Les Primes d'honneur en 1865, 2° partie).

BARRANNAIS, AISE, de Barran, c^{ne}, c^{on} et arr^t d'Auch (Gers).

Barran,
Pays de brâme-pain,
Argent et bonnes coutumes,
Les *Barrannais* en ont comme les
[crapauds
Plumes.

(Vieux dicton.)

BARROIS, OISE, du Barrois *(Pagus Barrensis),* ancien district de la Lorraine (Meuse).

La population *Barroise.* (Dictionnaire de Trévoux.)

On dit également :

BARISIEN, IENNE.

Est-il certain, ainsi que l'assurent les publicistes et les jurisconsultes, que toute la noblesse *Champenoise, Briésienne, Artésienne* et *Barisienne,* c'est-à-dire tous les Français habitants ou possesseurs dans ces provinces, périrent dans cette bataille? (Bataille de Fontenay.)

M. de Torcy. (Recherches sur la Champagne.)

BARROIS, OISE, de Bar-sur-Seine, ch.-l. d'arr^t (Aube).

On doit le dire à l'honneur des *Barrois* du XIV° siècle, ils pratiquèrent, les premiers peut-être, un principe de stratégie, que M. Viollet Le Duc proclame hautement de nos jours.

A. Saint-Paul. *(Bar-sur-Seine.)*

On trouve également :

BAR-SEQUANAIS, AISE.

BARSACAIS, AISE, de Barsac, c^ne, c^on de Podensac, arr^t de Bordeaux (Gironde).

Les *Barsacaises*, si coquettes sous leur foulard crânement planté sur le chignon !

La Petite Gironde (23 juillet 1888).

BAR-SUR-AUBOIS, OISE, de Bar-sur-Aube, ch.-l. d'arr^t (Aube).

Les *Bar-sur-Aubois* traitèrent avec mépris les sommations du duc de Guise.

Aug. Chevallier. *(Bar-sur-Aube.)*

BAS-ALPIN, INE, du département des Basses-Alpes.

On peut juger de l'état financier du pays après de si longs troubles et de celui en particulier de nos villes *Bas-Alpines*.

J.-J.-M. Feraud. *(Histoire géographique des Basses-Alpes.)*

BAS-BRETON, BASSE-BRETONNE, de la Basse-Bretagne.

C'était le type du matelot *Bas-Breton*, dans toute la force de sa nature brute.

F. Soulié.

On trouve au féminin :

BASSE-BRETTE.

Nous vîmes au bal une *Basse-Brette* qu'on nous avait assuré qui levait la paille ; ma foi elle était ridicule.

Mme de Sévigné.

BAS-NAVARRAIS, AISE, de la Basse-Navarre, ancienne petite province faisant partie des pays Basques. (Voir Basque, Navarrais, Cis-Pyrénéen.)

BAS-NORMAND, BASSE-NORMANDE, de la Basse-Normandie.

M. Oscar Havard est un intelligent collectionneur de contes *Bas-Normands*.

Le Héricher. *(Littérature populaire de Normandie.)*

BASQUE *, au féminin BASQUE, mais mieux BASQUAISE, des pays Basques *(Basconia)* (Basses-Pyrénées). (Voir Escualdunais, Euskarien et Biskaïen.)

Pendant son séjour à Bayonne, Murat s'était formé une garde d'honneur de trois cents *Basques*.

Ader. *(Histoire du Béarn.)*

.... Tel est le costume de la jeunesse *Basque* dans les fêtes les plus brillantes : les hommes mariés mettent, les jours de fête, un habit de drap.

G. Serviez. *(Statistique du département des Basses-Pyrénées.)*

Le costume des femmes n'offre aucune particularité remarquable ; mais les agaçantes *Basquaises* ont un grand charme par la grâce et la pétulance de leurs mouvements, comme par l'expression et la vivacité de leurs regards.

Ch. Cassou. *(Le Béarn.)*

* Le mot Basque vient du mot *Vasco*, qui, dans le langage des *Basques*, veut dire *homme*, dans le sens du mot latin *vir*, c'est-à-dire homme supérieur par ses qualités.

Le pays Basque était formé du Labourd, de la Soule et de la Basse-Navarre ; cette dernière était divisée en trois communautés anciennement distinctes, sous les noms de *Mixe*, *Ostabaret* et

Cise. (Voir Labourdin, Souletin, Cis-Pyrénéen.)

BASSAMAN, ANE, de Grand-Bassam, dépendance du Sénégal, arr^t de Gorée ; comptoir français fortifié qui domine les Côtes d'Or et des Dents (Afrique).

A deux milles environ de la barre, sur la rive droite et en face d'Akba, s'élève le grand village indigène qui sert de résidence au roi des *Bassa-mans.*

Fern. Hue et Georges Haurigot.
(Nos petites colonies.)

BASSE-INDRAIS, AISE, de la Basse-Indre ; hameau important, c^ne d'Indre, c^on et arr^t de Nantes (Loire-Inférieure).

BASSÉNOIS, OISE, de Bassens, c^ne, c^on de Carbon-Blanc, arr^t de Bordeaux (Gironde).

BASSETERRIEN, IENNE, de la Basse-Terre, capitale de l'île et du gouvernement de la Guadeloupe.

Lors de l'incendie de la Pointe-à-Pitre, les *Basseterriens* mirent un très grand empressement à porter secours aux victimes.

A. Lacour. *(Histoire de la Guadeloupe,* t. 2. p. 17.)

BASSOIS, OISE, de Bas-en-Basset, ch.-l. de c^on, arr^t d'Yssingeaux (Haute-Loire).

BASTIAIS, AISE, de Bastia, ch.-l. d'arr^t (Corse).

La population *Bastiaise* est absolument calme, mais les cerveaux sont un peu échauffés.

H. Durbec. *(Figaro,* 19 février 1887.)

BASTIDIEN, IENNE de la Bastide (1), quartier de la ville de Bordeaux (Gironde).

____

(1) 42 communes portent le nom de *Bastide* ou *La Bastide ;* on doit appliquer à leurs habitants la même appellation ethnique.

La *Bastidienne,* société de gymnastique et de tir.

* Le mot *Bastida* servait primitivement à désigner un lieu fortifié ; mais il a perdu peu à peu ce sens-là et il signifie, surtout à présent, une propriété d'agrément.

BAS-VESTIER, IÈRE, paysan et paysanne du Bas-Maine, surtout des arrondissements de Laval et de Mayenne.

La forme de la veste ou du gilet a dû être pour quelque chose dans l'origine de cette qualification, que le Dictionnaire de Trévoux indique comme injurieuse, je ne sais pourquoi. Il est probable que les habitants de cette contrée montraient autrefois, comme aujourd'hui, une propension bien plus marquée que les autres Manceaux à conserver religieusement les anciens usages et les anciens costumes de leurs pères. — Je ne pense pas qu'il y ait en cela rien qui puisse donner lieu au mépris, bien au contraire. (Voir le *Vocabulaire du Haut-Maine,* par C. R. de M.)

BATIGNOLLAIS, AISE, des Batignolles, quartier de la ville de Paris.

.... Ce n'est pas à Tartarin qu'on fait prendre des vessies pour des lanternes.... et des *Batignollaises* pour des Mauresques.

Parisis. *(Le Figaro,* 15 janvier 1887.)

BEAUGEOIS, EOISE, de Baugé *(Pagus Balbiacensis),* ch.-l. d'arr^t (Maine-et-Loire).

La *Beaugeoise,* société de tir.

BAUJU, des Bauges*, ancien district de la Savoie.

On appelle *Baujus* les habitants des Bauges.

C^on de M. Ducis, archiviste de la Haute-Savoie.

* On appelle *Bauges,* du latin *Boviciæ,* un immense plateau de pâturages situé dans le pays montagneux du canton de Châtelard, dans l'arrondissement de Chambéry (Savoie).

BAUMOIS, OISE, de Baume-les-Dames, ch.-l. d'arr^t (Doubs).

On dit *Baumois, oises,* pour désigner les habitants de Baume.

C^{on} du Maire de Baume.

BAYEUSAIN, AINE, de Bayeux, ch.-l. d'arr⁴ (Calvados).

J'ai enfin vu un bonnet *Bayeusain !* C'est bizarre, plus que gracieux et ne sied qu'à un visage jeune et joli.

CAZIN. *(Journal d'un Touriste.)*

Tout le monde a entendu vanter la stature des *Caennais* et la beauté des *Bayeusaines.*

CANEL. *(Blason populaire de la Normandie.)*

Au XIII⁰ siècle, les *Bayeusains* étaient qualifiés de *Juréors* (jureurs), par allusion à l'élasticité de leur conscience ; on les appelait et on les appelle encore *Clichards* ou *foireux,* par allusion, dit M. Canel *(Blason de Normandie),* à quelque épidémie dyssentérique qui sévit sur cette ville. On dit encore en Normandie : « Avoir madame de Bayeux, » « être visité par madame de Bayeux, » lorsqu'on a... ce que vous devinez bien.

BAYLE, nom donné aux bergers de la Crau *(craou,* terrain pierreux), ancien district de la Provence.

La Crau n'était primitivement qu'un pâtis, dont les uniques habitants étaient les *Bayles,* ou pasteurs des troupeaux transhumants.

E. RECLUS. *(Géographie de la France.)*

On désigne encore les pâtres de la Crau sous le nom d'*Escabouets.*

... Ces Arabes provençaux s'appellent *Escabouets ;* ils traversent la Provence en longues caravanes.

Tax. DELORD. *(La Provence.)*

Les *Bayles* sont encore appelés *Payres.*

Les *Bayles* ou *Payres* étaient, en 1862, au nombre de 1,283.

G. HEUZÉ. *(Les Primes d'honneur en 1872.)*

BAYONNAIS, AISE *, de Bayonne, ch.-l. d'arr⁴ (Basses-Pyrénées).

Les *Bayonnais* sont polis, affables et prévenants ; leurs mœurs sont douces et leur société fort agréable.

THORE. *(Promenade dans le golfe de Gascogne.)*

Comme toutes les femmes fortement impressionnables, les *Bayonnaises* aiment la musique et la danse.

F. MOREL. *(Histoire de Bayonne.)*

* Bayonne s'appelait autrefois *Lapurdum ;* vers 1690, cette ville dépouilla son vieux nom et fut appelée officiellement, dans les titres et les actes publics, Bayonne *(Baia ona),* de deux mots basques, qui signifient bonne baie. Cette étymologie est absolument rationnelle, car le port de Bayonne, qui est formé par le confluent de deux rivières, l'Adou et la Nive, offre aux navigateurs un mouillage sûr, profond et commode.

BAZADAIS, AISE, de Bazas * *(Ager Vazatensis),* **ch.-l. d'arr⁴ (Gironde).**

Richard, père de Henri III, à la tête d'une nombreuse armée, força les *Bazadais* et les autres habitants de la province à courber la tête sous le joug de la domination anglaise.

DUCOURNEAU. *(Guienne historique et monumentale.)*

* On appelle les habitants de Bazas des *Cousiots,* de *Cossium,* le nom primitif de leur ville ; ce nom fut donné à Bazas par les Phocéens ; ils appelaient les habitants du *Bazadais,* des *Cocosates. Cous* signifie terre ; les Cocosates étaient donc les enfants de la terre, ce qui signifiait, dans les temps primitifs, les enfants de la plaine. Leur ville, *Cossium,* a laissé son nom aux Landais des environs de Bazas que l'on appelle *Cousiots,* comme nous venons de le dire.

BAZEILLAIS, AISE, de Sainte-Bazeille, c^{ne}, c^{on} et arr⁴ de Marmande (Lot-et-Garonne).

Nous félicitons le correspondant *Bazeillais* de la *France !*

La Petite Gironde (22 juillet 1888).

BÉARNAIS, AISE, du Béarn *(Pagus Benearnensis),* **ancienne province de la France (Basses-Pyrénées).**

Le *Béarnais* parle le Gascon.

ADER. *(Histoire du Béarn.)*

Le meilleur travail et le plus complet qui ait été jusqu'ici publié sur le Béarnais est la *Grammaire Béarnaise*, de M. Lespy. (Pau, 1858.)

> *Béarnès,*
> Faus et courtès,

dit un vieux proverbe qui signifie que le *Béarnais* est faux, mais courtois.

BEAUCAIROIS, OISE, de Beaucaire *; ch.-l. de c^on, arr^t de Nîmes (Gard).

Est-ce que nos deux *Beaucairois* ne voulaient pas s'égorger à propos de la Sainte-Vierge ?
> A. Daudet. *(Lettres de mon moulin.)*

On trouve également :
BEAUCAIRIEN, IENNE.
« Tomber de *Beaucairien* en Tarasconnais. »
> E. de La Bédollière.
> *(Le Languedocien.)*

* C'est le mot celtique *Cair*, qui veut dire pierre, que nous retrouvons ici dans la formation du mot Beaucaire.

BEAUCERON, ONNE, de la Beauce *(Belsia)*, ancien pays de la France (Eure-et-Loir, Loiret, Seine-et-Oise).

Cette coiffure avenante (le bonnet *Beauceron*), sied fort bien au teint vermeil des *Beauceronnes*, qui savent toutes l'ajuster avec un goût parfait.
> N. Parfait. *(Français peints par eux-mêmes.)*

BEAUFORTEN, ÈNE, ou **BEAUFORTAIN, AINE**, de Beaufort, ch.-l. de c^on, arr^t d'Albertville (Savoie).

Les habitants de Beaufort sont appelés *Beaufortens*.
> C^on de M. Ducis, archiviste
> de la Haute-Savoie.

BEAUJOLAIS, AISE, du Beaujolais *(Pagus Bellojocensis)*, ancienne province du gouvernement de Lyon (Rhône).

Un jeune frère du roi Louis-Philippe, mort à l'île de Malte, en 1802, a été le dernier seigneur titulaire des *Beaujolais*.
> *(Anciennes provinces de la France.)*

BEAUJOLAIS, AISE, de Beaujeu, ch.-l. de c^on, arr^t de Villefranche (Nord).

On appelle *Beaujolaise* un genre de toile qui se fabrique dans les environs de Villefranche.
> Larousse. *(Encyclopédie.)*

BEAUMONTOIS, OISE, de Beaumont-de-Lomagne (1), ch.-l. de c^on, arr^t de Castelsarrazin (Tarn-et-Garonne).

La Lyre *Beaumontoise*, société musicale.

BEAUNOIS, OISE, de Beaune (2) *(Pagus Belnensis, Belna)*, ch.-l. d'arr^t (Côte-d'Or).

Je n'oserais jurer que les *Beaunois* aient encore pardonné à Piron ses malicieux brocards.
> Emile Montaigut. *(Revue des Deux-Mondes, 1er nov. 1872.)*

Beaune est très connue par les plaisanteries que le poète Piron faisait contre ses habitants, qu'il avait surnommés les *ânes de Beaune*... Quelquefois, on le voyait aux environs de Beaune, arrachant tous les chardons, et quand on lui en demandait la raison, il répondait : « Je suis en guerre avec les *Beaunois*, je leur coupe les vivres. »

Dans le XIIIe siècle, il y avait à Beaune une maison de commerce des plus importantes, dont le propriétaire s'appelait M. Lasne. Lorsqu'on voulait parler d'un commerce bien établi, on citait les *Lasne de Beaune*... Plus tard, on parla, sans se rendre compte, des ânes de cette ville et le nom resta aux habitants.

---

(1) 45 communes portent le nom de *Beaumont* ; on doit appliquer à leurs habitants la même appellation ethnique.

(2) 5 communes portent le même nom : même remarque que ci-dessus.

BEAUNOIS, OISE, de Beaune-la-Rolande *, ch.-l. de c^{on}, arr^t de Pithiviers (Loiret).

En 1429, les *Beaunois* envoyèrent du secours à la ville d'Orléans et combattirent sous l'étendard de Jeanne d'Arc, contre les Anglais.

Abbé PATRON. *(Recherches historiques sur Pithiviers.)*

* Le nom de Beaune vient de *Balna*, mot qui, d'après M. Quicherat, dériverait de *Belnus*, divinité païenne ; le nom de *Rolande* vient sans doute de Roland, neveu de Charlemagne, seigneur de Beaune, au commencement du IXe siècle.

BEAUVAISIEN, IENNE, de Beauvais * *(Pagus Belvacensis, Bellovacum)*, ch.-l. du dép^t de l'Oise.

Tous les *Beauvaisiens* sont également fiers de leur héroïque compatriote Jeanne Hachette.

Encyclopédie du XIXe siècle.

La ville de Beauvais a sa société de tir et de gymnastique, à laquelle on a donné le nom de La *Beauvaisienne.*

On dit aussi :

BEAUVAISIN, INE.

Les *Beauvaisins*, tout occupés de leurs intérêts et de leur commerce, ne montrent pas beaucoup de goût pour le spectacle.

TREMBLAY. *(Notice sur la ville de Beauvais.)*

. * Beauvais était la capitale des Bellovaques *(Bellovaci)*, d'où son nom s'est formé.

BÉDARICIEN, IENNE, de Bédarieux, ch.-l. de c^{on}, arr^t de Béziers, (Hérault).

Cercle *Bédaricien* de la Ligue de l'enseignement.

... Il assistera lui-même à l'accomplissement du vœu, et, se faisant

Bédaricien pour quelques instants, avec la ville entière, il montera à Capimont pour le vœu de ses pères.

Abbé J.-H. BASCOUL. *(Histoire du pélerinage de la ville de Bédarieux à N.-D.-de-Capimont.)*

BÉDARRIDAIS, AISE, de Bédarrides, ch.-l. de c^{on}, arr^t d'Avignon (Vaucluse).

On appelle *Bédarridais* les habitants de Bédarrides.

C^{on} du Maire de Bédarrides.

BÉGLAIS, AISE, de Bègles, c^{ne}, c^{on} et arr^t de Bordeaux (Gironde).

La Lyre *Béglaise*, fanfare.

BELFORTAIN, AINE, de Belfort, territoire rattaché au département de la Haute-Saône.

Sur la colline de la Miotte, se trouve une sorte de tour ou pyramide en maçonnerie, qui a été détruite aux trois quarts pendant le siège par les projectiles allemands. Cette tour a été bâtie, selon les uns, à l'époque gallo-romaine, selon les autres au moyen-âge ; c'est une sorte d'observatoire d'où l'on voit fort loin dans la campagne environnante. Elle sert de but de promenade et est entourée d'un respect traditionnel par les *Belfortains* et les gens des villages d'alentour.

Le Magasin pittoresque (mars 1884).

La Lyre *Belfortaine*, société musicale.

BELLACQUAIS, AISE, de Bellac, ch.-l. d'arr^t (Haute-Vienne).

Revenons aux *Bellacquais* du XVIe siècle ; lors des troubles suscités par la Ligue non seulement à Paris, mais dans un grand nombre de provinces...

Dr PHILIPS. *(Vacances en Limousin.)*

On trouve aussi :

BELLACHON, ONE.

BELLÉMOIS, OISE, de Bellême *(Pagus Bellismensis)*, ch.-l. de c^on, arr^t de Mortagne (Orne).

BELLEVILLOIS, OISE, de Belleville (1), quartier de Paris (Seine).

Sous Charles VI, c'est Pointronville
Qu'on nomma ce pays, je crois ;
Moi, je préfère Belleville...
Qu'en pensez-vous, *Bellevillois ?*
Paris et ses Quartiers, par les Membres du Caveau.

Le bataillon des fleuristes...... toute une évocation de la descente des faubourgs, quand, dans l'aurore rose d'une claire journée, *Bellevilloises* et *Montmartraises* s'égrènent en essaims vers Paris, pour butiner la lampée de miel et la goutte d'eau qui fait vivre.
Paul ARÈNE. *(Divagations sentimentales.) Gil Blas,* 11 avril 1886.

BELLEYSAN, ANNE, de Belley, ch.-l. d'arr^t (Ain).

Brillat-Savarin, l'illustre auteur de la *Physiologie du goût,* était *Belleysan.*
Note de B. S., avocat à Belley.

On trouve aussi :

BELLEYSIEN, IENNE.

Le terme correspondant dans le patois est *Belleysan.*

---

(1) 6 communes portent le même nom ; on doit appliquer à leurs habitants la même appellation ethnique.

Cette ville doit son nom à cette particularité qu'elle était placée sous la protection de Bellone pendant la domination romaine.

BELLILOIS, OISE, de Belle-Isle-en-Mer, île sur l'Océan, dont le Palais est le chef-lieu, arr^t de Lorient (Morbihan).

Le *Bellilois,* en général, n'a pas un grand esprit d'initiative, mais il est observateur.
Ch. AUBERT. *(Le Littoral de la France.)*

Les marins réclamèrent de la bienveillance *Belliloise* un ormeau propre à réparer leurs pertes.
Carpentier, à Nantes. *(Galerie Armoricaine.)*

On trouve également :

BELLE-ILOIS, OISE.

Il faut quitter l'île à la hâte, car l'heure s'avance ; on s'embarque sur le *Belle-Ilois,* qui nous emporte à toute vapeur.
Excursion du Morbihan. *(Association française pour l'avancement des sciences,* 1875.)

BELVÉZOIS, OISE, de Belvès, ch.-l. de c^on, arr^t de Sarlat (Dordogne).

Nous sommes persuadés que les *Belvézois* ont vu d'un bon œil la récompense accordée à M. Selter.
L'Avenir de la Dordogne. (7 nov. 1885.)

BENAUGEAIS, EAISE, de la Benauge *(Benalgiæ, Pagus Benaugensis)*, petit-pays de l'ancien Bordelais, dont la ville principale était Cadillac (Gironde).

BENGALI, du Bengale, une des quatre grandes divisions de l'Indous-

.taïn, où se trouve Chandernagor, possession française (Asie).

Le genre du mot *Bengali* offre une particularité singulière ; comme substantif et adjectif masculin, il prend la marque du pluriel : les *Bengalis*, les peuples *Bengalis*. Il ne prend jamais la marque du féminin, et, à ce genre, il ne s'emploie qu'adjectivement. Ainsi, l'on dira : les usages *Bengalis*, les coutumes *Bengalis*.

LAROUSSE. *(Encyclopédie.)*

A Londres, ils n'ont aucune idée de la femme *Bengali* et du croisement des races.

MÉRY.

Méry a également employé le mot *Bengalien*.

Ils inclinaient encore la tête du côté de Nizam, pour recueillir le dernier écho de la mélodie *Bengalienne*.

MÉRY.

BERBÈRE, grande race autochtone que l'on trouve répandue dans nos possessions Algériennes. (Voir KABYLE.)

Les *Berbères* ou *Kabyles* sont les aborigènes qui se rencontrent dans toutes les parties de l'Afrique septentrionale.

H. FISQUET. *(Atlas de la France.)*

BERCHÉRIEN, IENNE, de Berchères-les-Pierres, cne, con et arrt de Chartres (Eure-et-Loir).

La *Berchérienne*, cie d'assurances.

On dit aussi :

BERCHERIOT, IOTE.

BERCKOIS, OISE, de Berck-sur-Mer *, cne, con et arrt de Montreuil (Pas-de-Calais).

Le lapin *Berckois* est particulièrement difficile à occire.

A. MARX. *(Figaro, 17 avril 1887.)*

* *Berck*, *Berg* et *Bergues* signifient élévation, point culminant.

BERGERACOIS, OISE, de Bergerac, ch.-l. d'arrt (Dordogne).

Il y a longtemps déjà que la ville de Bergerac a fondé un « Cercle *Bergeracois* de la Ligue de l'enseignement. »

Il ne faut pas chercher dans la contrée *Bergeracoise* des monuments religieux intéressants à étudier.

(Notices historiques sur le Périgord.)

BERGUOIS, OISE, de Bergues *, ch.-l. de con, arrt de Dunkerque (Nord).

On dit aussi, dans le langage courant, *Berguenard*, *arde*, sans doute à cause de l'appellation *Bergennière* en flamand, langue qui est encore en usage dans cette ville. On dit la race *Berguenarde* en parlant d'une espèce bovine assez recherchée dans le Nord.

Con du Maire de Bergues.

* *Bergues* vient du mot tudesque *Berg*, qui signifie hauteur, éminence. Ce mot se retrouve dans plusieurs noms de localités, Berg, Bergheim (Alsace), Berguenette (Pas-de-Calais), etc.

BERGUSIEN, IENNE, de Bourgoin, ch.-l. de con, arrt de La Tour-du-Pin (Isère).

Les habitants de Bourgoin sont appelés *Bergusiens*.

Con du Maire de Bourgoin.

BERLAUDIN, INE, sobriquet des habitants de Soulanger, cne, con de Doué, arrt de Saumur (Maine-et-Loire).

71

Il semble que *Berlaudins* voudrait dire farceurs.

GAIDOZ et SEBILLOT. *(Blason populaire de la France.)*

En Anjou se trouve le substantif *Berlauderies,* avec le sens de farces. D'après Menière *(Glossaire Angevin), Berlaudin* viendrait de Berlaud, qui aime le brelan.

BERNAYEN, ENNE, de Bernay*, ch.-l. d'arr^l (Eure).

Le *Bernayen,* journal.

* Un des titres distinctifs adoptés par la féodalité et qu'on voit apparaître avec elle, c'est la qualification *Ber* et *Bar,* dont nous avons fait *Baron.* Le domaine du *Ber* a reçu la dénomination de *Berne,* d'où sont venus Bernage, Bernaud, Bernay, etc.

BERNOTOIS, OISE, de Bernot, c^ne, c^on de Guise, arr^l de Vervins (Aisne).

Société *Bernotoise* des anciens élèves de l'école.

BERRANIS, nom sous lequel les Algériens désignent les gens du dehors qui viennent vivre en Algérie et principalement les gens de Tunis et du Maroc.

Les *Berranis,* ou gens du dehors, forment une population flottante d'origine et de race diverses, dont nous ignorons souvent les antécédents, la moralité, ainsi que la langue, qui échappe même quelquefois au savoir de nos interprètes.

A. BEHAGHEL. *(L'Algérie.)*

Au milieu des Hadars ou citadins indigènes de l'Algérie vivent les *Berranis* ou gens du dehors, gens d'origine ou de race diverses, dont nous ignorons souvent les antécédents, la moralité, ainsi que la langue, qui échappe même quelquefois au savoir de nos interprètes. Ces

72

étrangers ou *Berranis* sont les *Biskris,* les *Kabiles,* les *Mzitis,* les *Nègres,* les *Mzabis* et les *Lar'ouatis ;* puis les gens de Tunis ou du Marok, connus plus particulièrement sous la désignation de *Berranis.* Tous viennent momentanément exercer leur industrie dans les principaux centres des populations du Tell.

L. PIESSE. *(Itinéraire de l'Algérie.)*

BERRATIN, INE, de Berre, ch.-l. de c^on, arr^l d'Aix (Bouches-du-Rhône).

BERRUYER, ÈRE, du Berry * *(Pagus Bituricus),* ancienne province de la France.

La troisième partie (le Berry) sert au pâturage du bestail et particulièrement des moutons et brebis, lesquels portent des laines beaucoup plus fines et déliées qu'en nuls aultres endroits et d'icelles tirent les *Berruyers,* merveilleux profits.

DE NICOLAY. *(Le Berry,* ch. II, 1570.)

Mais le terme populaire est :

BERRICHON, ONNE.

La profonde apathie du *Berrichon* laisse toujours quelque chose d'inachevé.... Je sais plusieurs complaintes et ballades *Berrichonnes* qui n'ont plus ni rime ni raison.

GEORGES SAND.

Les habitants du Berry donnent aux habitants de la forêt de Saint-Martin, qui cultivent spécialement les arbres fruitiers, le nom de *Foratins.* Ce nom signifie *étrangers ;* les *Foratins* sont, d'après M. F. Pyat, les restes de l'invasion anglaise du temps d'Edouard, et ils ont conservé, toujours d'après lui, un léger accent britannique, une stature rigide, des yeux bleus et la peau blanche.

BERRUYER, ÈRE, de Bourges * *(Pagus Bituricensis),* ch.-l. du dépt du Cher.

A différentes époques, les *Berruyers* ont prouvé par leur valeur qu'ils n'avaient pas dégénéré de ces Gaulois qui opposèrent à César une si longue et si glorieuse résistance.

A. Hugo. *(France pittoresque.)*

Ce nom se trouve mêlé aux grands événements de l'histoire *Berruyère*.

De Balzac.

* Bourges est l'ancienne *Avaricum*, capitale des Bituriges ; dès le IIe siècle de l'ère chrétienne, *Avaricum* prit le nom de sa population et fut nommée *Biturrica*.

L'expression *Asinus in cathedrâ* a pris naissance, dit-on, dans la ville de Bourges. Voici à quel propos : César s'étant rendu maître de Bourges, y avait établi comme gouverneur un officier romain, nommé Asinius Pollio. Les Gaulois vinrent un jour assiéger la ville ; Asinius était malade. Pour ranimer par sa présence le courage de ses troupes, il se fit porter sur le champ de bataille dans un fauteuil, et l'on vit *Asinius in cathedrâ...* Asinius dans un fauteuil, d'où, par corruption, on en vint à dire plus tard *Asinus in cathedrâ*, un âne dans un fauteuil, allusion que l'on ne manque pas de faire lorsqu'on voit un ignorant se prélasser dans un fauteuil !

BERVILLAIS, AISE, de Berville-sur-Mer *, c^{ne}, c^{on} de Beuzeville, arr^t de Pont-Audemer (Eure).

Les hommes des champs, qui prisent leurs travaux agricoles beaucoup plus que l'occupation périlleuse et peu lucrative de la pêche, n'ont trouvé rien de mieux à faire que d'appliquer aux *Bervillais* le sobriquet de *Crablins*.

Canel. *(Blason populaire de la Normandie.)*

On appelle *Crablin* le poisson de petite espèce qui est vendu comme rebut... Le sobriquet des *Bervillais* ne présente donc rien de désavantageux pour leur caractère et n'est pas une allusion à leur industrie.

* Berville, ville du Ber, du baron, du seigneur. (Voir ci-dessus au mot Bernayen.)

BESNETIN, INE, de Besné, c^{ne}, c^{on} de Pontchâteau, arr^t de Saint-Nazaire (Loire-Inférieure).

BESSANAIS, AISE, de Bessan, c^{ne}, c^{on} d'Agde, arr^t de Béziers (Hérault).

L'Union musicale *Bessanaise*, harmonie.

BESSIN, INE, du Bessin *(Pagus Baïocensis)*, ou pays de Bayeux (Normandie).

Dans l'arrondissement de Pont-Audemer, on emploie assez communément le mot *Bessin* ou *Bessine* comme synonyme de sot, niais, étourdi.

Canel. *(Blason populaire de la Normandie.)*

BETGMALAIS, AISE, de Betgmale, c^{ne}, c^{on} de Castillon, arr^t de Saint-Girons (Ariège).

L'appellation patoise est *Bemalous*.

Vous connaissez le singulier costume des *Bemalous* et leur caractère probe et grave ; quant aux *Betgmalaises*, elles ont toutes les bras nus jusqu'au-dessus du coude ; leurs jambes sont également nues ; une bavette retient leur gorge.

Dr Bordes-Pagès. *(Les Eaux minérales d'Aulus.)*

Ce qui appelle surtout l'attention des étrangers dans ce recoin du Castillonnais, c'est le costume des *Bethmalaises*, si habiles à relever leur beauté par une fine coquetterie.

J. Pomiès frères. *(L'Ariège.)*

Les sabots atteignent chez les *Bethmalaises* leur plus haut degré de perfection et d'élégance ; ils sont légers, un peu recourbés d'avant en arrière à leur base, de manière à se prêter au mouvement de rotation que fait le pied en montant ; la proue en est haute et parfaitement arrondie. Le fiancé se pique d'en faire à sa future un cadeau digne d'elle ; plus grande est son affection, plus élevée est la pointe des sabots qu'il offre ; il en parsème le dos de cœurs et de figures en clous brillants, tandis qu'elle, à son tour, tresse à son fiancé de belles jarretières à flocons rouges.

J. POMIÈS frères. *(L'Ariège.)*

BÉTHARRAMITE, ou **BÉTHARRAMISTE** *, de Bétharram, ham., cⁿᵉ de Lestelle, cᵒⁿ de Nay, arrᵗ de Pau (Basses-Pyrénées).

Les *Bétharramites* sont voués à l'enseignement et à la prédication.

LAROUSSE. *(Encyclopédie.)*

* Le mot *Bétharram* est formé de deux mots béarnais : *beth*, qui signifie *beau*, et *arram*, qui veut dire *rameau*.

Il y avait autrefois à Bétharram un lieu de pèlerinage qui eut son heure de célébrité ; il est complètement abandonné depuis la fondation du pèlerinage de Lourdes.

BÉTHUNOIS, OISE, de Béthune, ch.-l. d'arrᵗ (Pas-de-Calais).

Le Petit *Béthunois*, journal d'annonces.

BEUZEVILLAIS, AISE, de Beuzeville, ch.-l. de cᵒⁿ, arrᵗ de Pont-Audemer (Eure).

Traiter les Saint-Léonardiens de *Beuzevillais*, c'est comme si on leur reprochait d'être restés, malgré leur qualité de citadins, aussi étrangers au progrès social que s'ils eussent été habitants d'une simple bourgade.

CANEL. *(Blason populaire de la Normandie.)*

On dit en Normandie d'une femme qui a jeté son bonnet par-dessus les moulins « qu'elle va à Beuzeville » !?

BÉVILLOIS, OISE, de Béville-le-Comte, cⁿᵉ, cᵒⁿ d'Auneau, arrᵗ de Chartres (Eure-et-Loir).

BIARROT, OTTE, de Biarritz, cⁿᵉ, cᵒⁿ et arrᵗ de Bayonne (Basses-Pyrénées).

Thore présente les *Biarrots* ou habitants de Biarritz comme parlant basque, mais il est dans l'erreur.

Fr. MICHEL. *(Le Pays de Gascogne.)*

La promenade de la reine de Hollande à Biarritz, en 1807, fera époque dans les fastes de cette commune, et les *Biarrottes*, reconnaissantes de toutes les bontés dont Sa Majesté daigna les honorer, en feront part à leurs enfants.

THORE. *(Promenade dans le golfe de Gascogne.)*

BICÊTRIEN, IENNE, de Bicêtre, ham., cⁿᵉ de Gentilly, cᵒⁿ de Villejuif, arrᵗ de Sceaux (Seine).

As-tu rencontré quelquefois la comtesse Ferrand ? Eh bien ! ce vieux *Bicêtrien* est son mari légitime.

DE BALZAC.

BIGOUDEN *, surnom des femmes de Pont-Labbé, ch.-l. de cᵒⁿ, arrᵗ de Quimper (Finistère).

Les *Bigoudens* de Pont-Labbé, dit-on familièrement en parlant des femmes, faisant ainsi allusion à leur bizarre petit bonnet.

Ch. AUBERT. *(Le Littoral de la France.)*

Les temps ont voulu que l'harmonieuse appellation, si longtemps réservée aux bonnets, fût donnée à celles qui les portaient ; on dit aujourd'hui, en parlant de ces paysannes dont la coquetterie est proverbiale en Basse-Bretagne, les *Bigoudens* de Pont-Labbé.

RACINET. *(Le Costume historique.)*

Le *Bigouden* est la coiffe de linon ou de coton dont les paysannes de Pont-Labbé recouvrent leur serre-tête brodé de soie.

BIGOURDAN, ANE, du Bigorre (*Pagus Bigerricus*), ancien district de la Gascogne (Hautes-Pyrénées).

Le *Bigourdan* est fier, poli, rusé, doué de beaucoup d'amour propre et de quelque vanité... Les *Bigourdans* ont le teint frais.

BOIS et DURIER. *(Les Hautes-Pyrénées.)*

« *Bigordan*, pire que can » ; *Bigordan* est pire qu'un chien, dit un vieux dicton qui a cours dans toute la région pyrénéenne.

On dit aussi :

BIGORRAIS, AISE, ou même **BIGORDAIS, AISE.**

La race tarbaise, qu'on appelle quelquefois race *Bigordaise*, ou race *Bigorraise*, est répandue dans les vallées de Bagnères-de-Bigorre.

On trouve également :

BIGORROIS, OISE.

Vous vous étonneriez sans doute si je vous parlais des *Bigorroises* et si je ne les admirais à l'égal des *Bigorrois*.

Léonce DUPONT *(De Paris aux Montagnes.)*

Le mot Bigorre est d'origine ibéro-euskarienne, d'après le prince Rolland Bonaparte. En basque, *bai* ou *ibai* signifie *rivière* et *gorri* veut dire *rouge*. Le Bigorre est donc le pays de la rivière rouge.

BILLESOIS, OISE, de Billy, c^ne, c^on de Varennes-sur-Allier, arr^t de La Palisse (Allier).

BISAYARD, ARDE, sobriquet des *Bressans*. (Voir BRESSAN.)

BISKAÏEN, IENNE, de la Biscaye française, nom quelquefois donné aux pays Basques.

Le *Biskaïen* qui se marie à une héritière lui apporte une dot.

Fr. MICHEL. *(Le Pays Basque.)*

Il est fort ordinaire de voir une *Biskaïenne* se livrer aux travaux des champs jusqu'aux derniers jours de sa grossesse ; plus d'un enfant, baigné dans le ruisseau au bord duquel il vient au monde, passe son premier jour à l'ombre de quelque haie ou d'un arbre, tandis que sa mère retourne à son travail.

CHAHO. *(Voyage en Navarre.)*

Une partie des provinces Basques a été désignée sous le nom de province française de Guipuzcoa, dont les habitants s'appellent alors des *Guipuscoans*.

Les Chapulgorris formaient une légion surtout composée de *Biscayens* et de *Guipuscoans*.

Fr. MICHEL. *(Le pays Basque.)*

BISKRI, de Biskra, ville de l'arr^t et du dép^t de Constantine (Algérie).

Les *Biskris* sont originaires du Zab, dont Biskra est la capitale. Ils se font canotiers, portefaix, porteurs d'eau, cureurs de puits.

A. BEHAGHEL. *(L'Algérie.)*

Les conducteurs, *Biskris* pour la plupart, portent la calotte de feutre, la jaquette flottante et le tablier de cuir ou le sarreau des portefaix.

Eugène FROMENTIN. *(Une année dans le Sahel.)*

On trouve également :

BISKRIEN, IENNE, désignation

appliquée spécialement aux habitants de Biskra.

La grande culture de Biskra est le palmier, et le fond de la nourriture des *Biskriens* est la datte.

P. BOURDE. *(A travers l'Algérie.)*

* *Biskri* veut dire natif de Biskra ; mais comme on compte les *Biskris* par milliers en Algérie, il faut croire qu'ils se recrutent un peu partout.

Nous ferons remarquer toutefois que le mot de *Biskri* ne sert absolument qu'à désigner la population indigène de Biskra. Un Arabe de Biskra est un *Biskri ;* mais un Européen de Biskra est un *Biskrien.*

BITERROIS *, OISE, de Béziers *(Pagus Biterrensis)*, ch.-l. d'arrt (Hérault).

Béziers, qui domine le cours inférieur de l'Orb, est une des grandes cités historiques de la France. Son vieux nom de Bœterrœ, que conservent les habitants en se nommant *Biterrois,* semble indiquer une origine ibérique, et le chameau, qui est l'animal symbolique de la ville, rappelle les anciennes relations de la contrée avec l'Orient.

E. RECLUS. *(Géographie de la France.)*

Béziers possède une société musicale qui s'appelle la Chorale *Biterroise.*

* Strabon, Ptolémée, Pomponius Méla appellent tour à tour cette ville : *Betarra, Biltera, Bœterrœ ;* les Romains établirent à Béziers les soldats de leur septième légion, ce qui donne l'explication des surnoms portés par la ville : *Colonia Septimanorum* et *Julia Bitterra,* parce que Jules César avait ordonné cette mesure. Du mot *Bitterra* est venue l'appellation ethnique *Biterrois,* sous laquelle on désigne les habitants de Béziers.

" Ajoutons que le premier nom de cette ville, tel que le rapporte Aviénus, était *Besara,* d'où l'ancien nom de Bésarès ou Bézarès, qui servait à désigner le canton de Béziers.

BITOUX, habitants des montagnes orientales de l'Auvergne. (Voir LIMAGNIER.)

D'après la tradition, ce nom de *Bitoux,* donné à ces montagnards, viendrait de Bituitus, dernier roi des Auvergnats. Ce roi, dit-on, habitait ces quartiers et son château se trouvait près Arlanc, maintenant chef-lieu de canton, arrondissement d'Ambert (Puy-de-Dôme).

GAIDOZ et SEBILLOT. *(Blason populaire de la France.)*

BIZONTIN, INE, de Besançon *(Pagus Vesontiensis)*, ch.-l. du dépt du Doubs.

Le Petit *Bisontin,* journal républicain radical, publié à Besançon.

Je ne voudrais pas enlever à la cité *Bisontine* toute part de maternité artistique dans l'éclosion de cet étrange génie, qui a nom Victor Hugo.

Auguste VITU. *(Figaro,* 23 mai 1885.)

Les mots *Bisontin, ine* se trouvent également écrits par une *s.*

« Société nautique *Bisontine.* »

Quelqu'un qui va çà et là furetant est un homme qui *quenille* et, dans la bouche du *Bisontin,* le mot débraillé devient *dépennaillé,* ce qui, à proprement parler, signifie déplumé.

Fr. WEY. *(Le Franc-Comtois.)*

BLAGNACAIS, AISE, de Blagnac, cne, con et arrt de Toulouse (Haute-Garonne).

Les *Blagnacais* vivent par la *crasse* des habitants de Toulouse, la ville lumière.

Impartial du Midi (10 avril 1887).

BLAMONTAIS, AISE, de Blamont *(Pagus Albensis)*, ch.-l. de c^on, arr^t de Lunéville (Meurthe-et-Moselle),

La *Blamontaise*, fanfare.

LE BLANC, ch.-l. d'arr^t (Indre).

Aucune appellation ethnique n'est usitée pour désigner les habitants de cette ville.

C^on de M. le Maire du Blanc.

Deux villes au Blanc, la haute et la basse, comme à Pont-Arcy. Quand parut la pièce de M. Sardou, certains petits personnages susceptibles, pensant que l'auteur les avait visés, s'apprêtaient à le tancer d'importance. Informations prises, ils ont daigné reconnaître que le jeune académicien ne leur avait pas fait cet excès d'honneur.

Malgré le pont monumental jeté comme un trait d'union entre les cités-sœurs, prétendre qu'un accord complet règne de la rive gauche à la rive droite, serait inexact. Parfois, un nuage apparaît : la brouille éclate violente et passagère, ainsi que les orages de la Gaule, et nous sommes au cœur du pays Gaulois ! Les *citoyens du Blanc* sont gais, frondeurs, inégaux, nerveux, mais point méchants. L'atmosphère est lourde, ils discutent tout avec ardeur et passion ; le soleil brille, ils s'en vont boire un verre de bière et se tendent la main sans rancune. On est adversaire, on n'est pas ennemis.

Esquisse pittoresque sur le département de l'Indre, par MM. de La Tremblais, de La Villegille et Jules de Vorys.

BLANQUEFORTAIS, AISE, de Blanquefort, ch.-l. de c^on, arr^t de Bordeaux (Gironde).

BLAYAIS, AISE, de Blaye *(Pagus Blaviensis, Blavia)*, ch.-l. d'arr^t (Gironde).

La journée du 8 novembre restera mémorable pour M. G..., le nouveau député, pour sa famille et pour tous les *Blayais*.

La Petite Gironde (3 juin 1886).

BLÉSOIS, OISE, de Blois *(Pagus Blesensis)*, ch.-l. du dépt de Loir-et-Cher).

Les premières libertés des *Blésois* datent du règne de Louis, fils de Thibault-le-Bon.

L. DE LA SAUSSAYE. *(Histoire de Blois.)*

La Chronique *Blésoise*, journal mensuel, littéraire et gratuit, publié à Blois.

BLIDÉEN, ÉENNE, de Blida, c^ue, arr^t et dépt d'Alger (Algérie).

Les *Blidéens*, en souvenir de ce miracle, élevèrent au milieu des bois un marabout en l'honneur de Sidi-Yacoub.

A. ANDRÉÏ. *(Musée des Familles,* août 1887.)

On trouve également :

BLIDIEN, IENNE.

Les *Blidiens* sont fiers de leurs oliviers séculaires et répandent le bruit qu'ils sont les plus gros de l'Afrique.

P. BOURDE. *(A travers l'Algérie.)*

Un arrêté du gouverneur de l'Algérie, de 1885, dit qu'à l'avenir les *h* finales seront supprimées dans tous les noms où on les accole. On ne doit donc plus écrire Blidah, Médéah, mais *Blida, Médéa.*

BOCAGER, ÈRE, du Bocage Vendéen, ancien district de la Vendée, dont le chef-lieu est La Roche-sur-Yon.

Le *Bocager* est rusé et défiant ; les *Bocagères* sont généralement épouses et mères dévouées.

P. LAROUSSE. *(Encyclopédie.)*

Dans la Vendée, les habitants de la Plaine ne diffèrent guère, nous le savons, quant à la stature, des populations *Bocagères*.

A. GUILBERT. *(Villes de France.)*

On trouve également :

BOCAGIEN, IENNE.

BOCAIN, AINE, ou BOS-CHAIN*, AINE, ancien district de la Basse-Normandie (Orne et Calvados), dont le chef-lieu est Vire.

La vielle, qu'on croit être la lyre renversée des anciens, était l'instrument favori des *Bocains*.

SEGUIN. *(Histoire de la Chouannerie.)*

Et à celui avint-à prendre

Une terre qui est *Boschaine*

Que par son nom nomma Albaine.

WACE. *(Roman de Rou.)*

* Le mot *Bocage* vient de l'allemand *busch*, d'où vient le mot normand *bosc*, qui veut dire bois, forêt, lequel a servi lui-même à former les mots de basse latinité *Boschus* et *Boscagium*, qui ont le même sens ; de *Boschus*, on a fait bosquet, bûcheron, Bocage.

BOCOGNANIEN, IENNE, de Bocognano, ch.-l. de cᵒⁿ, arrᵗ d'Ajaccio (Corse).

Dix jeunes *Bocognaniens*, solides gaillards de vingt à trente ans, la fleur de cyclamen aux lèvres, se présentent d'abord et marchent au jeu de tonneau républicain.

Le Figaro (11 août 1888).

L'ethnique Corse est *Bocognanesi*.

BOHAINOIS, OISE, de Bohain-en-Vermandois, ch.-l. de cᵒⁿ, arrᵗ de Saint-Quentin (Aisne).

BOÏEN, IENE, sobriquet des *Moulinois* ou habitants de Moulins (Allier). (Voir MOULINOIS.)

BOLBÉCAIS, AISE, de Bolbec, ch.-l. de cᵒⁿ, arrᵗ du Havre (Seine-Inférieure).

Les principales branches de l'industrie *Bolbécaise* furent d'abord le tannage, ensuite la fabrication des draps connus sous le nom de fracs.

Ad. JOANNE. *(Guide en Normandie.)*

BOLLÉNOIS, OISE, de Bollène, ch.-l. de cᵒⁿ, arrᵗ d'Orange (Vaucluse).

Les habitants de Bollène sont appelés *Bollénois*.

Cᵒⁿ du Maire de Bollène.

BOLLEVILLAIS, AISE, de Bolleville, cⁿᵉ, cᵒⁿ de Bolbec, arrᵗ du Havre (Seine-Inférieure).

Les *Bollevillais* sont appelés aussi les « Cosnillots de Bolleville » ?? — D'après M. Lecanu et d'après M. Canel, les *Cosnillots* sont les petits de la corneille. D'où vient ce sobriquet ? C'est ce qu'il est impossible d'expliquer.

BONIFACIEN, IENNE, de Bonifacio, ch.-l. de cᵒⁿ, arrᵗ de Sartène (Corse).

Le plus gai, le plus satisfait de tous était un petit *Bonifacien* hâlé et trapu qu'on appelait Palombo.

E. DAUDET. *(Lettres de mon moulin.)*

BONNACHON, ONNE, de Bonnat, ch.-l. de cᵒⁿ, arrᵗ de Guéret (Creuse).

BONNEVALLAIS, AISE, de Bonneval, ch.-l. de cᵒⁿ, arrᵗ de Châteaudun (Eure-et-Loir).

BONNEVILLAIN, AINE, de Bonneville, ch.-l. d'arr^t (Haute-Savoie).

Les habitants de Bonneville sont appelés *Bonnevillains*.

C^on de M. Ducis, archiviste de la Haute-Savoie.

BONNEVOTIER, IÈRE, de Bonneveau, c^ne, c^on de Savigny-sur-Braye, arr^t de Vendôme (Loir-et-Cher).

BÔNOIS, OISE, de Bône, ch.-l. d'arr^t du département de Constantine (Algérie).

Le Petit *Bônois*, journal républicain publié à Bône.

Les *Bônois* sont très fiers de leurs crevettes et en ont fait figurer avec honneur dans bien des repas qu'ils ont offerts à la caravane.

P. Bourde. *(A travers l'Algérie.)*

BORDELAIS, AISE, de Bordeaux *(Pagus Burdigalensis)*, ch.-l. du dép^t de la Gironde.

Les *Bordelais* sont d'énergiques conseillers, d'intrépides combattants, d'héroïques martyrs ; c'est le sang *Bordelais* qui a le premier consacré l'échafaud politique et qui en a fait le premier degré d'une gloire immortelle... Les *Bordelais* sont faits pour charmer le monde, pour l'enrichir, mais non pour le gouverner.

Cuvillier-Fleury. *(Voyages et voyageurs.)*

La *Bordelaise* a la taille svelte, élancée et une grâce inimitable dans la démarche ; elle est vaniteuse et jalouse ; elle aime son mari, mais elle adore son amant.

Pierre et Paul. *(Les Bordelais en 1850.)*

BORGHEN, de Borgo, ch.-l. de c^on, arr^t de Bastia (Corse). (Voir Luccianesi.)

Ne parle jamais à Borgo ou à Lucciana d'ânes pendus à la cloche. (Vieux proverbe.)

Gaidoz et Sebillot. *(Blason populaire de la France.)*

L'ethnique Corse est *Borghesi*.

BORRIN, INE, ou BORREN, ENNE, de Bourg-St-Maurice*, ch.-l. de c^on, arr^t de Moutiers (Savoie).

On appelle *Bôrrens* les habitants de Bourg-Saint-Maurice.

C^on de M. Ducis, archiviste de la Haute-Savoie.

* Bourg-St-Maurice, autrefois *Burgum Sancti-Mauritii*, est l'ancienne station romaine de Bergintrum.

BORTOIS, OISE, de Bort, ch.-l. de c^on, arr^t d'Ussel (Corrèze).

C'est pour s'être laissé séduire par les doucereux appâts du petit bleu Argentacois, que le *Bortois* L..., marchand, a occasionné du tumulte sur la voie publique, lundi dernier, et s'est fait dresser procès-verbal pour ivresse.

Le Corrézien (14 janvier 1887).

BOUCHE-DU-RHÔNIEN, IENNE, du département des Bouches-du-Rhône.

La Durance est à nous aussi, répliquent les *Bouche-du-Rhôniens*, par l'organe de M. Grasset ; nous pouvons bien lui emprunter quelques tasses de son liquide.

M. le Ministre de l'agriculture donne raison aux *Bouche-du-Rhôniens*, et le projet est voté.

Gil-Blas (7 août 1885).

BOUFFARIKOIS, OISE, de

Bouffarik, c^{ne} de l'arr^t et du dép^t d'Alger (Algérie).

Le *Bouffarikois,* journal.

BOUGIOTE, OTE, de Bougie, ch.-l. d'arr^t du dép^t de Constantine (Algérie).

Les *Bougiotes* m'ont paru tenir de leur pays.

P. Bourde. *(A travers l'Algérie.)*

BOUGIVALAIS, AISE, de Bougival, c^{ne}, c^{on} de Marly-le-Roi, arr^t de Versailles (Seine-et-Oise).

BOUIDEROT, BOUILLOUX et **BOUILIEUX,** sobriquets des *Avranchinais.* (Voir Avranchinais.)

· Les habitants de l'Avranchin ou *Avranchinais* ont été qualifiés du sobriquet de *Bouiderots, Bouilloux* et *Bouilieux,* probablement parce qu'ils étaient employés, pour la plupart, aux salines établies dans la petite baie d'Avranches. Leur travail consistait à faire évaporer l'eau de mer en la faisant bouillir dans de grandes chaudières, et à recueillir le sel qui était le résidu de l'opération. De là leur serait venu le sobriquet que d'autres étymologistes font venir du grand usage que les Normands faisaient de la bouillie. À l'appui de leur opinion, ces derniers citent *Testor,* qui dit dans une de ses élégies :

Arvernis rapas, Normandis tolle polentas,
  Militibus cædes, tolle jocos pueris.

Enlevez aux Auvergnats leurs raves, aux Normands leurs bouillies, aux soldats les combats, aux enfants les jeux...

Cette dernière étymologie généraliserait le sobriquet et l'étendrait à tous les *Normands* ; nous pensons que la première, qui ne le donne qu'aux *Avranchinais,* est beaucoup plus conforme à la raison.

BOUILLOIS, OISE, de La Bouille, c^{ne}, c^{on} de Grandcouronne, arr^t de Rouen (Seine-Inférieure).

Les *Bouillois* sont campés au bord de la Seine, entre deux longues côtes qu'on gravit pour pénétrer dans l'intérieur des terres.

E. de La Bédollière. *(Le Normand.)*

On trouve également :

BOUILLAIS, AISE.

« Les Cocus, les Hale-bissacs de la Bouille. » Ces sobriquets des *Bouillais* ont toujours fourni ample matière aux cancans, et l'on n'a jamais manqué de conclure qu'il n'y a pas eu injustice à le leur infliger.

.Canel. *(Blason populaire de la Normandie.)*

BOUJU, du pays des Beauges *(Boviciæ),* dans le département de la Savoie.

On appelle *Bauges* un plateau presque entièrement consacré à l'élevage des bœufs et exclusivement composé de pâturages.
L'ancien mot français *Bauge* veut dire boue, terre fangeuse, et par extension, terrain gras et fertile.

BOULONNAIS, AISE, de Boulogne-sur-Mer *(Pagus Bononiensis),* ch.-l. d'arr^t (Pas-de-Calais).

Les *Boulonnais* augmentent en nombre toutes les années.

J. Layrle. *(Revue contemporaine septembre 1852.)*

Les pêcheuses *Boulonnaises* sont renommées entre toutes pour l'intrépidité avec laquelle, courant audevant du flot, on les voit jeter leur filet, n'importe le temps qu'il puisse faire.

Ch. Aubert. *(Le Littoral de la France.)*

  Boulonnais,
  Tête'ed baudets.

(Vieux dicton.)

BOULONNAIS, AISE, de Boulogne-sur-Seine (1), c^{ne}, c^{on} de Neuilly, arr^t de Saint-Denis (Seine).

―――――――――――――――――― ‒

(1) 6 autres communes portent le nom de Boulogne ; on doit appliquer à leurs habitants la même appellation ethnique.

BOUQUARIEN, IENNE, de la Bouquerie, quartier de la ville de Condom (Gers). (Voir CONDOMOIS.)

Voilà les fêtes de la Bouquerie terminées, du moins nous le croyons. Il ne faut pas cependant trop s'y fier, car les *Bouquariens* sont gens à ajouter des rallonges au programme s'ils trouvent ne s'être pas amusés suffisamment.

La Petite Gironde (1er août 1888).

BOUQUIN, INE, de Bouc ou Bouc-Albertas, cne, con de Gardonne, arrt d'Aix (Bouches-du-Rhône).

BOURBONNAIS, AISE, de Bourbon-l'Archambault, ch.-l. de con, arrt de Moulins (Allier).

La Lyre *Bourbonnaise*, fanfare.

BOURBONNAIS, AISE, de Bourbonne-les-Bains, ch.-l. de con, arrt de Langres (Haute-Marne).

BOURBONNAIS, AISE, du Bourbonnais *(Pagus Burbunensis)*, ancienne province de France.

Les *Bourbonnais* sont aimables, mais vains, légers et facilement oublieux.

BONNETON. *(Légendes Bourbonnaises.)*

Une chanson très populaire du xviiie siècle a rendu célèbre, au féminin, le nom des habitants de cette province :

La Belle *Bourbonnaise*,
La maîtresse de Blaise.

Blaise était le roi de France Louis XV et « la Belle Bourbonnaise » était Mme de Pompadour, que l'on croyait communément originaire du Bourbonnais.

Dans le langage populaire, on dit BOURBONNICHON, ONNE.

Un dicton antique et fort répandu a consacré cette appellation :

Habit de velours et ventre de son,
Tel est le plaisir du *Bourbonnichon*.

BOURBONNAIS, AISE, de l'Ile-Bourbon ou de la Réunion, colonie française de l'Afrique orientale.

Bête comme un *Bourbonnais*. (Proverbe.)

Les Mauriciens racontent sur les *Bourbonnais*, qu'ils accusent d'être les Bohêmes du canal Mozambique, une foule de contes où leurs voisins jouent le rôle de gens stupides et naïfs.

GAIDOZ et SEBILLOT. *(Blason populaire de la France.)*

BOURBOULIEN, IENNE, de la Bourboule *, cne, con de Rochefort, arrt de Clermont-Ferrand (Puy-de-Dôme).

Après l'arsenic, nous croyons franchement que ce qu'il y aurait de plus lourd dans le composé salin mixte *Bourboulien*, c'est le nom que M. Richelot veut lui imposer.

Dr ESCOT. *(Etude sur les eaux de là Bourboule.)*

* Le nom de « Bourboule » donné à cette jolie petite commune, de création toute récente, vient du vieux mot *Borbola*, qui signifie eau bouillante. Les eaux de la Bourboule sont arsenicales et jouissent d'une grande réputation.

BOURBOURIEN, IENNE, de Bourbourg, ch.-l. de con, arrt de Dunkerque (Nord).

Nos races percheronne et bretonne, boulonaise et *Bourbourienne* méritent bien qu'on ne les sacrifie pas au cheval anglais.

F. PILLON. *(Encyclopédie.)*

BOURCAIS, AISE, de Bourg-sur-Gironde, ch.-l. de con, arrt de Blaye (Gironde).

Bourcais, aise, tels sont les termes usités pour désigner les habitants de Bourg-sur-Gironde.

Con du Maire de Bourg-sur-Gironde.

BOURGANIAUD, IAUDE, de Bourganeuf, ch.-l. d'arr! (Creuse).

Les *Bourganiauds*, ont souscrit avec empressement pour l'achat d'instruments de musique en faveur de leur fanfare.

Union républicaine de la Creuse (8 avril 1887).

Le correspondant d'un journal de la région prétendait hier que le départ de M. M*** ferait la joie de la population *Bourganiaude*.

Union républicaine de la Creuse (6 mai 1887).

BOURGUESAN, ANE, ou BOURDESAN, ANE, de Bourg-Saint-Andéol, ch.-l. de c^on, arr^l de Privas (Ardèche).

Les habitants de Bourg-Saint-Andéol sont désignés sous le nom de *Bourguesans, anes*, ou bien encore de *Bourdesans, anes*.

C^on du Maire de Bourg-St-Andéol.

BOURGUIGNON, ONNE, de la Bourgogne *(Burgundia)*, ancienne province de la France.

François Ier, en montant sur le trône, applaudit au dévouement des *Bourguignons*.

Ch. TOUBIN. *(La Bourgogne.)*

On rencontre le féminin *Bourguignotte*.

M. le Maire a voulu faire ressortir le mérite de sa femme, en la comparant à une petite *Bourguignotte* de l'âge d'un vieux bœuf.

DE BALZAC.

BOURNAISIEN, IENNE, du Bournais, ancien petit pays de l'Artois.

Le mot *Bournaisien* est employé

pour désigner les habitants du Bournais.

Anciennes provinces de la France.

La race *Bournaisienne*.

Eug. GAYOT. *(Bêtes bovines.)*

Bournais ou *Bornais* est un vieux mot français dont le nom signifie *argile mélangée au sable*; le sol de ce pays est un terrain mi-argileux et mi-sablonneux.

BOUSCATAIS, AISE, du Bouscat, c^ne, c^on et arr^l de Bordeaux (Gironde).

Comme *Bouscatais*, vous ne vous étonnerez pas que nous venions vous soumettre quelques observations !

La Petite Gironde (30 mars 1887).

BOUSSAGOL, OLE, de Boussagues, c^ne, c^on de Bédarieux, arr^l de Béziers (Hérault).

On remarquait dans quelques groupes tumultueux des *Boussagols* et des campagnards des villages voisins.

Ferd. FABRE. *(Les Courbezon.)*

... la *Boussagole*, couchée sur son ventre stérile comme une vieille louve cévenole...

F. FABRE. *(Ibidem.)*

BOUSSAQUIN, INE, de Boussac, ch.-l. d'arr^l (Creuse).

Nous vous rappelons votre promesse d'adresser à l'*Union* le compte-rendu du prochain concert qui sera donné par les amateurs *Boussaquins*.

L'Union républicaine de la Creuse (8 avril 1887).

On disait, il n'y a pas longtemps encore, dit Chaumeau, dans son Histoire du Berry, la ville de Boussac en Boussacois « et parce qu'elle est de ce costé et » endroit de la dernière ville du Berry ; » les paysans et rustiques l'appellent par » équivoque le Bout-du-Sac. »

BOUTEIROU, OUE, nom de l'habitant du pays de Boutières (Ardèche).

On appelle Boutières la partie du département de l'Ardèche, comprise entre le Rhône et la chaîne des montagnes appelées les Boutières.

BOUYÈS ou BOUGÈS, habitant du pays de Buch *(Pagus Bogensis)*, ancien district du Bordelais (Voir MARANSIN).

Les *Bouyès* sont des descendants des Boïens *(Boii)*, qui, sous les Romains, habitaient la Gaule maritime et aquitanique.

> *Les Primes d'honneur en 1865*
> (2e partie).

Les *Boïes*, Kymris de l'invasion du viie siècle avant J.-C., se fixèrent en partie au sud-ouest de la Garonne, près de l'Océan, dans le pays appelé depuis pays de Buch *(Pagus Bogensis)*, en Guyenne. Sous la dénomination de Résiniers, leurs descendants continuent, dans le voisinage du bassin d'Arcachon, à se livrer à l'exploitation des pins, comme leurs ancêtres, désignés anciennement sous le nom de *Picei*, et le nom de *Bougès*, sert actuellement encore à les distinguer des *Cousiots*, descendants des anciens *Cocosates*.

BRAGARD, ARDE, sobriquet des habitants de la ville de St-Dizier, ch.-l. de con, arrt de Vassy (Haute-Marne).

Les habitants de Saint-Dizier s'appellent des *Bragards*.

> Con de M. Saint-Aubin, journaliste à Saint-Dizier.

Comment la ville de Saint-Dizier ne serait-elle pas pour nous une cité de joie et de gloire ? Le bon génie des Guy de Dampierre, des Guillaume de Bourbon, des Marguerite de Flandre, des Marie

Stuart et de tant d'anciens *Bragards*, gens de bravoure et de foi, n'a cessé de planer sur nous.

> L'*Eclaireur de la Haute-Marne* (30 août 1885). — Réception de Mgr Lanne à St-Dizier.

Braguer ou *faire brague*, c'est se divertir, folâtrer.

BRANTOMAIS, AISE, de Brantôme, ch.-l. de con, arrt de Périgueux (Dordogne).

Il en a coûté beaucoup à l'amour-propre des *Brantomais* de voir ainsi sacrifier à l'inexorable nécessité l'œuvre et peut-être le chef-d'œuvre de leur compatriote.

> G. BUSSIÈRE. *(Excursion à Brantôme.)*

BRAYAU. (Voir LIMAGNIER.)

BRAYON, ONNE, du pays de Bray, ancien district de la Haute-Normandie (Seine-Inférieure).

Le Magasin *Brayon*, recueil scientifique, artistique et littéraire, publié a Neufchâtel-en-Bray.

Bray vient des mots *Braium, bragum, bracium*, qui signifient boue, fange et marais par extension ; Bray, pays des marais.

BRÉCHAMPTAIS, AISE, de Bréchamps, cne, con de Nogent-le-Roi, arrt de Dreux (Eure-et-Loir).

L'Union *Bréchamptaise*, fanfare.

BRÉDOIS, OISE, de La Brède, ch.-l. de con, arrt de Bordeaux (Gironde).

Tandis que *Brédois* et *Brédoises* se livraient à toutes sortes d'ébats poétiques en l'honneur du soleil levant et de la vertu de Mlle Blayn.

Mlle Blayn, c'est le nom que l'on donné A celle qu'en ce jour pour rosière on
[couronne.

Tandis que M. le Maire appelait les bienfaits du soleil sur ses melons et sur ses administrés, on arrivait de tous côtés pour prendre part à la fête de l'Innocence.

J. MAZERAC. *(Histoire des bords de la Garonne.)*

BRÉHATIN, INE, de l'île de Bréhat, c^on de Paimpol, arr^t de Saint-Brieuc (Côtes-du-Nord).

La marine militaire doit aux *Bréhatins* un certain nombre d'officiers très distingués.

Ch. AUBERT. *(Le Littoral de la France.)*

On dit également :

BRÉHATAIS, AISE,

Agitées par les aspects et les rumeurs de ce lieu redoutable, enveloppées par le vent qui siffle et tourbillonne, éclaboussées par les embruns de l'onde qui se tord, les jeunes *Bréhataises* écoutent quelques instants, puis, choisissant le court moment où les eaux se retirent pour revenir bientôt, elles jettent, chacune à son tour, une grosse pierre dans le gouffre. Le nombre des répercussions de cette pierre, agrandie par les échos, dit à celle qui l'a lancée le nombre d'ans qu'elle attendra son mariage.

Aristide FRÉMINE. *(Supplément littéraire du Figaro du 2 juin 1888.)*

BRENNOU, OUE, de la Brenne *(Briona silva)*, ancien pays du Berry (Indre).

Le cheval *Brennou* à la tête carrée, mais un peu forté, chargée de ganache et mal attachée ; l'œil est proéminent.

GAYOT. *(Statistique de la race chevaline en France.)*

BRESLOIS, OISE, de l'Arbresle, ch.-l. de c^on, arr^t de Lyon (Rhône).

Les habitants de l'Arbresle sont appelés *Breslois*, dont le féminin est *Besloises*.

C^on de M. Cartelat, maire de l'Arbresle.

BRESSAN, ANNE, de la Bresse *(Brissia, Brixia saltus)*, pays du département de l'Ain.

Voyez-vous les mines blêmes
De ces *Bressans* lourds et lents ;
On dirait que trois carêmes
Passent sur eux tous les ans.

Ph. LE DUC. *(Chansons patoises.)*

C'était une femme qui portait le costume de *Bressanne*.

Alex. DUMAS.

Les habitants du pays des Dombes ont donné aux *Bressans* le sobriquet de *Bisayards*, qui veut dire, en patois, habitant du Nord.

Vincent dit tout plein de mal de la Dombes, des étangs et, ce qui est pis, des filles du pays. — Foutu *Bisayard !* Cré ennimo ! (Fichu *Bisayard*, sacré animal.)

Ph. LE DUC. *(Lettres Bressannes.)*

BRESSAUD, AUDE, de la Bresse, c^ne, c^on de Saulxures, arr^t de Remiremont (Vosges).

De temps immémorial et jusqu'en 1790, les *Bressauds* jouirent, tandis que des lois uniformes régissaient la Lorraine, du privilège d'observer entre eux des coutumes spéciales d'une simplicité primitive, traditionnelles jusqu'en 1595, où le duc Charles III les fit écrire.

Edouard de BAZELAIRE. *(Promenades dans les Vosges.)*

BRESSUIRAIS, AISE, de Bressuire, ch.-l. d'arr^t (Deux-Sèvres).

Le *Bressuirais*, journal d'annonces.

La Revue *Bressuiraise,* journal d'annonces, publié à Bressuire.

BRESTOIS, OISE, de Brest, ch.-l. d'arr^l (Finistère).

Un *Brestois* voulait-il se marier ? Il devait plonger près du rocher nommé la Rose et y arracher une poignée de goëmon. Cela fait, un grave conseil d'experts prononçait si le candidat avait un bon tempérament, ainsi que les qualités morales nécessaires à un chef de famille.

Ch. AUBERT. *(Le Littoral de la France.)*

La ville de Brest a sa société de tir et de gymnastique appelée *La Brestoise.*

BRETOLIEN, IENNE, de Breteuil, ch.-l. de c^on, arr^l d'Evreux (Eure).

BRETON, ONNE, de la Bretagne *(Britannia),* ancienne province de la France. (Voir GALLOT.)

- Jamais *Breton* ne fit trahison.

Eug. SUE.

Les blondes sont assez rares parmi les *Bretonnes.*

DE BALZAC.

On appelle *Bretons bretonnants* ceux qui ont conservé leur ancien langage et leurs mœurs primitives. Les habitants de l'est de la Bretagne sont appelés *Bretons Gallots,* par opposition aux *Bretons bretonnants.*

BRÉVILLAIS, AISE, de Bréville, c^ne, c^on de Bréhal, arr^l de Coutances (Manche).

« Les petits *Brévillais,* » tel est le blason du lieu. — Mais pourquoi ? Est-ce parce qu'on y rencontrerait plus qu'ailleurs des hommes de petite taille ?

CANEL. *(Blason populaire de la Normandie.)*

BREZOLLIEN, IENNE, de Brezolles, ch.-l. de c^on, arr^l de Dreux (Eure-et-Loir).

BRIANÇONNAIS, AISE, de Briançon *(Pagus Brigantinus),* ch.-l. d'arr^l (Hautes-Alpes).

Quelques instituteurs *Briançonnais* méritent aussi des éloges, sinon sous le rapport du talent, du moins pour la bonne volonté et les intentions louables dont ils se montrent animés.

DELACROIX. *(Statistique de la Drôme.)*

Le *Briançonnais,* journal.

Société de tir *Briançonnais.*

BRIARD, ARDE, de la Brie [*] *(Pagus Briegius),* ancienne province de France (Seine-et-Marne et Seine-et-Oise).

Vous faites appel à ma qualité de *Briard,* à mon amour pour tout ce qui touche à notre petite patrie, à son histoire, aux souvenirs de son passé ; à ce titre, que ma lettre serve d'avant-propos.

Th. LHUILLIER. *(La Brie d'autrefois.)* Paris, Jolly, Librairie *Briarde,* 7, rue Cujas.

[*] Brie est un synonyme de Bray. (Voir ci-dessus au mot BRAYON.)

BRIARD, ARDE, de Brie-Comte-Robert, ch.-l. de c^on, arr^l de Melun (Seine-et-Marne).

Le Velo-Sport *Briard,* société vélocipédique.

BRIAROIS, OISE, de Briare [*], ch.-l. de c^on, arr^l de Gien (Loiret).

Les habitants de Briare sont appelés *Briarois.*

C^on du Maire de Briare.

[*] *Briva,* pont ; *Brivodurum,* aujourd'hui Briare, signifie pont jeté sur une rivière,

BRIENNOIS, OISE, de Brienne-le-Château *(Pagus Brenensis)*, ch.-l. de c^on, arr^t de Bar-sur-Aube (-Aube).

BRIÉRON, ONNE, de la Brière, pays de la Loire-Inférieure.

Le village de Méan situé à l'embouchure du Brivet, a un port très fréquenté par les chaloupes des *Briérons*.

TALBOT et GUIRAUD. *(Géographie de la Loire-Inférieure.)*

BRIGNOLAIS, AISE, de Brignolles, ch.-l. d'arr^t (Var).

Après la mort tragique de Jeanne, les *Brignolais* embrassèrent et servirent avec chaleur la cause de Charles de Duras.

H. VIENNE. *(Histoire des villes de France.)*

BRIOCHIN, INE, de St-Brieuc[*], ch.-l. du dép^t des Côtes-du-Nord.

Les *Briochins* (car tel est le nom bizarre des habitants de St-Brieuc) s'occupent surtout de la fabrication des étoffes et de l'expédition de denrées agricoles, de légumes et de boissons.

E. RECLUS. *(Géographie de la France.)*

Il voulait se marier, pour se marier, sans avoir un amour en tête et n'ayant choisi personne encore parmi les filles de Saint-Brieuc, les *Briochines*, de belles créatures qui le regardaient droit dans ses yeux clairs.

Jules CLARETIE. *(Kadja.)*

[*] *Briocum* en latin, d'où *Briochins*, le nom des habitants.

BRIONNAIS, AISE, de Brionne, ch.-l. de c^on, arr^t de Bernay (Eure).

« Les culs-tors de Brionne... » Ce sobriquet avait pour but de signaler

la politesse exagérée des *Brionnais*, se manifestant par d'interminables salutations, assez multipliées et assez inclinées pour leur faire courir les risques de voir se détraquer les ressorts inférieurs de leur colonne vertébrale.

CANEL. *(Blason populaire de la Normandie.)*

Brionne a sa Chorale *Brionnaise*. Le *Brionnais*, journal.

BRIONNAIS, AISE, de Brion *(Ager Brionniensis)*, c^no, c^on de Mesvres, arr^t d'Autun (Saône-et-Loire).

BRIOTIN, INE, de Briey, ch.-l. d'arr^t (Meurthe-et-Moselle).

Les habitants de Briey sont connus dans le pays sous le nom de *Briotins*.

C^on de M. Bertrand Maillefer, Maire de Briey.

BRIOUZAIN, AINE, de Briouze, ch.-l. de c^on, arr^t d'Argentan (Orne).

« Crotté comme un *Briouzain*. » Ce vieux proverbe est indiqué par l'*Almanach Argentinais*, qui n'en explique pas le sens.

BRIVADOIS, OISE, de Brioude[*] *(Ager Brivatensis)*, ch.-l. d'arr^t (Haute-Loire).

Quoique les huguenots soient restés pendant un an (1583) maîtres de cette ville, il ne paraît pas que les *Brivadois* aient cherché à profiter de guerres religieuses pour obtenir justice de leurs obstinés seigneurs.

Ch. CASSOU. *(Histoire de Brioude.)*

[*] Le premier nom de la ville de Brioude est *Brivas*, ce qui explique et justifie le nom de ses habitants. Ce mot est d'origine celtique et signifie pont ; on le retrouve dans l'ancien nom d'Amiens, *Samarobriva* (pont sur Somme), et dans celui des nombreuses cités qui s'appellent *Brive*.

BRIVISTE, ISTE, de Brive-la-Gaillarde, ch.-l. d'arr^t (Corrèze).

Je voudrais que nous eussions une copie de ce portrait à l'Hôtel de Ville, à Brive, à côté des autres *Brivistes*, qui, comme Treilhard, ont honoré leur ville natale et servi leur pays.

Eug. MARBEAU. *(Bulletin de la société archéologique de la Corrèze.)*

Hier, dans la salle de la société la *Briviste* a eu lieu un grand concert vocal et instrumental, au profit des victimes de Chancelade.

La Gironde (18 novembre 1885).

« *Lous Coujous* », tel est le sobriquet dont les *Brivistes* sont qualifiés depuis l'an 1760, c'est-à-dire les « *Citrouillards*, » de ce qu'ils cultivent en grand la *courge* dans ce sol plantureux, dont les produits passent, à Tulle, pour alourdir l'esprit des *Brivistes*. *(Annuaire Limousin pour 1884.)*

BROQUOIS, OISE, de Broc, c^ne, c^on de Vence, arr^t de Grasse (Alpes-Maritimes). (Voir BAROT.)

BROUAGEAIS, EAISE, de Brouage *(Ager Broagiensis)*, ancien chef-lieu du Brouageais, ham., c^ne de Hiers-Brouage, c^on et arr^t de Marennes (Charente-Inférieure).

BROUGKAILLER, sobriquet des habitants des faubourgs de Saint-Omer (Pas-de-Calais). (Voir AUDO-MAROIS.)

BRULLIOLAIS, AISE, de Brullioles *(Ager Broliacensis)*, c^ne, c^on de St-Laurent-de-Chamousset, arr^t de Lyon (Rhône).

BRUTION, sobriquet des élèves de l'école militaire de la Flèche. (Voir FLÉCHOIS.)

BUGISTE, ISTE, du Bugey *(Bugesia)*, petit pays au nord de la Bresse (Ain).

Notre *Benoîte* est une chanson *Bugiste* composée par Brillat-Savarin.

Ph. LE DUC. *(Chansons et Lettres patoises.)*

Pendant tout le moyen-âge, les *Bugistes* ont fait la guerre aux Comtois.

GAIDOZ et SEBILLOT. *(Blason populaire de la France.)*

On dit aussi :

BUGEYSIEN, IENNE.

Les Fables en patois *Bugeysien*, par le père Froment, ont été éditées en 1860.

BUGUOIS, OISE, du Bugue *, ch.-l. de c^on, arr^t de Sarlat (Dordogne).

C'est la muse champêtre qui envoyait le souffle divin de la poésie à cet autre *Buguois*, Lafon-Labatut, dont l'existence n'avait été qu'une longue suite de deuils au milieu de la nuit où l'avait plongé la cécité dès le jeune âge.

Gab. LAFON. *(Un coin du Périgord noir.)*

* Pendant leurs excursions en Aquitaine, au VIIIe siècle, les Sarrazins bâtirent un petit village sur les bords de la Vézère et lui donnèrent le nom d'*Albuca;* de là le Bugue.

BUNCÉEN, ÉENNE, de Buncey, c^ne, c^on et arr^t de Châtillon-sur-Seine (Côte-d'Or).

Le premier *Buncéen*, fatigué de porter une charge énorme, dit à son compagnon : « — Lamoi ! y ne peu pu me crampi aipré lai piarre. » — « Craiche dans té doi ! » répond l'autre.

GAIDOZ et SEBILLOT. *(Blason populaire de la France.)*

' BUOLIEN, IENNE, de Buoux *, c^no, c^on de Bonnieux, arr^t d'Apt (Vaucluse).

L'endroit habité par les anciens *Buoliens* se trouvait au couchant d'Apta Julia.

A. GAY. *(Histoire du village de Buoux.)*

* Le mot *Boulé* ou *Buolé*, en grec, veut dire sénat, consul, assemblée délibérante. Pline le Jeune a latinisé ce mot dont il a fait *Bulis*, en l'employant avec la même signification que le mot grec. Buoux était habité autrefois par les *Buoliciens*, *Buolici*.

BURGIEN, IENNE, de Bourg *, ch.-l. du dép^t de l'Ain.

Les chansons de M. Mélin sont écrites dans le patois actuel de la banlieue *Burgienne*.

Ph. LE DUC. *(Chansons patoises.)*

Les habitants de Bourg sont vulgairement apppelés *Bourgnatis* dans le département de l'Ain.

* *Burgien* vient de *Burgum*, qui a le sens de château fortifié, de ville forte.

BURHIN, INE *, appellation ethnique sous laquelle on désigne les habitants de race spéciale, d'origine sarrazine, suivant toute probabilité, qui peuplent encore les villages de Boz, d'Ozan, d'Arbigny et de Sermoyer, communes situées sur la rive orientale de la Saône, dans le canton de Pont-de-Vaux, arr^t de Bourg-en-Bresse (Ain).

Les *Burhins* sont en général bruns, de taille moyenne ; ils ont les traits réguliers, la physionomie spirituelle. Les *Burhines* sont très blanches, d'une figure intéressante, les yeux noirs, vifs, mais un peu ronds.

Mémoires de l'Académie celtique, t. 5.

Les hommes de Boz ou *Burhins* exerçaient presque tous la profession de bouchers.

V. DE SAINT-MARTIN. *(Géographie universelle.)*

Les *Burines* sont jolies, blanches et ont de l'embonpoint ; leurs yeux sont noirs, vifs, grands, mais un peu ronds... leurs cheveux plus communément noirs ou châtains.

FR. MICHEL. *(Les Races maudites.)*

* Suivant quelques auteurs, les *Burhins* de l'Ain, à types et à mœurs particuliers, appartiennent à la famille sémitique ; mais, suivant le plus grand nombre et d'après une tradition immémoriale et constante, on les fait descendre des Sarrazins, qui inondèrent la France au viiie siècle et qui furent chassés par Charles Martel. Mais M. Reinaud *(Invasion des Sarrazins en France*, p. 302, 303), s'élève contre cette opinion....

Nous lisons dans les *Mémoires de l'Académie celtique* que le nom de la commune de Boz, principal siège des *Burhins*, viendrait du mot latin *Bos*, bœuf. Les Sarrazins qui habitaient cette contrée s'adonnaient au commerce des bœufs, et c'est encore le trafic des habitants actuels.

Suivant une opinion rapportée par M. F. Michel *(Histoire des Races maudites)*, ce nom de Boz aurait une toute autre signification ; on sait, dit-il, par la tradition, que des débris des anciens Sarrazins donnèrent le nom de *Boz*, qui signifie *bois*, au lieu qu'ils occupèrent, qu'ils formèrent bientôt une commune, défrichèrent les bois dont ils firent des maisons et changèrent le sol en vertes prairies, qui, arrosées par la Saône, sont aujourd'hui très productives.

BURIAUD, AUDE, de Burie, ch.-l. de c^on, arr^t de Saintes (Charente-Inférieure).

BUZANÇAÏEN, ÏENNE, de Buzançais, ch.-l. de c^on, arr^t de Châteauroux (Indre).

Les habitants de Buzançais sont appelés *Buzançaïens*.

C^on du Maire de Buzançais.

BUZANCÉIEN, IENNE, de Buzancy, ch.-l. de c^on, arr^t de Vouziers (Ardennes).

ABANIER, nom donné aux cultivateurs, propriétaires du marais vendéen. (Voir NIOLEUR.)

Les cultivateurs-propriétaires ou les gros fermiers, connus sous la désignation de *Cabaniers*, mènent une vie bien différente de celle du pauvre agriculteur.

A. Hugo. *(France pittoresque.)*

CABOURGEOIS, EOISE, de Cabourg, cⁿᵉ, cᵒⁿ de Troarn, arrᵗ de Caen (Calvados).

Les *Cabourgeois* et les rares colons qui sont à Dives et à Beuzeval se sont amusés tout de même.

Le Figaro (22 juillet 1879.)

CADEROUSSIEN, IENNE, de Caderousse, cⁿᵉ, cᵒⁿ et arrᵗ d'Orange (Vaucluse).

On appelle *Néga** les habitants de Caderousse.

* Ce mot provençal signifie « noyés », parce qu'à chaque forte crue du Rhône, la ville de Caderousse est entièrement entourée par les eaux. Cette ville possède de solides remparts, qui, par leur élévation et leur solidité, la mettent à l'abri des plus fortes crues ; la ville de Caderousse est cependant inondée quelquefois par les eaux d'infiltration, mais dans les bas quartiers seulement.

Cᵒⁿ de M. Bastide, Maire de Caderousse.

CADILLACAIS, AISE, de Cadillac, ch.-l. de cᵒⁿ, arrᵗ de Bordeaux (Gironde).

La *Cadillacaise*, fanfare.

CADURCIEN*, IENNE, de Cahors *(Pagus Cadurcinus)*, ch.-l. du dépᵗ du Lot.

Les *Cadurciens* prirent une part très active aux succès des croisades.

A. Delpon. *(Statistique du département du Lot.)*

La Lyre *Cadurcienne*, fanfare.

On trouve également :

CAHORSIN et CAHURSIN.

Les *Cahorsins* ne sympathisèrent jamais avec les Anglais.

Ch. Cassou. *(Histoire de Cahors.)*

Recherches sur les Cahursins ou Cahorsins du moyen-âge, par J.-B. Depping, publiées dans les *Mémoires de la Société des Antiquaires*, t. 7.

* Cette appellation est due au nom latin du Quercy, *Pagus Cadurcinus*, appelé anciennement *Craouci*, par corruption *Caourci*, et *Cadurci* par les Romains, qui tendent toujours à adoucir

les noms Gaulois. Le Quercy tire son nom, suivant un grand nombre d'auteurs, du mot latin *quercus* (chêne), à cause de la grande quantité de chênes qui y croissaient naturellement et sans culture. Il est constant, en effet, que le Quercy, qui était, dès les temps les plus reculés, presque entièrement couvert de bois de chênes, fut défriché en grande partie par les religieux des nombreuses abbayes qui avaient été fondées sur son territoire.

Cette étymologie n'a cependant pas satisfait la généralité des savants, dont quelques-uns font venir le nom de Quercy des deux mots grecs *Kersos-Nèsos*, qui signifient *terre-île*, par allusion à la situation topographique de Cahors, que le Lot entoure presque circulairement, formant ainsi une presqu'île de cette ville, qui était la capitale du Quercy.

Bullet prétend que le peuple des Cadurques devait son nom aux bandes de lin d'une blancheur extraordinaire qu'il fabriquait, et dont les femmes se paraient, des deux mots celtiques *Cad*, linge, et *Wregis*, bande. On a donné pendant longtemps, en effet, le nom de *Cadurcum* à des toiles de lin d'une finesse extrême, qui s'expédiaient dans tout le monde civilisé, et qui constituaient le principal commerce des anciens Gaulois Cadurques.

D'après M. Lacoste, ancien proviseur du collège de Cahors, un des meilleurs historiens du Quercy, ce nom dérive des cours d'eau souterrains qui sont assez communs dans le Quercy, et qu'on appelle *Cadurcs* ou *Cadurques*. Mais alors, cette désignation ne provient elle pas plutôt de ce que le grand aqueduc Gallo-Romain, qui amenait les eaux dans la ville de Cahors, s'appelait le *Cadourque*, lequel a donné son nom à tout le quartier de la ville où il débouchait, et qui est encore appelé le *Cadourque ?* Au reste, ce nom peut venir du mot celtique *dour*, qui signifie cours d'eau *(Adour*, peut-être même *Dordogne, Duero*, en Espagne) ; *Ka-dour* pourrait, dans ce cas, être considéré comme l'abréviation de *Kata-dour*, rivière de dessous les terres, cours d'eau souterrain.

De ces diverses étymologies une des plus raisonnables est assurément celle qui fait dériver le mot Quercy du mot latin *Quercus*, car ce pays, ainsi que nous l'avons dit plus haut, a été couvert jadis de grandes forêts de chênes, et on doit bien admettre qu'une contrée tire son nom des plantes ou des arbres que l'on y trouve.

Mais il est plus naturel, suivant nous, de tirer le nom des pays de la nature même du sol, et nous en rencontrons souvent des exemples : le Périgord, la Crau (Provence), le Marais, etc. D'après cela, et en nous reportant au nom primitif du Quercy, qui était *Craouci,* nous tirerons l'étymologie de ce nom du mot *Craou*, qui, en celtique, signifie pierre ou rocher. Au reste, ce mot existe encore dans le langage du peuple, car, en patois, on appelle *Cairoux* les amas de pierre formés par les éboulements des rochers ou même faits seulement par la main des hommes.

Ainsi, le nom de *Quercy* ou *Caërci,* comme le peuple le prononce, aurait, selon nous, une origine identique avec le nom de la plaine de *Crau*, dans le delta du Rhône. Ce qui donne du reste une apparence de certitude presque absolue à l'opinion que nous soutenons, en outre des raisons que nous venons de faire valoir, c'est que le sol du Quercy est absolument pierreux. Il nous semble donc évident que de ce mot celtique *Craou* vient le premier nom qui a été donné à ce pays, c'est-à-dire celui de *Craouci*. Que ce mot ait été adouci plus tard par les Romains, ou que ces derniers l'aient appelé Quercy, par allusion aux forêts de chênes qu'on y rencontrait, c'est ce qu'il nous paraît difficile de nier d'une manière absolue ; mais, dans tous les cas, le nom primitif vient certainement, d'après nous, de la nature même de son sol.

CAENNAIS, AISE, de Caen, ch.-l. du dépt du Calvados.

De temps immémorial, et naguère encore, les *Caennais* étaient réputés les plus terribles duellistes de la France, et l'on cite des régiments qu'ils décimèrent impitoyablement.

CANEL. *(Blason populaire de la Normandie).*

La vertu des *Caennaises* est égale à leur beauté.

CAZIN. *(Journal d'un Touriste).*

Un chercheur... humoristique a trouvé que Caen vient de Cancan, à moins que Cancan ne vienne de Caen.

CAGOT, OTE, appellation donnée dans les pays Basques, le Béarn et les Pyrénées-Orientales, à une

catégorie d'individus, race de gens réprouvée et maudite, dont la condition était analogue à celle des parias de l'Inde. (Voir AGOT.)

Que faut-il entendre par ce nom? Une race d'hommes autrefois proscrite par l'opinion publique et par les lois, et pour ainsi dire tenue en quarantaine dans les lieux qu'il lui était permis d'habiter. Le *Cagot*, l'*Agot*, le *Crestiaa*, c'est ce Basque, ce Béarnais au teint blanc ou plutôt blafard, aux cheveux blonds, aux yeux bleus, au lobe de l'oreille enflé et arrondi, que vous voyez passer là-bas. Votre guide vous le signalera d'un mouvement de tête accompagné d'un sourire mystérieux, et vous dira tout bas : c'est un *Cagot*.

Fr. MICHEL. *(Le Pays Basque.)*

Henri IV courtisait une jeune fille de Bilhères, commune du canton de Lescar : celle-ci, tout en larmes, lui déclara qu'elle n'était pas digne de ses attentions et des sentiments qu'elle serait flattée de lui inspirer. — « Et pourquoi donc ? » lui dit-il. — « C'est que je suis *Cagote*. » — « Et moi aussi », s'écria aussitôt le vert galant ; *et jou tabè qu'en soy, aü Diou biben !*

Fr. MICHEL. *(Les Races maudites.)*

On croit que les *Cagots* sont les descendants des Goths ; le lecteur curieux de connaître les lamentables annales des *Cagots*, *Capots*, *Agots*, *Crestiaas* et *Gahets* (Landes), *Caqueux*, *Cacoux* et *Caquins* (Bretagne), les trouvera dans l'*Histoire des Races maudites de la France et de l'Espagne*, de M. Fr. Michel. L'opinion la plus généralement répandue sur l'étymologie du mot *Cagot* veut que ce soit la contraction de *Caas Goths*, qui, en Béarnais, signifie *chiens de Goths* ; cette dénomination injurieuse était déjà usitée en 567 pour désigner les Goths, à cause de leur attachement à l'arianisme. Les *Cagots* seraient donc les descendants des Goths.

CAIRANNAIS, AISE, de Cairanne, c^ne^, c^on^ de Vaison, arr^t^ d'Orange (Vaucluse).

Les *Cairannais* voulurent un jour descendre leur village dans la plaine ; ils attachèrent au clocher un câble de laine et se mirent à tirer dessus. Comme la laine s'allongeait, ils crurent que le clocher changeait de place et ils s'écrièrent : « Y sian, vâi arriva » ; mais la corde cassa, et les *Cairannais* tombèrent par terre.

GAIDOZ et SEBILLOT. *(Blason populaire de la France.)*

CAJARCOIS, OISE, de Cajarc, ch.-l. de c^on^, arr^t^ de Figeac (Lot).

Nous avons vu l'évêque Géraud V, en octobre 1243, vendre à divers *Cajarcois* une assez grande étendue de terrains.

(Bulletin de la Société des études littéraires du Lot.)

CALADOIS, OISE, sobriquet des habitants de Villefranche-sur-Saône, ch.-l. d'arr^t^ (Rhône).

La place de l'église de Villefranche s'appelle la « Calade » ; de là le surnom de *Caladois* donné aux habitants de cette ville. Le mot *Calade* se trouve dans Littré avec le sens de « pente d'un terrain par lequel on fait descendre un cheval au petit galop. » Dans la région lyonnaise, ce mot désigne une place dallée, ou bien encore un ruisseau ou un terrain gelé sur lequel les écoliers font des « glissades. »

CALAISIEN, IENNE, de Calais (*Pagus Calesiensis*), ch.-l. de c^on^, arr^t^ de Boulogne-sur-Mer (Pas-de-Calais).

En 1163, des démêlés éclatèrent entre les *Calaisiens* et les moines de Saint-Bertin, qui réclamaient la dîme sur la pêche du hareng.

Ch. LOUANDRE. *(Histoire de Calais.)*

.CALAISIEN, IENNE, de Saint-Calais, ch.-l. d'arrᵗ (Sarthe).

Les habitants de Saint-Calais n'ont jamais été nommés autrement que *Calaisiens*. Il n'y a pas de texte à citer ; les anciens titres ne parlent guère des habitants ; tout se concentre sur la vie des moines ou du château. Nous n'avons que l'usage à invoquer.

Cᵒⁿ du Maire de Saint-Calais.

CALDAGUÈS, de Chaudesaigues, ch.-l. de cᵒⁿ, arrᵗ de St-Flour (Cantal).

Chaudesaigues est l'ancienne *Aquæ calidæ*, les eaux chaudes.

CALÉDONIEN, IENNE, de la Nouvelle-Calédonie, île de l'Océanie (Mélanésie). (Voir NÉO-CALÉDONIEN.)

˜ Les *Calédoniens* mâles ne sont pas très laids ; plusieurs même présentent une régularité de traits qui serait trouvée belle en tous pays d'Europe.

Le Tour du Monde (1851, 1ᵉʳ semestre).

La laideur des *Calédoniennes* est connue.

Le Tour du Monde. (Ibidem.)

CALVADOSIEN, IENNE, du département du Calvados.

La version *Calvadosienne* que M. Lemonnier a présentée à la Société savante d'Avranches ajoute une scène où l'on voit en contraste notre *poulette au bon Dieu* et la mésange, qui est très méchante : « Un jour » que Jésus avait dit aux hommes » des vérités qu'ils ne voulaient pas » entendre, ils voulurent le lapider. » Les oiseaux eux-mêmes s'intéres» sèrent à son sort : « Il est sous le » buis, il est sous le buis, » disait la » mésange qui voulait le perdre.

« Tu en as menti ; il est sous le » sapin, » disait le roitelet, qui vou» lait le sauver. »

E. LE HÉRICHER. *(Littérature populaire de Normandie.)*

CALVAIS, AISE, de Calvi, ch.-l. d'arrᵗ (Corse).

Les habitants de Calvi sont appelés *Calvais, aises*.

Cᵒⁿ du Maire de Calvi.

CAMARGUAIS, AISE, de la Camargue *(Camaria)*, ancien district de la Provence, formant une île entre deux bras du Rhône et la Mer.

Les taureaux *Camarguais* se tiennent toujours le mufle au vent.

Ch. AUBERT. *(Le Littoral de la France.)*

..... Et se retournant vers les enfants, la bonne *Camarguaise* leur adressa la parole dans son dialecte particulier.

A. DE LAMOTHE. *(Le Proscrit de la Camargue.)*

On trouve aussi :

CAMARGUE.

La race *Camargue* se distingue par sa robe noire, son caractère farouche et sa petite taille.

(Les Primes d'honneur en 1872.)

On rencontre également :

CAMARGUIN, INE.

Les bêtes *Camarguines* passent la belle saison sur les montagnes des Alpes.

G. HEUZÉ. *(Les Primes d'honneur en 1872.)*

La véritable appellation ethnique est :

CAMARGUEN, ENGUE (mots provençaux).

Dimenche es doun la voto ; anen vole qu'ane gagnia la cousso et que vengue lou *Camarguen !*

AUBANEL.

Quelques étymologistes reconnaissent dans la Camargue, *Camaria,* le nom de Marius, *Caii Marii ager :* le vainqueur des Cimbres fit en effet creuser dans cette contrée un canal dont il reste encore quelques vestiges.

CAMBODGIEN, IENNE, du Cambodge, pays de l'Indo-Chine (Asie) ; cette colonie est placée sous le protectorat de la France depuis 1863.

Moins intelligents ou plutôt moins actifs que les Annamites, les *Cambodgiens* ont toute la nonchalance que les Hollandais ont signalée dans les naturels des îles de la Sonde.

P. GAFFAREL. *(Les Colonies françaises.)*

Sa Majesté *Cambodgienne* les reçut à merveille, et, pour mieux les honorer, fit manœuvrer devant eux l'escadron de ses danseuses.

P. GAFFAREL. *(Ibidem.)*

CAMBRÉSIEN, IENNE, de Cambrai, ch.-l. d'arr^t (Nord).

Les *Cambrésiens* sont, à l'heure qu'il est, plus industrieux et plus souples qu'ils ne l'ont jamais été.

F. GRILLE. *(Description du département du Nord.)*

La *Cambrésienne* société de tir et de gymnastique de Cambrai.

CAMBRÉSIEN, IENNE, de l'ancien duché de Cambrésis *(Pagus Cameracensis)* (Flandre).

On appelle *Cambrésine* ou *Cambrasine* une toile de lin qui se fabriquait autrefois dans le pays de Cambrésis.

CAMPANOIS, OISE, de Campan, ch.-l. de c^{on}, arr^t de Bagnères, (Hautes-Pyrénées).

Chaque *Campanois* a son troupeau, son vivier, son jardin, qui fournissent avec prodigalité à sa table.

J. LAVALLÉE. *(Voyages dans les départements de la France.)*

Les mots *Campus, Campellus, Campania* ont toujours servi à désigner les vastes étendues de terre que nous appelons plaines : de là les noms de Campan, Campagne, Champagne, etc., etc.

CAMPBONAIS, AISE, de Campbon, c^{ne}, c^{on} et arr^t de Savenay (Loire-Inférieure).

CANAQUE, ou KANAK*, ou bien KANAQUE, naturel de la Nouvelle-Calédonie. (Voir NÉO-CALÉDONIEN.)

Le *Canaque* est très agile ; rien ne le gêne.

H. FISQUET. *(Atlas de la France.)*

Ataï est un *Canaque* qui n'a jamais accepté notre occupation... Il n'a point pris nos usages ; il est resté ce qu'il était : un sauvage dangereux.

H. FISQUET. *(Ibidem.)*

Les femmes *Kanakes* sont peu fécondes, soit parce qu'elles nourrissent longtemps leurs enfants, soit par des causes moins avouables.

Le Tour du Monde, 1868 (2e semestre).

* *Canaque, Kanak, Kanaque* sont employés vulgairement pour désigner les habitants des îles de l'Océanie, sans distinction de race ni de couleur.

Suivant M. de Varigny *(Revue des Deux-Mondes,* 1er avril 1888, *l'Océanie moderne),* le mot *Kanaka* signifie hommes ; c'est le terme par lequel les *Kanaques* se désignent eux-mêmes.

CANCALAIS, AISE, de Cancale, ch.-l. de c^{on}, arr^t de Saint-Malo (Ille-et-Vilaine).

Type de force, d'expression et de beauté physique, de courage spontané, tempérament démonstratif, exagéré, tout extérieur, le *Cancalais* se reconnaît partout : tête et verbe hauts, geste à l'unisson, grosse gaieté, caractère viveur, insouciant du lendemain. Les femmes sont d'une belle taille, libres d'allure et de parole ; leurs coiffures, ouvertes sur le front comme des étendards, font parfaitement ressortir une physionomie régulière, largement taillée, de grosses tempes, des yeux noirs fortement arqués, où les passions et tous les sentiments énergiques se peignent avec véhémence.

B. ROBIDOU. *(Histoire et Panorama d'un beau pays).*

Une fâcheuse nouvelle se répandit : « Les huîtres *Cancalaises* devenaient rares.... Elles n'existaient plus ! »

Ch. AUBERT. *(Le Littoral de la France.)*

CANNETAN, ANE, de Cannet-près-Cannes, c^ne, c^on de Cannes, arr^t de Grasse (Alpes-Maritimes).

Les *Cannetans* se réfugient dans la tour et donnent aux secours le temps d'arriver.

V. SARDOU. *(Nice, Exposition.)*

Le Cannet est évidemment un diminutif de Cannes. — Rachel y est morte, Victorien Sardou y est né. C'est le célèbre auteur dramatique lui-même, devenu académicien, qui nous apprend le nom des habitants de cette petite commune. La citation ci-dessus fait allusion à une page glorieuse de l'histoire de ce bourg ; elle rappelle le courage des *Cannetans* résistant victorieusement, en 1705, aux Impériaux.

CANNOIS, OISE, de Cannes, ch.-l. de c^on, arr^t de Grasse (Alpes-Maritimes).

Cannes... c'est la patrie de tous les *Cannois*.... Les habitants sont polis, doux, affables et très portés au commerce.

Cannes. *(Lettres d'une jeune femme.)*

L'Union *Cannoise*, société chorale de Cannes.

On trouve aussi :
CANNAIS, AISE.

A la sortie de l'enceinte, le prince de Galles est salué par les bravos enthousiastes de la colonie anglaise ; il paraît très impressionné par l'attitude respectueuse de la population *Cannaise*.

Gil Blas (1er mars 1886).

CANTALIEN, IENNE, du département du Cantal.

Il y a quelques années, on pouvait encore voir les *Cantaliens* vêtus du costume traditionnel généralement fait de *raze*, drap grossier fabriqué dans le pays.

RACINET. *(Histoire du Costume.)*

L'ornement que les *Cantaliennes* affectionnent a la forme du diadème antique ; on l'appelle *serre-malice*.

RACINET. *(Ibidem.)*

CANUT ou **CANUS, USE**[*], nom donné aux ouvriers en soie de la ville de Lyon (Rhône).

Les ouvriers de toutes les professions s'étaient empressés de se joindre aux *Canuts*, nom qu'on donnait et qu'on donne encore aujourd'hui aux ouvriers en soie.

A. GUILBERT. *(Villes de France.)*

Déjà sont effacés de la mémoire les couplets de la langue *Canuse*.

(Chants populaires de la France.)

Quand tu seras, pauvre Tarnette,
L'épouse du petit Bastien,
Il n'y aura sur la banquette
Canuse qui ne soit si bien.

(Chants populaires de la France.)

[*] Par une anomalie difficile à expliquer, on dit une *Canuse* au féminin ; ce mot est très usité à Lyon. Le mot *Canut* vient probablement de *cannette*, outil familier aux *Canuts*.

Le langage *Canus* est une espèce d'argot particulier au bas peuple de Lyon ; la prononciation *Canuse* est lourde et traînante.

CAPBRETONNAIS, AISE, de Capbreton, c^{no}, c^{on} de St-Vincent-de-Tyrosse, arr^t de Dax (Landes).

On a toujours reproché aux *Capbretonnais* de n'offrir aucune distraction aux étrangers.

La Gironde (11 septembre 1886).

CAPCINAIS, AISE, du Capcir, pays du Roussillon (Pyrénées-Orientales).

CAP-CORSIN, INE, du Cap-Corse, partie septentrionale de l'île de Corse.

Les habitants de la Balagne sont appelés Balanais et ceux du Cap-Corse *Cap-Corsins*.

Les Primes d'honneur en 1865 (2° partie).

CAQUEUX, EUSE, ou CACOUX, OUSE, ou bien encore CAQUIN, INE, catégorie d'individus habitant la Bretagne, cordiers presque tous et généralement mal famés. (Voir AGOT, CAGOT et CASCAROT.)

En Bretagne, la race maudite des *Caqueux* ou *Cacoux*, qui tous exercent le métier de cordiers, est reléguée dans certains cantons du pays.

CANEL. *(Blason populaire de la Normandie.)*

Tout récemment un boulanger d'Hennebont ayant épousé une *Cacouse*, a perdu toutes ses pratiques dans le bas peuple.

Fr. MICHEL. *(Les Races maudites.)*

Les *Caqueux* sont en Bretagne ce que les parias sont dans l'Inde : ils ne s'alliaient jadis qu'entre eux, et l'entrée des églises leur était interdite. On les disait, au xv° siècle, juifs d'origine et séparés par la lèpre du reste des humains. Ils passent encore pour sorciers et ils profitent de ce renom pour vendre des talismans qui rendent invulnérables ; ils prédisent l'avenir. On ne fuit plus devant eux, mais on ne s'allie pas avec leurs familles. Quelques auteurs font dériver cette appellation de *Cagot*. (Voir ce mot.)

On dit que, le Vendredi-Saint, tous les *Caqueux* versent du sang par le nombril. (Cambry. *Voyage dans le Finistère.)*

CARBONBLANNAIS, AISE, de Carbon-Blanc, ch.-l. de c^{on}, arr^t de Bordeaux (Gironde).

CARCASSONNAIS, AISE, de Carcassonne *(Pagus Carcassonnensis)*, ch.-l. du dép^t de l'Aude.

Les *Carcassonnais* firent entendre leurs plaintes à Charles VI ; en 1381, il révoqua tous les aides et subsides créés par son père, à l'époque de l'invasion du Prince Noir.

Aug. CHEVALLIER. *(Histoire de Carcassonne.)*

Les Folies *Carcassonnaises*, théâtre-concert, à Carcassonne.

CARENTINOIS, OISE, de Carentan, ch.-l. de c^{on}, arr^t de St-Lô (Manche).

Le poète *Carentinois*, Robert-le-Roquez, a chanté la fondation de Bayeux.

F. PLUQUET. *(Histoire de Bayeux.)*

CARHAISIEN, IENNE, de Carhaix, ch.-l. de c^{on}, arr^t de Châteaulin (Finistère).

Les chevaux *Carhaisiens* sont les chevaux de selle de la Bretagne ; ils se trouvent dans quelques vallées du côté de Corlay, de Gouarec, de Rostrenen et de Carhaix.

LAROUSSE. *(Encyclopédie du XIX° siècle.)*

La race bovine *Carhaisienne* est l'une des plus appréciées de la Basse-Bretagne.

E. RECLUS. *(Géographie de la France.)*

Carhaix *(Caretum)* est la patrie de La Tour d'Auvergne, surnommé le premier grenadier de France, illustre par son courage et ses vertus, mort au champ d'honneur au combat d'Oberhausen (Bavière), le 27 juin 1800.

CARLADAIS, AISE, de Carlat *(Pagus Cartilatensis)*, c^{ne}, c^{on} de Vic-sur-Cère, arr^{t} d'Aurillac (Cantal).

CARLUCIEN, IENNE, de Car-lux, ch.-l. de c^{on}, arr^{t} de Sarlat (Dordogne).

Hier, la commune était en deuil : on accompagnait à sa dernière de-meure un vétéran de la démocratie *Carlucienne*.

L'Avenir de la Dordogne (7 août 1885).

CAROLAN, ANE, de la vallée de Carol (Pyrénées-Orientales).

CAROLLAIS, AISE, de Carolles, c^{ne}, c^{on} de Sartilly, arr^{t} d'Avranches (Manche).

C'est à Carolles en Carollais
Que les femmes accouchent au bout de
[treis meis (3 mois),
Mais seulement la première feis (fois).
(Ancien proverbe.)

CAROLOPOLITAIN, AINE, de Charleville, ch.-l. de c^{on}, arr^{t} de Mézières (Ardennes).

La jeunesse d'autrefois était d'hu-meur assez querelleuse. Entre les *Macériens* et les *Carolopolitains*, l'antipathie originelle a plus d'une fois provoqué des batailles. Les *Boyaux rouges* et les *Boyaux blancs* (l'appellation n'est pas distinguée, mais elle est historique), se donnaient rendez-vous dans le Pré-au-Pont. Là s'échangeaient quelques vigou-reux coups de poing, après quoi les vainqueurs rentraient chez eux, sa-tisfaits de leur triomphe, et les vain-cus méditaient une prochaine ren-contre.

J. HUBERT. *(Histoire de Charleville.)*

Je ne puis avoir, en écrivant l'*Histoire de Charleville*, dit M. Hubert, la satisfaction de commencer mon récit par cette phrase sacramentelle : « L'origine de Charleville se perd dans la nuit des temps. » Rien n'est moins obscur que la nuit dans laquelle la cité de Charles de Gonzague a pris naissance, et c'est une circonstance fâ-cheuse pour l'archéologie, qui perd ainsi l'avantage de pouvoir étaler à peu de frais son érudition historique, commenter, interpréter, torturer de vieux textes, pro-créer des hypothèses plus ou moins ingénieuses à propos d'une étymologie, remonter le cours des âges et rattacher le berceau de la localité qu'il décrit aux années contemporaines de Jules César ou du roi Priamus.

Privé de cette jouissance, j'en suis réduit à raconter la vie toute simple, toute bourgeoise et toute paisible d'une petite ville éclose en plein soleil du XVIIe siècle.

. . . .

Quoique la fondation réelle de Charle-ville date de l'année 1605, ce ne fut néanmoins que deux ans après, en 1608, que commencèrent à s'élever les premiè-res constructions. Par son décret souve-rain du 23 avril de cette même année, Charles de Gonzague déclara « *que son vouloir et intention était que le lieu aupa-ravant appelé Arches, en sa souveraineté d'Arches, fut maintenant et désormais appelé* CHARLEVILLE. »

. . . .

Le 2 brumaire (an II), le Conseil gé-néral décida que le nom actuel de Charleville, dérivant du régime féodal, il était nécessaire qu'elle prit un nom républicain ; qu'en conséquence, Charle-ville s'appellerait désormais LIBREVILLE.

J. HUBERT. *(Histoire de Charleville.)*

CAROTIN, INE, de Caro, c^{ne}, c^{on} de Malestroit, arr^{t} de Pontivy (Morbihan).

CARPENTRASSIEN, IENNE, de Carpentras, ch.-l. d'arr^{t} (Vau-cluse).

C'est un *Carpentrassien*, peint par un *Carpentrassien*, qui s'est aussi peint lui-même sur une toile qu'on voit à côté.

J.-B. LAURENS. *(Illustration du 21 avril 1855.)*

CARVINOIS, OISE, de Carvin, ch.-l. de c^{on}, arr^{t} de Béthune (Pas-de-Calais).

Carvin a sa société musicale ap-pelée la Lyre *Carvinoise*.

CASCAROT, OTE, ou CASCA-
ROTAC, nom donné aux pêcheurs
de Ciboure, cᵐᵉ, cᵒⁿ de St-Jean-de-
Luz, arrᵗ de Bayonne (Basses-Pyré-
nées). (Voir AGOT, CAGOT, CA-
QUEUX.)

Les *Agotacs* ou *Cascarotacs* des
Basses-Pyrénées appartiennent à la
famille sémitique.

A. HUGO. *(France pittoresque.)*

M. Lagneau, dans le *Dictionnaire des
Sciences médicales* (France, anthropologie), dit que les *Cascarotacs* sont de
race bohémienne.

En basque, dit M. Francisque Michel,
le mot *Cascarotac* désigne, à proprement
parler, une sorte de bateleurs, ou bien
des jeunes gens qui, dans des fêtes, des
marches joyeuses, des escortes d'honneur,
sont choisis pour marcher en tête, en
dansant constamment.

Lorsque les princes d'Orléans revinrent
d'Espagne leur voiture était précédée de
Cascarots qui firent, en dansant et en
sautant, le trajet de St-Jean de-Luz à
Bayonne.

CASSELOIS, OISE, de Cassel,
ch.-l. de cᵒⁿ, arrᵗ d'Hazebrouck
(Nord).

CASSENEUILLAIS, AISE, de
Casseneuil, cᵐᵉ, cᵒⁿ de Cancon, arrᵗ
de Villeneuve (Lot-et-Garonne).

Nous ne les croyons pas si raffinés
que cela, les braves *Casseneuillais*.

La Petite Gironde (7 juillet 1888.)

CASSIN, INE, sobriquet des
habitants de Montebourg, ch.-l. de
cᵒⁿ, arrᵗ de Valognes (Manche).

C'est de l'observance du Mont-
Cassin, dans l'abbaye de Montebourg, qu'est venu aux habitants de
ce lieu le nom de *Casines* et de
Cassins qu'ils portent dans une
grande partie du département. Cette
dénomination qu'on leur donne en
mauvais sens vient, comme on voit,
d'une sainte origine. Avant l'an

1319, que fut consacrée l'église paroissiale actuelle de Montebourg,
les habitants assistaient à l'office
divin dans l'église de l'abbaye.

CANEL. *(Blason populaire de la
Normandie.)*

CASTELJALOUSAIS, AISE, de
Casteljaloux, ch.-l. de cᵒⁿ, arrᵗ de
Nérac (Lot-et-Garonne).

Le Veloce-Club *Casteljalousais*.

CASTELLANAIS, AISE, de
Castellane, ch.-l. d'arrᵗ (Basses-
Alpes).

Les habitants de Castellane sont
appelés *Castellanais*.

Cᵒⁿ de M. Belloc, secrétaire de
la Mairie de Barcelonnette.

CASTELLINOIS *, OISE, de
Châteaulin, ch.-l. d'arrᵗ (Finistère).

On dit vulgairement :
CHATEAULINOIS, OISE.

Au banquet de dimanche soir, le
maire de la ville a raconté comment
le *Figaro* se trouvait être le père
de l'éclairage *Châteaulinois*.

P. GIFFARD. *(Figaro,* 26 mars 1887.)

Il y avait un conseiller municipal
de Paris, M. Lopin, qui tenait à se
rendre compte de l'installation *Châ-
teaulinoise*.

P. GIFFARD *(Figaro,* 27 mars 1887.)

* C'est le mot latin *Castellum*, château,
qui a formé cette appellation ethnique
d'où vient le mot breton *Kastellik* ou
Kastellin, d'où on a fait *Castel*.

CASTELMORONAIS, AISE, de
Castelmoron, ch.-l. de cᵒⁿ, arrᵗ de
Marmande (Lot-et-Garonne).

L'Union *Castelmoronaise*, fanfare.

CASTELNAUDARIEN, IENNE,
de Castelnaudary, ch.-l. d'arrᵗ (Aude). (Voir CHAURIEN.)

Nous croyons être agréables à nos lecteurs en leur donnant la recette du « cassoulet » tel qu'il est préparé par le fameux Bringuier, le Vatel *Castelnaudarien*, qui a la spécialité de cet excellent plat :

« Le cassoulet, écrivait M. Bringuier à un de mes amis qui lui avait demandé sa recette, le cassoulet est un plat local et originaire de Castelnaudary ; il doit son nom au plat dans lequel on le confectionne, qu'on appelle en patois *cassolo* ; c'est le seul endroit où ces sortes de plats sont désignés sous ce nom. »

Voici maintenant la recette de M. H. Bringuier :

« Faire cuire les haricots dans un pot en terre devant le feu.

» Dans une casserolle à part, faire rissoler : jarret de porc, couenne et saucisson. Mouillez avec du bouillon et ajoutez un quartier d'oie ou de canard confit, deux ou trois gousses d'ail, sel et poivre ; mêlez avec les haricots et, lorsqu'ils sont à peu près cuits, videz le tout dans un cassolo ou grésale et mettez au four pendant deux ou trois heures, afin que le cassoulet soit bien gratiné. »

M. L. Bringuier ajoutait cette observation :

« Ce qui fait la réputation des cassoulets de Castelnaudary, c'est qu'ils sont cuits dans des fours de boulangers qui les chauffent avec des ajoncs et des « ardents » de la Montagne Noire, qui parfument agréablement le plat en question. »

Il n'est pas une ménagère *Castelnaudarienne* qui ne vous affirme que c'est à Castelnaudary que se conserve la pure tradition du véritable cassoulet !

L'Avenir de la Dordogne (6 mai 1887).

CASTELSARRAZINOIS, OISE, de Castelsarrazin, ch.-l. d'arr[t] (Tarn-et-Garonne).

Quel est le nom patois des habitants de Castelsarrazin ?.... *Lous Sarrazis*. Notre langue française les appelle des *Castelsarrazinois*, comme elle appelle ceux de Beaumont des *Beaumontois* et de Verdun des *Verdunois*.

C[on] de M. Mary Lafon (22 nov. 1884).

CASTÉSIEN, IENNE, de Castets, ch.-l. de c[on], arr[t] de Dax (Landes).

L'Union *Castésienne*, fanfare.

CASTILLONNAIS (1), AISE, de Castillon, ch.-l. de c[on], arr[t] de Libourne (Gironde).

Le Club nautique *Castillonnais*.

CASTRAIS, AISE, de Castres *(Ager Castrensis)*, ch.-l. d'arr[t] (Tarn).

Le 12 juin 1226, les *Castrais*, tant chevaliers que bourgeois, envoyèrent au roi leur soumission.

A. COMBES. *(Connaissances locales à l'usage du pays Castrais.)*

Autour de l'aimable châtelaine du manoir solitaire de Burlats, autour de la célèbre Esmengarde, surnommée « *la Belle Castraise*, » viennent se grouper quelques sensibles troubadours, qui accourent du fond de la Provence, pour rendre hommage à ses charmes et pour les célébrer dans leurs chants.

M. NAYRAL. *(Précis historique sur la ville de Castres.)*

---

(1) 16 communes portent le même nom ; on doit appliquer à leurs habitants la même appellation ethnique.

On peut faire remonter l'origine de la ville de Castres à l'époque où un camp romain, *Castrum, Castra,* fut établi sur le plateau de Saint Jean, qui en offre encore quelques vestiges ; du nom latin vient celui de cette ville.

CASTROGONTÉRIEN, IENNE,

de Château-Gontier, ch.-l. d'arr^t (Mayenne).

Ta bonne ou mauvaise fortune,
O ma douce patrie ! entre nous est
[commune !
    Tu seras mes amours,
      Toujours !

Ces deux derniers vers, empruntés à Châteaubriand, par lesquels Mlle Virginie Letaillandier termine son ode si gracieuse à sa ville chérie, le *Castrogontérien* ne cesse de les appliquer à l'Anjou tout entier.

Abbé FOUCAULT. *(Château-Gonthier.)*

Selon la méthode suivie par un éminent historien, M. Guizot, dans son *Histoire de France racontée à mes petits enfants,* nous citerons littéralement les auteurs qui se sont occupés de la cité *Castrogonté-rienne.*

Abbé FOUCAULT. *(Ibidem.)*

La fondation de Château-Gontier est due à un seigneur du nom de Foulques Nerra, qui donna à cette ville le nom d'un de ses vassaux, ainsi qu'en témoigne une charte tirée du cartulaire de Saint-Angers et qui précise, en même temps, la fondation de cette cité. On y lit, en effet, les mots suivants :

« *Firmato itaque castello, eoque ut potue-*
» *rat munito, ex nomine cujusdam villici sui,*
» *illud Castrum Guntherii appellavit...* »
Cet édifice, terminé et fortifié du mieux possible, Foulques l'appela *Castrum Guntherii* (d'où Castrogontheries), Château-Gonthier, du nom d'un de ses vassaux.

CATÉSIEN*, IENNE, du Cateau,

ch.-l. de c^on, arr^t de .Cambrai (Nord).

La société chorale du Cateau s'appelle la *Catésienne.*

* A la fin du xe siècle, l'évêque Héluin construisit un castel, *Castellum,* qui donna naissance à la petite ville du Cateau.

CAUCHOIS, * OISE, du pays de

Caux *(Pagus Caletensis),* ancien district de la Basse-Normandie (Seine-Inférieure).

Pierre Corneille naissait à Rouen le 6 juin 1606. Cet enfant, dont le parrain est *Cauchois,* devait un jour produire des ouvrages traduits en trente-deux langues ; une statue de bronze devait lui être élevée dans sa ville natale par de nombreux souscripteurs, dont la liste forme cent pages.

F. HOUEL. *(Annales des Cauchois.)*

Des *Cauchoises* de dix-huit ans, blanches et fraîches, nous laissent voir, en ouvrant une bouche vermeille, une cavité hérissée de chicots, qui sont, en tout autre pays, l'indice de la décrépitude.

E. DE LA BÉDOLLIÈRE. *(Les Français peints par eux-mêmes.)*

Les *Cauchois* furent longtemps ridiculisés par l'épithète de *Caillettes* et de *Floquets* **.

E. DE LA BÉDOLLIÈRE. *(Ibidem.)*

* Le pays de Caux *(Calx), pagus Caletensis,* était le pays des anciens Calètes.
** Le mot *floquet* veut dire petite touffe de laine ou de soie, en patois, bas normand : c'est un diminutif du vieux mot *floc, flocon,* du latin *flocus ;* on dit un *floquet de poils.*

CAUDEBECQUAIS, AISE, de

Caudebec, ch.-l. de c^on, arr^t d'Yvetot (Seine-Inférieure).

Allons, *Caudebecquais,* rappelez-vous ce que furent vos aïeux ; suivez l'élan intellectuel, suivez l'impulsion que l'industrie vous offre de nos jours.

A. SAULNIER. *(Caudebec et ses environs.)*

Sobriquet : « Les Friands de Caudebec,» dicton populaire.

CAUDÉRANAIS, AISE, de Caudéran, c^no, c^on et arr^t de Bordeaux (Gironde).

Appel aux *Caudéranais*. *(Gironde,* 2u octobre 1886.)

La Lyre *Caudéranaise,* fanfare.

CAUSSADAIS, AISE, de Caussade, ch.-l. de c^on, arr^t de Montauban (Tarn-et-Garonne).

La Lyre *Caussadaise.*

CAUSSENARD, ARDE, des Causses* (Gard, Aveyron).

Le *Caoussenaous* ou *Caussenard,* mangeur de pain d'orge et d'avoine et buveur d'eau claire, est grand, osseux et fort.

E. RECLUS. *(Géographie universelle.)*

La race *Caussenarde* est forte, haute sur jambes et possède des cornes volumineuses ; elle pâture sur les chaumes et les pâturages ou dans les bois.

(Les primes d'honneur en 1872.)

* On appelle Causses, dans le Sud-Ouest de la France, du mot latin *Calx,* chaux, de vastes étendues de terres incultes, situées dans les régions montueuses, mais riches en marne, et dont on peut, par une bonne culture, tirer un produit avantageux.

Une portion du département de l'Aveyron est appelée la Causse.

CAUTERÉSIEN, IENNE, de Cauterets, c^no, c^on et arr^t d'Argelès (Hautes-Pyrénées).

La *Cauterésienne,* société de tir et de gymnastique.

CAVET, sobriquet des habitants du Revermont, dans le département de l'Ain. (Voir REVERMONTOIS.)

CAYENNAIS, AISE, de Cayenne, capitale de l'île de ce nom et de toute la Guyane française (Amérique méridionale).

Cayenne était peut-être à la veille de devenir une ville coloniale de premier ordre, lorsqu'un marin français, nommé Ducasse, réveillant les sentiments de haine des colons contre les Hollandais, entraîna les *Cayennais* dans une expédition contre Surrinam.

LAROUSSE. *(Encyclopédie, Guyane.)*

CELLÉEN, ÉENNE*, de Sceaux, ch.-l. d'arr^t (Seine).

Cette appellation ethnique est peu usitée, de même que celle de *Sceaucien, ienne,* que nous avons vue imprimée, mais qui n'a pas, comme la première, le mérite d'être scientifique, car elle vient de *Cellœ,* nom primitif de Sceaux.

C^on du Maire de Sceaux.

* On retrouve certainement, dans ce nom, le mot *Salix,* qui veut dire Saule, arbre des eaux, qu'on rencontre dans tous les endroits humides.

CERDAGNOL, OLE, de la Cerdagne française (Pyrénées-Orientales).

Malgré les réclamations des *Cerdagnols,* malgré les demandes du consul général du département, rien n'a été fait pour obvier à l'état de choses plein d'inconvénients, qui résulte de l'enclave de *Livia,* portion de terrain située au milieu de la Cerdagne française, mais appartenant à l'Espagne.

E. ARAGO. *(Le Roussillon.)*

Les *Cerdagnoles* se font remarquer avec leurs réseaux de soie sur

la tête et leur joli fichu de mousseline brodée.

P. VIDAL. *(Guide des Pyrénées-
Orientales.)*

CÉRÉTOIS, OISE, de Céret[*],
ch.-l. d'arr[t] (Pyrénées-Orientales).

On appelle *Cérétois* les habitants
de Céret.

C[on] du Maire de Céret.

Dans le langage usuel, on dit :
CÉRÉTENCH, ENCHA.

*Los Ceretenchs fan la festa major
lo dia de San Pere ;* les habitants de
Céret célèbrent leur fête patronale
le jour de saint Pierre.

VIDAL, bibliothécaire à Perpignan.

[*] Ce mot vient du latin *Ceretensis.
Leo factus est Gallus ; venite Ceretenses !*
Le lion est devenu coq ou Gaulois ;
venez *Cérétenchs !*

CETONNIEN, IENNE, de Ceton,
c[ne], c[on] du Theil, arr[t] de Mortagne
(Orne).

CETTOIS, OISE, de Cette, ch.-l.
de c[on], arr[t] de Montpellier (Hérault).

Les *Cettois* ne reculent devant
aucun des sacrifices qui peuvent
tourner à l'avantage de leur ville.

Ch. AUBERT. *(Le Littoral de la
France.)*

Vous, lecteur, qui vantez votre
cave, qui sablez vos vins d'Espagne
avec la satisfaction intime d'un
homme sûr de son fait, vous ne
dégustez peut-être que des nectars
de fabrication *Cettoise.*

E. DE LA BÉDOLLIÈRE. *(Le Languedocien.)*

CÉVENOL, OLE, habitant du
pays des Cévennes, ancien district
du Languedoc.

Le *Cévenol* est superstitieux, et,
aux veillées d'hiver, il aime à entendre raconter des contes fantastiques.

Il est patient et actif ; sa vie sédentaire le rend économe et frugal.

G. HEUZÉ. *(Les Primes d'honneur
en 1872.)*

Quelle belle panoplie on ferait
avec deux fialouses (quenouilles) de
cette dernière catégorie posées en
sautoir sur un vaste chapeau de feutre de nos vieilles *Cévenoles.*

Dr FRANCUS. *(Voyage dans le
midi de l'Ardèche.)*

Le pays des Cévennes, qui tire son
nom de la chaîne de montagnes qui le
traverse, comprenait le Gévaudan, le
Vivarais et le Velay.

CHAAMBI (au pluriel **CHAAM-
BA**), nom d'un peuple de race Berbère qui habite le Sahara de Constantine.

Les *Chaamba* sont les ennemis des
Touaregs.

CHABLAISIEN, IENNE, du
Chablais[*] *(Caballicus Ager)*, an-
cienne province et comté de la
Savoie, formant aujourd'hui l'ar-
rondissement de Thonon (Haute-
Savoie).

Les habitants du Chablais sont
connus sous le nom de *Chablaisiens.*
(Les Primes d'honneur en 1865.)

Les Latinistes du Lyaud, légende
Chablaisienne par Antony Dessaix.

[*] Le nom primitif du Chablais était *Caput
Laci*, mot à mot, tête du lac, commencement du lac, extrémité du lac, parce
que ce pays est situé à la pointe extrème
de l'est du lac Léman.

CHALLANDAIS, AISE, de
Challans, ch.-l. de c[on], arr[t] des Sables-d'Olonne (Vendée).

La Lyre *Challandaise,* société
musicale.

CHÂLONNAIS, AISE, de Châ-
lons-sur-Marne *(Pagus Catalauni-
cus)*, ch.-l. du dép[t] de la Marne.

Les *Châlonnais* combattirent à Bouvines (1214) ; ils y soutinrent le principal choc de la journée.

A. GUILBERT. *(Villes de France.)*

La Lyre *Châlonnaise*, chorale.

CHALONNAIS, AISE, de Chalonnes-sur-Loire, ch.-l. de c^on, arr^t d'Angers (Maine-et-Loire).

Les *Chalonnais* ayant persisté dans leur refus de payer la dîme, il fallut bien les admettre quand même gratuitement aux pratiques du christianisme ; mais les religieux se vengèrent en leur donnant le sobriquet de *Non-Croyants*.

TOUCHARD-LAFOSSE. *(La Loire historique.)*

CHÂLONNAIS, AISE, de Châlon-sur-Saône *(Pagus Cabilonensis)*, ch.-l. d'arr^t (Saône-et-Loire).

Les *Châlonnais* actuels n'ont pas dégénéré de leurs ancêtres, et l'étranger qui parcourt Châlon-sur-Saône remarque avec satisfaction que la beauté du sang des Bourguignotes y est en parfaite harmonie avec l'amabilité du caractère, la cordialité et l'aménité des mœurs.

J.-B. BOUCHE. *(Voyage en Bourgogne.)*

CHALOSSAIS, AISE, de la Chalosse *(Calossia)*, ancien district de la Gascogne (Landes).

Le *Chalossais*, grand, fort, aux couleurs vives, a l'œil éveillé.

(La Chalosse par un anonyme, 1817.)

La femme Diris, l'accusée, a le type de la bonne paysanne *Chalossaise*.

Journal des Landes (21 mars 1881).

La première journée des fêtes aurait été splendide si la pluie n'était venue troubler l'enthousiasme qui s'annonçait dès l'ouverture des courses, ce qui a motivé l'absence presque complète, sur les amphithéâtres, de ces jolis minois *Chalossais*, dont Hagetmau semble avoir le monopole.

La Petite Gironde (7 avril 1888).

La Chalosse, *Calossia*, tire son nom du mot grec *kalos,* beau, par allusion à la beauté de ce pays, qui est en effet magnifique.

CHALUSIEN, IENNE, de Chalus, ch.-l. de c^on, arr^t de St-Yrieix. (Haute-Vienne).

On dit un *Chalusien*, des *Chalusiennes*, en parlant des habitants de Chalus.

C^on du Maire de Chalus.

CHAMBÉRIEN, IENNE, de Chambéry, ch.-l. du dép^t de la Savoie.

L'Orphéon *Chambérien*.

CHAMBLISIEN, IENNE, de Chambly *(Pagus Camliacensis)*, c^no, c^on de Neuilly-en-Thelle, arr^t de Senlis (Oise).

CHAMONIARD, ARDE, de Chamonix, ch.-l. de c^on, arr^t de Bonneville (Haute-Savoie).

Les habitants de la vallée de Chamonix sont appelés *Chamoniards*.

(Les Primes d'honneur en 1865.)

Je n'irai pas plus loin dans mes revendications *Chamoniardes*.

P. GIFFARD. *Le Figaro* (31 août 1887).

CHAMPAGNEUX, habitant de la Champagne, de la plaine de l'Indre. (Voir CHAMPIGNOU.)

CHAMPENOIS, OISE, de la Champagne *(Campania)*, ancienne province de la France.

Quatre-vingt-dix-neuf moutons et un *Champenois* font cent bêtes.

(Vieux proverbe.)

Gas Normand, fille *Champenoise*,
Dans la maison font toujours noise.

(Vieux dicton.)

Les *Champenoises* demoiselles ont

anobli leurs maris. Ce fùt une suite de la bataille de Fontenay, en Champagne, entre les enfants de Louis le Débonnaire, car la noblesse de Champagne y demeura presque toute, de sorte qu'il fut permis aux demoiselles d'anoblir leurs maris.

GOLLUT. *(Mémoires des Bourguignons.)*

* La Champagne tire son nom du latin *Campania,* qui veut dire plaine ; ce nom était donné jadis à la plupart des grandes plaines nues et monotones qu'on rencontrait dans plusieurs parties de la France.

CHAMPENOIS, OISE, de Champs, c^{ne}, c^{on} de Coucy, arr^{t} de Laon (Aisne).

On nomme plaisamment *Champenois* les habitants de Champs, comme s'ils étaient de la Champagne.

YLLIATUD. *(Dictons et sobriquets populaires de l'Aisne, de l'Oise et de la Somme.)*

CHAMPIGNOU, ELLE, de la Champagne, pays dans le département de l'Indre.

On dirait que les habitants de ces trois régions (Champagne, Boischaut, Brenne) appartiennent à trois races distinctes ne fusionnant pas entre elles, restant où elles ont été cantonnées et ne vivant pas toujours ensemble en bonne intelligence. La ligne de démarcation qui sépare le *Champignou,* le Quiaulin et le Brenous, est aussi accusée que celle qui sépare la Champagne, le Boischaut et la Brenne.

L. MARTINET. *(Le Berry préhistorique.)*

Le département de l'Indre comprend trois contrées ou régions différentes :

1º La *Champagne (Campania,* plaine) de l'Indre, se trouve située entre Vatan et Châteauroux ; on appelle *Champignou,* ou *Champagneux,* l'habitant de cette contrée ;

2º Le Boischaut, Boichau, Boichot, du mot de basse latinité *boscus,* bois, est la partie boisée du département de l'Indre. Boischaud est synonyme de Bocage ; ce pays est le Bocage du Berry. On appelle l'habitant du Boischaud, BOISCHAUTIN, INE et QUIAULIN, INE. (Voir QUIAULIN.)

3º La Brenne est une contrée humide et peu fertile. Les vingt communes qui composent la Brenne contiennent plus de onze cents étangs... *Brenne* signifie, en celtique, parc, plante aquatique, allusion à la nature du sol.

L'habitant de la Brenne s'appelle *Brenous, ouse* (on prononce *Beurnou,* B'rnou), ou bien *Brenou, oue.* (Voir ce mot.)

CHAMPSAURIN, INE, du Champsaur *, ancien district du Dauphiné (Hautes-Alpes).

Le *Champsaurin* est intelligent et travailleur.

(Les Primes d'honneur en 1869).

* Champsaur, *campus aureus,* territoire aux champs dorés. Le Champsaur, c'est la campagne dorée, par allusion à la richesse de ce petit pays non moins fertile que pittoresque.

CHAMS ou TSIAMPAS, population malaise du sud-est de l'Indo-Chine. (Voir COCHINCHINOIS.)

CHAMTOIS, OISE, de Champlitte, ch.-l. de c^{on}, arr^{t} de Gray (Haute-Saône.)

Une bonne femme de Champlitte refusait un jour de loger un grenadier à cheval, disant qu'elle ne le pouvait point. Le militaire, ne se souciant guère du refus de la vieille, descendit de cheval. « Tiens, tiens, fait la bonne *Chamtoise,* je ne savais point que cela se démontait. »

GAIDOZ et SEBILLOT. *(Blason populaire de la France.)*

CHANCELADAIS, AISE, de Chancelade, c^{ne}, c^{on} et arr^{t} de Périgueux.

Leydet, qui a tant travaillé pour le Périgord, était *Chanceladais.*

DESSALLES. *(Histoire du Bugue.)*

CHANDERNAGORIEN, IENNE, de Chandernagor, ville des établissements français de l'Inde (Bengale) (Asie).

Nos gouverneurs *Pondichériens* et *Chandernagoriens* viennent de m'annoncer que je suis nommé chevalier de la Légion d'Honneur.

V. JACQUEMONT. *(Encyclopédie de Larousse.)*

CHANTAGNARD, ARDE, de la Chantagne, pays de l'ancienne Savoie (Savoie).

CHANTENAISIEN, IENNE, de Chantenay, c^ne, c^on et arr^t de Nantes (Loire-Inférieure).

CHAOUÏA *, nom donné à une partie des Berbères, les Berbères de l'Aurès (Algérie).

Les Berbères passent pour être aborigènes. C'est l'élément numérique le plus important de la population de l'Algérie. Ils habitent surtout les montagnes. Cette race se divise aussi en deux groupes principaux ; elle s'appelle Kabyle dans le massif méditerranéen, et *Chaouïa* dans le massif intérieur.

RACINET. *(Le Costume historique.)*

* *Chaouïa* est un mot arabe qui veut dire pasteurs, bergers.

CHAOURÇOIS, OISE de Chaource, ch.-l. de c^on, arr^t de Bar-sur-Seine (Aube).

Les *Chaourçois* ne payaient pas seulement des impôts au roi, au clergé, au seigneur ; ils avaient à songer aussi aux intérêts particuliers de leur communauté.

ARBOIS DE JUBAINVILLE. *(Voyage paléographique dans l'Aube.)*

CHARENTAIS, AISE, du département de la Charente.

Le *Charentais*, journal conservateur publié à Angoulême.

CHARENTONNAIS, AISE, de Charenton-le-Pont, ch.-l. de c^on, arr^t de Sceaux (Seine).

La *Charentonnaise*, société de tir et de gymnastique.

On trouve aussi :

CHARENTONISTE (peu usité).

On rencontre également :

CHARENTONNIEN, IENNE.

Mais, nous disions-nous, si ce monsieur à la tête *Charentonnienne* bondissait sur nous.

P. DE SAVARUS. *(A travers France.)*

CHARITOIS, OISE, de La-Charité, ch.-l. de c^on, arr^t de Cosne (Nièvre).

Si la guerre laissa quelque répit aux *Charitois*, au commencement du XVII° siècle, les éléments, par une funeste compensation, sévirent avec rigueur sur leur ville en 1633 ; la foudre, qui avait détruit en 1505 le grand clocher, écrasa une des tours de l'abbaye.

TOUCHARD-LAFOSSE. *(La Loire historique.)*

Ce n'est pas seulement son existence, dit M. E. Montégut *(Souvenirs du Nivernais, Revue des Deux-Mondes,* 15 avril 1873), c'est aussi son nom que la ville doit à son église, car c'est en reconnaissance des abondantes aumônes que les moines y distribuaient et que les indigènes, qui, à cette époque, devaient être bien misérables et bien barbares, venaient y chercher des points les plus éloignés du comté, qu'elle fut appelée La Charité.

CHARLIANDIN, INE, de Charlieu *(Pagus Carolocensis)*, ch.-l. de c^on, arr^t de Roanne (Loire).

CHARLOIS, OISE, de Charroux, c^{ne}, c^{on} de Chantelle, arr^t de Gannat (Allier).

Charroux est sans contredit la ville la plus ancienne du département de l'Allier. Son nom vient de *caro rubra,* chair rouge ; cela est aussi indiscutable que difficile à expliquer d'une manière satisfaisante.

Dans le canton de Chantelle, on ne prononce guère sans rire ce nom de *Charlois,* dont on a affublé les habitants de Charroux, car ce nom est synonyme de badaud rustique et bizarre, et les *Charlois* se montrent très susceptibles de cette appellation.

CHARMOIS, OISE, de Charmes (1), ch.-l. de c^{on}, arr^t de Mirecourt (Vosges).

La race *Charmoise.*

(Les Primes d'honneur en 1872.)

On trouve également :
CHARMÉSIEN, IENNE.

CHARMONTAIS, AISE, de Charmont, c^{ne}, c^{on} d'Heiltz-le-Maurupt, arr^t de Vitry (Marne).

La Fanfare *Charmontaise.*

CHAROLAIS, AISE, de Charolles *(Pagus Quadrellensis),* ch.-l. d'arr^t (Saône-et-Loire).

A la manière dont le nouveau venu se développa sous les armes, S... vit bien qu'il n'avait pas affaire à un novice ; il ne se mit pas moins en devoir de le tâter ; mais au premier mouvement qu'il fit, le *Charolais* partit d'un coup de temps, et le coup fut tellement fourni que le chevalier était mort avant d'être tombé.

BRILLAT-SAVARIN. *(Physiologie du goût.)*

---

(1) 12 communes portent le même nom ; on doit appliquer à leurs habitants la même appellation ethnique.

La Démocratie *Charolaise,* journal publié à Charolles.

On écrit également :
CHAROLLAIS, AISE.

CHARONNAIS, AISE, de Charonne, quartier de la ville de Paris (Seine).

CHARRONNAIS, AISE, de Charron, c^{ne}, c^{on} de Marans, arr^t de La Rochelle (Charente-Inférieure).

L'Union *Charronnaise,* fanfare.

CHARTÉVOIS, OISE, de Chartèves, c^{ne}, c^{on} de Condé, arr^t de Château-Thierry (Aisne).

Voilà trente-sept ans que les *Chartévois* payent, que nous payons tous ce curé pour enseigner la religion.

La Lanterne (7 mars 1888).

CHARTRAIN, AINE, de Chartres *(Pagus Carnotinus),* ch.-l. du dép^t d'Eure-et-Loir).

Au XI° siècle, on voit les *Chartrains* aux prises avec les Normands.

A. GUILBERT. *(Villes de France.)*

CHARTRAIN, AINE, de la Chartre-sur-le-Loir, ch.-l. de c^{on}, arr^t de Saint-Calais (Sarthe).

Ce petit chef-lieu de canton, qui compte à peine 1500 habitants, a son « Cercle *Chartrain* de la Ligue de l'Enseignement. »

CHARTRONNAIS, AISE, des Chartrons, quartier de la ville de Bordeaux (Gironde).

Les natifs de ce quartier s'intitulent *Chartronnais* plutôt que Bordelais.

RACINET. *(Le Costume historique.)*

CHÂTEAUBRIANTAIS, AISE, de Châteaubriant, ch. l. d'arr^t (Loire-Inférieure).

On appelle *Châteaubriantais* les habitants de Châteaubriant.

C^{on} du Maire de Châteaubriant.

CHÂTEAU-CHINONNAIS AISE, de Château-Chinon, ch.-l. d'arr^t (Nièvre).

Quelquefois les habitants de Château-Chinon se donnent entre eux le nom de *Château-Chinonnais*, mais bien rarement ; c'est une locution fort peu usitée dans le pays. On se plaît à désigner au dehors nos concitoyens sous le nom de *Morvandiaux*, parce que Château-Chinon est la capitale du Morvan.

C^{on} de M. LUQUET, rédacteur en chef de l'*Echo du Morvan*.

C'est les filles de Château-Chinon,
Les petites Morvandelles,
Qui ont vendu leur cotte et cotillon
Pour avoir des dentelles.

(Vieux proverbe).

CHÂTEAUROUSSIN, INE, de Châteauroux, ch.-l. du dép^t de l'Indre.

Nous avons des raisons de croire que « Les Français au Tonkin » tiendront longtemps sur l'affiche. MM. Casuani ont rencontré là un succès de bon aloi ; c'est la juste récompense des efforts qu'ils ont tentés jusqu'ici pour donner satisfaction au public *Châteauroussin*.

Journal du département de l'Indre (21 février 1887).

La chapelle de « Notre-Dame-du-Chêne » à Arthon, est bien connue de la population *Châteauroussine*.

Journal du département de l'Indre (22 mars 1887).

Sobriquet : « Les Villerots ou Villerons de Châteauroux » ; ces sobriquets sont donnés par les paysans aux habitants de Châteauroux.

CHÂTELLERAUDAIS, AISE, de Châtellerault *(Pagus Castro-Airaldensis)*, ch.-l. d'arr^t (Vienne).

Le roi écrivait aux *Châtelleraudais* en employant les termes de « chers et bien amés. »

Abbé LALANNE. *(Histoire de Châtellerault.)*

Châtellerault a son « Cercle *Châtelleraudais* de la Ligue de l'Enseignement. »

CHÂTILLONNAIS, AISE, de Châtillon-sur-Seine (1), ch.-l. d'arr^t (Côte-d'Or).

M. B... a été élu député ; c'est un choix qui fait honneur aux *Châtillonnais*.

Sénateurs et Députés (Paris, au *Figaro*, 1876).

CHATOUSIEN, IENNE, de Chatou, c^{ne}, c^{on} de Saint-Germain-en-Laye), arr^t de Versailles (Seine-et-Oise.

CHÂTRE (LA), ch.-l. d'arr^t (Indre).

Il n'existe aucun terme consacré pour désigner les habitants de la Châtre.

C^{on} du Maire de la Châtre.

Assise sur la croupe d'une colline dont les eaux de l'Indre viennent baigner le pied, entourée de riantes prairies qu'ombragent d'épais peupliers et de jardins où la rose et le dalhia se disputent tour à tour la prééminence, la ville de la Châtre est comptée à bon droit au nombre des plus agréables du département.

Cachant son origine dans les ténèbres du moyen âge, ce ne fut d'abord sans doute qu'un petit château sans importance, une étroite enceinte fortifiée, une de ces *Châtres* dont on rencontre à chaque pas, sur notre sol, les vestiges ou la dénomination.

____

(1) 37 communes portent le nom de Châtillon ; on doit appliquer à leurs habitants la même appellation ethnique.

CHAULNOIS, OISE, de Chaul-.nes, ch.-l. de c^{on}, arr^t de Péronne (Somme).

CHAUMONAIS, AISE, de Chaumot, c^{ne}, c^{on} de Corbigny, arr^t de Clamecy (Nièvre).

L'avenir consolidera le bonheur de la France et comblera les désirs des *Chaumonais*.

Le Moniteur universel
(19 septembre 1852).

CHAUMONTAIS, AISE, de Chaumont (1) *(Ager Calvo-Montensis)*, ch.-l. du dép^t de la Haute-Marne.

Les *Chaumontais*, gens casaniers et rassis, disent de leurs voisins .:

Langres, sur son rocher,
Moitié fou, moitié enragé.

GAIDOZ et SEBILLOT. *(Blason populaire de la France.)*

La Lyre *Chaumontaise*, fanfare.

CHAUNOIS, OISE, de Chauny, ch.-l. de c^{on}, arr^t de Laon (Aisne).

Les premiers *Chaunois* nés et ense-velis dans les ténèbres de l'idolâtrie n'ont point eu d'autre religion que celle des peuples leurs voisins, qui ont adoré Jupiter, Mercure, Mars, Apollon et Cérès.

DOM LABBÉ. *(Notice sur Chauny.)*

Sobriquet : Les « Singes » de Chauny.

La Compagnie des arquebusiers de Chauny avait un singe représenté sur son étendard ; c'est peut-être là l'origine de ce sobriquet.

Suivant quelques auteurs, l'épithète de *Singes* donnée aux habitants de Chauny vient du goût prononcé qu'ils avaient pour les jeux publics, les jongleries, les *Singeries* et remonte au delà du XIIIe siè-cle.

______

(1) 16 communes portent le même nom ; on doit appliquer à leurs habitants la même appellation ethnique.

M. Borteau de Maulaville a trouvé dans un vieux manuscrit du moyen-âge le quatrain suivant, curieuse épigramme sur les *Singes* de Chauny :

Calnia, dulce solum, cui septem commoda
[vitæ;
Poma, menus, segetes, linum, pecus,
[herba, racemus ;
Cujus et indigenis *simii* sunt propria
[septem ;
Fraus, amor, ira, jocus, levitas, imitatio,
[rictus.

Ce qui veut dire :

Chauny, riche sol, qui possède ces sept biens de la vie : vergers, bois, moissons, lins, troupeaux, prairies et vignes et dont les habitants possèdent ces sept attributs du singe : ruse, libertinage, colère, joyeuseté, légèreté, esprit d'imitation, grimaces.

CHAURIEN, IENNE, sobriquet des habitants de Castelnaudary, ch.-l. d'arr^t (Aude). (Voir CASTEL-NAUDARIEN.)

Quatre braillards ont crié : « Vive Boulanger ! » et quatre autres brail-lards ont répondu : « A bas Ferron !» sur le passage du ministre. C'était honteux, et les *Chauriens* (nom in-time des habitants de Castelnau-dary) étaient très irrités.

F. RICHARD. *(Figaro,*
12 septembre 1887.)

Cette expression de *Chaurien* n'est pas usitée, bien qu'on écrive quelquefois Chaury par abréviation de Castelnau-dary.

C^{on} du Maire de Castelnaudary.

CHELLÉEN, ÉENNE, de Chel-les, c^{ne}, c^{on} de Lagny, arr^t de Meaux (Seine-et-Marne).

Le *Chelléen*, la plus ancienne de ces époques, tire son nom de la station de Chelles.

G. et A. DE MORTILLET.
(Musée préhistorique.)

Le président nous apprend qu'il a acquis une série de haches *Chelléen-nes*.

*Bulletin de la Société archéologique
du Périgord* (octobre 1887).

On trouve également :
CHELLOIS, OISE (peu usité).

CHENEVELIER, IÈRE, de Chenove, c^ne, c^on et arr^t de Dijon (Côte-d'Or).

Il y a un demi siècle, les *Cheneveliers* mangeaient toujours à l'auberge Malet, près du Morimont.

Clément JANIN *(Sobriquets des villes et villages de la Côte-d'Or.)*

CHERBOURGEOIS, EOISE, de Cherbourg *(Pagus Coriovallensis)*, ch.-l. d'arr^t (Manche).

Il y a encore quelques points de comparaison entre les *Cherbourgeois* et les descendants des familles titrées.

CANEL. *(Blason populaire de la Normandie.)*

L'Union *Cherbourgeoise*, harmonie.

Quand le théâtre en pierres fut rebâti, M. Pascal acheta une loge à la municipalité *Cherbourgeoise*.

Le Figaro (16 juillet 1885).

Un vieux proverbe dit : « *Cherbourgeois* pairs à barons », ou bien « les bourgeois de Cherbourg sont pairs à baron », *pares baronibus*. En 1636, Charles le Mauvais, roi de Navarre, vint à Cherbourg, et satisfait de l'accueil que lui firent les habitants, il les fit tous nobles... *Pares baronibus*. (Voir HORSAIN.)

CHINONAIS, AISE, de Chinon, ch. l d'arr^t *(Pagus Chinonensis)*, (Indre-et-Loire).

Les *Chinonais* n'accédèrent qu'en petit nombre à la réforme de Luther et Calvin.

TOUCHARD-LAFOSSE. *(La Loire historique.)*

CHIZEROT, OTE, d'Uchizy*, c^ne, c^on de Tournus, arr^t de Mâcon (Saône-et-Loire).

Les *Chizerots* sont livrés presque exclusivement à la culture des terres ; les *Chizerotes* ont l'air austère, décrépit, ce qui provient vraisemblablement du travail habituel et forcé qui les courbe vers la tere.

Mémoires de l'Académie celtique (Tome 5).

* Uchizy, vient de « hucher, huchements », mots qui signifient cris de joie, en patois de la Bresse.

Les *Chizerots* paraissent appartenir à la famille sémitique. Ils habitent la rive O de la Saône, tandis que les Burhins habitent la rive E, et peuplent encore les villages de Boz, Ozan, Aubigny et Sermoyer. M. Reinaud *(Invasion des Sarrasins en France)*, dit que quelques efforts que l'on ait faits jusqu'ici pour connaître avec certitude l'origine des habitants de Boz et d'Uchizy, on est réduit à des conjectures, car on n'a pu établir rien de positif. (Voir BURHIN.)

CHIZEROT, OTE, de la vallée de Sixte (Haute-Savoie). (Voir SIZEROT.)

CHOLETAIS, AISE, de Cholet, ch.-l. d'arr^t (Maine-et-Loire).

Le taureau durham et la vache *Choletaise* ne peuvent donner que de bons produits ; ceci est du reste démontré par l'expérience.

P. LAROUSSE. *(Encyclopédie.)*

M. Touchard-Lafosse emploie la désignation CHOLÉSIEN, IENNE, mais c'est un barbarisme.

Les tissus de coton forment aujourd'hui l'une des principales branches de l'industrie *Cholésienne*.

TOUCHARD-LAFOSSE. *(La Loire historique.)*

CHOUTIER, IÈRE, de Choue, c^ne, c^on de Mondoubleau, arr^t de Vendôme (Loir-et-Cher).

CIDEVILLIEN, IENNE, de Cideville, c^ne, c^on d'Yerville, arr^t d'Yvetot (Seine-Inférieure).

On ne peut parler de Cideville sans songer à Limesi..., car ces deux communes n'ont jamais eu que des relations hostiles. *Limésiens* et *Cidevilliens* sont aimés comme chiens et chats. Aussi dit-on en Normandie « les chats de Cideville », de même que l'on dit « les chiens de Limesi ».

Les Limésiens, dit M. Canel *(Blason populaire de la Normandie)*, ont pour eux la force du nombre, et cependant les *Cidevilliens*, par je ne sais quelle vertu compensative, savent se tenir fermes devant eux et leur rendre égratignure pour égratignure, ni plus ni moins que les quadrupèdes de race féline font à l'encontre des quadrupèdes de race canine.

Niez donc la sagacité des faiseurs de sobriquets.

CIERPOIS, OISE, de Cierp, c^{ne}, c^{on} de Saint-Béat, arr^t de Saint-Gaudens (Haute-Garonne).

L'Union *Cierpoise*, fanfare.

CIOTADEN, ENNE, de la Ciotat, ch.-l. de c^{on}, arr^t de Marseille (Bouches-du-Rhône).

Les habitants de la Ciotat sont désignés sous les termes de *Ciotadens, ennes*.

C^{on} du Maire de La Ciotat.

On trouve également :
CIOTADIN, INE.

CIS-PYRÉNÉEN, ÉENNE, de la Cize, petit pays qui faisait partie autrefois de la Basse-Navarre, ancienne province des pays Basques.

Les *Bas-Navarrais*, vaincus par les Visigoths, préférèrent renoncer à leurs possessions d'Espagne plutôt qu'à leur indépendance ; leurs frères *Cis-Pyrénéens*, *Labourdins*, et *Souletins* leur offrirent une généreuse hospitalité.

FR. MICHEL. *(Le pays Basque.)*

CISTERCIEN*, IENNE, de Citeaux, hameau, c^{ne} de Saint-Nicolas-les-Citeaux, c^{on} de Nuits, arr^t de Beaune (Côte-d'Or).

L'antique abbaye des *Cisterciens* de Bonnefont a été fort heureusement nommée « le Saint-Denis des comtes de Comminges. »

A. COUGET. *(Etats du Nebousan.)*

L'abbaye *Cistercienne* de Billiers fut fondée, l'an 1250, par le duc Jean Ier.

Ch. AUBERT. *(Le Littoral de la France.)*

Ces deux *Cisterciens* continuaient leur métier à la colonie de Citeaux sans s'inquiéter de dame justice, qui a fini par leur mettre la main au collet.

La Lanterne (17 juillet 1888).

*Cette appellation vient de *Cistercium,* nom latin de Citeaux. Il y avait là jadis une célèbre abbaye de ce nom, *Cisterciense monasterium*, dans les dépendances de laquelle se trouvaient les célèbres vignobles connus sous le nom de Clos-Vougeot et de Romanée.

CIVRAISIEN, IENNE, de Civray, ch.-l. d'arr^t (Vienne).

Les *Civraisiens* n'oublieront jamais le mauvais sort dont ils furent victimes, lors de la construction de la grande ligne de Paris à Bordeaux.

Echo de Civray (23 septembre 1886).

Vers trois heures, au moment où où nos élégantes *Civraisiennes* s'acheminaient en foule vers le lieu de la fête, une pluie torrentielle s'est abattue tout-à-coup et a causé une débandade indescriptible.

Echo de Civray (18 novembre 1886).

CLAMARTOIS, OISE, ou **CLAMARIOT, IOTE**, de Clamart, c^{ne}, c^{on} et arr^t de Sceaux (Seine).

Il serait permis d'attribuer aux *Clamariots* ou *Clamartois* (car l'un et l'autre se disent), une semblable velléité.

J. LEVALLOIS. *(Autour de Paris.)*

CLAMECYCOIS, OISE, de Clamecy, ch.-l. d'arr^t (Nièvre).

Claude Tillier, en butinant, par un instinct d'abeille, et en butinant ces fantaisies, ces études de mœurs *Clamecycoises*, légères et badines, a voulu faire une échappée sur le XVIII° siècle, qu'il adorait, plutôt qu'une œuvre étayée sur une intrigue, sur une action dramatique, qui, dans ce cas, serait un peu faible, un peu ingrate pour justifier cette prétention.

Paul CÉGRETIN. *(Etude sur Claude Tillier.)*

Le *Clamecycois*, journal de Clamecy.

CLERMONTAIS, AISE, de Clermont(1)-de-Lodève, ch.-l. de c^on, arr^t de Lodève (Hérault).

CLERMONTOIS, OISE, de Clermont-Ferrand * *(Pagus Claromontensis)*, ch.-l. du dépt du Puy-de-Dôme).

Clermontois curieux ! tenez vous prêts pour le lever du soleil !

Le *Journal du Puy-de-Dôme* (6 août 1884).

L'Harmonie *Clermontoise*.

On dit aussi :

CLERMONTAIS, AISE.

Ce fut une grande joie parmi les *Clermontais* lorsque Catherine de Médicis gagna contre leur évêque le

---

(1) 15 communes portent le même nom ; on doit appliquer à leurs habitants la même appellation ethnique de *Clermontais* ou *Clermontois*.

procès qui lui adjugeait le comté de Clermont.

MALTE-BRUN. *(La France illustrée.)*

* Clermont s'appela d'abord Nemosus. Les Romains l'appelèrent *Nemetum*. Après l'invasion, *Nemetum* changea son nom pour celui d'Urbs Arverna, Arvernum. Clairmont *(Clarus mons)*, qui n'était d'abord que la citadelle, finit au IX° siècle par donner son nom à la ville.

CLERMONTOIS, OISE, de Clermont-en-Bauvoisis, ch.-l. d'arr^t (Oise).

La Chorale *Clermontoise*.

CLERMONTOIS, OISE, de Clermont-en-Argonne, ch.-l. de c^on, arr^t de Verdun (Meuse).

La Fanfare *Clermontoise*.

CLICHIEN, IENNE, de Clichy-la-Garenne, c^ne, c^on de Neuilly, arr^t de Saint-Denis (Seine).

Le parti *Clichien*, qui s'augmentait tous les jours, fut écrasé par la Révolution du 18 fructidor an V.

B. SAINT-EDME. *(Paris et ses environs.)*

CLISSONNAIS, AISE, de Clisson *(Pagus Clicchionensis)*, ch.-l. de c^on, arr^t de Nantes (Loire-Inférieure).

Le jeu de boules est la récréation favorite des *Clissonnais* pendant la belle saison.

GIRAULT. *(Géographie de la Loire-Inférieure.)*

CLOTTAIS, AISE, de la Clotte, c^ne, c^on de Montguyon, arr^t de Jonzac (Charente-Inférieure).

Revenus sur la place de la Mairie, nous avons entendu une excellente allocution prononcée par l'ancien maire si aimé de la population *Clottaise*, qui a fait appel à l'union.

La Gironde (26 octobre 1885).

CLOYSIEN, IENNE, de Cloyes, ch.-l. de c^on, arr^t de Châteaudun (Eure-et-Loir).

CLUNISOIS, OISE, de Cluny, ch.-l. de c^on, arr^t de Mâcon (Saône-et-Loire).

Il y eut un combat singulier dans la plaine de Mont-Odon, entre trois *Clunisois* et trois soldats de Braquemaud. La victoire resta aux braves et valeureux enfants de Cluny.

J.-B. BOUCHE *(Voyage en Bourgogne.)*

CLUSIEN, IENNE, de Cluses, ch.-l. de c^on, arr^t de Bonneville (Haute-Savoie).

On appelle *Clusiens* les habitants de Cluses.

C^on de M. DUCIS, archiviste de la Haute-Savoie.

COCHINCHINOIS, OISE, de la Cochinchine, colonie française de l'Asie (Annam).

M. le contre-amiral Bonard fit une courte mais brillante campagne contre les *Cochinchinois* opposés à notre domination.

LAROUSSE. *(Encyclopédie.)*

En dehors des provinces *Cochinchinoises* qui nous appartiennent directement, deux autres contrées sont soumises à notre protectorat, dans la Péninsule Indo-Chinoise, l'Annam et le Cambodge.

P. GAFFAREL. *(Les colonies françaises.)*

Les principaux peuples habitant la Cochinchine, sont les *Annamites*, les *Tonkinois*, les *Cambodgiens* (Voir ces mots), les *Siamois*, les *Chams*, les *Indonésiens* ou sauvages, et les *Min-Huongs*, métis de Chinois et de femmes Annamites.

Les Siamois sont originaires du Siam ; ils se répandent en quantité dans nos possessions du Cambodge ; ils sont doux

et nonchalants, mais industrieux. Les *Chams* ou *Tsiampas* sont une population malaise du Sud-Est de l'Indo-Chine. Ils ont fondé autrefois, du IXe au XVIe siècle, un royaume prospère ; mais leur empire a été graduellement détruit par les Annamites, qui les ont assujettis et qui se les assimilent tous les jours.

COGNAÇAIS, AISE, de Cognac, ch.-l. d'arr^t (Charente).

La position de Crouin, au bord du fleuve, en a fait un séjour de choix pour un certain nombre de *Cognaçais*.

Abbé COUSIN. *(Histoire de Cognac.)*

La Lyre *Cognaçaise*, orphéon.

COLLIBERT, habitant des marais de la Vendée.

Les *Colliberts* se tiennent principalement vers les embouchures du Lay et de la Sèvre Niortaise.

A. HUGO. *(France pittoresque.)*

Il existe dans les marais de la Vendée, à l'embouchure de la Sèvre Niortaise, une race d'hommes connus sous le nom de *Colliberts* ou *Cagoths*. Ils habitent dans des bateaux avec toute leur famille. On prétend trouver en eux les descendants des anciens *Agesinates Cambolectri*, chassés de leur territoire par les Scytes Théiphaliens, et dispersés plus tard par les Normands. D'après quelques auteurs, le nom de Colliberts aurait signifié, dans l'origine, *têtes libres*. Cette race d'hommes paraît appartenir à la famille celtique. D'après Lagneau *(Dictionnaire des sciences médicales)*, les Huttiers ou Cabaniers des marais mouillés de la Sèvre Niortaise sont les représentants actuels des *Colliberts*.

COLLIOURENCH, ENCHA, de Collioure, c^ne, c^on d'Argelès, arr^t de Céret (Pyrénées-Orientales).

« Les O mon Dieu ! » ; c'est ainsi qu'on appelle les *Colliourenchs*, habitants de Collioure, à cause de leurs exclamations favorites.

GAIDOZ et SEBILLOT. *(Blason populaire de la France.)*

COLMARIEN, IENNE, de Colmar *(Campus Columbariensis),* ville de l'Alsace, ancienne province de la France.

Il n'y a pas un demi siècle que l'usage suivant régnait dans les cuisines *Colmariennes* ; d'après les renseignements les plus sûrs, cet usage faisait apparaître : le lundi, des pommes de terre ; le mardi, de la choucroute ; le mercredi, des carottes, des navets ou des choux-raves ; le jeudi, des légumes secs, du riz ou de l'orge ; le vendredi, des farinages ; le samedi, des navets, et le dimanche de la choucroute.

CH. GÉRARD. *(L'Alsace à table.)*

COLUMÉRIEN, IENNE, de Coulommiers*, ch.-l. d'arr^t (Seine-et-Marne).

De 1589 à 1595, les *Columériens,* pressés par les troupes de la Ligue et celles de Henri IV, fournirent tour à tour aux unes et aux autres des vivres, des chevaux, des munitions.

Aug. CHEVALLIER. *(Histoire de Coulommiers.)*

* On sait peu de chose sur l'origine de Coulommiers ; tout ce que l'on peut affirmer, c'est que les Romains l'appelèrent Castrum Columbarium ; ce serait César, qui, conduit dans cette contrée par les vicissitudes de la guerre, et apercevant une grande nuée de pigeons volant au dessus de la toiture de la tour, l'aurait appelée *Columbarium.* De là le nom de *Colombins* donné quelquefois aux habitants de cette ville.

COMBLOIS, OISE, de Combles, ch.-l. de c^on, arr^t de Péronne (Somme).

COMBOURGEOIS, EOISE, de Combourg, ch.-l. de c^on, arr^t de Saint-Malo (Ille-et-Vilaine).

Bon nombre de jeunes *Combourgeoises* ont dépouillé le costume armoricain pour en revêtir de formes plus naturelles, qui laissent enfin deviner les sveltes contours de la taille féminine.

B. ROBIDOU. *(Histoire et panorama d'un beau pays.)*

COMINOIS, OISE, de Comines, c^ne, c^on de Quesnoy-sur-Deûle, arr^t de Lille (Nord).

La *Cominoise,* société de tir de Comines.

COMMERCIEN, IENNE, de Commercy * *(Terræ Commerciacenses),* ch.-l. d'arr^t (Meuse).

Les habitants de Commercy sont appelés *Commerciens.*

C^on du Maire de Commercy.

* Commercy tire son nom de *Commarcha, Marchia,* qui signifie marche, frontière ; sa position au bas de la Meuse justifie son appellation en même temps que l'étymologie que nous en donnons.

COMMINGEOIS, EOISE, du pays de Comminges *(Pagus Convennensis),* ancien district de la Guyenne (Gers, Haute-Garonne).

C'est à Saint-Girons et aux environs qu'ont lieu la plupart des rencontres des comtes de Foix et de Comminges, et la ville se défend toujours avec cette fermeté que les *Commingeois,* naturellement batailleurs, apportaient dans tous les genres de combat.

A. MARRAST. *(Saint-Bertrand de Comminges.)*

COMOROIS, OISE, ou COMORIEN, IENNE, des Comores, groupe d'îles de la côte orientale d'Afrique, dans le canal de Mozambique.

Les *Comorois* sont gouvernés par des sultans, et on peut dire que chaque ville a le sien.

Larousse. (Encyclopédie.)

La cruauté des *Comoriens* est extrême, et ils en sont aux sacrifices humains pour conjurer les évènements qu'ils redoutent.

La Lanterne (8 juillet 1888).

Le groupe des Comores comprend quatre îles principales : Angazija ou Grande Comore, Anjouan, Mayotte et Mouhilla. (Voir Mayottais.)

COMPIÉGNOIS, OISE, de Compiègne, ch.-l. d'arr¹ (Oise).

Les *Dormeurs* ; ce nom est donné depuis très longtemps aux *Compiégnois*. Il est mentionné dans le manuscrit de Bertin du Rocheret, ainsi que dans le *Livre des Proverbes*, par Leroux de Lincy ; mais ils n'en font pas connaître l'origine.

Ylliatud. (Dictons et sobriquets populaires de l'Aisne, de l'Oise et de la Somme.)

Société nautique *Compiégnoise*.

COMTADIN, INE, du Comtat-Venaissin *(Pagus Vendascinus)*, ancien district de la Provence, appartenant jadis au Saint-Siège, réuni à la France en 1791 et enclavé dans le département de Vaucluse en 1792.

Les *Comtadins* aiment beaucoup les fêtes locales.

A. Hugo. (France pittoresque.)

On dit aussi :

VENAISSINOIS, OISE. (Voir ce mot.)

COMTOIS, OISE, de la Franche-Comté, ancienne province de la France.

Un *Comtois* a toujours la pincette à la main ; il tisonne incessamment, et à chaque visite qui survient, il

demande une *bûche de bois* ; un de ces mots ne va pas sans l'autre.

Fr. Wey. (Français peints par eux mêmes.)

Les *Comtoises* sont reconnaissables à la lourde attache de leur pied et à la grosseur de la malléole interne. Elles ne peuvent traverser la rue sans se crotter ; leur châle est toujours de travers ; elles ont la taille courte.

Fr. Wey. (Ibidem.)

On dit aussi :

FRANC-COMTOIS, OISE. (Voir ce mot.)

Entêté comme un *Comtois*.

(Vieux proverbe.)

Comtois,
Tête de bois.

(Vieux dicton.)

Ils sont larges, les *Comtois,* mais c'est des épaules.

(Vieux dicton.)

C'est un curé *Comtois* qui, recevant plusieurs visiteurs, dit à sa bonne : « Ouvrez la fenêtre, que ces Messieurs se rafraîchissent. »

CONCARNOIS, OISE, de Concarneau, ch.-l. de cᵒⁿ, arr¹ de Quimper (Finistère).

Les habitants de Concarneau sont désignés sous le nom de *Concarnois*.

Cᵒⁿ du Maire de Concarneau.

CONDÉEN, ÉENNE, de Condé(1)-sur-Noireau, ch.-l. de cᵒⁿ, arr¹ de Vire (Calvados).

Le *Condéen* convient que sa ville n'a d'autres monuments qu'une statue et une vieille église, qui n'a de remarquable que des vitraux du XVIᵉ siècle.

Cazin. (Journal d'un touriste.)

La *Condéenne*, fanfare.

----

(1) 20 communes portent le même nom ; on doit appliquer à leurs habitants la même appellation ethnique.

CONDOMOIS, OISE, de Con-
dom *(Pagus Condomiensis)*, ch.-l.
d'arr¹ (Gers).

La lyre *Condomoise,* société musicale.

On remarque dans les tribunes du
champ de course de Saint-Puy beaucoup de *Condomoises* et des plus
gentilles.

La Petite Gironde (août 1888).

La petite ville de Condom a deux
quartiers bien distincts, la haute ville et
la Bouquerie, séparés l'un de l'autre par
la jolie rivière de la Baïse ; on appelle
Bouquariens (voir ce mot), les habitants
de la Bouquerie.

CONDRINOIS, OISE, de Con-
dren, cⁿᵉ, cᵒⁿ de Chauny, arr¹ de
Laon (Aisne).

La juridiction qu'avaient les *Condrinois* sur Noyon, selon la notice
de l'empire Romain, a été attribuée
à Chauny.

Dom Labbé. *(Notice sur Chauny.)*

CONFLAREN, ÈNE, de Con-
flans, ancienne ville de la Savoie
(Savoie).

On appelle *Conflarens* les habitants de Conflans, ancienne localité
qui, réunie à l'Hôpital, a servi à
former la ville d'Albertville (Savoie).

Cᵒⁿ de M. Ducis, archiviste
de la Haute-Savoie.

CONFLENTAIN, AINE, du
Conflent *(Pagus Confluentinus),* ancienne viguerie du Roussillon (Pyrénées-Orientales).

Le mot *Conflentain* n'est que la
traduction hasardée de l'appellation
ethnique catalane *los Conflentains
(lous Counfléntaïns)* ; mais cette
expression est peu usitée.

Cᵒⁿ de M. Brutails, archiviste
des Pyrénées-Orientales.

CONFOLENTAIS, AISE, de
Confolens, ch.-l. d'arr¹ (Charente).

Souvent on entend les *Confolentais*
dire : « Aller en Angoumois ; on fait
de telle manière en Angoumois »,
comme s'ils parlaient d'un pays
étranger.

A. Guilbert. *(Villes de France.)*

Tout le monde a tenu à rendre
hommage aux qualités d'un brave
homme, dont la petite cité *Confo-
lentaise* porte le deuil.

La Charente (18 mars 1887).

CONGOLAIS, AISE, du Congo
français, région de l'Afrique occidentale.

Actuellement les explorateurs du
versant *Congolais,* attribué à la
France, en sont encore à la période
d'étude.

E. Reclus. *(Afrique,* tome XIII.)

Les M'Bochi, qui ont donné leur
nom à la station du Bas-Alima, sont
un des peuples les plus sauvages de
la région *Congolaise.*

E. Reclus. *(Ibidem.)*

On trouve également :

CONGOAIS, AISE (peu usité).

Nous avons lu, dans le *Messager
de Saint-Joseph,* chapitre réservé
aux missions : Un drame *Congoais,*
raconté par G. Le Loult, mission-
naire du Saint-Esprit.

On rencontre aussi :

CONGOLAN, ANE.

Je vous envoie, comme souvenir,
quelques timbres-poste et une caisse
de curiosités *Congolanes.* J'ai récolté
ces dernières dans mon voyage à
l'Oubanghi et au Haut-Congo.

Messager de Saint-Joseph (Mars 1888).
Lettre de Carrie, vicaire apostolique
du Congo.

M. de Brazza a même employé
l'expression CONGOLO.

Cette jeune fille n'était pas mal de sa personne ; elle avait mis une certaine coquetterie dans sa toilette. Une ceinture de perles *Congolos* ceignait ses reins, et servait d'attache par derrière à un mouchoir d'étoffe indigène, large comme la main.

Tour du Monde (21 juillet 1888). *Voyage daus l'Ouest Africain,* par M. Savorgnan de Brazza.

CONSTANTINOIS, OISE, de Constantine, ch.-l. du dépᵗ de Constantine (Algérie).

On avait élu conseiller général un homme qui, six mois auparavant, avait été rayé des listes du jury, pour une ancienne condamnation ; ce résultat humiliait les *Constantinois* éclairés.

P. BOURDE. *(A travers l'Algérie.)*

Les *Constantinoises* passent déjà pour jolies.

P. BOURDE. *(Ibidem.)*

CORANCIOT, IOTE, de Corancez, cᵑᵒ, cᵒⁿ et arrᵗ de Chartres (Eure-et-Loir).

CORBÉEN, ÉENNE, de Corbie, ch.-l. de cᵒⁿ, arrᵗ d'Amiens (Somme).

On appelle *Corbéens* les habitants de Corbie.

Cᵒⁿ de M. BONVALLET, officier de l'instruction publique à Amiens.

On trouve également CORBIEN, IENNE.

La joie la plus bruyante régnait parmi les *Corbiens* qui se pressaient à toutes les portes du château en criant : Victoire !

A. DUBARRY. *(Les coutumiers de l'Amiénois),* Musée des familles (avril 1858).

CORBEILLAIS, AISE, de Corbeil, ch.-l. d'arrᵗ (Seine-et-Oise).

On dit qu'une ancienne famille de cette ville, la famille du Donjon, plaçait au-dessus de l'écusson de ses armes une tige droite surmontée d'une boule. Les *Corbeillais* s'emparèrent de cet emblême héraldique et y reconnurent une pêche.

A. FOURTIER. *(Les Dictons de Seine-et-Marne.)*

On dit aussi :

CORBEILLOIS, OISE.

Samedi, 12 février, la société de gymnastique «*La Corbeilloise*» donne son grand bal annuel.

Indépendant de Seine-et-Oise (13 février 1887).

CORBONNAIS, AISE, de Corbon *(Pagus Corbonensis),* cᵑᵒ, cᵒⁿ et arrᵗ de Mortagne (Orne).

CORDAIS, AISE, de Cordes ch.-l. de cᵒⁿ, arrᵗ de Gaillac (Tarn).

La Chorale *Cordaise*, fanfare.

CORLAISIEN, IENNE, de Corlay, ch.-l. de cᵒⁿ, arrᵗ de Loudéac (Côtes-du-Nord).

Le cheval *Corlaisien* est employé comme cheval de selle ; il est sobre, léger à la course, plein de force et infatigable.

(Les Primes d'honneur en 1865.)

CORMATINOIS, OISE, de Cormatin, cᵑᵉ, cᵒⁿ de Saint-Gengoux-le-Royal, arrᵗ de Mâcon (Saône-et-Loire).

La *Cormatinoise,* fanfare.

CORMEILLAIS, AISE, de Cormeilles, ch.-l. de cᵒⁿ, arrᵗ de Pont-Audemer (Eure).

« Les Manicons de Cormeilles », tel est le sobriquet des habitants de cette commune, dont la population s'adonne à la fabrication de la chaussure. La *manique* est une sorte de gant propre à garantir la paume de la main.

Les *Cormeillais*, dit M. Canel dans son *Blason populaire de Normandie,* ont une propension bien prononcée vers le sexe féminin.

CORNEILHANAIS, AISE, de Corneilhan, c^{no}, c^{on} et arr^{t} de Béziers (Hérault).

L'Harmonie *Corneilhanaise* est une société musicale qui a été fondée en 1873 par quelques *Corneilhanais.*

CORNEVILLOIS, OISE, de Corneville, c^{no}, c^{on} et arr^{t} de Pont-Audemer (Eure).

Les *Cornevillois* de distinction accoururent en masse à l'appel de leur compatriote et remplirent la salle de leurs applaudissements.

Le Pays jaune. (Sceaux, Charaire et fils.)

CORNILLONNAIS, AISE, de Cornillon *(Vallis Cornelionis),* c^{ne}, c^{on} de Pont-Saint-Esprit, arr^{t} d'Uzès (Gard).

Les *Cornillonnais,* j'allais dire les *Cornichonnais,* ne purent résister au désir d'aller voir de près, et pendant ce temps-là, les Sarrazins s'emparèrent de la ville.

Dr FRANCUS. *(Voyage dans le midi de l'Ardèche.)*

CORNOUAILLAIS, AISE, de la Cornouaille *(Cornu Galliæ),* (pointe de la Gaule), ancien petit pays de la France, dans la Basse-Bretagne (Finistère).

Les *Cornouaillais* sont restés fidèles à la tradition, et, sous ce rapport du moins, ils méritent encore le nom de Bretons.

J. GUILLON. *(Etymologies bretonnes.)*

A cette vue, les Anglais poussent un hourra frénétique ! Mais le second pilote de la *Surveillante,* Le Mang (son nom a été conservé religieusement dans la chanson *Cornouaillaise,* Le Pilote), l'a vu tomber ; prompt comme un éclair, il escalade les haubans d'artimon, et, debout, la tête haute et fière, au milieu d'un ouragan de mitraille, il déploie un mouchoir blanc, l'agite dans les airs et donne le temps de rehisser un autre pavillon.

O. PRADÈRE. *(La Bretagne poétique.)*

Les habitants de ce pays sont encore appelés *Kernewots, otes,* du nom ancien et primitif *Cernyw,* qui veut dire corne en celtique et qui se changea plus tard en *Kernaw.* On appelle couramment *Kernewot* le paysan *Cornouaillais.*

Notre pavillon flotte,
Le Mang l'a rehissé ;
Le Breton *Kernewote*
N'a jamais amené.

O. PRADÈRE. *(Ibidem.)*

CORRÉZIEN, IENNE, du département de la Corrèze.

Somme toute, le *Corrézien* nous paraît digne des trois rocs d'or qui chargent les armes de Tulle, sa capitale, et de sa fière devise : *Sunt rupes virtutis iter,* les rochers qui m'entourent sont la route du courage.

Dr PHILIPPS. *(Vacances en Limousin.)*

CORSE, du département de la Corse.

Pauvres, nullement enthousiastes de dévotion, exploités par des gouverneurs avides, les *Corses* n'ont jamais pu cultiver les arts.

Prosper MÉRIMÉE. *(Voyage en Corse.)*

Les *Corses* répètent souvent ce vieux dicton, que douze onces d'honneur ayant été jetées sur la terre, les femmes *Corses* en avaient pris onze onces pour leur part, et la douzième était restée aux autres femmes du monde.

BELLIN. *(Description de l'île de Corse, 1759.)*

CORTENAIS, AISE, de Corté, ch.-l. d'arr^t (Corse).

Le Montagnard *Cortenais*, journal publié à Corté.

COSNOIS, OISE, de Cosne, ch.-l. d'arr^t (Nièvre).

Les *Cosnois* se déclarèrent, en 1616, pour le parti des princes ; mais vivement assiégés par le maréchal de Montigny, ils se virent contraints de capituler et de se soumettre.

TOUCHARD-LAFOSSE. *(La Loire historique.)*

COTENTINOIS *, OISE, de la presqu'île du Cotentin *(Pagus Constantinus)* (Manche).

Geoffroy de Moubray, avec cette assurance que donnent un rang élevé et une noble origine, alla solliciter dans la Pouille et la Calabre, la générosité des fils de Tancrède de Hauteville, et ceux-ci, en leur qualité de *Cotentinois*, voulant contribuer à l'achèvement et à la décoration de la cathédrale, lui firent présent de beaucoup d'or et d'argent, de pierreries, de divers manteaux amples ou *pallium*, et de trois fioles pleines du baume le plus pur, *puro apobalsamo.*

A. CHEVALLIER. *(Coutances.)*

On dit aussi :

COTENTIN, INE.

La race *Cotentine,* qu'on regarde, à tort ou à raison, comme originaire du Cotentin, est le type laitier par excellence.

(Les Primes d'honneur en 1867.)

* Le *Pagus Constantinus* tirait son nom de sa capitale *Constancia,* d'où l'on a fait Coutances, Coutentin, Cotentin.

COUDRION, ONE, de Coudray, c^ne, c^on et arr^t de Chartres (Eure-et-Loir).

COULANDONNAIS, AISE, de Coulandon, hameau, c^ne d'Argentan, ch.-l. d'arr^t (Orne).

Des filles de Coulandon,
La chemise passe le jupon,

dit un vieux proverbe, qui signifie tout simplement que si la mode a pénétré jusque dans Argentan, elle n'est pas encore parvenue à Coulandon.

COULOMBIN, INE, de Saint-Coulomb, c^ne, c^on de Cancale, arr^t de Saint-Malo (Ille-et-Vilaine).

COURBEVOISIEN, IENNE, de Courbevoie, ch.-l. de c^on, arr^t de Saint-Denis (Seine).

On appelle *Courbevoisiens* les habitants de Courbevoie.

C^on du Maire de Courbevoie.

COURONNAIS, AISE (LA), de la Couronne, c^ne, c^on et arr^t d'Angoulême (Charente).

Cette petite commune, qui compte à peine 3,000 habitants, a créé un Cercle *La Couronnais* de la Ligue de l'Enseignement.

Cette commune s'est appelée primitivement *Coronel* ou petite couronne, parce qu'elle était bâtie sur une élévation de terrain en forme de couronne, qui dominait les marais environnants.

COURONNIER, IÈRE, de Grand'Couronne, ch. l. de c^on, arr^t de Rouen (Seine-Inférieure).

On dit : *Couronniers, ières,* pour désigner les habitants de Grand' Couronne.

C^on du Maire de Grand'Couronne.

COURSEULLAIS, AISE, de Courseulles-sur-Mer, c^no, c^on de Creully, arr^t de Caen (Calvados).

Courseulles tire son nom de l'ancienne peuplade gauloise des Curiosolites.

COURVILLAIN, AINE, de Courville, ch. l. de c^on, arr^t de Chartres (Eure-et-Loir).

COUSERANAIS, AISE, du Couserans ou Conserans *(Pagus Consoranensis)*, ancien district de la Guyenne (Ariège).

Où les Languedociens mettent *f,* les *Couseranais* mettent *h* aspirée.

Dr Bordes-Pagès. *(Les Eaux du Couserans.)*

On trouve également :

CONSORANNIEN, IENNE.

Au ve siècle, la Novempopulanie formait une des provinces de la Gaule et comprenait douze cités, parmi lesquelles on comptait d'abord Eause, Auch, Lectoure, le Lugdunum des Convennes, aujourd'hui Saint-Bertrand, la cité des *Consoranniens,* Saint-Lizier et Tarbes.

Mary Lafon. *(La Gascogne.)*

COUTANÇAIS, AISE, de Coutances, ch.-l. d'arr^t (Manche).

Les *Coutançais* ont donné dans tous les temps des preuves certaines de l'amour qu'ils ressentent pour leur sol natal.

L. Quenault. *(Recherches archéologiques sur la ville de Coutances.)*

Le blason de Coutances conserve un vieux mot, un composé du vieux français *cuider,* dont il ne nous reste que outrecuidant; on dit, dans le sens de ce dernier mot, les *sorcuidés* de Coutances et aussi, « fier comme un *Coutançais.* »

COUTRASIEN, IENNE, de Coutras, ch.-l. de c^on, arr^t de Libourne (Gironde).

On appelle *Coutrasiens* les habitants de Coutras, auxquels on donne encore, en manière de plaisanterie, le dénomination de *Coutrillons.*

C^on du Maire de Coutras.

COUTRILLON, ONNE, sobriquet des habitants de Coutras, ch.-l. de c^on, arr^t de Libourne (Gironde). (Voir Coutrasien.)

COUZEAU, EAUDE, de Couze-Saint-Front, c^ne, c^on de La Linde, arr^t de Bergerac (Dordogne).

Rien de notable à signaler dans les us et coutumes des *Couzeaux,* si ce n'est quelques vestiges des anciens temps !

Laplace. *(Mémoire couronné au Congrès géographique de Bergerac.)*

COUZIOT, OTE, ou COUSIOT, OTE, sobriquet des habitants du Maransin (Landes). (Voir Maransin et Bouyès.)

Les *Cousiots* sont les descendants des anciens *Cocosates.*

CRANDELEUX, EUSE, de Crandelles, c^ne, c^on et arr^t d'Aurillac (Cantal).

Les *Crandeleuses* sont de très jolies femmes qui portent avec beaucoup de grâce le costume national d'Auvergne et qui dansent la bourrée comme des anges, si jamais les anges ont dansé la bourrée.

X..

CRAONNAIS, AISE, de Craon *(Ager Credonensis)*, ch.-l. de c^on, arr^t de Château-Gontier (Mayenne).

La race *Craonnaise* remplace de plus en plus les races qu'on appelait race blésoise et race salonnaise.

(Les Primes d'honneur en 1867.)

CRÉÇOIS, OISE, de Crécy-en-Brie, ch.-l. de c^on, arr^t de Meaux (Seine-et-Marne).

La Lyre *Créçoise*.

CREILLOIS, OISE, de Creil, ch.-l. de c^on, arr^t de Senlis (Oise).

L'Union *Creilloise*, société de tir et de gymnastique.

CREISSELLAIS, AISE, de Creissels, c^ne, c^on et arr^t de Millau (Aveyron).

Le jour de la fête votive, Creissels devient le Longchamps de Millau ; les *Creissellais* se livrent alors au bonheur et oublient leurs rancunes pour les Millavois.

A. DE T... *(Esquisses sur Millau et sur sa vallée.)*

CRESSANGEOIS, EOISE, de Cressanges, c^ne, c^on du Montet, arr^t de Moulins (Allier).

Pour ne point enfreindre les lois
De votre bon seigneur des Noix,
Vous irez dans le cimetière
Le dernier mardi de ce mois (mars),
Vous autres vilains *Cressangeois*.

(Epigramme sur le droit de muse.)

On dit dans l'Allier : « Les Musards de Cressanges. »

GAIDOZ et SÉBILLOT. *(Blason populaire de la France.)*

CRESTOIS, OISE, de Crest, ch.-l. de c^on, arr^t de Die (Drôme).

CREUSOIS, OISE, du département de la Creuse.

Pour compenser la perte du numéraire, il faut une ressource extraordinaire ; les *Creusois* émigrent.

MALTE-BRUN. *(Géographie universelle.)*

La Démocratie *Creusoise*, journal républicain publié à Guéret.

CREUSOTIN, INE, du Creusot, ch.-l. de c^on, arr^t d'Autun (Saône-et-Loire).

Nous avons déjà dit que l'établissement du Creusot (on écrit Creusot sur les lieux, et c'est l'orthographe de la Compagnie, mais l'administration et la poste écrivent le Creuzot) occupe aujourd'hui 10,000 ouvriers... L'ouvrier est au contraire presque toujours enfant du sol, un *Creusotin* comme on l'appelle. Jadis, il se rattachait au type du Morvandiot, et comme tout indigène du Morvan né au milieu des montagnes granitiques et des forêts de châtaigniers, il se distinguait par une sorte de rudesse et de sauvagerie. Le travail des ateliers, une hygiène bien entendue et l'instruction libéralement offerte à tous n'ont pas tardé à métamorphoser le Morvandiot *Creusotin*..... Le type physique et moral s'est bien vite modifié. Le Morvandiot est petit, aux formes ramassées et d'intelligence étroite ; le *Creusotin* est plus grand, plus svelte, et d'intuition plus vive.

L. SIMONIN. *(Le tour du Monde, 1867, 1er semestre.) (Le Creusot et les mines de Saône-et-Loire.)*

CRICQUEBOUVIEN, IENNE, de Cricquebœuf, c^ne, c^on de Honfleur, arr^t de Pont-l'Evêque (Calvados).

Sobriquet : « Les Brûleurs d'ânes. » Les habitants de Cricquebœuf sont appelés ainsi, parce qu'un mercredi des cendres ils s'avisèrent de livrer un âne aux flammes, en même temps que l'effigie du Mardi Gras.

CRIQUETOTOIS, OISE, de Criquetot-Lesneval, ch.-l. de c^{on}, arr^t du Hâvre (Seine-Inférieure).

Les *Criquetotois* ayant compris l'offense, poursuivirent Croquevieille jusqu'à la limite des deux pays, jurant qu'ils rapporteraient sa peau pour en orner la maison commune.

La Légende d'Etretat. *(Magasin pittoresque 1876.)*

CRISTOLIEN, IENNE, de Creteil, c^{ne}, c^{on} de Charenton, arr^t de Sceaux (Seine).

CROISICAIS, AISE, du Croisic, ch.-l. de c^{on}, arr^t de Saint-Nazaire (Loire-Inférieure).

Les *Croisicais* sont toujours les bons, les intrépides marins qui, des premiers, ne craignirent pas d'affronter les dangers de la pêche sur les bancs de Terre-Neuve.

Ch. AUBERT. *(Le Littoral de la France.)*

A l'extrémité de la presqu'île du Croisic, auprès de la chapelle de Saint-Gunstan, on voit un énorme rocher, où les *Croisicaises* allaient autrefois danser des rondes toute la matinée du 15 août.

F. LE BOYER. *(Notice sur le département de la Loire-Inférieure.)*

CROIX-ROUSSIEN, IENNE, de la Croix-Rousse, faubourg de la ville de Lyon (Rhône).

CROQUANT, ANTE, du Crocq, ch.-l. de c^{on}, arr^t d'Aubusson (Creuse).

C'est du bourg du Crocq que les insurgés *Croquants* auraient reçu leur nom.

E. RECLUS. *(Géographie de la France.)*

CROTELOIS, OISE, du Crotoy, c^{ne}, c^{on} de Rue, arr^t d'Abbeville (Somme).

On appelle *Crotelois* les habitants du Crotoy.

C^{on} de M. BONVALLET, officier de l'instruction publique, à Amiens.

CROUTON, sobriquet des habitants de Crouttes, c^{ne}, c^{on} de Vimoutiers, arr^t d'Argentan (Orne).

Il n'est pas possible, dit M. Canel dans son *Blason populaire de la Normandie*, d'expliquer l'origine de ce sobriquet, qui est simplement fondé sur *l'équivoque*.

CUBJACOIS, OISE, de Cubjac, c^{ne}, c^{on} de Savignac, arr^t de Périgueux (Dordogne).

Pas de veine, les orateurs *Cubjacois !* Pourvu qu'ils n'aient pas une indigestion de discours rentrés.

Le Ralliement de Périgueux (10 novembre 1885).

CUBZAGAIS, AISE, de Cubzac *(Pagus Cusacensis)*, c^{ne}, c^{on} de Saint-André-de-Cubzac, arr^t de Bordeaux (Gironde).

Les habitants de Bordeaux sollicitèrent l'exécution du décret de 1812, non pas pour complaire aux *Cubzagais*, mais pour ruiner le commerce de Libourne, en barrant la rivière par un pont.

R. GUINODIE. *(Histoire de Libourne.)*

CUCUGNANAIS, AISE, de Cucugnan, c^{ne}, c^{on} de Tuchan, arr^t de Carcassonne (Aude).

L'abbé Martin était curé... de Cucugnan ! Bon comme le pain,

franc comme l'or, il aimait paternel-
lement ses *Cucugnanais*.

E. DAUDET. *(Lettres de mon moulin.)*

CUCURONAIS, AISE, de Cu-
curon, c^ne, c^on de Cadenet, arr^t
d'Apt (Vaucluse).

Cucuron, absurde village qui fait
semblant d'exister au pied de la
chaîne de Sainte-Victoire, célèbre
par la défaite des Cimbres et des
Teutons. Après la bataille, les barbares, vaincus, prirent la fuite, et
les Romains les poursuivirent en
s'écriant : *Cucurrunt ! Cucurrunt !*
jusqu'au hameau en question. De là
l'étymologie de *Cucuron*. Il nous sem-

ble qu'on ne saurait trop se moquer
d'un village appelé *Ils Courent*.

TAXILE DELORD. *(Le Provençal.)*

CUERSOIS, OISE, de Cuers,
ch.-l. de c^on, arr^t de Toulon (Var).

CUSSÉTOIS, OISE, de Cusset,
ch.-l. de c^on, arr^t de La Palisse (Allier).

Nous avons assisté, pendant le
mois de septembre, à ce que les
Cussétois appellent des assemblées
de famille.

LODOÏX ENDURAN. *(Flâneries d'un
buveur d'eau à Vichy.)*

Les *Cussétoises* ne sont pas guindées
comme les nobles Saint-Germain.

LODOÏX ENDURAN. *(Ibidem.)*

ACQUOIS, OISE, de Dax[*], ch.-l. d'arr[t] (Landes).

Cercle *Dacquois* de la Ligue de l'Enseignement.

En 1552, les *Dacquois* se joignirent aux Bayonnais pour fournir l'artillerie destinée à combattre les huguenots béarnais.

Dr Barthe. *(Dax pittoresque.)*

La bourgeoisie *Dacquoise* fut appelée à juger de certains conflits entre le roi d'Angleterre et celui d'Aragon.

Dr Barthe *(Ibidem.)*

[*] C'est le mot latin *Aquæ*, les eaux, qui a formé celui de Dax. Les sources d'eau naturelle étaient très recherchées du temps des Romains ; les lieux situés près de ces sources se nommaient *Aquæ*. Dax a été de tout temps célèbre par sa fontaine d'eau chaude.

DADONVILLAIS, AISE, de Dadonville, c[ne], c[on] et arr[t] de Pithiviers (Loiret).

DAGLANAIS, AISE, de Daglan, c[ne], c[on] de Domme, arr[t] de Sarlat (Dordogne).

Au moment où la plus grande animation régnait au Cercle républicain, un jeune homme, dont le père est un des fervents du tabellion *Daglanais*, chantait dans l'établissement.

L'Avenir de la Dordogne
(4 novembre 1885).

DAINVILLOIS, OISE, de Dainville, c[ne], c[on] et arr[t] d'Arras (Pas-de-Calais).

DANGEAUTIN, INE, de Dangeau, c[ne], c[on] de Brou, arr[t] de Châteaudun (Eure-et-Loir).

DAONNAIS, AISE, de Daon, c[ne], c[on] de Bierné, arr[t] de Château-Gontier (Mayenne).

L'Harmonie *Daonnaise*, société musicale.

DAOULASIEN, IENNE, de Daoulas, ch.-l. de c[on], arr[t] de Brest (Finistère).

On appelle *Daoulasien, ienne*, l'habitant de Daoulas.

C[on] du Maire de Daoulas.

DARNETALIEN, IENNE, de Darnetal, ch.-l. de c[on], arr[t] de Rouen (Seine-Inférieure).

Les *Grippe-Nodins de Darnetal*, dit un vieux proverbe normand, dont il est impossible de donner une explication satisfaisante.

DAUPHINOIS, OISE, du Dauphiné* *(Delphinatus)*, ancienne province de la France.

Les *Dauphinois* sont vifs et intelligents ; leur caractère est ardent et irascible. Ils passent pour être fins et rusés ; mais au fond, ils ont de la bonhomie et de la douceur.

E. FAURE. *(Le Dauphiné.)*

Quand les rues coulent de pluie, le jour des Rois, cela dénote abondance de vin. L'origine de ce proverbe est tout à fait *Dauphinoise*.

PILOT. *(Proverbes Dauphinois.)*

Maintenant que nous avons célébré les mâles vertus de nos ancêtres, je vous demande de boire aux *Dauphinois* et aux *Dauphinoises* de 1888.

Discours de M. Carnot, Président de la République, dans son voyage à Grenoble, 21 juillet 1888.

On trouve également :

DELPHINAL, ALE (très rarement usité).

Louis XI érigea en Parlement, siégeant à Grenoble, l'ancien Conseil *Delphinal*.

MARY LAFON. *(Histoire du midi de la France.)*

La puissante intervention de la Cour *Delphinale* se fit sentir sur l'évêque de Grenoble.

A. GUILBERT. *(Villes de France.)*

* De *Delphinus*, mot latin, qui signifie Dauphin, d'où le mot *Dauphinois*.

DEAUVILLAIS, AISE, de Deauville, cne, con de Trouville, arrt de Pont-l'Evêque (Calvados).

Ma tâche d'historiographe des distractions *Deauvillaises* n'est pas bien compliquée cette année.

Robert MILTON. *(Figaro, 13 août 1886).*

On trouve également :
DEAUVILLOIS, OISE.

Les deux meetings du shooting *Deauvillois* nous font bien augurer du tir de Dieppe.

Le Gil Blas (16 août 1886).

DECAZEVILLIEN, IENNE, de Decazeville, ch.-l. de con, arrt de Villefranche (Aveyron).

Les habitants de Decazeville sont connus sous le nom de *Decazevilliens*.

Con du Maire de Decazeville.

DECIZOIS, OISE, de Decize, ch.-l. de con, arrt de Nevers (Nièvre.)

DELPHINAL, ALE, du Dauphiné, ancienne province de la France. (Voir DAUPHINOIS.)

DÉODATIEN*, IENNE, de Saint-Dié, ch.-l. d'arrt (Vosges).

Que sont devenus les travaux de l'académie *Déodatienne?*... Combien de vicissitudes ont subi vos propres archives, c'est-à-dire celles du chapitre de Saint-Dié, qui étaient en quelque sorte aussi les archives véritables de la cité *Déodatienne*.

Bulletin de la Société philomatique des Vosges, t. XI, p. 275. (Discours de M. Bardy, président de la Société philomatique.)

* Le mot *Déodatien* vient du nom latin du fondateur de la ville de Saint-Dié, Dieudonné ou Déodat, *Deodatus* en latin, ancien évêque de Nevers, qui vint dans les Vosges vers le milieu du viie siècle et s'établit dans le val de Galilée, qui lui avait été donné par Childéric II, roi d'Ostrasie.

DEOLOIS, OISE, de Déols, c^ne, c^on et arr^t de Châteauroux (Indre)..

Grégoire de Tours ne nous laisse aucun doute sur la dernière destination donnée à ce tombeau, et la tradition *Déoloise* est d'accord avec lui sur ce point.

> DE LA TREMBLAIS. *(Esquisses pittoresques sur le département de l'Indre.)*

Les *Déolois* sont plutôt connus à Châteauroux sous le nom de *Turquins*, sobriquet qui a été donné aux gens de Déols par les habitants de Châteauroux. Il y a eu longtemps rivalité entre les deux localités ; naguère encore, il s'est donné de petites batailles rangées entre les enfants de Déols et ceux de Châteauroux. Dans ses *Antiquités romaines du Berry*, Catherinat, qui regarde les mardelles comme des embûches de guerre, fait dériver le nom de cette localité des nombreuses excavations creusées dans les plaines environnantes : « Aucuns, « dit-il, observent que ces lieux se nom- « maient, en termes militaires, *doli* et *retia*, « et que Déols, en Berry et en Bretagne, « en ont tiré leurs noms, comme aussi « *Lomey, longum reti*, en Berry et en Auxer- « rois. »

DÉSERTIER, IÈRE, des Déserts, c^ne, c^on et arr^t de Chambéry (Savoie).

DESIDÉRADIEN, IENNE, de la Désirade, île dépendant du gouvernement de la Guadeloupe, c^on de Saint-François, arr^t de la Pointe-à-Pitre (Amérique).

DESVROIS, OISE, de Desvres, ch.-l. de c^on, arr^t de Boulogne-sur-Mer (Pas-de-Calais).

La *Desvroise*, société musicale.

DÉVILLOIS, OISE, de Déville, c^ne, c^on de Monthermé, arr^t de Mézières (Ardennes).

La *Dévilloise*, fanfare.

DÉVILLOIS, OISE, de Déville-le-Rouen, c^ne, c^on de Maromme, arr^t de Rouen (Seine-Inférieure).

DIEPPOIS, OISE, de Dieppe, ch.-l. d'arr^t (Seine-Inférieure).

Dans la seconde moitié de ce même siècle, les *Dieppois*, qui étaient alors les premiers marins de la Normandie, firent de nombreux voyages et fondèrent des comptoirs, et établirent un commerce régulier avec les pays habités par les nègres, jusque par delà la Côte d'Or.

> HENRI MARTIN. *(Histoire de France populaire.)*

Toute la côte *Dieppoise* est, à juste titre, célèbre par les points de vue que l'on y rencontre.

> Ch. AUBERT. *(Le Littoral de la France.)*

Dieppe est située à l'embouchure d'une petite rivière, dont le nom primitif était *Deep*, qui signifie profonde ; ce cours d'eau a changé de nom : il s'appelle Arques ; mais son appellation primitive s'est perpétuée dans celui de la ville de Dieppe, à laquelle il a donné son nom.

DIGNOIS, OISE, de Digne *(Pagus Dignensis)*, ch.-l. du dép^t des Basses-Alpes.

DIGOINAIS, AISE, de Digoin, ch.-l. de c^on, arr^t de Charolles (Saône-et-Loire).

La Fanfare *Digoinaise*, société musicale.

DIJONNAIS, AISE, de Dijon *(Pagus Divionensis)*, ch.-l. du dép^t de la Côte-d'Or.

Un *Dijonnais* de la famille des Chantal, François Frémyot, fut archevêque de Bourges.

> E. JOLIBOIS. *(Villes de France.)*

Sobriquet : « Les moqueurs de Dijon » ; ce sobriquet, qui date du XVIe siècle, est encore aujourd'hui le sobriquet du vrai *Dijonnais*.

Les gens de Beaune injuriaient les *cochons* de Dijon, et ceux-ci ne se sont jamais fait faute de railler les « ânes de Beaune ». (Voir BEAUNOIS.)

> Les cochons de Dijon,
> Dos de velours, ventre de son.
>
> (Vieux dicton).

DINANNAIS, AISE, de Dinan *(Ager Dinnanensis)*, ch.-l. d'arr^t (Côtes-du-Nord).

Très aimé des *Dinannais,* Duclos Pinot dut accepter la mairie de sa ville natale, qu'il embellit de charmantes promenades.

CH. AUBERT. (Le littoral de la France.)

DINARDAIS, AISE, de Dinard-Saint-Enogat, ch.-l. de c^{on}, arr^t de Saint-Malo (Ille-et-Vilaine).

· DIOIS, OISE, de Die *(Pagus Diensis),* ch. l. d'arr^t (Drôme).

· La Fanfare *Dioise,* société musicale.

DIVONNAIS, AISE, de Divonne, c^{ne}, c^{on} et arr^t de Gex (Ain).

DÔLOIS, OISE, de Dôle*, ch.-l. d'arr^t (Jura).

Le Commercial *Dôlois,* journal bi-mensuel publié à Dôle.

L'Harmonie *Dôloise,* société musicale.

* *Dola,* ancien mot qui signifie marécage, lieu fangeux.

DOLOIS, OISE, de Dol*, ch.-l. de c^{on}, arr^t de Saint-Malo (Ille-et-Vilaine).

Il est un jour dans la semaine où les *Dolois* sont marchands, où chaque famille a son magasin, son hôtel, son étalage ou sa tente en pleine rue. Vous avez déjà nommé le pittoresque marché du samedi, vanté dès le XIe siècle par le géographe Edrisi et troublé au XVIIe par les gentilshommes des environs, qui s'y rassemblaient pour enlever les femmes et coupaient le nez des maris opposés à ces galants exploits. En effet, le beau sexe a bien ses charmes ici, du

moins jusqu'au moment où le rose de l'hyménée le dispense, suivant l'usage de nos cantons, du soin ordinaire de sa toilette. Le costume des jeunes *Doloises* a quelque chose de svelte et de gracieux : leur maintien est de bon goût ; elles aiment à se composer une fine taille, à bien relever sur le front les gentilles cornettes de leur coiffure ; leur démarche alerte, la douceur de leur parler, forment contraste avec le port et l'accent gourmé des filles de la côte.

B. ROBIDOU. (Histoire et panorama d'un beau pays.)

* *Dola,* marécage, lieu fangeux. Cette étymologie se justifie amplement par la situation de la ville de Dol.

DOMBISTE, ISTE, du pays des Dombes *(Pagus Dombensis),* ancien district de la Bourgogne (Ain).

Il y a bien des gens qui confondent encore à présent les Dombes avec la Bresse et appellent les *Dombistes* Bressans.

GUIGUES. (Histoire des Dombes.)

DOMFRONTAIS, AISE, de Domfront*, ch.-l. d'arr^t (Orne).

Depuis plusieurs jours, l'intelligente population *Domfrontaise* travaillait aux préparatifs de décoration.

Le Publicateur de l'Orne (15 septembre 1884).

* Autrefois, on remplaçait souvent les titres de *Saint* ou *Sainte* par celui de *Dom, Domnus* et *Domna,* contraction de *Dominus,* seigneur ; c'est ainsi que se sont formés un certain nombre de noms de lieu tels que *Dombasles* (Meuse), de *Domnus Bazolus,* etc., et *Domfront,* de *Domnus Frontus.*

DOMNONÉEN, ÉENNE, de la Domnonée, ancien pays de la Bretagne (Morbihan).

A l'époque romaine, toute la pointe sud-ouest de l'île était occupée par un peuple unique, les *Domnonéens*, *Domnonii* ou *Damnonii*...

DE LA BORDERIE. *(Annales de Bretagne.)*

DONJONNAIS, AISE, de Donjon*, ch. de c^on, arr^t de La Palisse (Allier).

La Fanfare *Donjonnaise*, société musicale.

* *Dun*, éminence, hauteur, s'est dit *Dunium*, puis *Dunjum*, *i* changé en *j* (donjon), puis *Dungum*, *j* changé en *g*.

DONZIAIS, AISE, de Donzy *(Pagus Donzeiencis)*, ch.-l. de c^on, arr^t de Cosne (Nièvre).

La Lyre *Donziaise*, harmonie, société musicale.

DORACHON, ONNE, du Dorat, ch.-l. de c^on, arr^t de Bellac (Haute-Vienne).

On appelle *Dorachons* les habitants du Dorat ; le Dorat a été fondé par Clovis, après la bataille de Vouillé. Il existait, en cet endroit, un oratoire où le roi prit du repos et fit halte avec son armée. Le Dorat était capitale de la Basse Marche.

C^on du Maire du Dorat.

DORDOGNAIS, AISE, du département de la Dordogne.

Et ce bon jury *Dordognais*, qui entre dans les théories de Me Marchet et acquitte la veuve Mantou !

Le Gil Blas (1er novembre 1884).

La Société *Dordognaise* pour l'exploitation des chaux hydrauliques de Saint-Astier a son siège social dans cette petite localité.

DORIEN, IENNE, de la vallée de la Dore (Puy-de-Dôme).

DOUAISIEN, IENNE, de Douai, ch.-l. d'arr^t (Nord).

La fête de *Gayant** est toujours célébrée à Douai avec une grande pompe. Les *Douaisiens* l'attendent impatiemment ; les ouvriers les plus pauvres mettent, plusieurs semaines d'avance, quelques économies en réserve, pour pouvoir célébrer dignement la présence de leur grand' père.

P. LAROUSSE. *(Encyclopédie du XIXe siècle.)*

La Publicité *Douaisienne*, journal d'annonces publié à Douai.

* Le mot *gayant* veut probablement dire géant ; c'est un personnage légendaire. Dans une procession, qui a lieu tous les ans à Douai, le 16 juin, et qui remonte à la plus haute antiquité, on promène le *gayant* au milieu du plus grand concours de la population *Douaisienne*. Une société musicale de la ville a pris le nom de « Les Enfants de Gayant. » La fête du Gayant est une des fêtes les plus célèbres et les plus gaies de l'ancienne Flandre.

DOUARNENISTE, ISTE, de Douarnenez, ch.-l. de c^on, arr^t de Quimper (Finistère).

Douarneniste ; tel est le terme usité pour désigner les habitants de Douarnenez.

C^on du Maire de Douarnenez.

On trouve également :

DOUARNEZIEN, IENNE.

Les *Douarneziens* passent leur temps à s'enterrer les uns les autres.

La Lanterne (31 mars 1888).

DOUBLAUD, AUDE, de la Double *(Sylva Edolbola)*, petit pays du Périgord (Dordogne).

Ribérac, chef-lieu d'arrondissement, est en même temps le principal marché des *Doublauds* ou gens de la Double.

E. RECLUS. *(Géographie de la France, p. 477.)*

DOULEVANTIEN, IENNE, de Doulevant,ch.-l. de c^{on}, arr^t de Vassy (Haute-Marne).

DOULLENNAIS, AISE, de Doullens, ch.-l. d'arr^t (Somme).

L'Orphéon *Doullennais* organise un grand concours d'orphéons, musiques et fanfares, pour le 31 mai 1886.

> C^{on} de M. Briquet, *Doullennais,* propriétaire du journal l'*Authie,* journal de Doullens, qui sort des presses de l'excellente imprimerie *Doullennaise,* dirigée par M. Louis Briquet.

DOURDANAIS, AISE, de Dourdan, ch.-l. de c^{on}, arr^t de Rambouillet (Seine-et-Oise).

Nous défendons, comme de bon aloi, l'hospitalité, la religion, l'honnêteté des *Dourdanais.*

> F. GUYOT. *(Histoire de Dourdan.)*

La Chorale *Dourdanaise,* société musicale.

DOUZAIN, AINE, de Ladouze, c^{ne}, c^{on} de Saint-Pierre-de-Chignac (Dordogne).

DRAGUIGNANAIS, AISE, de Draguignan, ch.-l. du dép^t du Var.

Les *Draguignanais* accueillirent comme des frères les gentilshommes qui vinrent à leur secours et signalèrent leur bravoure en marchant avec eux.

> H. VIENNE. *(Histoire de Draguignan.)*

Depuis l'abjuration de Henri IV, la municipalité *Draguignanaise* profita de l'ère de paix intérieure, inaugurée par le nouveau règne, pour rétablir les finances de la ville et pourvoir à la sécurité de ceux d'entre ses habitants, que le défaut d'emplacement dans l'enceinte des murs avait contraints de construire des maisons au-dehors.

> H. VIENNE. *(Ibidem.)*

On dit aussi :

DRACÉNOIS *, OISE.

Le Petit *Dracénois,* journal de Draguignan.

* *Dracénois,* vient de *Dracenum,* nom latin de Draguignan.

DRÔMOIS, OISE, du département de la Drôme.

Les paysans *Drômois* ressemblent aux paysans de tous nos départements, beaucoup trop nombreux, dont la population a perdu son originalité primitive. Ils n'ont aucun caractère physique qui leur soit propre ; leurs qualités ou leurs défauts, leurs vertus ou leurs vices ne se distinguent plus par aucun trait saillant ; leur costume est aussi vulgaire de forme et de couleurs que leur habitation. Enfin, s'ils emploient encore entre eux un patois imagé et sonore :

> Véci lou djoli mé di mai
> Que lous galans plantan lou mai ;
> N'en plantaré iun à ma mïo,
> Saro plus iaut qui sa tiolino,

ils parlent le français avec les étrangers et ils le comprennent tous.

> A. JOANNE. *(Excursions dans le Dauphiné. — La Tour du Monde,* 2e semestre 1860.)

DROUAIS, AISE, de Dreux *(Pagus Durocassinus),* ch.-l. d'arr^t (Eure-et-Loir).

Près de la porte *Drouaise,* le fils de Gérard, négociateur du Saint-Père, tenait en bénéfice une terre rendant dix sous de cens.

> E. DE LÉPINOIS. *(Histoire de Chartres.)*

La porte *Drouaise* est à Chartres.

Les habitants de Dreux s'intitulent *Druides,* mais l'ethnique véritable est *Drouais.*

DRUYDE, ESSE, de Druy-Parigny, c^{ne}, c^{on} de Decize, arr^t de Nevers (Nièvre).

DUESMOIS, OISE, de Duesme *(Pagus Duennensis)*, c^{ne}, c^{on} d'Aignay-le-Duc, arr^t de Châtillon (Côte-d'Or).

DUNIEN, IENNE, de Dun-sur-Meuse[*], ch.-l. de c^{on}, arr^t de Montmédy (Meuse).

Montigny est resté ce que l'avait fait la nature ; il était *Dunien* avant tout ; aussi demeure-t-il sous la mouvance directe du château de Dun.

    A. JEANTIN. *(Histoire de Montmédy.)*

[*] *Dun* est un mot celtique qui signifie hauteur, élévation ; nous retrouvons ce mot dans *Châteaudun, Dunkerque*, les *Dunes*.

DUNKERQUOIS, OISE, de Dunkerque[*], ch.-l. d'arr^t (Nord).

Les marins de Dunkerque l'emportent sur les Anglais comme sur les Hollandais par cette fougue française qui décide du gain des batailles. « A l'abordage ! » criait Jean Bart, comme nos zouaves crient « A la baïonnette ! » Et il s'élançait la hache à la main sur les ennemis étonnés. A cet élan irrésistible, les *Dunkerquois* joignent un flegme tout septentrional au milieu des dangers.

    A. JONGLEZ DE LIGNE. *(Revue contemporaine*, février 1850).

Tout un monde industriel occupe la banlieue *Dunkerquoise*.

    Ch. AUBERT. *(Le Littoral de la France.)*

[*] Vers l'an 646, saint Eloi vint prêcher l'Évangile dans le Nord de la France ; il convertit les habitants à la religion chrétienne, séjourna quelque temps parmi eux et fit bâtir une chapelle près d'un de leurs hameaux. Cette chapelle, fréquentée par tous les habitants des dunes, fut appelée église des dunes (en flamand *Dune-kerque)*. C'est de là que Dunkerque a tiré son nom.

DUNOIS, OISE, de Dun-le-Palleteau, ch.-l. de c^{on}, arr^t de Guéret (Creuse).

Nos braves *Dunois* se sont portés en foule à la gare, pour recevoir notre jeune fanfare, dont les artistes ont été reçus sous une pluie de bouquets et de couronnes.

    Le Petit Centre (26 juin 1887).

M. R... emporte toutes les sympathies de la population *Dunoise*, qu'il avait su s'attacher par son affabilité à toute épreuve.

    Le Petit Centre (12 mars 1887).

Pour l'étymologie, voir DUNIEN, IENNE.

DUNOIS, OISE, de Châteaudun *(Pagus Dunensis)*, ch.-l. d'arr^t (Eure-et-Loir).

N'en déplaise aux *Dunois* pur sang, il faut bien dire que leur pays n'a pas produit beaucoup d'illustrations.

    COUDRAY. *(Un coin de l'ancien Dunois.)*

La Société *Dunoise* d'archéologie et d'histoire.

Pour l'étymologie des mots Dunois, Châteaudun, voir DUNIEN, IENNE.

DUNOIS, OISE, du Dunois *(Pagus Dunensis)*, ancien comté de l'Orléanais (Eure-et-Loir).

DYONISIEN[*], IENNE, de Saint-Denis, ch.-l. d'arr^t (Seine).

L'Indépendant de Saint-Denis et les « Flobertistes *Dyonisiens*, » accompagnés de quelques membres du groupe de l'Enseignement, se sont rendus au monument d'Epinay, élevé à la mémoire des soldats tués en 1870.

    Le Stand (5 décembre 1886).

Groupe *Dyonisien* de la Ligue de l'Enseignement.

[*] De Dyonisius Sanctus, nom latin de Saint-Denis.

BROÏCIEN, IENNE, d'Evreux* *(Pagus Ebroïcinus)*, ch.-l. du dépt de l'Eure.

Quand on disait aux *Ebroïciens* que d'autres dragons remplaceraient les premiers, ils répondaient : ceux qui viendront seront peut-être meilleurs.

Le Figaro (12 mai 1886).

Les gens d'Evreux
Tous piaffeux....

dit un vieux proverbe. Les mots *piaffeurs*, *piaffeux*, servent généralement en Normandie pour désigner les personnes qui aiment la toilette, le faste, la vaine somptuosité.

Il serait difficile aux *Ebroïciens*, dit M. Canel *(Blason populaire de Normandie)*, de se dire calomniés à *l'endroit de la piaffe.*

Ligue *Ebroïcienne* de l'Enseignement.

* Evreux est l'ancienne capitale des *Aulerci Eburovices ;* son nom était *Mediolanum Aulercorum Eburovicum.* Ce dernier nom ayant prévalu, l'usage a substitué peu à peu sans trop le dénaturer, au mot Eburovices, ceux d'*Ebroïces, Ebroïcæ*, puis *Evreus* et enfin *Evreux*.

ÉCOUCHÉEN, ÉENNE, d'Écouché, ch.-l. de con, arrt d'Argentan (Orne).

On appelle *Écouchéens* les habitants d'Écouché.

Con du Maire d'Écouché.

Sobriquet : On dit les « *Juifs* d'Écouché ». Les marchands d'Écouché ont toujours passé pour être de mauvaise foi ; de là le sobriquet qui s'est étendu à toute la population de cette petite ville.

ÉDUEN, ENNE, d'Autun, ch.-l. d'arrt (Saône-et-Loire. (Voir AUTUNOIS.)

ÉGLETONNAIS, AISE, d'Égletons, ch.-l. de con, arrt de Tulle (Corrèze).

Pacifiques *Égletonnais*, n'allez pas chercher noise à votre vicaire, vous seriez mal reçus !

Le Progrès républicain de la Corrèze (23 avril 1887).

L'*Égletonnaise*, société de gymnastique et de tir d'Égletons

ÉGUILLIN, INE, d'Éguilles, cne, con et arrt d'Aix (Bouches-du-Rhône).

ELBEUVIEN, IENNE, d'Elbeuf, ch.-l. de con, arrt de Rouen (Seine-Inférieure).

Le Parisien restait à Paris ; à Elbeuf il n'y avait plus que l'*Elbeuvien*.

HECTOR MALOT. *(Baccara.)*

La maman, restée vieille *Elbeuvienne*, avait conservé, sans se donner la peine de les modifier en rien, ses usages d'autrefois aussi bien pour la toilette que pour le langage et le parler.

HECTOR MALOT. *(Baccara)*.

On trouve aussi : ELBOVIEN [*], IENNE.

Les *Elboviens*, pour se remettre de leur émotion, étaient restés chez eux.

FRANCISQUE SARCEY. (La *France*, 22 septembre 1887.)

Les « godinettes d'Elbeuf », dit un proverbe Normand, en parlant des filles de cette ville, du latin *gaudere*, se réjouir, et par extension femme de mauvaise vie. Le mot qui forme le sobriquet des *Elboviennes*, dit M. Canel *(Blason populaire de Normandie)*, se retrouve employé, comme adjectif, dans le « Tracas de la foire du Pré. »

Une fille
Assez godinette et gentille.

[*] *Elbovien* vient du mot *Elbovium*, nom latin de la ville d'Elbeuf ; cette appellation est plus rationnelle que celle d'Elbeuvien, mais c'est cependant cette dernière qui a prévalu.

ELNOIS, OISE, d'Elne [*] *(Pagus Elnensis)*, c^ne, c^on et arr^t de Perpignan (Pyrénées-Orientales).

[*] C'est l'ancienne *Illiberis*, devenue au temps des Romains le castrum Helenæ, du nom de l'impératrice Helena ; *Elne* est la contraction d'*Helena*.

ÉLUSATE; ATE; d'Éauze [*] *(Pagus Elusatensis)*, ch.-l. de c^on, arr^t de Condom (Gers).

L'instruction du crime d'Éauze vient d'amener des découvertes qui ont causé le plus vif émoi parmi les *Élusates*.

La Petite Gironde (29 mars 1887).

[*] Les habitants d'Éauze, l'ancienne *Civitas Elusatium*, ont conservé le nom de ses habitants primitifs, les *Élusates*.

EMBRUNOIS, OISE, d'Embrun *(Pagus Ebrodunensis)*, ch.-l. d'arr^t (Hautes-Alpes).

Les *Embrunois* étaient réputés pour leur vaillance parmi les peuples des Gaules.

E. FAURE. *(Histoire d'Embrun.)*

On dit aussi :

ÉBRODUNIEN [*], IENNE. (Voir GRATIANOPOLITAIN.)

[*] Le nom latin d'Embrun était *Ebrodunum*, d'où *Ébrodunien*.

ENTRIGOT, OTE, d'Entraygues-sur-Truyère, ch.-l. de c^on, arr^t d'Espalion (Aveyron).

Le territoire du canton d'Entraigues *(inter aquas*, entre la Truyère et le Lot), est des plus pittoresques. Il ne présente sur toute son étendue que des gorges nombreuses, au fond desquelles coulent des ruisseaux torrentieux. Sur le flanc des montagnes, s'étagent des plantations d'arbres fruitiers et des vignobles, dont les produits s'exportent, à dos de mulet, dans le nord du département et jusques dans le Cantal. Les habitants de ces côteaux sont généralement désignés sous le nom de *Costouïs*, ou gens des côtes.

ÉPERNONNAIS, AISE, d'Épernon, c^ne, c^on de Maintenon, arr^t de Chartres (Eure-et-Loir). (Voir SPARNONIEN.)

ESCABOUET, nom donné aux pâtres de la Crau. (Voir BAYLE.)

ESCUALDUNAIS, AISE *(Escualdunac*[*], en basque), nom que se donnent les habitants des provinces Basques.

Histoire des Basques ou *Escualdunais* primitifs, par Baudrimont, Paris, 1854.

Quant aux effusions lyriques des *Escualdunais*, ce sont en général des pièces légères où se révèle la passion, qui célèbrent l'objet aimé ou se plaignent de ses dédains.

F. MICHEL. *(Le pays Basque.)*

* Le mot ethnique *Escualdunac* est composé des trois mots *Escu* (main), *alde* (adroite), *dunac* (qui ont), ce qui veut dire : *les hommes à la main adroite.*

ESNANDAIS, AISE, d'Esnandes, c^{ne}, c^{on} et arr^t de La Rochelle (Charente-Inférieure).

L'acon glisse sur la vase fluide, et, grâce à cette manœuvre pénible, les *Esnandais* vont quelquefois avec une rapidité telle que j'avais quelque peine à leur tenir pied en marchant à grands pas sur le rivage.

A. DE QUATREFAGES. *(Les Côtes de Saintonge. — Revue des Deux-Mondes,* 15 mai 1853).

ESNOIS, OISE, d'Esnes, c^{ne}, c^{on} de Clary, arr^t de Cambrai (Nord).

Les *Esnois* n'étaient gouvernés, imposés, jugés et punis que par le caprice de leurs seigneurs.

L'abbé L. BONIFACE. *(Histoire d'Esnes.)*

ESPALIONAIS, AISE, d'Espalion*, ch.-l. d'arr^t (Aveyron).

Le doux nom de Saint-Hilarion réveille toujours dans nos cœurs les sympathies les plus vives ; chaque *Espalionais* le vénère profondément et l'invoque comme le défenseur naturel de la cité.

H. AFFRE. *(Récits historiques sur Espalion.)*

Biographie *Espalionnaise,* par H. Affre.

* Cette ville date, dit-on, du VIIIe siècle. On prétend qu'elle fut fondée par un certain *Speley,* en latin *Speleum,* dont la tradition ne nous révèle ni les titres ni l'origine.

Vraiment ce point de départ était trop modeste. Les fabricants de légendes pouvaient mieux faire et ils racontèrent

que Charlemagne , retour d'Espagne, trouvant quelque rapport entre *Hispal* (Séville) et la position de la Cité, l'appela *Hispal-la-Petite* ou le *Petit Hispal.* C'est tout bonnement adorable de complaisance et d'invention.

ESQUERMOIS, OISE, d'Esquermes, ancien village de l'arrondissement de Lille, qui forme aujourd'hui un quartier de cette ville (Nord).

En 1325, la rue *Esquermoise,* à Lille, se nommait la rue Esclemoise.

E. MANNER. *(Etude sur les noms du département du Nord.)*

ESSUIN, INE, d'Essay, c^{ne}, c^{on} de le Mesle, arr^t d'Alençon (Orne).

ETAMPOIS, OISE, d'Etampes *(Pagus Stampensis),* ch.-l. d'arr^t (Seine-et-Oise).

Henri IV se montra très bienveillant envers les *Etampois.*

A. DUFAÏ. *(Histoire d'Etampes.)*

La Côte *Etampoise,* journal hebdomadaire, financier et agricole, publié à Etampes.

ÉTAULAIS, AISE, d'Étaules, c^{ne}, c^{on} de La Tremblade, arr^t de Marennes (Charente-Inférieure).

L'Union *Étaulaise,* harmonie.

ÉTRETATAIS, AISE, d'Étretat, c^{ne}, c^{on} de Criquetot-Lesneval, arr^t du Hâvre (Seine-Inférieure).

On dit aussi :

ÉTRETATIEN, IENNE.

ÉTREVILLAIS, AISE, d'Étreville, c^{ne}, c^{on} de Routot, arr^t de Pont-Audemer (Eure).

EUDOIS, OISE d'Eu* *(Comitatus Aucensis),* ch.-l. de c^{on}, arr^t de Dieppe (Seine-Inférieure).

Il faisait au-dehors ce que les *Eudois,* les derniers Normands de la

Normandie en allant vers le nord, appellent un temps de Picards, c'est-à-dire un temps de chien.

P. GIFFARD *(Le Figaro*, 23 octobre 1885).

Le Messager *Eudois*, journal publié à Eu.

* Le mot *Auga*, eau, a formé le nom d'Eu qui s'appelait autrefois *Auga*. Il n'est pas douteux qu'*Auga* est une des formes nombreuses qui ont été employées pour exprimer eau. *Auga* dérive du mot tudesque *Alg*, qui signifie pré, d'où l'on a fait *Augia* (pays d'Auge), qui a servi à désigner des lieux bas et humides.

Dans une étude publiée dans le *Mercure de France*, au XVIIIe siècle, un écrivain *Eudois*, M. l'abbé Caperon, traitant des origines de la ville d'Eu, crut reconnaître dans ses compatriotes les descendants des *Essui*, petite peuplade gauloise citée par César. De là la qualification d'*Eussiens*, sous laquelle les *Eudois* se sont quelquefois désignés pour échapper à l'interprétation ridicule à laquelle pouvait prêter leur véritable nom.

EUSCARIEN *, IENNE, mot ethnique souvent employé pour désigner les habitants des provinces Basques.

Lüdeman prouve, avant d'aborder les chants et l'article grammatical des *Euscariens*, qu'il a bien légèrement regardé ce qu'il a vu et écouté ce qu'il a entendu.

Fr. MICHEL. *(Le Pays basque)*.

On n'a conservé le souvenir que des instituteurs qui, depuis un siècle, se sont attachés à recueillir les productions des muses *Euscariennes*.

Fr. MICHEL. *(Ibidem)*.

* *Euskara* est le nom basque de cette province.

ÉVÊCHOIS, OISE, des Trois-Évêchés *, ancien district de la Lorraine, province de la France.

Les habitants des Trois-Évêchés étaient appelés *Évêchois*.

DE SAULCY. *(Villes de France.)*

* Ces trois évêchés étaient ceux de Metz, Toul et Verdun.

ÉVIANAIS, AISE, d'Évian, ch.-l. de c[on], arr[t] de Thonon (Haute-Savoie),

On appelle *Évianais* les habitants d'Évian.

C[on] de M. DUCIS, archiviste de la Haute-Savoie.

ÉVRONAIS, AISE, d'Évron, ch.-l. de c[on], arr[t] de Laval (Mayenne).

EXCIDEUILLAIS, AISE, d'Excideuil, ch.-l. de c[on], arr[t] de Périgueux (Dordogne).

On dit aussi :
EXCIDEUILLOIS, OISE.

EXMOIS, OISE, d'Exmes *(Pagus Oximensis)*, ch.-l. de c[on], arr[t] d'Argentan (Orne).

Les *chiens d'Exmes* *, dit un vieux proverbe normand ; ce sobriquet *Exmois* est encore complété par cette formule : les chiens d'Exmes n'aboient pas.

CANEL. *(Blason populaire de la Normandie.)*

On trouve également :
EXMOISIN, INE.

Il y avait à Caen une rue *Exmoisine*, qui se dirigeait vers le centre du pays *Exmois*.

F. RICHOMME. *(Origine de Falaise)*.

* Pourquoi appelle-t-on les *Exmoisins* ou *Exmois*, les chiens d'Exmes ?... Il paraît que la ville d'Exmes était autrefois une des places les mieux fortifiées de la Normandie et l'on raconte qu'un de nos rois aurait dit : « Mes chiens d'Exmes sauront la bien garder, » faisant ainsi allusion, non-seulement à la bravoure, mais encore à la fidélité de ses habitants.

EYMETIN, INE, d'Eymet, ch.-l. de c[on], arr[t] de Bergerac (Dordogne).

Nous aimons à voir que des hommes tels que le savant auteur des *Eymétines* tournent quelquefois leurs études vers les monuments historiques.

DE MOURCIN. *(Annales de la Société d'agriculture, lettres, sciences et arts de la Dordogne.)*

ABRADOIS, OISE, de Fabras, c^{ne}, c^{on} de Thueyts, arr^l de Largentière (Ardèche).

FABREZANAIS, AISE, de Fabrezan, c^{ne}, c^{on} de Lézignan, arr^l de Narbonne (Aude).

FALAISIEN, IENNE, de Falaise *, ch.-l. d'arr^l (Calvados).

Ce n'est plus de sang ennemi, c'est d'indigo que sont teintes les mains de l'habile *Falaisien.*

> CAZIN. *(Journal d'un touriste.)*

C'est au XVIIe siècle que les poètes mirent en proverbe, sur le théâtre, la simplicité et la niaiserie *Falaisiennes.*

> CANEL. *(Blason populaire*
> *de la Normandie.)*

* La ville de Falaise tire son nom des *falaises* ou rochers sur lesquels est bâti le château et qui la limitent au sud-ouest.

« *Vicus erat scabrâ circumdatus undique*
　　　　　　　　　　　　　　　　　　[rupe
« *Ipsius asperitate loci* FALESA *vocatus,* »

dit Guillaume le Breton, le poète historien de Philippe-Auguste, en racontant le siège que soutint cette ville dans les premières années du XIIIe siècle.....
« C'était une place forte entourée de
« rochers escarpés et à cause de l'âpreté
« de son site appelée *Falaise.* »

FALVIEN, IENNE, de Falvy, c^{ne}, c^{on} de Nesle, arr^l de Péronne (Somme).

Jusque dans ces derniers temps, les habitants de Falvy étaient persuadés que la cloche ainsi enterrée s'agitait et faisait entendre des tintements sourds, mais perceptibles pour une oreille attentive, chaque fois qu'un *Falvien* était sur le point de passer de vie à trépas.

> P.-J. FABER. *(Les bords de la Somme.)*

FAUCIGNERAN, ANE, de Faucigny, c^{ne}, c^{on} et arr^l de Bonneville (Haute-Savoie).

FAUCIGNERAN, ANE, du Faucigny * *(Fulciniacum),* ancienne province et baronnie de la Savoie (Haute-Savoie).

On appelle *Faucignerans* les habitants de Faucigny.

> C^{on} de M. DUCIS, archiviste
> de la Haute-Savoie.

* Faucigny vient du mot latin *fauces,* gorges, vallées.

FAUVERNIEN, IENNE, de Fauverney, c^{ne}, c^{on} de Genlis, arr^l de Dijon (Côte-d'Or).

Une marchande de dindes *Fau-*

vernienne passait à Dijon, au coin des cinq rues. Un perroquet dans sa cage y jasait... Elle s'arrête !

Clément JANIN. (Sobriquets des villes et villages de la Côte-d'Or.)

FAVERGEOIS, EOISE, ou FAVERGIEN, IENNE, de Faverges, ch.-l. de c^{on}, arr^l d'Annecy, (Haute-Savoie).

On appelle *Favergeois* ou *Favergiens* les habitants de Faverges.

C^{on} de M. Ducis, archiviste de la Haute-Savoie.

Sobriquet : « Cavard, da. » On a donné ce surnom aux habitants du canton de Faverges parce qu'ils traduisent *queue* par *cava*, au lieu de *coa* à Albertville. (Voir le *Dictionnaire du patois Savoyard* de Brachet, Albertville 1883.) .

FAVERNÉEN, ÉENNE, de Faverney, c^{ne}, c^{on} d'Amance, arr^l de Vesoul (Haute-Saône).

La Lyre *Favernéenne*, société musicale.

FAVEROLLAIS, AISE (1), de Faverolles, c^{ne}, c^{on} de Villers-Cotterets, arr^l de Soissons (Aisne).

FÉCAMPOIS, OISE, de Fécamp, ch.-l. de c^{on}, arr^l du Havre (Seine-Inférieure).

Lorsque le vent souffle en tempête, le marin *Fécampois* tourne ses regards vers Notre-Dame-de-Salut et lutte avec un courage nouveau.

Ch. AUBERT. (Le Littoral de la France.)

Les *Fécampoises* et les Granvillaises sont surmontées de bonnets de formes variées, obélisques de tulle, de mousseline et de dentelle connus à Paris sous le nom générique de *bonnets Cauchois*.

E. DE LA BÉDOLLIÈRE. (Le Normand.)

(1) 12 communes portent le même nom ; on doit appliquer à leurs habitants la même appellation ethnique.

FEILLENDIT, ITE, de Feillens, c^{ne}, c^{on} de Bâgé-le-Châtel, arr^l de Bourg (Ain).

Ce mot de *Feillendit* n'est employé qu'à titre injurieux.

C^{on} de M. S'", magistrat à Bourg (Ain).

FELLETINOIS, OISE, de Felletin, ch.-l. de c^{on}, arr^l d'Aubusson (Creuse).

Je ne dois que des remercîments à la plus grande partie de la population *Felletinoise*.

Le Petit Centre (6 mai 1887).

FERMANVILLAIS, AISE, de Fermanville, c^{ne}, c^{on} de Saint-Pierre-Eglise, arr^l de Cherbourg (Manche).

FERTOIS, OISE, de La Ferté-Gaucher (1), ch.-l. de c^{on}, arr^l de Coulommiers (Seine-et-Marne).

« La Ferté-Gaucher, la ville aux bêtes. » Ce dicton vient de l'usage où étaient les *Fertois* de se désigner entre eux par des surnoms empruntés à la nomenclature animale.

GAIDOZ et SÉBILLOT. (Blason populaire de la France.)

FERTOIS, OISE, de Laferté-Macé, ch.-l. de c^{on}, arr^l de Domfront (Orne).

Le Petit *Fertois*, journal républicain hebdomadaire, publié à Laferté-Macé.

Pour l'étymologie, voir ci-dessous : FERTOIS, OISE, de La Ferté-Bernard.

FERTOIS, OISE, de La Ferté-Bernard, ch.-l. de c^{on}, arr^l de Mamers (Sarthe).

(1) 22 communes et un grand nombre de hameaux portent le nom de La Ferté ; on doit appliquer à leurs habitants la même appellation ethnique.

A l'époque où les *Fertois* témoignaient par la construction de plusieurs églises de leur zèle pour la foi catholique, leurs seigneurs défendaient la religion nationale contre les envahissements de l'hérésie.

A. GUILBERT. *(Villes de France.)*

Il s'en faut de beaucoup que la duchesse de Villars, née d'Estrées, dont la municipalité *Fertoise* possède un portrait équestre, ait laissé d'agréables souvenirs dans le pays.

E. DE LA BÉDOLLIÈRE. *(Histoire de La Ferté-Bernard.)*

* La Ferté tire son nom des mots *Firmitas* ou *Feritas*, qui signifient forteresse, lieu fortifié, en latin du Bas-Empire. Le nom de Bernard est celui d'un des premiers seigneurs qui posséda cette forteresse.

Dans un titre de 1281, on trouve un curé désigné sous le nom de *rector feritatis Bernardi.*

FEZENSACAIS, AISE, de Vic-Fezensac *(Pagus Fidentiacus),* ch.-l. de c^{on}, arr^t d'Auch (Gers).

La Lyre *Fezensacaise*, fanfare.

FÉZENSACAIS, AISE, du Fezensac, ancien comté de l'Armagnac (Gers).

FIGEACOIS, OISE, de Figeac, ch.-l. d'arr^t (Lot).

On propose de changer le nom d'un simple propriétaire qui habitait jadis cette rue (impasse Bénéchou) par celui d'un *Figeacois*, Jacques Bourgade, chef de bataillon, qui a fait toutes les guerres de la République et a laissé la réputation d'un des plus braves et des plus généreux officiers de son temps.

Rapport de la Commission de révision des rues de Cahors, *(Bulletin de la Société des lettres du Lot.)*

FINISTÉRIEN*, IENNE, du département du Finistère.

Les jeunes *Finistériens*, qui rentrent dans le sein de leurs familles, après avoir achevé de longues études, ne trouvent point à employer la science qu'ils ont acquise.

CHARVAIS. *(Méditations politiques sur le Finistère.)*

* *Finis terræ*, la fin des terres, allusion à la situation géographique de ce département.

FIOLANT, ANTE, sobriquet des habitants d'Ebreuil *(Ebrolium)*, ch.-l. de c^{on}, arr^t de Gannat (Allier).

Cette petite ville, qui est fort ancienne, se trouve admirablement située sur la belle rivière de la Sioule. C'est sans doute à cause du voisinage de cette rivière, très sujette aux inondations, qu'on a donné aux habitants d'Ebreuil le surnom de *Fiolants*, car ce mot signifie, à proprement parler : « buveur d'eau qui coule. » Les *Fiolants* se montrent très peu fiers de ce titre, qu'ils prennent en mauvaise part, ce qui a donné souvent lieu à des rixes graves, qui vont se dénouer devant le tribunal correctionnel de Gannat. Il y avait jadis une grande rivalité entre les habitants d'Ebreuil et ceux de Gannat. Quand ceux-ci appelaient leurs voisins *Fiolants*, ces derniers, par représaille, appelaient les Gannatois. *Mangeurs de biche farra.* (Voir GANNATOIS.)

FISMOIS, OISE, de Fismes, ch.-l. de c^{on}, arr^t de Reims (Marne).

La *Fismoise*, société de tir et de gymnastique de Fismes.

FITOUNAIS, AISE, de Fitou, c^{ne}, c^{on} de Sigean, arr^t de Narbonne (Aude).

Fanfare *Fitounaise*, société musicale.

FIUMORBAIS, AISE, du Fiumorbo, pays de la Corse.

Les habitants du Fiumorbo s'appellent *Fiumorbais.*

(Les Primes d'honneur en 1865, 2e partie.)

FLAGNACOIS, OISE, de Flagnac, c^{ne}, c^{on} de Decazeville, arr^t de Villefranche (Aveyron).

FLAMAND, ANDE, de la Flandre, ancienne province de la France.

Quatorze mille *Flamands* perdirent la vie à la bataille de Mons-en-Pevèle.

A. GUILBERT. (Villes de France.)

On désignait autrefois, par manière de plaisanterie, les habitants de la Flandre par le terme de *Flandrin*.

On appelait *Flandre flamingante* la partie de cette contrée qui se trouvait située au bord de la mer et *Flamands flamingants* les habitants de cette partie de la Flandre. Le mot *Flamingant* servait primitivement à désigner d'une manière générale les populations de la Flandre, qu'on trouve appelées par beaucoup de vieux auteurs : les populations *Flamingantes*.

FLAMANVILLAIS, AISE, de Flamanville, c^{ne}, c^{on} des Pieux, arr^t de Cherbourg (Manche).

FLAUJAGUAIS, UAISE, de Flaujagues, c^{ne}, c^{on} de Pujols, arr^t de Libourne (Gironde).

FLAVIGNIEN, IENNE, de Flavigny (1), ch.-l. de c^{on}, arr^t de Semur (Côte-d'Or).

FLAVIEN, IENNE, de Flavy-le-Martel, c^{ne}, c^{on} de Saint-Simon, arr^t de Saint-Quentin (Aisne).

FLÉCHOIS, OISE, de la Flèche, ch.-l. d'arr^t (Sarthe).

Le Petit *Fléchois,* journal publié à La Flèche.

---

(1) 6 communes portent le même nom; on doit appliquer à leurs habitants la même appellation ethnique.

Sobriquet des élèves de l'école du Prytanée militaire de la Flèche : « Les *Brutions...* » Cette dénomination vient de ce que, dans les premières années de ce siècle, la discipline de l'école étant trop sévère pour des enfants, ces derniers se considéraient, bien à tort, comme abrutis par elle. Par suite, le Prytanée militaire était appelé *Brutium,* réminiscence classique..... d'où le sobriquet de *Brution.*

FLEURANTIN, INE, de Fleurance, ch.-l. de c^{on}, arr^t de Lectoure (Gers).

L'Orphéon *Fleurantin,* société musicale.

Les gens de Lectoure racontent toutes sortes d'anecdotes dérisoires contre ceux de Fleurance. Ils reprochent notamment à des *Fleurantins* d'avoir semé des aiguilles avec la certitude de les voir végéter et multiplier.

GAIDOZ et SEBILLOT. (Blason populaire de la France.)

FLINOIS, OISE, de Flines-les-Raches (1), c^{ne}, c^{on} et arr^t de Douai (Nord).

FLOIRACAIS, AISE, de Floirac, c^{ne}, c^{on} de Carbon-Blanc, arr^t de Bordeaux (Gironde).

La Lyre *Floiracaise,* société musicale.

FLORACOIS, OISE, de Florac, ch.-l. d'arr^t (Lozère).

L'image vivante du regretté Léon Boyer est gravée dans le cœur de tous les *Floracois.*

L'Avenir Lozérien (9 mai 1885).

---

(1) 2 communes portent le même nom ; on doit appliquer à leurs habitants la même appellation ethnique.

FLOTTAIS, AISE, de La Flotte, c^{no}, c^{on} de Saint-Martin-de-Ré, arr^t de La Rochelle (Charente-Inférieure).

La population *Flottaise* a fait une ovation chaleureuse à l'amiral Aube. *La Gironde* (3 novembre 1886).

FOIXIEN, IENNE, ou FUXIEN, IENNE, de l'ancien comté de Foix. (Voir FUXÉEN.)

Par le fait, les *Foixiens* vivaient dans des rapports plus suivis entre eux et les Espagnols qu'avec les Français de la plaine, lorsqu'en 1660, Louis XIV nomma des commissaires pour fixer, de leur côté, les limites de la France et de l'Espagne.
H. CASTILLON. *(Histoire du comté de Foix.)*

Les anciens *Consoranni* étaient, ainsi que nous l'avons dit, le noyau autour duquel devait se former un jour la population *Foixienne.*
H. CASTILLON. *(Ibidem.)*

La Garonne, dit l'auteur de la *Description des fleuves,* renfermait les *Fuxiens,* les Convènes, les Bigerriones, les Tarbelliens, les Béarnais, les Vasates, les Vivisques ou Bordelais, et retenait le nom de Gascogne.
P. MASSON. *(Descriptio fluminum.)*

Autour de l'abbaye qui prit le nom de Saint-Volusien se forma une petite ville dont les abbés furent les premiers seigneurs et à laquelle la montagne voisine du Pech fait donner le nom de Fouch, dont Foix n'est que la traduction dans la langue moderne.

FONTAINEBLÉEN, ÉENNE, de Fontainebleau, ch.-l. d'arr^t (Seine-et-Marne).

Les habitants de Fontainebleau n'ont pas de nom historique ; leur nom usuel est *Fontainebléens.*

Fontainebleau tire son nom de la fontaine, *Fons Bellaquens,* ou *Fons Blandi,* du nom du chien qui l'aurait découverte. C'est en parlant de Fontainebleau qu'un poète a dit :
> ... De ce royal château,
> Qui prend son nom de la beauté d'une eau.
C^{on} de M. TRUDELLE, secrétaire de la Mairie de Fontainebleau.

FONTENAISIEN*, IENNE, de Fontenay(1)-le-Comte, ch.-l. d'arr^t (Vendée).

Le nom de François Viète n'est pas aussi connu qu'il devrait l'être. C'est le père de l'algèbre moderne, de la véritable algèbre. Né à Fontenay-le-Comte en 1540, il mourut en 1603. Une plaque de fer blanc, placée à l'angle d'un quai désert et portant l'inscription de « Quai Viette » est le seul tribut que les *Fontenaisiens* aient payé jusqu'à ce jour à ce nom glorieux.
DE RITTER. *(Hommes illustres de Fontenay.)*

Des chroniques *Fontenaisiennes* ont été publiées par M. de La Fontenelle de Vaudoré, à Fontenay-le-Comte, en 1841.

* On trouve dans Fontenay le mot latin *fons, tis,* qui signifie fontaine et qui a formé ce nom de lieu, ainsi que ceux de Fontanes (Lot), Fontenailles (Yonne), Fontenelles (Eure), Fontenoy (Aisne), etc., etc.

FONTEVRISTE, ISTE, de Fontevrault, c^{ne}, c^{on} et arr^t de Saumur (Maine-et-Loire).

FORATIN, ou FORÊTIN, appellation sous laquelle on désigne les habitants de la forêt de Saint-Martin (Berry). (Voir BERRICHON.)

---

(1) 26 communes portent le même nom : on doit appliquer à leurs habitants la même appellation ethnique.

Depuis le XV[o] siècle, une petite colonie écossaise aurait défriché la forêt de Haute-Brune, près de Saint-Martin-d'Auxigny, dans les environs de Bourges. Fixés dans cette forêt du département du Cher, ces immigrés auraient été appelés *Forêtins* par les autres habitants. Dans ce canton de Saint-Martin-d'Auxigny, actuellement dépourvu de bois, reconnaissables à leurs noms étrangers de Jamyns, Willandys, Jarvy, etc., ainsi qu'à leur activité, les descendants de ces Ecossais se feraient encore remarquer par l'ovale allongé de leur tête, par leurs cheveux blonds, leur stature élevée, leurs formes élancées et leur esprit industrieux.

BERGERON. *(Bulletin de l'Académie de médecine, 9 avril 1867.)*

Là Forêt est une petite contrée située autour de Saint-Martin-d'Auxigny (Cher). On rapporte que, sous Charles VII, le connétable de l'armée d'Ecosse, sire d'Aubigny, avait installé une colonie de ses Ecossais dans la forêt de *Haute-Brune*, qui fut ainsi défrichée et convertie en un vaste verger, qui depuis longtemps approvisionne de fruits les cantons voisins.

FORCALQUIÉRAIS, AISE, de Forcalquier[*] *(Comitatus Forcalqueriensis)*, ch.-l. d'arr[t] (Basses-Alpes).

[*] Cette ville doit son nom à la grande quantité de pierres calcaires que l'on trouve dans ses environs, *Forum calcarium* et *Furnus calcarius*.

FORÉZIEN, IENNE, du Forez *(Pagus Forensis)*, ancien district du Lyonnais (Rhône, Loire), province de la France. (Voir PLANARD.)

Le *Forézien* se distingue par sa douceur, sa patience, sa bonté et sa bravoure ; mais il a des allures lentes. Les yeux sont bleus. Les habitants qui résident dans la plaine du Forez ont un teint pâle et une constitution chétive.

G. HEUZÉ. *(Les Primes d'honneur en 1871.)*

Les vaches *Foréziennes* sont de petite taille et leurs formes sont anguleuses.

(Les Primes d'honneur en 1872.)

On trouve également le mot *Forézien* écrit par une *s*.

Le célèbre *Forésien* Papyre Masson a fait ses études au collège de Villefranche, dont il parle fort avantageusement dans sa description de la Gaule par les fleuves.

A. GUILBERT. *(Villes de France.)*

Les jolies *Forésiennes* évoquent dans l'esprit du voyageur les souvenirs de l'Astrée et rendent plus séduisants les bords idylliques du Lignon.

MARLIN. *(Voyages en France.)*

Sobriquet : « Les *Forignats* » ; les Auvergnats nomment ainsi par moquerie les habitants du Forez.

FORÉZIEN, IENNE, de Feurs [*], ch.-l. de c[on], arr[t] de Montbrison (Loire).

L'Union *Forézienne*, société musicale.

[*] Feurs *(Forum Segusianorum)*, qui a donné son nom au Forez, tire son ancien nom de *Forum*, du mot celtique *For*, qui signifie confluent, comme pour marquer la situation topographique de cette ville, qui est située sur la Loire.

FOUESNANTAIS, AISE, de Fouesnant, ch.-l. de c[on], arr[t] de Quimper (Finistère).

FOUGERAIS, AISE, de Fougères *(Pagus Filiceriencis)*, ch.-l. d'arr[t] (Ille-et-Vilaine).

Le Petit *Fougerais*, journal républicain hebdomadaire publié à Fougères.

Sobriquet : « Les Sorciers de Fougères ». Ce vieux proverbe fait allusion aux superstitions des *Fougerais*.

FOURASIEN, IENNE, de Fouras, cⁿᵉ, cᵒⁿ et arrᵗ de Rochefort (Charente-Inférieure).

Les principaux *Fourasiens* se sont mis en société pour l'exploitation de leurs terrains.

La Gironde (13 août 1885).

FOURMIESIEN, IENNE, de Fourmies, cⁿᵉ, cᵒⁿ de Trélon, arrᵗ d'Avesnes (Nord).

Il existe à Fourmies une société de tir qui s'appelle la Société des carabiniers *Fourmiesiens* et un orphéon, la *Cœcilia Fourmiesienne*.

FOURNAISIEN, IENNE, de Fours, cⁿᵉ, cᵒⁿ et arrᵗ de Barcelonnette (Basses-Alpes).

Après la mort et l'enterrement d'un *Fournaisien*, la paille de son lit est portée à l'extrémité d'un champ qui ne doit jamais être le plus voisin de la maison du mort.

A. Hugo. *(France pittoresque.)*

Les *Fournaisiennes*, en se mariant, n'emportent que trois robes et des effets pour une valeur de deux cents francs au plus; cet usage a pour but de ne pas appauvrir les familles par des dots trop considérables.

A. DE NORE. *(Coutumes, mythes et traditions des provinces de France.)*

FOURNAISIEN, IENNE, ou **SIX-FOURNIN, INE**, de Six-Fours, cⁿᵉ, cᵒⁿ d'Ollioules, arrᵗ de Toulon (Var).

FRANÇAIS, AISE, de la France.

Tous les *Français* sont égaux devant la loi.

On revient chez soi plus *Français* qu'on n'est parti ; c'est qu'il n'y a qu'un pays : la France, et qu'une femme : la *Française*.

Paul SAUNIÈRE. *(A travers l'Atlantique.)*

FRANC-COMTOIS, OISE, de la Franche-Comté *(Comitatus Burgundiæ)*, ancienne province de la France. (Voir COMTOIS.)

La résistance du peuple *Franc-Comtois* fut si vigoureuse que des quatre villes fortifiées de la province, Besançon, Salins, Gray et Dôle, aucune ne fut prise.

Ch. GAUTIER. *(Villes de France.)*

FRANCIAUX, terme sous lequel les Provençaux désignent les habitants du Dauphiné qui parlent des dialectes français.

Il est à croire que ces caprices de l'atmosphère et la constitution essentiellement orageuse du milieu contribuent, avec les violences du mistral, à donner aux habitants de la Provence et de Languedoc, si distincts des *Gavaches* des Cévennes et des *Franciaux* de Dauphiné, leurs passions soudaines, leurs emportements subits et leurs brusques retours de mollesse et de langueur.

E. RECLUS *(Géographie de la France.)*

FRÉJUSSIEN, IENNE, de Fréjus *(Pagus Forojuliensis)*, ch.-l. de cᵒⁿ, arrᵗ de Draguignan (Var).

FREMION, sobriquet des habitants de Formeries, ch.-l. de cᵒⁿ, arrᵗ de Beauvais (Oise).

Ce sobriquet de *Fremions* a sans doute été donné aux gens de Formeries par analogie avec le nom du pays.

YLLIATUD. *(Dictons et sobriquets populaires de l'Aisne, de l'Oise et de la Somme.)*

FROMENTALIN, INE, habitant du Fromentau ou Fromental (Berry).

On appelle Fromental ou Fromentau, dans le Berry, le pays à froment, la contrée où l'on cultive principalement le froment. On lit dans quelques anciens titres : « Chambon en *Fromenteau* ».

FRONSADAIS, AISE, de Fronsac *(Ager Frontiasencis)*, ch.-l. de c^on, arr^t de Libourne (Gironde).

FRONTENAYSIEN, IENNE, de Frontenay-Rohan-Rohan, ch.-l. de c^on, arr^t de Niort (Deux-Sèvres).

FRONTIGNANAIS, AISE, de Frontignan, ch.-l. de c^on, arr^t de Montpellier (Hérault).

FRONTONAIS, AISE, de Fronton, ch.-l. de c^on, arr^t de Toulouse (Haute-Garonne).

La Lyre *Frontonaise*, fanfare.

FRUGEOIS, EOISE, de Fruges, ch.-l. de c^on, arr^t de Montreuil (Pas-de-Calais).

FUXÉEN, ÉENNE, de Foix *(Fuxum)*, ch.-l. du dép^t de l'Ariège.

Le Petit *Fuxéen*, journal publié à Foix.

Foix sans rocher !
Ville sans clocher ;
Palais sans justice,
Mairie sans police,
Hommes sans honneur !
Femmes sans pudeur,

dit un vieux dicton, que vient corriger fort à propos la devise de la ville : *Toco y se gausos !* Touches-y, si tu l'oses ! Cette devise est menaçante ; c'est un avertissement pour ceux qui voudraient prendre trop à la lettre le dicton calomniateur et rire aux dépens des *Fuxéens* et des *Fuxéennes*.

GABALITAIN, AINE, du Gévaudan * *(Pagus Gabalitanus)*, ancien district du Languedoc. (Voir GÉVAUDAN.)

Dans le pays *Gabalitain*, nous voyons, comme ailleurs, de ces vocations spéciales qui ont été la cause de la création de plusieurs localités plus ou moins importantes.

Dr DAUDÉ. *(Recherches historiques sur le Monastier.)*

On dit aussi :

GABALIEN, IENNE.

On dit encore :

GÉVAUDAN, ANE. (Voir ce mot.)

* Le Gévaudan fut primitivement habité par *les Gabali* ; aujourd'hui, ce pays forme le département de la Lozère presque tout entier et une petite partie de ceux de la Haute-Loire et du Gard. Appelé d'abord par Grégoire de Tours *Terminus Gabalitanus*, plus tard il s'appela, au moyen-âge, *Pagus Gavaldanus,* d'où Gévaudan.

GABARDAN, ANE, du Gabardan * *(Pagus Gavarritanus)*, ancien vicomté de la Gascogne (Landes).

En patois, on dit *lous Gabardans,* c'est-à-dire les *Gabardans.*

C^{on} de M. L..., avocat à Mont-de-Marsan.

* Le Gabardan était le *Pagus Gavarritanus* ; on appelle gabare, dans le pays, une sorte d'ajonc épineux qui croît en abondance dans toute la contrée ; c'est de là que vient le nom de pays de Gabardan et Gabaret, son ancien chef-lieu.

GABONAIS, AISE, du Gabon, ou M'Pongo, possession française à l'embouchure de l'Ogooué, sur la côte occidentale d'Afrique.

Les *Gabonais* n'ont, à proprement parler, pas de religion, comme presque toutes les nations africaines et ainsi que les tribus voisines, ils sont fétichistes.

F. HUE et G. HAURIGOT. *(Nos petites colonies.)*

A dix heures, je sortais de cette conférence *Gabonaise* et m'enfournais comme un fou dans un petit bouchon que m'avait déniché un indigène.

— Deux cafés ! commandai-je à haute voix.

La Petite Gironde (19 septembre 1888). *Voyage du capitaine Trivier à Gorée.*

Les principales peuplades du Gabon et de ses affluents sont : les Gabonais, ou M'pongoé, les Bouloux, les Bakalais et les Pahouins ou Pans ; tous appartiennent à la race nègre.

1° Les *Gabonais* habitent les villages les plus proches de notre établissement.

2° Les *Bouloux* habitent les premiers villages que l'on rencontre en remontant la rivière Como.

3º Les *Bakalais*, que l'on trouve après les Bouloux, en remontant la rivière Como, appartiennent à une nation qui compte environ 60,000 âmes.

4º Les *Pahouins* ou *Fans*, forment la peuplade la plus nombreuse de ce pays.

GAHETS, nom sous lequel on désignait, dans les Landes et dans la Gironde, les Cagots, Capots et Agots. (Voir AGOT et CAGOT.)

Dans le XVIIIe siècle, il y avait des *Gahets* en grand nombre à Arengosse, dans l'arrondissement de Mont-de-Marsan (Landes).

FR. MICHEL. *(Les Races maudites)*.

Les *Gahets* ont existé en grand nombre dans le Bazadais, c'est-à-dire dans les parties du département qui confine à celui des Landes.

Fr. MICHEL. *(Ibidem)*.

Les vieillards du Bazadais se rappellent encore certains individus à qui, dans leur jeunesse, ce nom de *Gahets* était donné comme une espèce d'injure.

Il y avait aussi des *Gahets* à Bordeaux.

GAILLACOIS, OISE, de Gaillac *(Galliacum)*, ch.-l. d'arr[t] (Tarn).

Si vous voulez braver la gelée et la
[grêle,
Couvrez le cep en mars de nattes de
[sarment,
Et jusqu'à saint-Michel, qu'il tonne,
[grêle ou gèle,
Gaillacois, vous pourrez dormir tran-
[quillement.
Le Mémorial de Gaillac
(23 novembre 1861).

GALLOT, OTTE, nom des habitants d'une certaine partie de la Bretagne. (Voir BRETON.)

Dans notre Bretagne, le nom de *Galo* ou *Gallot* rappelle encore le nom des anciens Gaëls armoricains par opposition à celui des immigrants Bretons, — Cambriens ou Kymris...

Quoique les *Gallots* de la Bretagne ne puissent être regardés comme des Gaëls purs, il serait bon de les observer, ainsi que certains habitants de l'Ecosse et du nord de l'Irlande, car il importe de préciser les caractères donnés aux Gaëls, que certains auteurs, se basant sur des documents écrits, regardent comme ayant été blonds et de haute taille.

LAGNEAU. *(Bulletin de la Société d'anthropologie.)*

Un Luzel pour les contes en breton, un Sebillot pour les récits de la Bretagne francisée ou *Gallotte*, ne se permettent aucune retouche, aucune nuance aux narrations populaires.

LE HÉRICHER. *(Littérature populaire de Normandie.)*

On appelle *Gallot* le patois de la Haute-Bretagne ; c'est en grande partie le français de la Renaissance.

GANGEOIS, EOISE, de Ganges, ch.-l. de c[on], arr[t] de Montpellier (Hérault).

L'Orphéon *Gangeois*, la Fanfare *Gangeoise*, sociétés musicales.

Cette petite commune a son groupe *Gangeois* de la Ligue de l'Enseignement.

GANNATOIS, OISE, de Gannat, ch.-l. d'arr[t] (Allier).

Les habitants de Gannat n'ont pas de nom historique ; leur appellation usuelle est *Gannatois*.

C[on] de M. BONNETON, président du tribunal civil de Gannat.

Dimanche dernier, par une belle journée où Phébus nous envoyait ses doux rayons, le public *Gannatois* était agréablement surpris par une sortie inopinée de la fanfare.

Le Journal de Gannat (4 mars 1887).

La *Gannatoise*, société de gymnastique.

* La ville de Gannat est une des plus anciennes de l'Allier ; elle a été sûrement une station mérovingienne. On retrouve dans de vieilles chartes du moyen âge son nom écrit de la sorte en latin : *Gannapum* ou *Ganapum.*

Quelle est l'étymologie de Gannat ?... On en est réduit là dessus à des hypothèses à dormir debout. Tantôt c'est du nom d'une divinité gauloise *Gann,* et du mot latin *natus,* fils de Gann ! tantôt c'est autre chose d'aussi énigmatique. Toujours est-il que Gannat était devenu, au moyen âge, une ville militaire, place très forte, munie de tours, bastions et remparts crénelés, défendus par un château fort, dont les vieilles murailles et les tours subsistent encore et servent d'enceinte à la prison actuelle. Son nom avait donné lieu à un très joli jeu de mots (fait après coup, bien entendu), mais qui avait été adopté comme devise de la ville :

> « Qui s'y frotte s'y pique,
> « Qui gant n'a. »

Les habitants d'Ebreuil appellent leurs voisins de Gannat mangeurs de *biche farra* (biche ferrée). Or, une biche ferrée, c'est un âne, ce qui revient à dire mangeurs d'ânes.

GAPENÇAIS *, **AISE**, de Gap *(Ager Vapencensis)*, ch.-l. du dép[t] des Hautes-Alpes.

Gap a vu naître plusieurs hommes dont le nom doit échapper à l'oubli. Albert le *Gapençais,* fils du jongleur Nizar, mal à propos réputé de Sisteron, parce qu'il y était mort, fut un troubadour du XIIe siècle ; ses chants ont immortalisé Wilhelmine de Malespine, dame de ses pensées.

> J.-C.-F. DE LADOUCETTE. *(Histoire des Hautes-Alpes.)*

On dit également :

GAPENÇOIS, OISE.

* On appelle également *Gavots* les habitants de Gap ; mais ce mot s'applique plus généralement à tous les habitants des départements alpins. (Voir GAVOT).

GARDANNAIS, AISE, de Gardanne, ch.-l. de c[on], arr[t] d'Aix (Bouches-du-Rhône).

GARDONNAIS, AISE, de Gardonne, c[ne], c[on] de Sigoulès, arr[t] de Bergerac (Dordogne). .

GARONNAIS, AISE, des bords du fleuve de la Garonne.

La race *Garonnaise* n'est encore répandue que dans quelques cantons voisins du Tarn-et-Garonne et dans les environs de Toulouse.

> LAROUSSE. *(Encyclopédie.)*

GARRIGUAIS, UAISE, de Garrigues, c[ne], c[on] et arr[t] de Lavaur (Tarn).

Le préfet s'était enfin décidé à créer un bureau de tabac à Garrigues, trouvant légitime l'ambition des *Garriguais* !

> *La Lanterne* (10 mai 1887).

GASCON, ONNE, de la Gascogne * *(Wasconia)*, ancienne province de la France.

Un *Gascon* disait : « J'ai l'air si martial que, quand je me regarde dans un miroir, j'ai peur de moi-même. »

> LAROUSSE. *(Encyclopédie.)*

Tout a l'humeur *Gasconne* en un
> [auteur *Gascon.*
> BOILEAU.

* La Gascogne *(Vasconia)* est l'ancienne Novempopulanie, qui était ainsi appelée des neuf importantes peuplades qui l'habitaient.

GASTINAISAN, ANE, du Gâtinais Orléanais *(Pagus Wastinensis)*, ancien district de l'Orléanais, faisant partie du département du Loiret.

Les *Gastinaisans,* à l'époque de la vendange, se rendent dans le vignoble d'Orléans pour travailler à la récolte des vins.

> A. GUILBERT. *(Villes de France.)*

GASTONVILLOIS, OISE, de Gastonville, c^{ne}, arr^t de Philippe-ville, dép^t de Constantine (Algérie).

GÂTINAIS, AISE, du Gâtinais Français, ancien district de l'île de France, compris aujourd'hui dans les départements de Seine-et-Marne et Seine-et-Oise.

GÂTINEAU, ELLE, de la Gâtine*, ancien petit pays de France, dans le Poitou (Deux-Sèvres).

Les bœufs du Marais sont moins estimés que les bœufs *Gâtineaux*.

(*Les Primes d'honneur en 1868*).

La race *Gâtinelle*.

(*Les Primes d'honneur en 1865*).

* Le vieux mot français gâtine veut dire lande, terre inculte, coupée en hiver par de grandes flaques d'eau. Gâtine vient du bas latin *Vastum, Vastatum*, signifiant d'abord, bien étendu, puis bien désert, dévasté. Le changement du *v* en *g* s'est produit au moyen âge, suivant la règle commune.

GAUJACAIS, AISE, de Gaujac, c^{ne}, c^{on} de Meilhan, arr^t de Marmande (Lot-et-Garonne).

Merci au nom des *Gaujacais !*

La Petite Gironde (12 septembre 1888).

GAUVILLOIS, OISE, de Gauville, c^{ne}, c^{on} de La Ferté-Fresmel, arr^t d'Argentan (Orne).

Gauville en *Gauvillois*,
Les femmes accouchent au bout de trois [mois,
Mais seulement la première fois.

(Vieux proverbe).

Dans le département de l'Eure, on applique ce dicton aux deux communes de Gauville qui sont dans l'arrondissement d'Evreux. Les habitants de cette petite commune sont gratifiés du sobriquet de « les Plaideurs de Gauville. »

GAVACHE*, appellation donnée à certains habitants d'une partie de l'arrondissement de La Réole, dési-

gnée sous le nom de Gavacherie (Gironde).

L'idiome gascon a subi des modifications dans plusieurs cantons de l'arrondissement de La Réole. Vous trouverez au lieu du gascon bordelais et de son vif accent un français corrompu, prononcé d'une voix lente et traînante. Le peuple donne le nom de *Gavaches* à ceux qui parlent ainsi. La partie même de l'arrondissement de La Réole, où cette espèce de langue est usitée, a reçu le nom de Gavacherie ; Castelmoron en est regardé comme la capitale.

F. JOUANNET. (*Statistique du département de la Gironde.*)

Les départements du Tarn et de l'Hérault ont aussi leurs *Gavaches*.

La population des cantons montagneux du nord de l'Hérault, en partie occupés par des roches nues ou couverts de maigres arbustes, sont faiblement peuplés. Leurs habitants sont les *Gavaches* qui viennent se louer dans la région des coteaux, à l'époque des vendanges.

E. RECLUS. (*Géographie de la France.*)

On désigne encore le *Gavache* sous le nom de :

MAROTIN, INE.

M. Dutruch est venu confirmer que les *Gavaches* ou *Marotins* du département de la Gironde descendent de colons saintongeois, qui vinrent s'établir à Taillecavat, Cours, Dieulival, Saint-Vivien et Monségur, en partie dépeuplés par une épidémie. Le *maro*, langage parlé dans ces localités, serait un mélange du patois saintongeois et du gascon.

G. LAGNEAU. (*Bulletin de la Société d'anthropologie.*)

˙ Dans la commune du Verdon, près de Soulac-les-Bains (Gironde), il y a une partie de territoire appelée le Royannais, et cela parce que des habitants de Royan (Charente-Inférieure), ville qui se trouve en face du Verdon, sur la rive opposée de la Gironde, sont venus s'y établir. Les Médocains et les Verdonais appellent ces Saintongeois des *Gavaches* (prononcez *Gabatches*), et ce nom de *Gavaches* est donné aux Saintongeois en général dans presque tout le département de la Gironde.

Les Espagnols appellent par mépris les Français des *Gavaches.* D'après MM. Gaidoz et Sebillot *(Blason populaire de la France)*, le nom de *Gavaches* est originairement celui des anciens habitants de Gévaudan, en latin *Gabali.* Il serait devenu un terme de mépris en Espagne, parce que les gens du Limousin et du Gévaudan vont en grand nombre travailler en Espagne.

Les mots *Gavach* en gascon, *Gavache* en français, *Gavacho* en espagnol, dérivent du mot celtique *Gau*, qui servait à désigner un ensemble de cantons voisins les uns des autres, mais appartenant à des peuples différents. Le pluriel celtique *Gau, ac* répondait aux mots latins *Pagani* et *Villani.*

La Gavacherie proprement dite est un petit pays compris dans le département de la Gironde (et très peu dans celui du Lot-et-Garonne), dans le bassin du Drot, affluent de droite de la Garonne, et très peu dans celui de la Dordogne.

Voici les 24 communes où on parle le *Gavache* :

Canton de Pellegrue (Gironde) : Saint-Ferme, Auriolles, Caumont, Cazangitat partie de Pellegrue, en tirant sur Saint-Ferme.

Canton de Sauveterre-de-Guyenne : Saint-Martin-du-Puy.

Canton de Monségur : Castelmoron-d'Albret, Rimons, Landerrouat, Mesterrieux, Neuffons, Coutures, Le Puy, Roquebrune, Saint-Sulpice-de-Guilleragues, Sainte-Gemme, Saint-Vivien, Taillecavat, Cours, Dieulivol, Monségur (sauf la ville).

Canton de La Réole : Fossés et Baleyssac.

Lot-et-Garonne. — Canton de Duras : Esclottes, Sainte-Colombe-de-Duras.

En tout, 8,000 personnes parlant le *Gavache.*

GAVETS, nom donné dans le Lyonnais et le Beaujolais aux paysans des montagnes environnantes.

Dans le Lyonnais et le Beaujolais, le peuple donne encore, dans une intention de mépris, le nom de *Gavets* aux paysans venus des montagnes environnantes.

Fr. Michel. *(Les Races maudites.)*

Il faut voir dans cette appellation de *Gavets* une altération du mot *Gahets* (voir Agots, Cagots, Gahets), mais peut-être bien aussi une réminiscence des *Gavots*, montagnards des Alpes. (Voir Gavot.)

GAVOT, **OTTE**, habitant du pays de Gavot, ancien district du Chablais (Haute-Savoie).

On appelle *Gavots* les habitants du pays de Gavot.

Con de M. Ducis, archiviste de la Haute-Savoie.

On donne encore en Provence le nom de *Gavots* aux montagnards des départements des Hautes et Basses-Alpes.

Le caractère des habitants des Basses-Alpes ressemble tout-à-fait, dans les parties inférieures du département, à celui des Provençaux du Var. Les montagnards ont, seuls encore, des mœurs et des usages particuliers. Ces montagnards sont également fins et adroits ; un proverbe de la basse Provence dit que les *Gavots* (c'est ainsi qu'on les nomme) n'ont de grossier que l'habit. Ce sont les *Gavots* qui ont donné le nom à cette danse que nous appelons *Gavotte.*

GAVRIAN, **ANE**, de Gavray, ch.-l. de con, arrᵗ de Coutances (Manche).

Les *Gavrians*
Sont tous friands !

Il est tout naturel, dit M. Canel *(Blason populaire de la Normandie)*, que les habitants de Gavray aient cherché à imiter en quelque chose leurs compatriotes du chef-lieu d'arrondissement. On se rappelle en effet que l'on dit :

Avranches le pimpant,
Coutances le friand ! etc.

(Voir Coutançais.)

GÉNISSACAIS, AISE, de Génissac, c^ne, c^on de Branne, arr^t de Libourne (Gironde).

L'Union *Génissacaise,* fanfare.

GÉNISSOIS, OISE, de Génis, c^ne, c^on d'Excideuil, arr^t de Périgueux (Dordogne).

GENSACAIS, AISE, de Gensac, c^ne, c^on de Pujols, arr^t de Libourne (Gironde).

La Lyre *Gensacaise,* fanfare.

: GENTILLIEN, IENNE, de Gentilly, c^ne, c^on de Villejuif, arr^t de Sceaux (Seine).

GERMIGNOIS, OISE, de Germigny(1)-l'Évêque, c^ne, c^on et arr^t de Meaux (Seine-et-Marne).

GÉROMOIS, OISE, de Gérardmer, ch.-l. de c^on, arr^t de Saint-Dié (Vosges).

GESSIEN, IENNE, de Gex *(Pagus Gesiensis),* ch.-l. d'arr^t (Ain).

Les habitants de Gex sont appelés *Gessiens.*

> C^on de M. BOCCARD, rédacteur
> du *Journal de Gex.*

GETS, nom donné à une certaine classe d'individus habitants du Faucigny (Haute-Savoie).

Sous le nom de *Gets,* il existerait, dans le Faucigny, les descendants d'une population juive convertie au christianisme ; jadis, ils se nourrissaient de viande de cheval ; jusqu'à ces derniers temps, ils avaient peu de rapport avec les habitants des localités voisines.

> G. LAGNEAU. *(Bulletin de la
> Société d'anthropologie.)*

---

(1) 7 communes portent le même nom ; on doit appliquer à leurs habitants la même appellation ethnique.

On applique la même appellation ethnique aux habitants des Gets, commune du canton de Tanninges, dans l'arrondissement de Bonneville (Haute-Savoie).

GÉVAUDAN, ANE, du Gévaudan *(Pagus Gabalitanus),* ancien district du Languedoc, province de la France. (Voir GABALITAIN.)

Aujourd'hui, nous appelons des *Gévaudans* ceux que les Latins appelaient Gabali.

> · DE VALOIS. *(Notitia Galliarum.)*

GEVROLLAIS, AISE, de Gevrolles, c^ne, c^on de Montigny-sur-Aube, arr^t de Châtillon (Côte-d'Or).

GEZAINCOURTOIS, OISE, de Gezaincourt, c^ne, c^on et arr^t de Doullens (Somme).

GIENNOIS, OISE, de Gien, ch.-l. d'arr^t (Loiret).

Aucun document n'indique le nombre de *Giennois* qui prirent la route de Picardie en chevauchant sur leurs courtauds.

> MARCHAND. *(Mémoires sur la ville
> et les seigneurs de Gien.)*

La Lyre *Giennoise,* fanfare.

GIGEANAIS, AISE, de Gigean, c^ne, c^on de Mèze, arr^t de Montpellier (Hérault).

GIGNACOIS, OISE, de Gignac, ch.-l. de c^on, arr^t de Lodève (Hérault).

GIMONTOIS, OISE, de Gimont, ch.-l. de c^on, arr^t d'Auch (Gers).

L'Orphéon *Gimontois,* la Lyre *Gimontoise,* sociétés musicales.

GIROMAGNIEN, IENNE, de Giromagny, ch.-l. de c^on du territoire de Belfort.

Au lieu de chasser le renne, comme leurs ancêtres des cavernes de Cravanche, les *Giromagniens* de nos jours, que les produits agricoles de leur banlieue ne pourraient assez bien nourrir, filent et tissent le coton dans les manufactures de la vallée.

> Ch. Grad. *(A travers l'Alsace et la Lorraine. — Le Tour du monde, 1884.)*

GIRONAIS, AISE, de Giron, c^ne, c^on de Châtillon-de-Michaille, arr^t de Nantua (Ain).

GIRONCOURTOIS, OISE, de Gironcourt, c^ne, c^on de Châtenois, arr^t de Neufchâteau (Vosges).

GIRONDIN, INE, du département de la Gironde.

Ne perdez pas une heure, disait un *Girondin*, ne perdez pas une heure pour décréter la liberté du monde entier.

> J. Janin. *(La Révolution française.)*

GIRONDIN, INE, de Gironde, c^ne, c^on et arr^t de La Réole (Gironde).

GIRONVILLAIS, AISE, de Gironville (1), c^ne, c^on et arr^t de Commercy (Meuse).

GISCAROLIEN, IENNE, de Giscaro, c^ne, c^on de l'Isle-en-Jourdain, arr^t de Lombez (Gers).

GISORCIEN, IENNE, de Gisors, ch.-l. de c^on, arr^t des Andelys (Eure).

GIVETOIS, OISE, de Givet, ch.-l. de c^on, arr^t de Rocroy (Ardennes).

---

(1) 42 communes portent le même nom; on doit appliquer à leurs habitants la même appellation ethnique.

Le Spectateur *Givetois*, journal publié à Givet.

GIVONNAIS, AISE, de Givonne, c^ne, c^on et arr^t de Sedan (Ardennes).

GIVORDIN, INE, de Givors, ch.-l. de c^on, arr^t de Lyon (Rhône).

> Per étro bon *Givordin*,
> Faut être grand, fort et pas fin.
> (Vieux proverbe.)

GLAGEONNAIS, AISE, de Glageon, c^ne, c^on de Trélon, arr^t d'Avesnes (Nord).

La Fédération *Glageonnaise*, est une société d'études littéraires, scientifiques et artistiques.

GONESSIEN, IENNE, de Gonesse, ch.-l. de c^on, arr^t de Pontoise (Seine-et-Oise).

GORDIEN, IENNE, de Gordes, ch.-l. de c^on, arr^t d'Apt (Vaucluse).

Gordiens, iennes, tels sont les termes usités pour désigner les habitants de Gordes.

> C^on du Maire de Gordes.

GORÉEN, ÉENNE, de Gorée, ch.-l. d'arr^t, île et ville françaises situées dans une baie au sud de la presqu'île du Cap-Vert (Afrique occidentale).

Qu'il y a loin du produit chimique *Goréen* à l'excellent vin que m'offrait, il y a quelques mois, M. le docteur Pitta, notre consul à Funchal.

> *La Petite Gironde* (19 septembre 1838). *Voyage du capitaine Trivier à Gorée.*

GOUAS, de Gouaix, c^ne, c^on de Bray-sur-Seine, arr^t de Provins (Seine-et-Marne).

On appelle *gouas* un mauvais plant de vigne originaire de cette commune, cultivé sous le nom de *Gouas* dans le Sénonais et sous celui de *Gamai* dans la Haute Bourgogne.

GOULETIER, sobriquet des habitants de Goulet, c^{ne}, c^{on} d'Écouché, arr^t d'Argentan (Orne).

On dit les *Gouletiers*, les bavards de Goulet. Le second sobriquet est la traduction du premier, et le premier est tiré, à titre d'*équivoque,* du nom de la commune.

GOURBEYRIEN, IENNE, de Gourbeyre, c^{ne}, c^{on} et arr^t de la Basse-Terre (Guadeloupe).

GOURDONNAIS, AISE, de Gourdon*, ch.-l. d'arr^t (Lot).

Quels moyens employaient les *Gourdonnais* pour obtenir leur charte de coutumes ? Rien ne nous l'indique d'une façon précise.

CANGARDEL. (Gourdon et ses seigneurs.)

* L'étymologie du nom de cette ville est évidemment celtique ; du mot *gour,* ruisseau, et *dun,* montagne. Gourdon est en effet situé sur une colline et à proximité du *Bleu,* petite rivière.

GRAMATOIS, OISE, de Gramat, ch.-l. de c^{on}, arr^t de Gourdon (Lot).

La Lyre *Gramatoise,* fanfare.

GRANDFONIEN, IENNE, habitants des Grandsfonds, partie de l'île de la Grande-Terre (Guadeloupe). (Voir POINTU.)

A la Guadeloupe, les habitants de la Pointe (on dit dans le pays, dans l'usage courant, la Pointe et non la Pointe-à-Pitre), les *Pointus* (car c'est leur véritable nom), se moquent de leurs voisins les *Grandfoniens*, habitants des Grandsfonds, partie de l'île située dans la Grande-Terre. Sa population est surtout formée de gens de couleur, qui ont conservé les habitudes rustiques et travaillent comme au temps de l'esclavage, mais la plupart du temps pour leur propre compte. Aussi sont-ils en butte aux moqueries des gens de la Pointe, paresseux, amoureux des plaisirs,

au point que l'expression de *Grandfonien* signifie un homme simple, un homme rustique, un béotien. Mais les pauvres *Grandfoniens* se vengent de leurs voisins, dont le nom malheureux de *Pointus* porte à la raillerie et qui certes caractérise bien les défauts et la marque des gens de la capitale.

GRAND-TERRIEN, GRANDE-TERRIENNE, de la Grande-Terre, île de la Guadeloupe. (Voir GUADELOUPÉEN.)

GRANVILLAIS, AISE, de Granville, ch.-l. de c^{on}, arr^t d'Avranches (Manche).

Les *Granvillais* eurent beaucoup à souffrir, sous le Consulat et l'Empire, de l'interruption de leurs travaux ordinaires ; mais ils n'en furent pas moins toujours prêts à donner au pays des preuves de patriotisme et de courage.

J. DE VAUCELLES. (Histoire de Granville.)

C'est chez les *Granvillaises* que se voit la beauté exquise, la perfection du type Normand dans ce qu'il a de plus gracieux.

RACINET. (Histoire du costume.)

Avranches le pimpant,
Granville le puant,
dit un vieux proverbe.

GRASSOIS, OISE, de Grasse, ch.-l. d'arr^t (Alpes-Maritimes).

Le plus illustre des *Grassois*, dis-je, une des gloires de l'école française du siècle dernier.

— Un peintre, alors ; lequel ?

— Fragonard ! Vous devez l'aimer ?

CH. DESLYS. (Musée des familles (septembre 1881).

GRATIANOPOLITAIN*, AINE, du Grésivaudan *(Pagus Gratianopolitanus),* ancien district du Dauphiné.

Le Dauphiné est l'ancien pays des Allobroges, des Viennois, des Caturiges, des Ebroduniens, des Embrunois, des Segaluniens, des Valentinois, des Vocontiens, des Diois, des *Gratianopolitains.*

Dictionnaire de Trévoux.

Le Grésivaudan, *Pagus Gratianopolitanus,* avait pour capitale Grenoble ; *Graiorum polis,* c'est la ville des Grecs, ou *Granorum polis,* la ville des grains, ou bien encore *Gratiarum polis,* la ville des grâces, ou bien enfin *Gratianopolis,* la ville de Gratien.

GRAVELINOIS, OISE, de Gravelines, ch.-l. de c^on, arr^t de Dunkerque (Nord).

La position des *Gravelinois* devenait critique.

Le Figaro (10 octobre 1885).

La *Gravelinoise,* société de gymnastique.

GRAVILLAIS, AISE, de Graville-Sainte-Honorine, c^ne, c^on et arr^t du Havre (Seine-Inférieure).

La Fanfare *Gravillaise.*

La Lanterne *Gravillaise* est un petit journal humoristique publié au Hâvre.

« Il y a eu plutôt un sire de Graville qu'un roi en France », dit un vieux proverbe, qui fait allusion à ce que les Malet de Graville prétendent que Jules César leur donna la qualité de *sires.*

GRAYLOIS, OISE, de Gray, ch.-l. d'arr^t (Haute-Saône).

C'était en 1477. Attaqués à la fois par les troupes de Vaudrey et par les bourgeois, les Français mettent le feu à la ville de Gray, afin de pouvoir, au moins, aux lueurs de l'incendie, discerner leurs ennemis. A la vue de leurs maisons en flammes, les *Graylois* redoublent d'efforts et parviennent à rejeter dans la citadelle Salazard avec le peu de soldats qui lui restent.

Ch. Toubin. *(Histoire de Gray.)*

Devenu homme et avocat, le républicain *Graylois* se fit remarquer par la hardiesse de ses théories et la forme de ses chapeaux (il s'agit d'A. Versigny).

Députés et sénateurs. (Paris, au *Figaro,* 1876).

La Presse *Grayloise* est un journal sans couleur politique bien tranchée, publié à Gray.

GRENOBLOIS, OISE, de Grenoble, ch.-l. du dép^t de l'Isère. (Voir Gratianopolitain.)

En je ne sais plus quelle année, Lekain, le célèbre acteur, homme à bonnes fortunes s'il en fût et des plus compétents en cette occasion, écrivant de Grenoble, disait des *Grenoblois* : « Ce peuple est né rusé, spirituel et sensible ; il aime les arts, fait peu de commerce et, malgré sa pauvreté, il est très hospitalier. »

Georges d'Alcy. *(Les Français peints par eux-mêmes.)*

Une famille *Grenobloise,* originaire de Berrias, vient d'y importer l'industrie de la couture des gants de peaux de chevreaux.

Dr Francus. *(Voyage dans le Midi de l'Ardèche.)*

La Fanfare *Grenobloise.*

« *Faire la conduite de Grenoble* » ; locution proverbiale. C'est accompagner quelqu'un à coups de pierres, le renvoyer en le maltraitant. On suppose que cette locution vient des rixes fréquentes qui avaient lieu à Grenoble entre les compagnons du devoir et les cordonniers, dont les uns voulaient chasser les autres et, pour ce, les poursuivaient en leur jetant des pierres.

GRIGNOLAIS, AISE, de Grignols, ch.-l. de c^on, arr^t de Bazas (Gironde).

En somme, très bonne journée, dont les *Grignolais* garderont le souvenir.

La France (17 juillet 1888).

La Lyre *Grignolaise,* société musicale.

GRISOLLAIS, AISE, de Grisolles, ch.-l. de c^on, arr^t de Castelsarrazin (Tarn-et-Garonne).

La Lyre *Grisollaise*, fanfare.

GROIZILLON, ONNE, de l'île de Groix, c^ne, c^on de Port-Louis, arr^t de Lorient (Morbihan).

Le vieux loup de mer qui se trouve ici croqué *(Galerie armoricaine)* pourrait tout aussi bien être un *Groizillon* ; c'est ainsi qu'on appelle les habitants de l'île de Groix.

CARPENTIER. *(Galerie armoricaine.)*

On dit aussi :

GRÉSILLON, ONNE.

Un cabotage actif entretient l'aisance dans la population de Groix, et il n'y a guère de meilleurs marins que les *Groizillons* ou *Grésillons*.

Ch. AUBERT. *(Le Littoral de la France.)*

On trouve encore :

GROISILLON, ONNE, écrits par une *s*.

Les Anglais ont plusieurs fois essayé de s'emparer de Groix. Le 15 juillet 1696, ils y firent un débarquement ; la date en est conservée sur le mur et les *Groisillons* ont, par la tradition, conservé le souvenir des vexations que leurs aïeux eurent alors à subir.

A. HUGO. *(France pittoresque.)*

GROS-MORNAIS, AISE, du Gros-Morne, c^ne, c^on de la Trinité, arr^t de Saint-Pierre (Martinique).

Il y a toujours eu une inimitié profonde entre les habitants du Gros-Morne et ceux de Saint-Pierre, et cette inimitié se traduit par d'amères railleries dont s'accablent tour à tour les *Pierrotins* et les *Gros-Mornais*. (Voir PIERROTIN.)

GUADELOUPÉEN, ÉENNE, de la Guadeloupe, colonie française dans les Antilles (Amérique).

Pendant le séjour des *Guadeloupéens* à Saint-Pierre (Martinique), ce ne furent que réjouissances, fêtes, bals, spectacles gratis.

A. LACOUR. *(Histoire de la Guadeloupe.)*

La Guadeloupe se compose de deux îles : 1° la Guadeloupe proprement dite, ou Basse-Terre ; 2° la Grande-Terre.

Le terme de *Guadeloupéen* sert à désigner les habitants des deux îles en général et même de leurs dépendances (les Saintes, Marie-Galante, la Désirade) ; mais quand on veut désigner les habitants d'une île spéciale, on dit *Basse-Terrien*. *Grand-Terrien*, *Désidéradien*, *Saintois*, *Marie-Galantais*. (Voir ces mots.)

GUÉRANDAIS, AISE, de Guérande, ch.-l. de c^on, arr^t de Saint-Nazaire (Loire-Inférieure).

Les paludiers *Guérandais* ne ressemblent aucunement aux métayers leurs voisins, avec lesquels ils vivent en perpétuelle mésintelligence.

Ch. AUBERT. *(Le Littoral de la France.)*

Rien n'est gracieux et joli comme une jeune *Guérandaise* en toilette du dimanche.

Ch. AUBERT. *(Ibidem.)*

GUERBAVILLOIS, OISE, de Guerbaville, c^ne, c^on de Caudebec, arr^t d'Yvetot (Seine-Inférieure).

Je ne connais pas, dans les parcs royaux ouverts à l'avidité parisienne, d'avenues plus longues, plus majestueuses, plus grandioses que celles qui bordent la Seine et la *ferme*, comme l'appellent les *Guerbavillois*.

A. SAUNIER *(Caudebec et ses environs.)*

GUERCHAIS, AISE, de La Guerche, ch.-l. de c^on, arr^t de Vitré (Ille-et-Vilaine).

Les habitants de la Guerche sont appelés *Guerchais, aises*.

C^{on} du Maire de La Guerche.

GUÉRÉTOIS, OISE, de Guéret, *(Pagus Waractensis)*, ch.-l. du dép^t de la Creuse.

Il y avait nombre de *Guérétois* à la fête de Saint-Sulpice.

L'Union républicaine de la Creuse (27 janvier 1887).

La population *Guérétoise* a pris parti pour M. S..., qui, loin d'être Prussien, est né à Guéret le 8 juin 1842.

D. JOUCLA. *(L'Avenir de la Dordogne* 21 décembre 1884.)

GUERNESIAIS, IAISE, de l'île anglaise de Guernesey, dans la Manche.

Rimes *Guernesiaises,* par un Câte-lain.

GUINGAMPOIS, OISE, de Guingamp, ch.-l. d'arr^t (Côtes-du-Nord).

Les *Guingampois* ouvrirent leurs portes à Duguesclin, quand il entra en Bretagne à la tête de l'armée de Charles V, comme connétable de France (1373).

A. GUILBERT. *(Villes de France.)*

GUINOIS, OISE, de Guines-en-Calaisis, ch.-l. de c^{on}, arr^t de Boulogne-sur-Mer (Pas-de-Calais).

GUIPUZCOAN, OANE, de Guipuzcoa (Voir BISKAÏEN.)

GUISARD, ARDE, de Guise, ch.-l. de c^{on}, arr^t de Vervins (Aisne).

On appelle *Guisards* les habitants de la ville de Guise.

C^{on} de M. BONVALLET, officier de l'instruction publique à Amiens.

Par un décret en date du 1er juin 1793, la Convention nationale changea le nom

de la ville de Guise, qui rappelait l'ancien régime, en celui de Réunion-sur-Oise.

GUISSENNIEN, IENNE, de Guisseny, c^{ne}, c^{on} de Lannilis, arr^t de Brest (Finistère).

GUÎTRAUD, AUDE, de Guîtres, ch.-l. de c^{on}, arr^t de Libourne (Gironde).

L'origine de Guîtres se perd dans « *la nuit des temps* », comme nous disions, quand nous étions en rhétorique : les Romains, — saluez, Messieurs les *Guîtrauds !* — en avaient fait une station militaire.

J. MAZERAC. *(Histoire des bords de la Garonne.)*

GUJANAIS, AISE, de Gujan, c^{ne}, c^{on} de La Teste-de-Buch, arr^t de Bordeaux (Gironde).

GUYANAIS, AISE, de la Guyane, colonie française de l'Amérique méridionale.

Pendant de longues années, les *Guyanais* n'ont même pas eu la permission de gérer eux-mêmes les affaires de leurs communes.

P. GAFFAREL. *(Les Colonies françaises.)*

La façade de l'hôtel du gouverneur est des plus gracieuses. Elle s'abrite derrière un parterre où la flore *Guyanaise* étale ses plus jolis échantillons.

Le Tour du Monde.(Voyage de M. Bouyer dans la Guyane.)

La population de la Guyane peut être évaluée à 30,000 habitants environ, qui se composent de blancs européens, de nègres importés, d'Indous et de Chinois (coolies travailleurs de terre), d'Annamites et d'Arabes déportés dans les colonies pénitentiaires et d'Indous aborigènes.

Les Indiens aborigènes reconnaissent l'autorité française ; leurs principales tribus sont les *Trios*, les *Emerillons*, les *Roucouyennes*, les *Cayécouchiennes* et les *Oyampis*.

Indépendamment de ces populations

aborigènes, on rencontre encore trois tribus de nègres désignés sous le nom de *Nègres Bosh* (nègres des bois) ; ce sont les *Youcas*, les *Bonis* et les *Polygoudoux*. Ce sont les descendants d'anciens esclaves nègres qui ont fui des plantations au siècle dernier et qui se sont réfugiés dans l'intérieur des terres, sur les bords du Maroni supérieur, entre les Guyanes française et hollandaise. Ils ont adopté la vie des Indiens mêlée à des coutumes nègres qu'ils ont apprises de leurs pères. Les *Bonis* sont en bon rapport avec la France.

GUYENNOIS, OISE, de la Guyenne *(Aquitania),* ancienne province de la France.

* D'après quelques auteurs, c'est le mot latin *aqua* qu'on retrouve dans le mot Guyenne, qu'on écrit aujourd'hui sans tenir compte de son origine, mais qui devrait s'écrire l'*Aguienne*, d'où on a fait Aquitaine.

Mais le docteur Garrigou, dans son livre *(Ibères, Ibérie),* donne ainsi l'étymologie d'*Aquitani* :

Tous les noms de peuples de la péninsule ibérique furent terminés en latin en *tani*, tels que *Ceretani, Turditani, Lusitani,* etc., etc.

D'où vient donc *Aqui ?* C'est la contraction de *Ouiski,* le nom des *Euskcs,* tel que l'écrit Strabon. César a écrit *Aquitani* au lieu de *Ouiskitani,* parce que le mot était plus facile à dire. Il l'a fait d'autres fois.

Amédée Thierry écrit *V'askitani.*

Du reste, *Aqui, Euske, Vaskan* ont la même racine.

Akkitania en basque signifie pays des rochers, comme le dit Humbold. Ce terme servit d'abord à désigner les pays basques et les contrées pyrénéennes occidentales, puis il s'étendit plus au nord, puisqu'il alla plus tard jusqu'à la Loire.

Guienne vient d'Aquitaine ; ce sont les Anglais qui corrompirent ce mot.

ABLAINVILLAIS, AISE, d'Hablainville, c^{ne}, c^{on} de Baccarat, arr^t de Lunéville (Meurthe-et-Moselle).

HABLOVILLAIS, AISE, d'Habloville, c^{ne}, c^{on} de Putanges, arr^t d'Argentan (Orne).

HACQUEVILLAIS, AISE, d'Hacqueville, c^{ne}, c^{on} d'Étrepagny, arr^t des Andelys (Eure).

HADAR, citadin indigène de l'Algérie.

Au milieu des *Hadars* ou citadins indigènes de l'Algérie vivent les Berranis ou gens du dehors.

A. BEHAGHEL. *(L'Algérie.)*

HAGETMAUCIEN, IENNE, d'Hagetmau, ch.-l. de c^{on}, arr^t de Saint-Sever (Landes).

Le Conseil municipal d'Hagetmau se propose de voter 2,400 francs pour l'érection d'un monument à M. Pascal Duprat. On voit que les *Hagetmauciens* ont la mémoire du cœur et rendent un éclatant hommage à leur éminent concitoyen.

L'Avenir de la Dordogne (7 avril 1887).

Le succès obtenu par notre école aux examens du certificat d'études, les progrès rapides de nos jeunes *Hagetmauciens*, leur bonne tenue, leur grand nombre (ils sont près de trois cents), tout nous force de rendre hommage au mérite, au savoir et au zèle infatigable de son directeur, sans oublier ses dévoués adjoints.

La Petite Gironde (25 août 1888).

On trouve employé le terme *Haget* pour désigner une certaine race de bêtes bovines du département des Landes. Les bêtes bovines du département des Landes, disent MM. Larive et Fleury *(Dictionnaire français illustré,* article Landes), appartiennent à deux races distinctes : dans la vallée de l'Adour, on trouve la sous-race de la Chalosse, qui est de grande taille et dont la robe est d'un jaune paille. Cette race, connue sous le nom de *Haget,* s'élève surtout dans le canton d'Hagetmau.

HAGUAIS, UAISE, de La Hague, partie septentrionale du département de la Manche.

Le cap de la Hague, de la Hogue ou de la Hougue, à l'extrémité nord-ouest de la presqu'île du Cotentin, emprunte son nom à la *Hogue,* qui le termine. *Hogue, hoge,* en vieux dialecte normand, signifient colline.

HAINUIER, IÈRE, du Hainaut français *(Pagus Hannoniensis),* ancien district de la Flandre, province de la France.

Au temps des guerres de Philippe de Valois contre Edouard d'Angle-terre, une armée d'Anglais, de Bra-bançons, de Flamands et de *Hai-nuiers*, que l'historien Froissard éva-lue à quatre-vingt mille hommes, attaqua inutilement cette cité (1339).

E. LE GLAY. *(Histoire de Cambrai.)*

On trouve les mêmes mots écrits dans beaucoup d'auteurs de la ma-nière suivante : *Hainuyer, Hainuyère.*

La population *Hainuyère.*

P. LAROUSSE. *(Encyclopédie.)*

Le vieux mot a été certainement *Haynuyer, Haynuyère.*

Lourds *Haynuyers,* gent caustique et
[brutale,
Voulant marcher sans raison péremptoire,
Sur les climats de Flandre occidentale.

MAROT.

On rencontre également :

HANNUYER, YÈRE.

Dictionnaire de Trévoux.

Hennuyer, Hennuyère, et même *Hennuier* se trouvent aussi employés dans quelques auteurs, mais on doit écrire *Hainuier, Hainuière.* (Voir à ce sujet de Valois, *Notitia Gallia-rum,* p. 240.)

C'est dans le Hainaut, paraît-il, que l'Allemand a eu le moins d'in-fluence sur le dialecte wallon. Pen-dant tout le moyen âge, les *Hen-nuyers* n'ont reçu dans leur pays qu'un très petit nombre d'immigrants germaniques.

RECLUS. *(Géographie universelle,* Belgique, p. 80.)

On trouve également usité le mot *Hanonien* pour désigner les habitants du Hainaut ; mais on ne se sert de cette

dernière expression que par manière de dérision et de plaisanterie :

Gayant en suit la trace.
Il périt dans la place...
Pleurez, Douaisiens,
Pleurez *Hanoniens,*
Sur ces tristes destins.

(Chansons populaires.)

HAMBION, ONNE, de Hambye, c^no, c^on de Gavray, arr^t de Coutan-ces (Manche).

Les *Hambions*
Sont tous fripons.

(Proverbe populaire.)

Hambie appartenait, au XIIIe siècle, à Foulques, seigneur de la Haie-Painel et de Bréhal, dont la conduite valut de fâcheuses imputations à une partie de ses vassaux. Nous sommes persuadé que le proverbe qui s'attaque aux *Hambions* est plutôt dû à quelque souvenir histori-que confus ou mal interprété qu'à quelque observation de mœurs peu honorable pour la population.

HAMOIS, OISE, de Ham, ch.-l. de c^on, arr^t de Péronne (Somme).

Outre plusieurs faubourgs, Chauny en avait un autrefois à la porte *Hamoise.*

DOM LABBÉ. *(Notice sur Chauny.)*

Sobriquet : Les « sots de Ham. »
Le mot *ham,* racine de notre mot hameau, est tiré de la langue germani-que ; il signifie habitation, terrain entouré de haies, et, dans un sens plus large, agglo-mération de maisons.

HARFLEURTAIS, AISE, de Harfleur, c^ne, c^on de Montivilliers, arr^t du Havre (Seine-Inférieure).

A-t-on la prétention de faire croire qu'il y a entre les *Harfleurtais* d'au-trefois et les *Harfleurtais* d'aujour-d'hui la même différence qu'entre le poisson de bon aloi et le crablin si méprisé.

CANEL. *(Blason populaire de la Normandie.)*

On trouve également :
HARFLEURTOIS, OISE.

La découverte des terres australes fut l'œuvre d'un *Harfleurtois,* Binot Paulmier de Gonneville, parti de Harfleur au commencement de juin 1503.

E. DE LA BÉDOLLIÈRE.
(Le Normand.)

On rencontre aussi :
HARFLEURAIS, AISE.

Le joug se trouva bientôt assez insupportable aux quelques *Harfleurais* restés dans leurs foyers pour qu'ils cherchâssent à s'unir avec enthousiasme à la révolte des paysans cauchois.

Ch. AUBERT. *(Le Littoral
de la France.)*

Mal informé, j'avais cru pouvoir jouir du carnaval *Harfleurais* à Harfleur même... Après cet hommage des autorités du Havre à la folie *Harfleuraise,* dans la personne de la Scie, la troupe joyeuse s'évertuait à manifester sa reconnaissance, en criant le plus fort possible sa chanson traditionnelle.

CANEL. *(Blason populaire
de la Normandie.)*

HASPARRANDAIS, AISE, d'Hasparren, ch.-l. de c^{on}, arr^t de Bayonne (Basses-Pyrénées).

Les *Hasparrandais* n'ont pu arriver qu'à faire trente cinq points sur cinquante.

La Gironde (13 juillet 1886).

HAUBOURDINAIS, AISE, de Haubourdin, ch.-l. de c^{on}, arr^t de Lille (Nord).

La société de tir de la ville de Haubourdin s'intitule « Les Carabiniers *Haubourdinais.* »

La société des Carabiniers *Haubourdinais,* dont le président est M. Bianchi, va célébrer aujourd'hui dimanche, 12 du courant, la Sainte Barbe.

Le Stand (12 décembre 1885).

HAUT-ALPIN, HAUTE-ALPINE, du département des Hautes-Alpes.

Le *Haut-Alpin* dans l'atmosphère la plus rare, la plus pure, éloigné des cours, des grands, des plus mauvais exemples de notre civilisation peut avoir conservé plus de naturel... celui de l'antilope de nos monts.

B. CHAIX. *(Préoccupations
statistiques du département des Hautes-Alpes.)*

M. F... nous semble avoir mis beaucoup de précipitation en adressant cette lettre aux électeurs *Haut-Alpins.*

La Lanterne (8 mais 1888).

HAUTMARNAIS, AISE, du département de la Haute-Marne.

Le Petit *Hautmarnais,* journal publié à Chaumont.

La population *Hautmarnaise* indignée votera comme un seul homme pour le ministre de la guerre, si sa candidature était annoncée par les journaux patriotes.

La Lanterne (21 mai 1887).

HAUTMONTOIS, OISE, de Hautmont, c^{ne}, c^{on} de Maubeuge, arr^t d'Avesnes (Nord).

La *Hautmontoise,* société de tir et de gymnastique.

HAUT-NORMAND, HAUTE-NORMANDE, de la Haute-Normandie.

HAUTPONNAIS, AISE, du quartier de Hautpont, faubourg de Saint-Omer (Pas-de-Calais).

Quoique dise Hennebert, que les *Hautponnais* sont aussi anciens que la ville, nous croyons que l'origine des faubourgs ne date que du XIe siècle.

J. DERHEIMS. *(Histoire de Saint-Omer.)*

Une querelle sérieuse s'engagea au XVe siècle, entre les Lyzelards (voir ce mot) et les *Hautponnais*, puisqu'on voit le magistrat de Saint-Omer rendre, le 3 septembre 1423, une ordonnance portant défense aux *Hautponnais* d'appeler ceux de Lyzel *Lyzelards* et à ceux-ci de désigner les autres par le nom de *Hobrighe-narts*, sur peine grième.

Fr. MICHEL. *(Les Races maudites.)*

HAUTURENC, ENQUE, du quartier d'Hauture, à Arles (Bouches-du-Rhône). (Voir ARLÉSIEN.)

HAVRAIS, AISE, du Havre, ch.-l. d'arr[t] (Seine-Inférieure).

Les *Havrais* faisaient quelquefois d'aussi bonnes affaires pendant la guerre que pendant la paix.

A. GUILBERT. *(Villes de France.)*

HAZEBROUCKOIS, OISE, d'Hazebrouck *, ch.-l. d'arr[t] (Nord).

En 1602, sous le règne d'Henri IV, une contestation s'éleva entre le comte de Flètre et la ville d'Hazebrouck, à l'occasion d'une petite propriété appelée les *Trois Tilleuls*, sur laquelle se trouvait un vieux noyer qui formait la limite du territoire d'Hazebrouck, du côté des terres seigneuriales.

Notre ville, jalouse, autant que le noble comte, de conserver ses prérogatives et son droit que l'on mettait

en doute, intenta un procès dans lequel elle succomba. Les *Haze-brouckois* voulurent se venger et jurèrent que tous les ans le comte de Flètre, représenté par un mannequin, serait promené au dos d'un valet de ville, dans les rues d'Hazebrouck, le jour de la Mi-Carême, et que, pendant tout le temps de la promenade, des noix seraient jetées au public.

Origine de la fête de la Mi-Carême à Hazebrouck — Journal d'Haze-brouck (1883).

* D'après M. Manner *(Etudes sur les noms des villes du Nord)*, Hazebrouck signifierait marais de Haze, du mot Brouck, qui, en teuton comme en flamand, signifie marais et du nom de personne Haze. D'après la généralité des étymologistes, Hazebrouck signifierait : marais aux lièvres.

HELVIEN, IENNE, du pays Helvien * *(Pagus Helvius)*, ancien district du Languedoc.

Nous nous sommes donné rendez-vous pour un prochain voyage au pays *Helvien,* qui comprendra toute la région méridionale de l'Ardèche, que nous n'avons pu encore visiter.

Dr FRANCUS. *(Voyage dans le midi de l'Ardèche.)*

* Le pays *Helvien,* anciennement habité par les *Helvii,* avait pour capitale *Alba Augusta,* aujourd'hui Aps, petite commune du canton de Viviers (Ardèche).

HENDAYAIS, AISE, d'Hendaye, c[ne], c[on] de Saint-Jean-de-Luz, arr[t] de Bayonne (Basses-Pyrénées).

Ces trois noms procureront aux *Hendayais* l'occasion de protester énergiquement !

La Petite Gironde (12 mai 1888).

HENNEBONTAIS, AISE, d'Hennebont, ch.-l. de c[on], arr[t] de Lorient (Morbihan).

HEPTALIEN, IENNE, de l'Hô-pital, village qui, réuni à Conflans, a formé la ville d'Albertville (Savoie).

HERMENCHOIS, OISE, d'Herment, ch.-l. de c^on, arr^t de Clermont (Puy-de-Dôme).

En l'an 1140, on trouve Herment appelé en latin *Hermencus*, qui explique le nom d'*Hermenchois* (en patois local *Hermanchou)* donné aux habitants.

AMBROISE TARDIEU. *(Histoire de la ville d'Herment.)*

L'étymologie primitive d'Herment, en latin *Eremus*, voudrait dire, selon Chabrol *(Coutumes d'Auvergne)*, désert, résultat de la position du lieu dans une contrée déserte et sauvage. Mais cette étymologie peut aussi provenir de ces deux mots gaulois : *ar* ou *er* (haut, élevé), et *men* ou *man* (lieu).

HÉSDINOIS, OISE, de Hesdin, ch.-l. de c^on, arr^t de Montreuil (Pas-de-Calais).

HILAIREMONTOIS, OISE, d'Hilairemont, faubourg de la ville de Toul, ch.-l. d'arr^t (Meurthe-et-Moselle).

Déjà les malandrins, les malgens, les escorcheux et les truands avaient, à plusieurs reprises, pillé et saccagé cette colonie naissante, qui se relevait avec de nouveaux efforts et chaque fois s'agrandissait, quand Thibaut, comte de Bar, prenant ses plaintes en considération, et voulant se montrer favorable aux *Hilaire-montois*, et vers 1200, y fit construire une de ces maisons qu'on décorait du nom. fastueux de château-fort.

C.-L. BATAILLE. *(Le foyer leuquois, faits, épisodes de scènes historiques pris dans Toul et ses environs.)*

HŒDICOIS, OISE. de l'île Hœdik, c^ne du Palais, c^on de Belle-Ile-en-Mer, arr^t de Lorient (Morbihan).

Les *Hœdicois* et les Houatais ont toujours vécu dans la meilleure intelligence, quoique très proches voisins.

CH. AUBERT. *(Le littoral de la France.)*

HONFLEURAIS, AISE, de Honfleur, ch.-l. de c^on, arr^t de Pont-l'Évêque (Calvados).

Au XVIIe siècle, des *Honfleurais* fondaient Québec. .

E. RECLUS. *(Géographie de la France.)*

On trouve également :

HONFLEURTOIS, OISE.

Sur la fin du règne de Napoléon, les Anglais voulant pénétrer dans les embouchures de la Seine et de l'Orne, surprirent les barques *Honfleurtoises* et se saisirent des pilotes ; mais ceux-ci se refusèrent noblement à guider l'ennemi.

E. DE LA BÉDOLLIÈRE. *(Le Normand.)*

On dit aussi :

HONFLEUROIS, OISE.

Le Pilote *Honfleurois*, journal.

Le mot *fleur*, qui sert de terminaison à tant de noms de lieu de la Normandie (Harfleur, Barfleur, Honfleur, Vittefleur), a été de la part des savants l'objet de nombreuses recherches. M. Depping y voit le mot irlandais *œ* (prononcez *eu)* *œr* (prononcez *eur)*, qui signifie lieu baigné par les eaux. Suivant M. Cocheris *(Origine des noms de lieu)*, il est plus logique de rattacher ces noms au mot danois *fiord*.

HORSAIN, AINE, sobriquet que les Cherbourgeois donnent aux étrangers établis parmi eux.

Les habitants de Cherbourg ont conservé une certaine dose de fierté qui les porte à dédaigner leurs voisins et à donner aux étrangers établis parmi eux la dénomination de *Hor-sains* et d'*Avolés*. Grâce à cette *sorcuidance*, il y a donc encore quelque point de comparaison entre les Cherbourgeois et les descendants des familles titrées.

CANEL. *(Blason populaire de la Normandie.)*

HOUATAIS, AISE, de l'île de Houat, c^on du Palais, arr^t de Lorient (Morbihan).

Les *Houatais* n'ont jamais su dire une parole offensante, même à ceux qui les insultaient.

Ch. AUBERT. *(Le Littoral de la France.)*

HOUDANAIS, AISE, de Houdan, ch.-l. de c^on, arr^t de Mantes (Seine-et-Oise).

La *Houdanaise* est une couveuse artificielle inventée par M. J. Philippe fils, à Houdan.

HOVA, nom d'une peuplade qui a sous sa domination toute la population de l'île de Madagascar.

L'on sait sans doute que le véritable nom de la peuplade *Hova* est *Merina* ; le nom d'*Hova* ne désigna d'abord qu'une certaine caste de la population du pays d'Emirne. Ce sont les Européens qui ont les premiers étendu le sens de ce mot, dont ils ont fait un nom ethnique.

Journal de Madagascar (15 avril 1887.)

HULMOIS, OISE, du pays d'Houlme *(Hulmus)*, ancien district de la Basse-Normandie, dont Argentan était le chef-lieu.

Il y a à Caen la rue *Hulmoise*.

HULMOIS, OISE, du Houlme, c^ne, c^on de Maromme, arr^t de Rouen (Seine-Inférieure).

HUNINGUOIS, UOISE, d'Huningue *(Pagus Huningensis)*, ancienne c^ne du Haut-Rhin (Alsace).

La *Huninguoise*, société musicale.

HUTTIER, nom donné à certains habitants du marais de la Vendée.

Il ne faut pas confondre les *Colliberts* avec les *Huttiers* des marais, quoiqu'on leur donne parfois ce dernier nom.

A. HUGO. *(France pittoresque.)*

HYÉROIS, OISE, d'Hyères, ch.-l. de c^on, arr^t de Toulon (Var).

L'Amérique est enfoncée ! Un savant *Hyérois*, toujours à l'affût de quelque découverte nouvelle et qui, tout récemment encore, se faisait connaître par sa poudre pour la multiplication des truffes, M. S... du Bon-Puits, nous informe qu'il se propose d'envoyer à l'Exposition de 1889 « un objet qui fera quelque sensation dans le monde. »

L'Echo de la Dordogne (31 octobre 1883).

HYÉROIS, OISE, des îles d'Hyères, groupe d'îles en face de la commune de ce nom.

CAUNAIS [*], AISE, du département de l'Yonne. L'origine de Laduz remonte, selon l'éminent historien et paléographe *Icaunais* M. Quantin, à l'époque celtique. (Voir YONNAIS.)

A. MOREAU. *(Notes sur Neuilly et Laduz. — Auxerre, 1884.)*

[*] De *Icauna*, nom latin de l'Yonne, fleuve.

IFFENDICOIS, OISE, d'Iffendic, c[ne], c[on] et arr[t] de Montfort (Ille-et-Vilaine).

On appelle *Iffendicois, oises,* les habitants d'Iffendic.

C[on] du Maire d'Iffendic.

IHOLDYEN, YENNE, d'Iholdy, ch.-l. de c[on], arr[t] de Mauléon (Basses-Pyrénées).

Les habitants d'Iholdy s'appellent *Iholdyens.*

C[on] du Maire d'Iholdy.

ILIEN, IENNE, de l'Ile-de-Batz, c[ne], c[on] du Croisic, arr[t] de Saint-Nazaire (Loire-Inférieure).

Nulle part l'amour du pays n'est plus ardent que chez les *Iliens,* cosmopolites cependant par leur profession.

ALFRED DE COURCY. *(Les Français peints par eux-mêmes.)*

La pièce capitale du costume des *Iliennes* de Batz est le *ventel,* mante faite d'un tissu extrêmement grossier.

RACINET. *(Le Costume historique.)*

IMPHYTOIS, OISE, d'Imphy, c[ne], c[on] et arr[t] de Nevers (Nièvre).

Le besoin d'une appellation d'origine se faisant sentir, je ne serais pas étonné qu'un jour vînt où nos habitants seraient désignés sous le nom d'*Imphytois.* Ce nom n'est pas du reste de mon invention ; je l'ai déjà entendu prononcer.

C[on] de M. PIERREDON DE FERRON, Maire d'Imphy.

INDOU, OUE, habitant des Indes françaises (Asie).

Les *Indous* se subdivisent en une foule de castes qui varient dans chacun de nos établissements.

H. FISQUET. *(Atlas de la France et de ses colonies.)*

La population de nos établissements français de l'Inde se compose : 1º d'Européens et de descendants d'Européens ; 2º de *Topas* (féminin *Topasine),* ou gens à chapeau, population mixte, issue d'Européens alliés aux femmes indigènes ; 3º d'*Indous* ou aborigènes formant une foule de castes dans lesquelles on retrouve toujours les quatre classes principales, savoir : la caste sacerdotale ou celle des *Brahmes,* la caste militaire et royale, ou celle des *Kchatryas,* la caste agricole et commerçante ou celle des *Vaicyas,* et la caste servile ou celle des *Soûdras.* Quant aux *Parias,* que l'on trouve partout, ils n'appartiennent à aucune classe.

Sur la côte du Coromandel, on trouve Pondichéry et Karikal. (Voir PONDICHÉRIEN et KARIKALAIS.)

Sur la côte d'Ouxa, on rencontre Yanaon et la loge de Mazulipatam.

Sur la côte de Malabar, Mahé, habité par les Malabars. (Voir ce mot.)

Au Bengale, Chandernagor. (Voir CHANDERNAGORIEN.)

INDROIS, OISE, du département de l'Indre.

INDROIS, OISE, d'Indre, c^no, c^on et arr^t de Nantes (Loire-Inférieure).

IRONAIS, AISE, d'Iron, c^ne, c^on de Guise, arr^t de Vervins (Aisne).

La Chorale *Ironaise,* société musicale.

ISÉROIS, OISE, du département de l'Isère.

On dit également :

ISERAN, ANE.

C'est au mont *Iseran* que l'Isère prend sa source. Le mont *Iseran* est situé à 2,480 mètres au-dessus du niveau de la mer ; c'est un des pics les plus remarquables de la chaîne des Alpes.

ISIGNERAIS, AISE, d'Isigny, ch.-l. de c^on, arr^t de Bayeux (Calvados).

On désigne sous le nom d'*Isignerais* les habitants d'Isigny.

C^on du Maire d'Isigny.

ISLERIEN, IENNE, d'Illiers, ch.-l. de c^on, arr^t de Chartres (Eure-et-Loir).

ISLOIS, OISE, de l'Isle(1)-sur-la-Sorgues, ch.-l. de c^on, arr^t d'Avignon (Vaucluse).

Le Petit *Islois,* journal républicain hebdomadaire publié à l'Isle.

ISSINGEALOIS ·, EALOISE, d'Yssingeaux, ch.-l. d'arr^t (Haute-(Loire).

On dit encore :

YSSINGEAVIER, IÈRE.

On trouve également :

YSSINGEAVAIS, EAVAISE.

· Le mot *Issingealois* est très rarement usité ; c'est la traduction du patois « *los Issingealais.* » Bien souvent, on nomme les *Issingealois* les habitants de la ville aux cinq coqs, parce que le blason de la ville est d'azur à cinq coqs en sautoir d'or. De ce blason, quelques personnes font dériver l'étymologie du nom de cette ville ; mais il n'en est rien, car le mot Issingau, de *Issingaudo,* se lit dans des documents des IXe et Xe siècles, et la création du blason est postérieure à cette époque. Il est même probable, pour ne pas dire certain, que le blason de cette ville a été formé d'après le nom d'Yssingeaux. Les coqs, en patois, s'appellent des *geaux,* d'où cinq geaux, cinq coqs.

Au-dessous du blason, on lit la devise suivante : *Evocant auroram.*

C^ons de M. POUZOLS, maire d'Yssingeaux, et de M. le docteur CHARRIÈRE, médecin à Yssingeaux.

ISSISOIS, OISE, d'Issy, c^ne, c^on et arr^t de Sceaux (Seine).

Les habitants d'Issy sont appelés *Issisois, oises.*

C^on du Maire d'Issy.

ISSOLDUNOIS·, OISE, d'Issoudun, ch.-l. d'arr^t (Indre).

L'*Issoldunois* a, suivant l'expression d'un de nos historiens, conservé cette vieille sève d'esprit bourgeois, esprit judicieux, mais malin, critique

(1) 9 communes portent le même nom ; on doit appliquer à leurs habitants la même appellation ethnique.

et frondeur, impitoyable dans ses plaisanteries et, sous sa bonne humeur, cachant toujours un fond d'amertume.

A. PÉRÉMÉ. *(Recherches sur la ville d'Issoudun.)*

Rien de plus hétérogène que les éléments de la société *Issoldunoise*, si on peut lui donner ce nom.

A. PÉRÉMÉ. *(Ibidem.)*

* Le moine Hermann, lib. I de *Miraculis Sanctæ Mariæ Laudunensis*, appelle Issoudun *Issuldunum* : « *In pago Bituricensi castellum quoddam vocatur Issuldunum.* »

Adrien de Valois, *Notice des Gaules*, explique comment, par une transformation commune, on a fait d'*Exoldunum*, nom primitif de cette ville, successivement *Essoldunum, Issoldunum, Issuldunum*, par la corruption usuelle de l'*e* en *i*, de l'*x* en deux *ss*, et de l'*o* en *u*. C'est bien entendu d'*Issoldunum* que vient le terme ethnique *Issoldunois*.

Sobriquets : « Les glorieux d'Issoudun »; les «Petrats d'Issoudun » (paysan grossier, petrat) ; « les Colidons d'Issoudun » ; le mot *Colidon* n'est peut-être que le mot *Céladon* altéré. (Voir le Glossaire du centre de la France, du comte Jaubert, p. 267.)

ISSORIEN *, IENNE, d'Issoire, ch.-l. d'arr^t (Puy-de-Dôme).

Henri IV, ayant embrassé le catholicisme, sembla se faire un jeu d'humilier les *Issoriens* par des pro-

cessions auxquelles étaient conviées les religieuses des pays voisins.

CH. CASSOU. *(Histoire d'Issoire.)*

* *Issiodurum* est le nom ancien de la ville d'Issoire, célèbre par ses jolies femmes, si on en veut croire ce que dit le vieux proverbe :

Il ne faut pas sortir d'Issoire
Pour moudre, ni pour cuire et belles filles
[voire
Et pour d'excellent vin boire.

Sobriquet : « Les Bazandiers d'Issoire », c'est-à-dire les blagueurs, les vaniteux d'Issoire.

ISTREN, ENQUE, d'Istres, ch.-l. de c^{on}, arr^t d'Aix (Bouches-du-Rhône).

Les habitants d'Istres sont désignés sous le nom d'*Istrens*, dont le féminin fait *Istrenques*.

C^{on} du Maire d'Istres.

ITZACOIS, OISE, d'Itzac, c^{ne}, c^{on} de Vaour, arr^t de Gaillac (Tarn).

IVRYEN, YENNE, d'Ivry-sur-Seine, c^{ne}, c^{on} de Villejuif, arr^t de Sceaux (Seine).

Ivryens, yennes; tel est le nom des habitants d'Ivry-sur-Seine.

C^{on} du Maire d'Ivry.

ACKS-JACKS[*], nom sous lequel on désigne une certaine classe de la population de Grand-Bassam (Afrique).

La langue de terre qui sépare la lagune de la mer est habitée par les courtiers indigènes, connus sous le nom de *Jacks-Jacks*.

H. FISQUET. *(Atlas de la France et de ses colonies.)*

[*] Les *Jacks-Jacks* sont des courtiers du littoral qui vont chercher à vil prix, au-delà des lagunes, les produits qu'ils revendent aux bâtiments européens ; tout le commerce est entre leurs mains.

JAGUÉEN, ÉENNE, de Saint-Jacut-de-la-Mer, c^ne, c^on de Ploubalay, arr^t de Dinan (Côtes-du-Nord).

Oublieux ou insoucieux, les *Jaguéens* tenaient peu de compte de l'ordonnance prescrivant la propagation de la *mire* graminée, qui étend au loin ses racines et qui amasse autour d'elle les dunes vagabondes ; ils arrachaient la précieuse plante pour en faire des balais médiocres, au risque de stériliser à jamais la contrée.

CH. AUBERT. *(Le Littoral de la France.)*

On dit aussi :

JAGUEN, ENNE.

Les *Jaguens* sont les habitants du village maritime de Saint-Jacut-de-la-Mer ; ce sont eux qui, en Haute-Bretagne, sont généralement les héros des histoires comiques.

P. SEBILLOT. *(Contes des provinces de la France.)*

JANVILLOIS, OISE, de Janville, ch.-l. de c^on, arr^t de Chartres (Eure-et-Loir).

JANZÉEN, ÉENNE, de Janzé, ch.-l. de c^on, arr^t de Rennes (Ille-et-Vilaine).

JARNACAIS, AISE, de Jarnac, ch.-l. de c^on, arr^t de Cognac (Charente).

Les Cognaçais, appréhendant de voir transférer à Jarnac le siège de la sous-préfecture, imaginèrent de faire entendre aux *Jarnacais* combien ils devaient redouter le retour de leurs anciens seigneurs.

Abbé COUSIN. *(Histoire de Cognac.)*

Toute la cité *Jarnacaise* applaudit, en 1708, à la pompe déployée au mariage de la jeune et belle comtesse de Jarnac, Henriette-Charlotte, avec son cousin le comte de Montendre.

Abbé COUSIN. *(Histoire de Cognac.)*

JARNAGEOIS, EOISE, de Jarnages, ch.-l. de con, arrt de Boussac (Creuse).

Deux mots de réponse à l'illustre *Jarnageois* qui adresse des correspondances au journal la *Lanterne* sur l'aliénation des biens communaux de Jarnages (Creuse).

Le Petit Centre (16 janvier 1887).

JARVILLOIS, OISE, de Jarville, cno, con et arrt de Nancy (Meurthe-et-Moselle).

JARZÉEN, ÉENNE, de Jarzé, cno, con de Seiches, arrt de Baugé (Maine-et-Loire).

JAULNAYSIEN, IENNE, de Jaulnay, cne, con de Saint-Georges, arrt de Poitiers (Vienne).

JAULT, des Jault, hameau, cno de Saint-Benin-des-Bois, con de Saint-Saulge, arrt de Nevers (Nièvre).

Les *Jault* se distinguent par une grande pureté de mœurs : la probité est en quelque sorte parmi eux une vertu de famille et la charité une douce habitude de tous les jours.

A. GUILBERT. *(Histoire de Prémery.)*

La communauté des *Jault*, dit M. Jaubert dans son Glossaire du centre de la France, est le dernier vestige des anciennes coutumes nivernaises, introduites par la coutume et maintenues par les mœurs de la province jusqu'à l'époque actuelle. (Voir sur la communauté des Jault le travail de M. Dupuis, *Le Morvand*, p. 46.)

JAVELAIS, AISE, du quartier de Javel, à Paris (Seine).

C'est là où l'on voit l'utilité des rivières ! Sans la Seine, les *Javelais* auraient depuis longtemps envahi le pittoresque et délicieux paysage de Passy-Auteuil.

Le Figaro (11 octobre 1879).

JERSIAIS, IAISE, de Jersey, île anglaise de la Manche.

Les *Jersiais* sont des Normands attachés à l'Angleterre par un patriotisme purement politique.

E. RECLUS. *(Géographie de la France.)*

JOINVILLAIS, AISE, ou **JOINVILLOIS, OISE**, de Joinville-le-Pont, cne, con de Charenton, arrt de Sceaux (Seine).

Il paraît qu'on a trouvé sur le cadavre un papier qui ne laisse aucun doute, reprit l'obligeant *Joinvillois*.

La Lanterne. (Feuilleton du 26 janvier 1888.)

JOINVILLOIS, OISE, de Joinville-sur-Marne, ch.-l. de con, arrt de Vassy (Haute-Marne).

JONZACAIS, AISE, de Jonzac, ch.-l. d'arrt (Charente-Inférieure).

La réponse des électeurs *Jonzacais* a été aussi catégorique que possible.

La Gironde (30 juillet 1885).

Les habitants de Jonzac ont fondé un Cercle *Jonzacais* de la Ligue de l'Enseignement.

JOSSELINAIS, AISE, de Josselin, ch.-l. de con, arrt de Ploërmel (Morbihan).

Depuis la mort d'Olivier de Clisson, les *Josselinais* n'ont ajouté à leur histoire aucun fait de quelque importance.

A. GUILBERT. (Histoire des villes de France.)

JOUYSOTIER, IÈRE, de Jouy, c^{ne}, c^{on} et arr^t de Chartres (Eure-et-Loir).

JOVINIEN, IENNE, de Joigny, ch.-l. d'arr^t (Yonne).

Le nom de *Joviniens* est bien réellement celui qui convient aux habitants de Joigny ; il s'explique par son étymologie *(Jovinium, Joviniensis)* ; il est consacré par l'usage et si on ne lui avait pas depuis longtemps déjà accordé le droit de cité, il mériterait certainement de l'obtenir.

C^{on} de M. Cuisin, bibliothécaire à Joigny.

La Lyre *Jovinienne*, société musicale de Joigny.

Les habitants de Joigny ont été très longtemps désignés et le sont encore quelquefois aujourd'hui par un sobriquet qui n'avait aucun rapport avec le nom de leur ville ; on les appelait les *Maillotins*, et, pendant plus de quatre siècles, on ne les appela pas autrement. D'où vient ce singulier sobriquet ?... En voici l'explication :

Vers 1409, le comte Guy de La Trémoille, comte et seigneur de ce pays, au plus fort des discussions entre les Armagnacs et les Bourguignons, ayant voulu introduire dans la ville de Joigny une garde ennemie, fut assiégé dans son château par une émeute violente et il mourut de la main de ses vassaux, armés à la hâte de fourches, de bâtons et de maillets de plomb appelés alors *Maillotins* ; c'est de là, selon la tradition, que les habitants de Joigny ont reçu le nom de *Maillotins*, sous lequel ils sont encore désignés.

L'écusson de la ville donne raison à cette explication. Il montre en champ d'azur les hautes tours d'une place forte, dont la porte a sans doute cédé devant l'arme qui broyait le fer des casques et des cuirasses. Et sous l'ombre de sa profonde voussure, on voit se dresser

triomphant le *maillotin* de plomb, destiné à perpétuer le souvenir de l'émeute victorieuse de l'an 1409.

JOYEUSAIN, AINE, de Joyeuse, ch.-l. de c^{on}, arr^t de Largentière (Ardèche).

Cette appellation ethnique est fort peu usitée ; d'après la communication de M. le Maire de Joyeuse, on dit plutôt les habitants de Joyeuse que les *Joyeusains*.

JUANAIS, AISE, habitant du littoral du golfe de Juan, près de Cannes (Alpes-Maritimes).

JUGONNAIS, AISE, de Jugon, ch.-l. de c^{on}, arr^t de Dinan (Côtes-du-Nord).

Au pied, dans la vallée, au milieu des jardins et des prairies, le village, d'aspect antique, se déroule calme et reposé sous la bruyante cataracte des étangs, qui suspendent un abîme sur la tête des *Jugonnais*.

B. ROBIDOU. (Histoire et Panorama d'un beau pays.)

Dans le partage du domaine ducal, les souverains bretons se sont souvent réservé le château de Jugon, notamment Mauclerc en 1236, Jean III en 1317, ce qui, plus encore que la force des murailles et l'avantage stratégique du lieu, a donné cours au proverbe exagéré :

Qui a Bretagne sans Jugon
A Chape sans Chaperon.

JULIACIEN, IENNE, de Juilly, c^{ne}, c^{on} de Dammartin, arr^t de Meaux (Seine-et-Marne).

JULIÉNOIS, OISE, de Saint-Julien (1), ch.-l. d'arr^t (Haute-Savoie).

Les habitants de Saint-Julien portent le nom de *Juliénois* ; mais ce nom est fort peu usité.

C^{on} de M. SCHMITS, secrétaire de la Mairie de Saint-Julien.

---

(1) 92 communes portent le même nom ; on doit appliquer à leurs habitants la même appellation ethnique.

Saint-Julien doit son nom à une hôtellerie fondée au XIIIᵉ siècle et placée sous le vocable de saint Julien, patron des voyageurs. Les comtes de Genévois possédaient alors un vaste château en ce lieu, et c'est précisément la grande affluence de monde qu'entraînait leur présence, qui rendit nécessaire cette hôtellerie en un endroit dépourvu de toutes ressources à cette époque.

JURANÇONNAIS, AISE, de Jurançon, cⁿᵉ, cᵒⁿ et arrᵗ de Pau (Basses-Pyrénées).

JURANVILLAIS, AISE, de Juranville, cⁿᵉ, cᵒⁿ de Beaune-la-Rolande, arrᵗ de Pithiviers (Loiret).

JURASSIEN, IENNE, des montagnes du Jura *(Pagus Juranus* ou *Jurensis)* (Franche-Comté).

Comment ce prénom russe de Wladimir a-t-il été donné à ce radical *Jurassien ?*

> *Députés et sénateurs. (Figaro,* Paris 1876.)

Ils jouent un grand rôle dans les légendes *Jurassiennes* du moyen âge, les Herlequins. (Voir LOSNOIS.)

> CLÉMENT JANIN. *(Sobriquets des villes et villages de la Côte-d'Or. — Arrondissement de Beaune.)*

On emploie aussi l'adjectif JURASSIQUE :

La race non mélangée des vrais Comtois, que l'on trouve uniquement sur les plateaux *Jurassiques,* a le torse relativement court, les épaules larges, de grands bras, de longues jambes.

> E. RECLUS. *(Géographie de la France.)*

JURASSIEN, IENNE, du département du Jura.

Le *Jurassien* garde aux Anglais une rancune traditionnelle qui remonte à la guerre de cent ans.

> FR. WEY. *(Français peints par eux-mêmes.)*

JUVIGNIASIEN, IENNE, de Juvigny(1)-les-Nonnes, cⁿᵉ, cᵒⁿ et arrᵗ de Montmédy (Meuse).

Les premiers développements du claustrum des bénédictines *Juvigniasiennes* sont ensevelis dans les ténèbres deux fois séculaires qui recouvrent l'enfantement de l'empire Othonien et l'éclosion des grandes suzerainetés.

> A. JEANTIN. *(Histoire de Montmédy.)*

JUZANCOURTOIS, OISE, de Juzancourt, cⁿᵉ, cᵒⁿ d'Asfeld, arrᵗ de Rethel (Ardennes).

JUZENNECOURTOIS, OISE, de Juzennecourt, ch.-l. de cᵒⁿ, arrᵗ de Chaumont (Haute-Marne).

---

(1) 9 communes portent le même nom ; on doit appliquer à leurs habitants la même appellation ethnique.

ABYLE *, de la Kabylie, contrée située entre la province d'Alger et celle de Constantine (Algérie)

Les *Kabyles* sont des républicains, mais des républicains d'une espèce toute particulière, qui ont horreur de la centralisation et ne la comprennent même pas. L'idéal du gouvernement est pour eux l'autonomie locale, ou plutôt communale.

P. GAFFAREL. *(L'Algérie.)*

Les *Kabyles* ont, de tout temps, cultivé l'olivier pour la production de l'huile.

A. BEHAGHEL. *(L'Algérie.)*

Les femmes *Kabyles* surpassent généralement en beauté les femmes arabes.

A. BEHAGHEL. *(Ibidem.)*

* On donne encore aux *Kabyles* le nom de Berbères ; les Berbères ou *Kabyles* de l'est de l'Algérie peuvent être pris comme type général de la race.
Kabile vient de l'arabe Kabaïl, pluriel Kabaïla, qui veut dire tribu.
Ce terme n'est employé par les Arabes que pour désigner les Berbères. Pour désigner leurs tribus, ils emploient le mot d'*Arch*.

KAÏROUANAIS, AISE, de Kairouan, la ville sainte (Tunisie).

Un riche *Kairouanais*, soigné par un médecin chrétien, lui fit cadeau par reconnaissance de magnifiques propriétés et assura sa fortune.

Le Tour du Monde (1ᵉʳ semestre 1885).

Au dessus de lui et sur le devant de sa boutique pendent des babouches de toutes les tailles et de toutes les couleurs ; il y en a de jaunes, celles que l'on a teintes avec de l'écorce de grenade, de rouges, de noires, de vertes. Il y en a même qui sont ornées de petites trompettes de soie fort élégantes : elles sont réservées aux pieds mignons des *Kairouanaises* aristocratiques.

Le Tour du Monde. (Ibidem.)

KAKOU, OUSE, nom que portent encore aujourd'hui en Bretagne les gens qui exercent la profession de cordiers et pour lesquels le peuple a conservé une sorte d'aversion héréditaire. (Voir CAQUEUX.)

KARIKALAIS, AISE, de Karikal, ville de l'Inde française (Asie).

KERLOUANAIS, AISE, de Kerlouan, ch.-l. de cᵒⁿ, arrᵗ de Brest (Finistère).

Un simple caleçon, un gilet sans manches et la ceinture d'étamine dont le *Kerlouanais* se pare aux dimanches comme au travail forment, avec sa chemise de chanvre, tout le costume de maître Eloi, l'un des bons et rudes travailleurs du canton.

CARPENTIER. *(Galerie armoricaine.)*

KERNEWOT, OTTE de la Cornouaille, ancien pays de la Basse-Bretagne (Finistère). (Voir CORNOUAILLAIS.)

KHENCHÉLOIS, OISE, de Khenchéla, ch.-l. de cercle de la subdivision de Batna, province de Constantine (Algérie).

On supposait que les habitants de l'antique Mascula devaient avoir établi des bains dans le voisinage, et les *Khenchélois* n'avaient rien tant à cœur que de voir mettre à découvert les travaux jadis exécutés par leurs devanciers les Romains.

(Vigie Algérienne.)

KOULOUGLIS, nom sous lequel on désigne, en Algérie, les gens nés d'un père turc et d'une mère arabe ou mauresque.

Il se nommait Ahmet. Il était fils d'un janissaire turc nommé Mohammed et d'une femme arabe du désert. Il appartenait donc à la race des *Koulouglis*, c'est-à-dire des Algériens issus du croisement des Turcs et des Arabes.

P. GAFFAREL. *(L'Algérie.)*

Remarquez cette jeune femme *Koulouglis* coiffée, avec un goût exquis, d'une étoffe de soie frangée, rayée d'or.

RACINET. *(Le Costume historique.)*

KROUMIR, IRE, de la Kroumirie, district de la partie nord-ouest de la Tunisie. (Protectorat de la France.)

Parmi les tribus qui font partie de la confédération des *Kroumirs :* l'une, celle des Dedmaka, ou plutôt Tademakka, forte de 4,000 fusils, est certainement d'origine berbère.

H. DUVEYRIER. *(La Tunisie.)*

Les Mekna, qui n'appartiennent point à la confédération des *Kroumirs,* sont une tribu de peu d'importance comme nombre, mais très riche et plus belliqueuse que leurs voisins. Les renseignements du bureau arabe les avaient représentés comme très nombreux ; on savait, d'autre part, de source certaine, qu'ils avaient donné asile sur leur territoire aux contingents de plusieurs tribus *Kroumires,* notamment des Tabaïnia.

A. DE LA BERGE. *(En Tunisie.)*

KSOURIEN, IENNE, habitant des Ksours * (Algérie).

Tous les *Ksouriens* du djebel Hennter, à Méchéria, du djebel Mekter, à Aïn-Sefra, du djebel Hamour, à Moghar-Thatani, sont traités de cette façon — touchante. Comment voulez-vous qu'après cela ces *esclaves* ne se révoltent pas !...

L'Intransigeant (2 octobre 1888).

* On appelle *Ksar* au singulier, *Ksour* au pluriel, les villages des oasis situées soit dans les vallées de la chaîne saharienne, soit dans les *Dayas* ou dépressions du Sahara proprement dit. Les habitants, de race berbère mêlée de sang nègre et quelquefois arabe, sont les *Ksouriens.*

ABOURDIN, INE, du Labourd * *(Pagus Laburdensis)*, ancien district de la Gascogne (Basses-Pyrénées).

Les *Labourdins* ne connaissent pas chez eux ces spectacles (les pastorales), ou, à parler plus exactement, ils paraissent avoir abandonné la tragédie, car il y a encore à Saint-Jean-de-Luz des femmes qui l'ont jouée.

Fr. Michel. *(Le pays Basque.)*

La verve *Labourdine* a quelque chose de mâle et de majestueux ; on dirait un écho du mugissement toujours grave et quelquefois lugubre de l'Océan, auquel elle doit se mêler quelquefois.

Fr. Michel. *(Ibidem.)*

On trouve également

LABOURDAN, ANE, ou bien encore LAMPOURDAN, ANE.

Les *Labourdans* prenaient, tuaient et massacraient tous les Bayonnais qu'ils pouvaient surprendre, et ceux-ci usaient à leur tour de représailles.

Thore. *(Promenade sur le golfe de Gascogne.)*

Le *Labourdin* ou *Lampourdan* ou basque parlé dans le Labourd, c'est-à-dire au sud-ouest du département des Basses-Pyrénées, auprès de Bayonne, l'ancien *Lapurdum*.

Lagneau. *(Anthropologie de la France.)*

* Cette contrée tire son nom des deux mots basques *Laphur*, *Dhuy*, qui signifient solitude, pays seul.

Les habitants de cette petite contrée se qualifient mutuellement du sobriquet de *sabel gorri* (ventres rouges), et de *sabel chouri* (ventres blancs). Le premier est encore considéré comme une cruelle injure. Des troubles qui avaient éclaté dans le Labourd, au xviie siècle, à la suite d'une dispute entre les seigneurs d'Utuibré et de Saint-Pé, qui prétendaient tous deux à la nomination des baillis, avaient divisé en deux partis les habitants du Labourd. De là ces dénominations injurieuses et outrageantes. (Voir Boucher de Perthes, *Souvenirs du pays Basque*, p. 124.)

LADIGNACOIS, OISE, de Ladignac, cⁿᵉ, cᵒⁿ et arrᵗ de Saint-Yrieix (Haute-Vienne).

Les *Ladignacois* à la voix grêle, dit un ancien proverbe, à cause de leur sonnerie trop claire, trop argentine et ne tenant pas au vent.

J.-B. Champeval. *(Proverbes Bas-Limousins.)*

LAFÉROIS, OISE, de la Fère-Champenoise, ch.-l. de c^on, arr^t d'Épernay (Marne).

LAFÉROIS, OISE, de la Fère-en-Tardenois, ch.-l. de c^on, arr^t de Château-Thierry (Aisne).

LAFÉROIS, OISE, de la Fère, ch.-l. de c^on, arr^t de Laon (Aisne).

Quand on appelle les *Laférois* corbeaux, on peut entendre que ce sont des gens qui se laissent facilement duper, tromper ; on leur applique ce calembourg, fort usité dans la contrée :

> Baudets le matin,
> Bossus le midi
> Et corbeaux le soir.

YLLIATUD. *(Dictons et sobriquets de l'Aisne, de l'Oise et de la la Somme.)*

LAGHOUATI, de Laghouat, ch.-l. de cercle militaire, dép^t d'Alger (Algérie).

Les *Laghouatis* réunis aux Mzabis, comme les Mzitis l'ont été aux Kabyles, exercent généralement dans la ville la profession de mesureurs et porteurs d'huile.

A. BEHAGHEL. *(L'Algérie.)*

La confédération des *Laghouatis* comprend, outre Laghouat, les cinq ksours de Tadjemout, Aïn-Madhi, El-Haoueta, El-Assafia, Ksar-el-Haïran.

LAGUIOLAIS, AISE, de Laguiole, ch.-l. de c^on, arr^t d'Espalion (Aveyron).

LAISSAGUAIS, UAISE, de Laissac, ch.-l. de c^on, arr^t de Millau (Aveyron).

LAMBALLAIS, AISE, de Lamballe, ch.-l. de c^on, arr^t de Saint-Brieuc (Côtes-du-Nord).

Dahouët est très fréquenté par les *Lamballais* pendant la saison des bains de mer.

CH. AUBERT. *(Le Littoral de la France.)*

Nous en appelons à ceux qui ont parcouru le pays ; nous les adjurons de dire s'il n'y a pas de jolies *Lamballaises*.

CARPENTIER. *(Galerie armoricaine.)*

La ville de Lamballe tire son nom, d'après la généralité des auteurs, de la tribu gauloise des *Ambiliates*.

LAMBESQUIAIS, UIAISE, de Lambesc, ch.-l. de c^on, arr^t d'Aix (Bouches-du-Rhône).

LAMBLORIEN, IENNE, de Lamblore, c^ne, c^on de La Ferté-Vidame, arr^t de Dreux (Eure-et-Loir).

LAMOTHAIS, AISE, de La Mothe(1)-Landeron, c^ne, c^on et arr^t de La Réole (Gironde).

La Fanfare *Lamothaise*, société musicale.

LANDAIS, AISE, du département des Landes*. (Voir LANDESCOT et TCHANQUAT.)

Insensibles comme les habitants du Quercy et du Rouergue, aux avances de la civilisation, les *Landais* conservent religieusement l'habit national. Ils n'ont rien changé au vêtement patriarcal.

MARY LAFON. *(La Guienne.)*

Cap-Breton est une des plages *Landaises* les plus fréquentées pendant la saison d'été.

E. RECLUS. *(Géographie de la France.)*

* Le mot *Landes* vient du mot gascon ancien *Lanna*, qui devint plus tard *Lanne*, ainsi que le prouve le nom de lieu *Lanna Mesa* ou *Lanna Mitan*, qui est devenu Lannemezan, chef-lieu de canton des

---

(1) 35 communes portent le même nom ; on doit appliquer à leurs habitants la même appellation ethnique.

Hautes-Pyrénées, dont le nom signifie au milieu des Landes. Avant la Révolution, on disait la généralité des Lannes et non des Landes, bien qu'on employât également ce mot.

LANDAVALLOIS, OISE, de la Lande de Lanvaux (Morbihan).

LANDERNÉEN, ÉENNE, de Landerneau, ch.-l. de c^on, arr^t de Brest (Finistère).

On appelle *Landernéens* les habitants de Landerneau.

C^on du Maire de Landerneau.

LANDESCOT, OTTE, sobriquet des pâtres du département des Landes. (Voir LANDAIS.)

Le *Landescot* tient peu à la vie.

MORGAN. *(Histoire des Landes.)*

On dit également :
LANUSQUET, ETTE.

Pour l'emploi de cet instrument de locomotion (les échasses), les *Landescots* ou *Lanusquets* sont uniques dans le monde et peut-être dans l'histoire.

E. RECLUS. *(Géographie de la France.)*

« Minja lard coumo un *Lanusquet.* »
Manger du lard comme un *Landais.*

(Vieux dicton.)

LANGOGNAIS, AISE, de Langogne, ch.-l. de c^on, arr^t de Mende (Lozère).

Or, voici quel était l'objet de cette proclamation solennelle, qui mettait en rumeur les *Langognais.*

ELIE BERTHET. *(La bête du Gévaudan.)*

LANGOIRANNAIS, AISE, de Langoiran, c^ne, c^on de Cadillac, arr^t de Bordeaux (Gironde).

A midi, dans la salle du Casino *Langoirannais,* un banquet populaire, organisé par la municipalité

républicaine, réunissait une centaine de convives.

La France (18 juillet 1888).

LANGONAIS, AISE, de Langon, ch.-l. de c^on, arr^t de Bazas (Gironde).

Les *Langonais* revinrent à Saint-Macaire avec du canon, tuèrent plusieurs personnes et jetèrent dans la Garonne les panonceaux ornés de fleurs de lis.

O. GAUBAN. *(Histoire de la Réole.)*

Le stand de Langon vient d'être inauguré. Plus de six cents personnes, parmi lesquelles un grand nombre de dames en élégantes toilettes et soutenant dignement la réputation de beauté des *Langonnaises,* se pressaient dans la vaste salle.

La Gironde (3 mai 1886).

LANGROIS, OISE, de Langres *(Pagus Lingonicus)*, ch.-l. d'arr^t (Haute-Marne).

Charles VII accorda des lettres patentes aux *Langrois.*

A. LACORDAIRE. *(Histoire de Montigny-le-Roi.)*

La Fanfare *Langroise*, société musicale.

On trouve également :
LINGON, ONE *.

Diderot, cet homme d'esprit si puissant et si libre, était *Lingon.*

E. RECLUS. *(Géographie de la France.)*

Diderot est né à Langres. Il parle ainsi de ses compatriotes : « Les habitants de Langres ont de l'esprit, de l'éducation, de la gaieté, de la vivacité et le parler traînant. Ils ont des livres ; ils lisent et ne produisent rien. » Plus loin, l'illustre enfant de Langres, dans une courte notice consacrée à sa ville natale, rappelle une double prophétie sur Langres et Dijon. Elle dit :

« *Lingones ardebunt, Divio Susone peribit*. Les *Langrois* seront brûlés ; Dijon périra par Suson. Suson est un torrent qui coule aux environs de Dijon. La dernière partie en a été accomplie. Un seigneur de Dijon, appelé Dijon, commit, à l'instigation de sa maîtresse, appelée Suson, un crime pour lequel il perdit la vie. Puisse la première partie de la prophétie n'avoir qu'un accomplissement allégorique ! Ce qu'il y a de certain, c'est que cette ville, où l'hiver est très rigoureux, est très sujette aux incendies. Son hôpital vient d'être brûlé cette année 1770. »

DIDEROT. *(Voyage à Langres.)*

* Langres, l'ancienne capitale des *Lingones*, d'où l'ethnique de *Lingon*, est bâtie à près de 500 mètres de hauteur, sur une croupe de montagne.

Langres sur un rocher,
Moitié fou, moitié enragé,

dit un vieux proverbe malveillant des gens de la plaine.

LANGUEDOCIEN, IENNE, du Languedoc, ancienne province de la France.

Les *Languedociens* appellent les châtaignes qu'on a fait bouillir avec leurs coques *tétos*, celles bouillies sans leurs enveloppes *pélados* et les châtaignes grillées *affactados*.

G. HEUZÉ. *(Les Primes d'honneur en 1872.)*

On accuse les *Languedociennes* d'être impérieuses et volontaires dans l'intérieur de leur maison.

A. HUGO. *(La France pittoresque.)*

La dénomination de Languedoc n'apparaît qu'au XIII° siècle, quoique certains auteurs prétendent faire descendre ce mot de *land*, *goth* (pays des Goths) ; il est incontestable que la véritable étymologie est langue d'oc, c'est-à-dire la langue où *oui* se dit *oc*, par opposition aux pays de la langue d'oil, pays du nord de la France, où *oui* s'écrivait alors *oil*.

LANMEURIEN, IENNE, de Lanmeur, ch.-l. de c^on, arr^t de Morlaix (Finistère).

LANNIONNAIS, AISE, de Lannion, ch.-l. d'arr^t (Côtes-du-Nord).

Le *Lannionnais*, journal hebdomadaire publié à Lannion.

Le pardon avait attiré à Lannion une affluence considérable.... C'étaient de roses Trégoroises, d'ardentes Lamballaises à l'œil quêteur ; c'étaient de naïves *Lannionnaises* s'épanouissant sous les barbes de leurs coiffures.

E. SOUVESTRE. *(Les derniers Bretons.)*

LAONNAIS, AISE, de Laon *(Pagus Laudunensis)*, ch.-l. du dép^t de l'Aisne.

La *Laonnaise*, société de gymnastique et de tir.

On dit aussi :

LAONNOIS, OISE.

Saint Remi était *Laonnois* de naissance.

A. GUILBERT. *(Villes de France.)*

On rencontre également :

LAUDUNOIS *, OISE.

* *Laudunois* est formé du mot *Laudunum*, nom de cette ville au moyen-âge.

L'ancien nom celtique de cette ville, *Laon*, *Loon*, qui signifie élévation, lui vient évidemment de sa forte position sur un site montueux.

LARCHOIS, OISE, de Larche, ch.-l. de c^on, arr^t de Brive (Corrèze).

L'Union *Larchoise*, société de gymnastique.

LARGENTIÉROIS, OISE, de Largentière*, ch.-l. d'arr^t(Ardèche).

C'est avec un sentiment de respect et de profonde reconnaissance pour les services rendus, que la population *Largentiéroise* a tenu à rendre un dernier hommage à cet homme aux convictions profondes, qui a servi utilement la cause que nous défendons et qui a toujours travaillé pour la République.

Le Républicain des Cévennes, de Largentière. — Obsèques de M. A. Ferbost, ancien maire de Largentière (7 mars 1885).

*Cette ville doit son nom aux mines argentifères que l'on y exploitait il y a peu de temps encore... Il y a deux quartiers bien distincts à Largentière : la haute ville ou « la France » et la basse ville ou « la Sarrazine » dont la plupart des maisons conservent encore des murs sarrazins. Il y a quelques années à peine, une rivalité régnait parmi les enfants de ces deux quartiers ; on se battait même. « Les Français » descendaient en troupe au faubourg de Sigalières (le quartier Sarrazin), en criant : « A bas la Sarrazine ! »

LARNAUDIEN, IENNE, de Larnaud, c^{ne}, c^{on} de Bletterans, arr^t de Lons-le-Saunier (Jura).

L'industrie de la fin de l'âge de bronze est très différente de celle du commencement de cet âge. De là, formation de deux époques : la première, que nous venons d'étudier, l'époque morgienne, est celle de l'introduction du bronze en Europe ; la seconde, l'époque *Larnaudienne*, comprend le grand développement de l'usage de ce métal ; aussi a-t-elle laissé beaucoup plus de trace de son passage que l'autre. C'est la station de Larnaud, dans le département du Jura, qui lui a donné son nom.

G. et A. DE MORTILLET.
(Musée préhistorique.)

LAURAGUAIS, AISE, du Lauraguais *(Ager Lauracensis)*, ancien district du Languedoc (Aude).

Castelnaudary, le dernier chef-lieu du *Lauraguais*, est situé au milieu d'une plaine légèrement ondulée, riante et fertile, que l'on désigne sous le nom de plaine *Lauraguaise*.

G. HEUZÉ. *(Les Primes d'honneur en 1867.)*

LAURAGUAIS, AISE, de Laurac, c^{ne}, c^{on} de Fanjeaux, arr^t de Castelnaudary (Aude).

LAURÉDIEN, IENNE, de Laurède, c^{ne}, c^{on} de Montfort, arr^t de Dax (Landes).

Notre fête est impatiemment attendue par nos charmantes *Laurédiennes*.

La Petite Gironde (28 juillet 1888).

LAURENÇAN, ANE, de Saint-Laurent(1)-de-la-Salanque, c^{ne}, c^{on} de Rivesaltes, arr^t de Perpignan (Pyrénées-Orientales).

LAURENTIEN, IENNE, de Laurens, c^{ne}, c^{on} de Murviel, arr^t de Béziers (Hérault).

La Lyre *Laurentienne*, fanfare.

LAUTRÉCOIS, OISE, de Lautrec, ch.-l. de c^{on}, arr^t de Castres (Tarn).

LAUZERTIN, INE, de Lauzerte, ch.-l. de c^{on}, arr^t de Moissac (Tarn-et-Garonne).

LAVALLOIS, OISE, de Laval(2), ch.-l. du dépt de la Mayenne.

A Laval, à l'entrée d'une avenue d'arbres, s'élève un bronze de David

---

(1) 90 communes portent le même nom ; on doit appliquer à leurs habitants la même appellation ethnique.

(2) 17 communes portent le même nom ; on doit appliquer à leurs habitants la même appellation ethnique.

d'Angers ; c'est la statue du *Laval-lois* Ambroise Paré, père de la chirurgie française.

E. RECLUS. *(Géographie universelle. — France.)*

C'est ainsi que, malgré les crises politiques et financières qui sont venues trop souvent entraver l'industrie *Lavalloise*, elle a toujours su combattre et surmonter les obstacles.

MALTE-BRUN. *(La France illustrée.)*

LAVEDANAIS, AISE, du Lavedan *(Pagus Levitanensis)*, ancien district du Bigorre (Hautes-Pyrénées).

Les *Lavedanais* prirent le parti d'aller se jeter aux pieds du pape et obtinrent l'absolution moyennant une contribution pécuniaire annuelle.

MARY LAFON. *(Histoire du Midi de la France.)*

LAVELANETIEN, IENNE, de Lavelanet *(Lavelanetum)*, ch.-l. de c^on, arr^t de Foix (Ariège).

Les gens de Lavelanet sont appelés *Labenulets* en patois.

LAVITOIS, OISE, de Lavit-de-Lomagne, ch.-l. de c^on, arr^t de Castelsarrazin (Tarn-et-Garonne).

M. le Sous-Préfet a remercié chaleureusement les *Lavitois*.

La Petite Gironde (4 février 1888).

LAYRACAIS, AISE, de Layrac, c^ne, c^on d'Astaffort, arr^t d'Agen (Lot-et-Garonne).

La Lyre *Layracaise*, fanfare.

LECTOUROIS, OISE, de Lectoure * *(Pagus Lactorensis)*, ch.-l. d'arr^t (Gers).

Par lettres patentes en date du mois de mai 1639, le roi Charles V reconnaît que les *Lectourois* se sont spontanément jetés dans ses bras.

A. DUCOURNEAU. *(La Guienne.)*

* Lectoure est l'ancienne capitale des *Lactorates*.

LÉDONIEN *, IENNE, de Lons-le-Saunier, ch.-l. du dépt du Jura.

Les *Lédoniens* ont récemment élevé une statue dans leur ville à l'illustre anatomiste et médecin Bichat, né aux environs de Lons-le-Saunier, le 11 novembre 1771, mort à Paris le 22 juillet 1802.

A. GUILBERT. *(Villes de France.)*

Il présenta à la bonne société *Lédonienne* sa maîtresse, qu'il donnait comme étant sa femme, « Mme la » baronne de Brix, née marquise » Médina-Cœli, et apparentée à la » plus antique noblesse d'Espagne. »

L'Intransigeant (24 juin 1887).

* Cette dénomination vient du nom primitif de Lons-le-Saunier, qui s'appelait *Ledo*, mot celtique qui signifie sources. Cette ville possède en effet des sources d'eaux minérales très abondantes, qui jouissent d'une grande renommée. Les Romains ajoutèrent le mot *Salinarius* au nom primitif de cette ville, qui devint alors *Ledo Salinarius*, la *ville aux salines*, allusion aux salines importantes de cette cité que les Romains exploitaient.

LENSOIS, OISE, de Lens, ch.-l. de c^on, arr^t de Béthune (Pas-de-Calais).

Société de tir des Francs-Tireurs *Lensois*.

LÉOGNANAIS, AISE, de Léognan, c^ne, c^on de La Brède, arr^t de Bordeaux (Gironde).

LÉONAIS, AISE, du pays de Léon *(Pagus Leonensis)*, ancienne baronnie de Bretagne, dont Landerneau était le chef-lieu (Finistère).

On dit aussi :

LÉONARD, ARDE.

LÉONARD, ARDE, de Saint-Pol-de-Léon *, ch.-l. de c^{on}, arr^t de Morlaix (Finistère).

Voleur comme un *Léonard*.

(Vieux dicton.)

Le *Léonard* est resté religieux et profondément empreint de cette tristesse et de cette résignation qui révèlent à l'esprit la présence réelle du catholicisme.

E. SOUVESTRE. *(Les derniers Bretons.)*

On dit aussi :

LÉONAIS, AISE.

Le *Léonais* s'enorgueillit de la cathédrale de Saint-Pol, du clocher du Kreisker, de la chapelle du Falgoët.

CH. AUBERT. *(Le Littoral de la France.)*

Panais ! panais ! le seul manger du *Léonais*.

(Vieux proverbe.)

* Dans les temps romains, avant l'introduction du christianisme en Armorique, le pays de Léon était occupé par une légion qui y disposait pour elle-même, à titre de colonie militaire, d'un territoire assez considérable. De là, pour ce pays, le nom de *Pagus Legionensis*, que le clergé des premières églises chrétiennes tarda peu à prononcer et à écrire *Leonensis* ; de là ces noms de *Léonais*, d'évêché de Léon. Pol Aurélien était évêque du pays de Léon ; on donna son nom à la ville de Saint-Pol-de-Léon.

LÉONNAIS, AISE, de Léon, c^{ne}, c^{on} de Castets, arr^t de Dax (Landes).

La *Léonnaise*, fanfare.

LESPARRAIN, AINE, de Lesparre, ch.-l. d'arr^t (Gironde).

Les habitants de Lesparre portent le nom de *Lesparrains*.

C^{on} du Rédacteur en chef du *Journal du Médoc.*

Excellente journée pour la cause républicaine ; elle a montré que si une fois la population *Lesparraine* s'est laissé surprendre, elle n'en est pas moins fermement attachée à nos institutions.

La Petite Gironde (11 juillet 1888).

LEUQUOIS, OISE, de Toul *, ch.-l. d'arr^t (Meurthe-et-Moselle). (Voir TOULOIS.)

* Toul a pris la place de Tullum, l'antique capitale des *Leuks*, devenue au moyen âge *Leucha civitas*. La notice des villes de l'empire, rédigée vers le règne d'Honorius, mentionne *Civitas Leucorum Tullo*. Le poëte Lucain nous apprend que les *Leuks* étaient généralement remarquables par leur force musculaire et surtout par leur adresse à tirer de l'arc. Le mot *Leuquois* est aujourd'hui fort peu usité.

LÉVOIS, OISE, de Lèves, c^{ne}, c^{on} et arr^t de Chartres (Eure-et-Loir).

LEXOVIEN *, IENNE, de Lisieux *(Pagus Lexuinus)*, ch.-l. d'arr^t (Calvados).

Il est de Lisieux,
Il a le ventre ouvert avec les yeux !

Ce proverbe s'applique aux gens qui, dès la sortie du lit, peuvent dignement figurer à table. Différentes personnes que nous avons consultées ne peuvent nous dire si l'appétit des *Lexoviens* a jamais mérité de devenir proverbial.

A. CANEL. *(Blason populaire de la Normandie.)*

* Cette appellation vient du nom latin *Lexovii* ; Lisieux est l'ancienne capitale de la tribu des *Lexoviens*, dont le nom s'est conservé jusqu'à nos jours dans celui de ses habitants actuels.

LÉZADOIS, OISE, de Lézat, c^{ne}, c^{on} du Fossat, arr^t de Pamiers (Ariège).

LÉZIGNANNAIS, AISE, de Lézignan, ch.-l. de c^{on}, arr^t de Narbonne (Aude).

LIANCOURTOIS, OISE, de Liancourt, ch.-l. de c^on, arr^t de Clermont (Oise).

La Chorale *Liancourtoise*, société musicale.

LIBOURNAIS, AISE, de Libourne *, ch.-l. d'arr^t (Gironde).

Un étranger non instruit des habitudes des *Libournais* croira au premier abord leur ville peu habitée ; mais s'il arrive un jour de fête, s'il visite les basiliques et parcourt les promenades, le teint frais des *Libournaises,* leur costume simple et élégant, tout cela lui inspirera que Libourne est une ville opulente.

R. GUINODIE. *(Histoire de Libourne.)*

* Cette ville tire son nom de Roger de *Leyburn*, sénéchal de Guyenne, qui, en 1269, sous le règne d'Henri III d'Angleterre, transforma le bourg de Pozera et en fit la ville de Libourne.

LIGÉRIEN, IENNE *, de la région de la Loire. (Voir LOIRAIN.)

* Ce mot vient du nom latin de la Loire, qui s'appelait *Liger* ou *Ligeris* ; ce nom ethnique a été forgé par quelques savants qui parlent du climat *Ligérien,* pour désigner le climat des bords de la Loire.

LIGOUSTRAT *, sobriquet des ouvriers des pays montagneux du centre de la France.

Le sobriquet de *Ligoustrat* est donné dans le Berry aux ouvriers des pays montagneux qui ont l'habitude d'émigrer chaque année vers Paris.

GAIDOZ et SÉBILLOT. *(Blason populaire de la France.)*

* D'après M. Jaubert (Glossaire du centre de la France), l'étymologie de *Ligoustrat* doit être *Ligurim ultrà*, au-delà de la Loire ; à Paris, on désigne les *Ligoustrats* sous le nom de *Marchois* et de *Limousins.*

LILLEROIS, OISE, de Lillers, ch.-l. de c^on, arr^t de Béthune (Pas-de-Calais).

Les habitants de Lillers sont désignés sous le nom de *Lillerois.*

C^on du Maire de Lillers.

LILLOIS, OISE, de Lille *, ch.-l. du dép^t du Nord.

Parmi un grand nombre d'institutions romanesques, on distinguait à Lille celle du roi de l'Epinette. Le *Lillois* investi de cette dignité était chargé d'assurer et d'ordonner les plaisirs dont ses concitoyens devaient jouir pendant l'année.

A. GUILBERT. *(Villes de France.)*

Un des caractères distinctifs de la population *Lilloise* au dernier siècle était toujours cet amour de réjouissances publiques dont nous avons parlé et qui tient une si grande place dans la vie sociale du peuple flamand.

A. GUILBERT. *(Ibidem.)*

* Cette ville tire son nom du bas latin *isla,* île, car en effet, aux temps mérovingiens, il n'existait à cet endroit qu'une île marécageuse, entourée par la Deule. Plus tard, on y bâtit le château du Buc, origine première de la ville.

LIMAGNIER, IÈRE, de la Limagne *(Limania)*, ancien district de l'Auvergne (Puy-de-Dôme). (Voir BITOUX.)

Sans croyance religieuse, sans frein moral, en guerre continuelle avec les agents de la force publique, vivant de rapines et de maraudes, le métayer *Limagnier* est l'effroi de la ville et l'objet d'un mépris général.

A. LEGOYT. *(Français peints par eux-mêmes.)*

Limagnier, langue de petas.
Bitoux, langue de papas.

Ce qui veut dire :

Limagnier, langue de chiffon,
Bitoux, langue de bouillie.

(Vieux proverbe du Velay.)

. On appelle encore *Brayau* le paysan de la Limagne, du mot *braccœ,* braies.

Les braies *(braccœ)* étaient des espèces de pantalons portés par différents peuples de l'antiquité. Au moment de la conquête, les Romains donnèrent à une partie de la Gaule transalpine le nom de *Gallia braccata,* à cause des longues et larges culottes que portaient les habitants de cette contrée.

· LIMÉSIEN, IENNE, de Limesy, c^ne, c^on de Pavilly, arr^t de Rouen (Seine-Inférieure).

Un vieux proverbe dit : « les chiens de Limesy » ; comme on dit également en Normandie, « les chats de Cideville. »

Cela tient aux mauvaises relations qu'ont toujours eues ensemble les habitants de ces deux communes ; ils sont amis comme *chiens et chats,* comme on dit vulgairement. Ceux de Cideville sont les chats et ceux de Limesy les chiens. Et ce n'est pas arbitrairement, paraît-il, que ces appellations ont été réparties.

Les chiens, en général, l'emportent en vigueur sur les chats ; mais l'agilité, le sang-froid, l'adresse de ceux-ci rétablissent souvent l'équilibre en leur faveur.

Les *Limésiens,* de leur côté, dit M. Canel *(Blason populaire de la Normandie),* ont pour eux la force du nombre, et cependant les *Cidevilliens,* par je ne sais quelle vertu compensative, savent se tenir fermes devant eux et leur rendre égratignure pour égratignure, ni plus ni moins que les quadrupèdes de race féline font à l'encontre des quadrupèdes de race canine.

LIMOURIEN, IENNE, de Limours, ch.-l. de c^on, arr^t de Rambouillet (Seine-et-Oise).

On appelle *Limouriens* les habitants de Limours.

C^on du Maire de Limours.

LIMOUSIN, INE, du Limousin *(Pagus Lemovicinius),* ancienne province de la France.

La coiffure ordinaire des *Limousines* est un bonnet à longues ailes qui se relèvent sur le front et s'arrondissent sur les tempes.

M. ARDANT. *(Villes de France.)*

On disait autrefois :

LIMOSIN, INE.

Croyez-vous, monsieur Oronte, que les *Limosins* soient des sots ?

MOLIÈRE. *(M. de Pourceaugnac.)*

On appelle *Limosinats* les ouvriers du Limousin qui sont employés à faire le limosinage, cette partie de la maçonnerie qui consiste à empiler symétriquement des moellons sans crépir.

Les *Limosinats,* dit M. E. de La Bédollière *(Français peints par eux-mêmes),* sortent pauvres de leurs villages et y rentrent pauvres, après de longues années de travail.

LIMOUSIN, INE, de Limoges, ch.-l. du dép^t de la Haute-Vienne.

Un brouillard de glace épandait sur Limoges sa nappe de givre... Quelques *Limousins,* enveloppés dans leurs manteaux de laine grise, s'aventuraient à petits pas, avec leurs gros sabots, sur le verglas, pour gagner leur domicile.

Major DUBUT. *(Chroniques du Limousin,* 1854).

On appelle. « rave *Limousine* » une femme grosse et courte, qui ne croît qu'en rond.

(Annuaire Limousin pour 1884.)

L'appellation patoise est :

LIMOUGEAUD, EAUDE.

Le *Limougeaud* est grand, mince ; il a le teint légèrement teinté et les cheveux blonds ou roux.

(Annuaire Limousin pour 1884.)

Les *Limougeauds* sont si prévenants, si obséquieux, que lorsqu'ils se visitent, celui qui vient de recevoir reconduit son visiteur jusque chez lui.

J.-B. CHAMPEVAL. *(Proverbes Bas-Limousins.)*

On appelait les *Limougeauds* les « mâche-raves » au temps où, faute de pommes de terre, ils se nourrissaient surtout de navets et de châtaignes. Les *Limousins* ou *Limougeauds* tirent leur nom des *Lemovices,* peuplade gauloise qui habitait autrefois le pays Limousin.

LIMOUXIN, INE, de Limoux *(Pagus Limosinus)*, ch.-l. d'arr^t (Aude).

Le *Limouxin*, journal littéraire non politique, hebdomadaire, publié à Limoux.

LINDOIS, OISE, de Lalinde, ch.-l. de c^{on}, arr^t de Bergerac (Dordogne).

Quand on veut désigner les habitants de cette petite ville sous un nom générique, tiré du nom même de *Lyndia*, on ne dit point les Lalindois, mais tout simplement les *Lindois*.

Abbé GOUSTAT. *(La Linde et les libertés communales à La Linde.)*

LISLOIS (1), OISE, de l'Isle-d'Albi, ch.-l. de c^{on}, arr^t de Gaillac (Tarn).

Les Enfants *Lislois*, fanfare.

LISONAIS, AISE, de Lison, c^{ne}, c^{on} d'Isigny, arr^t de Bayeux (Calvados).

« Les Terrinets de Lison, » dit-on en parlant des gens de cette commune, célèbre par une industrie qui fournit à tout le Calvados, et peut-être à toute la Normandie, les pots destinés aux chaufferettes. Ces pots sont connus, dans le pays, sous le nom de *terrinets*.

Pour ce qui concerne les *Lisonais*, leur sobriquet doit être considéré comme une simple allusion au genre d'industrie de la commune.

CANEL. *(Blason populaire de la Normandie.)*

---

(1) Un grand nombre de communes portent le nom de Lille, l'Isle ou Lisle ; leurs habitants doivent tous avoir la même appellation ethnique.

LIVERDUNOIS, OISE, de Liverdun, c^{ne}, c^{on} de Domèvre-en-Haye, arr^t de Toul (Meurthe-et-Moselle).

En 1482, un *Liverdunois* se prit de querelle avec un de ces braves qui se dévouaient au service de la ville de Metz et qu'on appelait des soldoyeurs.

N. HENRY. *(Histoire de Pont-à-Mousson.)*

LIVRADOIS, OISE, du Livradois, ancien district de l'Auvergne, dont le chef-lieu était Ambert (Puy-de-Dôme).

La Lyre *Livradoise*, société musicale d'Ambert.

LOCHOIS, OISE, de Loches', ch.-l. d'arr^t (Indre-et-Loire).

Charles IX avait mis à la charge des *Lochois* les frais de garde, d'équipement et de subsistance d'un nombre de soldats assez considérable.

TOUCHARD-LAFOSSE. *(La Loire historique.)*

' Le mot *Lug*, qui a servi à former le nom de lieu Loches (autrefois *Luccæ* et *Lochiæ*), a la signification d'eau stagnante, de marais.

LODÉVOIS, OISE, de Lodève, ch.-l. d'arr^t (Hérault).

Les *Lodévois* accueillirent des premiers les opinions nouvelles, qui, dès 1560, agitaient leur ville.

MALTE BRUN. *(La France illustrée.)*

On appelait plaine *Lodévoise* la partie du diocèse qui est dans la plaine, sur la rive droite de l'Hérault.

E. THOMAS. *(Dictionnaire topographique de l'Hérault.)*

On dit également :

LUTÉVAIN, AINE. (Voir ce mot.)

● LOIRAIN, AINE, des départements de la Loire-Inférieure, de la
Haute-Loire et de la Loire.

LOMBÉROIS, OISE, de Lom-
bers, c^ne, c^on de Réalmont, arr^t d'Albi
(Tarn).

La domination romaine dans le
pays *Lombérois* est invinciblement
prouvée par l'existence de poteries
romaines.

Abbé BRUNET. *(Histoire de Lombers.)*

LOMBÉZIEN, IENNE, de Lom-
bez, ch.-l. d'arr^t (Gers).

Je suis né à Lombez ; j'ai toujours
entendu appeler mes compatriotes
des *Lombésiens* ; les archives de la
mairie et celles de l'ancien évêché
les désignent également sous cette
appellation. Je suis heureux, monsieur, en ma qualité de *Lombésien*,
de pouvoir vous donner ce rensei-
gnement.

C^on de M. J. FAURÉ, *Lombésien*,
avocat à Lombez, député du
Gers.

LORIENTAIS, AISE, de Lo-
rient *, ch.-l. d'arr^t (Morbihan).

L'amiral Charles Duperré a donné
à notre préfecture maritime un bal
travesti, dont les *Lorientais* se sou-
viendront longtemps.

Le Figaro (23 février 1886).

Depuis la suppression des retraites
quotidiennes par le général Boulanger, les musiques hebdomadaires
étaient fort goûtées par la population
Lorientaise.

Le Figaro (4 mars 1887).

* Cette ville tire son nom de ce que la
compagnie des Indes orientales, consti-
tuée par Louis XIV en 1664, y avait
constitué sa résidence dans le but d'en
faire l'entrepôt de l'Orient.

LORMONTAIS, AISE, de Lor-
mont, c^ne, c^on du Carbon-Blanc, arr^t
de Bordeaux (Gironde).

La Fanfare *Lormontaise*.

LORRAIN, AINE, de la Lorraine
(Lotharingia), ancienne province de
la France.

La jovialité des *Lorrains* trouve
moyen de s'exercer jusque dans les
veillées des morts ; on se livre, près
du lit mortuaire, à une folle joie et
à des jeux bruyants exultés par une
grande quantité de tranches de pain
grillées et trempées dans du vin
chaud et des liqueurs fortes.

CH. GÉRARD. *(L'Alsace à table.)*

LOSNOIS, OISE, de Saint-Jean-
de-Losne, ch.-l. de c^on, arr^t de Beaune
(Côte-d'Or).

En 1814, Napoléon Ier envoya la
croix de la Légion d'Honneur au
maire de Saint-Jean-de-Losne. Une
députation alla le remercier. C'est
pour vous, braves gens, dit-il aux
Losnois, que j'ai institué la Légion
d'Honneur, et non pour les émigrés,
pensionnés de vos ennemis.

E. JOLIBOIS. *(Saint-Jean-de-Losne.)*

On dit aussi :

LOSNAIS, AISE.

Nous avons cru devoir signaler
cette patriotique coutume des *Losnais* en donnant une vue de leur
ancienne ville, ainsi que la vue du
Saint-Jean-de-Losne actuel.

Le Monde illustré (20 novembre
1886).

Sobriquets : « Les Herlequins, les
Follets, les Démons, les Arlequins de
Saint-Jean-de-Losne, enfants de trente-
six pères. » Béguillet, le collaborateur de
Courtepée, essaya de donner une explica-
tion historique à cette injure faite aux
Losnoises ; il essaya de les réhabiliter. Le
siège soutenu avec tant d'audace contre

Galas, en 1636, servit de prétexte à l'historien. La rigueur du siège, dit-il, ayant laissé grand nombre de filles (!!) et de femmes veuves, M. de Saint-Point et les officiers de la garnison permirent à leurs soldats de se marier avec elles. On croit que c'est depuis ce temps, et à l'occasion de ce mélange des familles, qu'a eu cours le sobriquet d'Arlequins de Saint-Jean-de-Losne.

LOT-ET-GARONNAIS, AISE, du département du Lot-et-Garonne.

Le Petit *Lot-et-Garonnais*, journal publié à Villeneuve-sur-Lot.

LOTIEN, IENNE, du département du Lot.

Quant au caractère des *Lotiens*, on y retrouve bien quelque analogie avec celui des peuples que nous venons de voir, mais il a moins de politesse, moins de légèreté, moins de cette finesse qui tient de si près à la gaieté et qui cependant est plutôt le brillant de l'esprit que le sentiment de la joie.

LAVALLÉE. (Voyages dans les départements de la France.)

LOUDÉACIEN, IENNE, de Loudéac, ch.-l. d'arr^l (Côtes-du-Nord).

Les *Loudéaciens* les plus distingués sont : l'archidiacre Rivallon, connu par ses épigrammes sacrées ; Bréhant de Plèlo, ambassadeur de France près du roi de Danemark, sous le règne de Louis XV, et le brave général Gautier, dont le souvenir se rattache aux faits d'armes les plus glorieux des guerres de la Révolution.

A. GUILBERT. (Villes de France.)

LOUDUNAIS, AISE, de Loudun *(Pagus Lausdunensis* ou *Losdunensis)*, ch.-l. d'arr^l (Vienne).

L'Agriculteur *Loudunais*, journal agricole de la ville de Loudun ; la

Gazette *Loudunaise*, journal d'annonces.

On trouve aussi :

LOUDUNOIS, OISE.

Les *Loudunois* exploitent des fabriques de drap, de toiles et de dentelles communes et font, en outre, le commerce de l'orfèvrerie, des huiles de noix et des vins blancs.

E. DE LA BÉDOLLIÈRE. (Histoire de Loudun.)

LOUHANNAIS, AISE, de Louhans, ch.-l. d'arr^l (Saône-et-Loire).

Les *Louhannais* commençaient à sortir de la misère à laquelle le XVIe siècle les avait réduits, lorsque la guerre de Franche-Comté vint renouveler leurs maux ; ils ne respirèrent qu'après la prise de Besançon.

A. GUILBERT. (Villes de France.)

La Chorale *Louhannaise*.

LOULANNAIS, AISE, de Loulans, c^ne, c^on de Montbozon, arr^l de Vesoul (Haute-Saône).

LOUPIOT, OTE, de La Loupe, ch.-l. de c^on, arr^l de Nogent-le-Rotrou (Eure-et-Loir).

LOUPPÉCIEN, IENNE, de Louppy, c^ne, c^on et arr^l de Montmédy (Meuse).

LOURDOIS, OISE, de Lourdes, ch.-l. de c^on, arr^l d'Argelès (Hautes-Pyrénées).

De nos jours encore, le titre d'étranger est à Lourdes une tache originelle qui ne s'efface jamais entièrement. L'humeur des *Lourdois* est joviale, dit Mézières, « et baillent des chaffres ridicules aux forains qui viennent habiter leur ville. » Il paraît que, sous ce rapport, l'humeur des *Lourdois* n'a pas changé.

BASCLE DE LAGRÈZE. (Chronique de la ville et du château de Lourdes.)

On trouve également :

LOURDAIS, AISE.

La race *Lourdaise* est une sous-race de la race Béarnaise.

(Les Primes d'honneur en 1872.)

LOURMÉLIEN, IENNE, de Lourmel, c^{ne}, arr^t et dép^t d'Oran (Algérie).

Les *Lourméliens*, qui sont abondamment pourvus d'eau, se rappelleront que les Rahéliens sont d'anciens frères qui ont vécu longtemps sous le même toit commercial.

L'Echo d'Oran (24 octobre 1888).

LOUVETON *, ONE, sobriquet des habitants de Louviers (Eure). (Voir LOVÉRIEN.)

* Ce nom de *Louveton* vient du mot *Lupariæ* (la ville des loups), qui a été imaginé au XVIe siècle et qui servit pendant quelque temps à désigner cette ville.

M. Cocheris *(Origine des noms de lieu)*, paraît admettre cette étymologie ; il dit que Louviers signifie tanière à loups, dont le nom se retrouve incontestablement dans ce nom de ville.

Ce mot de *Lupariæ* a reçu même une espèce de sanction officielle par les armes, que d'Hozier a composées pour Louviers en 1696. Ces armes étaient « d'or à deux loups de sable passant l'un sur l'autre, au chef d'azur chargé de trois fleurs de lys d'or. » Les deux loups étaient évidemment une allusion au nom de *Lupariæ* ; il est juste d'ajouter que la ville a constamment repoussé ces armes et n'a jamais voulu en faire usage à aucune époque, ayant refusé d'ailleurs de payer la finance qui était due à cette occasion et qui s'élevait à 25,000 livres.

LOVÉRIEN *, IENNE, de Louviers, ch.-l. d'arr^t (Eure). (Voir LOUVETON.)

Le nom historique des habitants de Louviers est *Lovérien*. C'est le

nom que prenait, au XVIe siècle, un auteur tragique né à Louviers, Jacques Ouyn, qui s'intitule en tête de ses œuvres dramatiques : Ouyn, *Lovérien*, et c'est le nom en quelque sorte officiel qu'on a continué de donner aux habitants de cette ville.

Cependant, vulgairement, les *Lovériens* s'appellent souvent entre eux *Louvetons*, mais ce nom est généralement employé par forme de plaisanterie.

C^{on} de M. LE MERCIER, avocat à Louviers.

Sobriquet : « Les mangeurs de soupe ». Les habitants de Louviers sont appelés « les mangeurs de soupe » pour s'être laissé surprendre par le maréchal de Biron, à midi, heure du dîner, le 6 juin 1591, qui soumit ainsi cette ville par surprise.

* Cette appellation ethnique de *Lovérien* est due à la plus ancienne forme de nom de Louviers, dont le nom de *Loviers* apparut pour la première fois en 980 (Ch. de Richard Sans-Peur) ; *Loveria*, au XIe siècle (Orderic Vital) ; *Loviers*, 1195 (Gall. Christ., Ch. de Richard Cœur-de-Lion) ; *Loverii*, XIIe siècle (Ch. de Guill. de Breteuil).

M. Quicherat, dans son *Traité de la formation française des anciens noms de lieu*, parle de *Locoverus ??* qu'il présente comme le nom latin de Louviers et comme un exemple de la règle qui préside à la transformation des désinences *verus*, *vera*, *verum* en *viers*. Nous nous demandons où M. Quicherat peut bien avoir pris ce nom de *Locoverus*, qui n'a jamais existé, comme on peut s'en convaincre dans la nomenclature des noms de Louviers, dressée par M. de Blosseville *(Dictionnaire topographique de l'Eure)*.

Pour arriver à l'étymologie de Louviers, il faut prendre son nom primitif *Loviers*, qui est composé de deux mots de langue romane *Lo-Viers*. *Lo*, le, qui est l'article bien connu de cette vieille langue, et *Viers*, substantif masculin de la même langue romane, qui signifie pêchoir, pêcherie. (Voir Roquefort, *Dictionnaire de la langue romane*). De sorte que Lo Viers en deux mots signifierait tout simplement le Pêchoir, la Pêcherie. Cette étymologie paraît confirmée par les traditions historiques qui représentent la ville de Louviers comme ayant pris naissance sur le bord de la rivière de l'Eure, près de pêcheries et de moulins, dont il est question dans la charte de Richard Sans-Peur, citée plus haut, et où ce nom de *Loviers* figure pour la première fois.

LOUZEROT, OTE, habitant des montagnes de la Lozère. (Voir CAUSSENARD, CÉVENOL, LOZÉRIEN.)

Le département de la Lozère se divise en trois parties bien distinctes : les Cévennes, la Montagne et les Causses... Le Cévenol est très différent du montagnard du nord et même du *Louzerot*, très différent aussi du Caussenard.

V. DE SAINT-MARTIN. *(Dictionnaire universel de géographie moderne.)*

LOZÉRIEN, IENNE, du département de la Lozère.

Pendant le banquet des Auvergnats, plusieurs toasts ont été portés, l'un par M. Jourdan, député de la Lozère, au nom des *Lozériens*, un autre par M. de Benoist, au nom des *Aveyronnais*.

L'Évènement (23 novembre 1886).

L'association *Lozérienne* de Paris vient d'ouvrir une souscription pour élever un monument à la mémoire de M. Léon Boyer, l'habile ingénieur qui, à trente-cinq ans, est mort à Panama, où il dirigeait les travaux.

Le Figaro (21 juin 1886).

LUCCIANESE·, ESE, de Lucciana, c^no, c^on de Borgo, arr^t de Bastia (Corse).

Les Borghens prirent cela comme une insulte ; furieux, ils se chargèrent du baudet et le jetèrent au beau milieu du chemin, sur le territoire des *Luccianesi*.

GAIDOZ et SEBILLOT. *(Blason populaire de la France.)*

· Le pluriel est *Luccianesi* ; il en est de même pour tous les ethniques corses, dont la désinence est en général *esi* ou *inchi*, au pluriel.

LUCÉIEN, IENNE, de Lucé, c^ne, c^on et arr^t de Chartres (Eure-et-Loir).

LUCHONNAIS, AISE, de Bagnères-de-Luchon, ch.-l. de c^on, arr^t de Saint-Gaudens (Haute-Garonne).

L'Orphéon *Luchonnais* et la fanfare *Luchonnaise*, sociétés musicales.

Aux *Luchonnais*, les Parisiens reconnaissants disent au revoir !

EDOUARD CADOL. *(Mademoiselle.)*

LUCIENNOIS, OISE, de Louveciennes, c^ne, c^on de Marly-le-Roi, arr^t de Versailles (Seine-et-Oise).

LUCIENNOIS, OISE, de Saint-Lucien, c^ne, arr^t et dép^t d'Oran (Algérie).

LUCINGEOIS, EOISE, de Lucinges, c^ne, c^on d'Annemasse, arr^t de Saint-Julien (Haute-Savoie).

LUÇONNAIS, AISE, de Luçon *(Pagus Lucionensis)*, ch.-l. de c^on, arr^t de Fontenay-le-Comte (Vendée).

Le Cercle *Luçonnais*.

LUDONAIS, AISE, de Ludon, c^ne, c^on de Blanquefort, arr^t de Bordeaux (Gironde).

LUGONAIS, AISE, de Lugon, c^ne, c^on de Fronsac, arr^t de Libourne (Gironde).

LUGOSIEN, IENNE, de Lugos, c^ne, c^on de Belin, arr^t de Bordeaux (Gironde).

Le Réveil *Lugosien*, société musicale.

LUISANTAIS, AISE, de Luisant, c^ne, c^on et arr^t de Chartres (Eure-et-Loir).

LUNELLOIS, OISE, de Lunel, ch.-l. de c^n, arr^t de Montpellier (Hérault).

L'Orphéon *Lunellois*.

LUNÉVILLOIS, OISE, de Lunéville *(Lunaris villa)*, ch.l. d'arr^t (Meurthe-et-Moselle).

Les habitants de Lunéville s'appellent *Lunévillois*, au féminin *Lunévilloises* ; on disait autrefois, pour les désigner, des *Lunévillains* ; mais cette appellation est tombée en désuétude. Ce sont les dames qui ont réclamé sans doute, pour ne pas s'entendre appeler des *Lunévillaines*.

Con de M. FERRY, maire de Lunéville.

Cyclist-Club *Lunévillois*.

Les sentiments patriotiques de la population *Lunévilloise* ne font de doute pour personne.

La Lanterne (21 septembre 1887).

LUNOTIER, IÈRE, de Lunay, c^no, c^on de Savigny, arr^t de Vendôme (Loir-et-Cher).

LURON, ONNE, de Lure, ch.-l. d'arr^t (Haute-Saône).

Comité *Luron* du sou des écoles laïques.

LUTÉCIEN, IENNE, de l'ancienne Lutèce *(Lutetia)*, aujourd'hui Paris. (Voir PARISIEN.)

LUTÉVAIN, AINE, de Lodève *(Pagus Lutevensis)*, ch.-l. d'arr^t (Hérault). (Voir LODÉVOIS.)

La transition ne dut point être considérablement agitée, lorsque les *Lutévains* durent passer sous le joug d'un nouveau prince.

H.-C. PARIS *(Histoire de la ville de Lodève.)*

D'après M. H.-C. Paris, Lodève signifie ville de Louis ??... Lodève ou Lutève, comme on la nommait autrefois à l'instar de Paris *(Lutetia*, ville de boue), aujourd'hui *Lodova* (ville de Louis), ainsi appelée depuis Louis VIII.

Pline *(Histoire naturelle*, III, 4), appelle *Lutevani* les habitants de cette ville; qui, sous les Gaulois, porta successivement les noms de *Luteva* (d'où *Lutévain)*, *Loteva*, *Lodeva* (d'où *Lodévois)* ; dans les siècles postérieurs au IXe siècle, le nom de cette ville est toujours écrit *Luteva* et *Lodeva*.

LUXOVIEN *, IENNE, de Luxeuil, ch.-l. de c^on, arr^t de Lure (Haute-Saône).

On appelle *Luxoviens* les habitants de la ville de Luxeuil.

Con de M. DE PERPIGNA, Maire de Luxeuil.

* Cette appellation ethnique dérive du nom latin de cette ville, *Luxovium,* qui fut une station romaine assez importante. Il y a eu également à Luxeuil une abbaye qui jouit pendant longtemps d'une grande célébrité.

LUZIEN, IENNE, de Luz-Saint-Sauveur, ch.-l. de c^on, arr^t d'Argelès (Hautes-Pyrénées).

LUZIEN, IENNE, de Saint-Jean-de-Luz, ch.-l. de c^on, arr^t de Bayonne (Basses-Pyrénées).

On dit mieux :

SAINT-JEAN-DE-LUZIEN, IENNE. (Voir ce mot.)

LYONNAIS, AISE, de Lyon * *(Pagus Lugdunensis)*, ch.-l. du dép^t du Rhône. (Voir CANUT.)

Parmi les ambassadeurs du négoce, vous distinguez facilement le *Lyonnais* ; il a le verbe haut, l'organe clair et sonore ; il parle avec esprit, mais il est tranchant et hardi.

A. BABEAU. *(Les voyageurs de France.)*

La dame était une Piémontaise d'une trentaine d'années, les couleurs de la santé sur les joues. La fille était une *Lyonnaise* de vingt ans, et jamais fille de France n'eut une allure plus vive et plus délurée.

L. STERNE. *(Voyage sentimental en France.)*

* L'opinion qui prévaut en ce moment pour l'étymologie de Lyon est celle qui a été exposée par le baron de Raverat dans *Lyon-Revue*, juillet et octobre 1882 : Lyon n'est pas la colline des corbeaux, mais la colline des marais, des lônes, comme on dit encore. (Voyez Littré, supplément du Dictionnaire, au mot *lône.)*

LYZELARD, de Lyzel, quartier de la ville de Saint-Omer (Pas-de-Calais). (Voir HAUTPONNAIS et AUDOMAROIS.)

La plupart des *Lyselards* et une partie des habitants du Haut-Pont se livrent à la culture des plantes potagères.

VUATINÉ. *(Guide dans l'arrondissement de Saint-Omer.)*

Les Hautponnais et les *Lyselards*, dit M. Fr. Michel *(Les Races maudites)*, forment une peuplade absolument distincte de ses voisins et qui s'est conservée depuis son établissement sans mélange d'aucune autre race. Leur langage est au flamand ce que le patois des paysans de nos provinces est au français.

ACARIEN, IÈNE, de Saint-Macaire *, ch.-l. de c^{on}, arr^t de La Réole (Gironde).

La fidélité des *Macariens* ne fut ébranlée ni par les promesses, ni par les boulets de la bombarde, et les Bordelais furent contraints de décamper.

O. GAUBAN. *(Histoire de La Réole.)*

Les *Macariènes*, poëmes en vers gascons, à Nankin, 1763. — (Cet ouvrage a été réimprimé à Bordeaux par les soins de M. Reinhald Dezeimeris.)

* Saint-Macaire, *olim Ligena, nunc Sancti Macarii nomine.*

MACAULAIS, AISE, de Macau, c^{ne}, c^{on} de Blanquefort, arr^t de Bordeaux (Gironde).

MACÉRIEN *, IENNE, de Mézières, ch.-l. du dép^t des Ardennes.

Il y avait déjà plus de 2,000 personnes sur les talus gazonnés des fortifications *Macériennes*, lorsque à quatre heures et quart, le fourgon spécial est arrivé sur le terrain.

Le Figaro (6 février 1885). Exécution de Gurnot à Mézières.

La *Macérienne*, société de tir et de gymnastique.

* *Macérien* vient de *Maceriæ*, nom primitif de la ville de Mézières ; *Maceriæ*, en latin, veut dire clôture, muraille en pierres sèches.

MACHECOULAIS, AISE, de Machecoul, ch.-l. de c^{on}, arr^t de Nantes (Loire-Inférieure).

MÂCONNAIS, AISE, de Mâcon *(Pagus Matisconensis)*, ch.-l. du dép^t de Saône-et-Loire).

Voyez-vous les rouges trognes
De ces *Mâconnais* joufflus !
Ils se vantent d'être ivrognes
Et le sont on ne peut plus !

(La Chanson des Mâconnais.)

La coiffure des Bressannes et celle des *Mâconnaises* sont absolument identiques.

RACINET. *(Le Costume historique.)*

MADELÉNOIS, OISE, de La Madeleine-les-Lille, c^{ne}, c^{on} et arr^t de Lille (Nord).

Comité *Madelénois* du sou des écoles laïques.

Société de tir la *Madelénoise*.

MADÉCASSE, ASSE, de l'île de Madagascar (Afrique) et de Sainte-Marie-de-Madagascar, île de la mer des Indes, dépendant du gouvernement de la Réunion, colonie française (Afrique). (Voir MALGACHE et HOVA.)

Ranavolo expulsa tous les étrangers qui ne voulurent pas se faire *Madécasses* et souffrit que les consuls de France et d'Angleterre fussent plusieurs fois insultés.
H. FISQUET. (Atlas de la France
et de ses colonies.)

MAGUELONAIS , AISE , de Maguelone * *(Pagus Magdalonensis)*, hameau, c^no de Villeneuve, c^on de Frontignan, arr^t de Montpellier (Hérault).

Marchands héréditaires, les *Maguelonais* apportent leur activité dans la nouvelle ville, renouent leurs vieilles relations avec les cités d'Italie, et bientôt, sur le Valfère, le commerce fait briller ses riches rameaux d'or.
MARY LAFON. (Histoire du midi
de la France.)

La cathédrale *Maguelonaise* était bien une citadelle pourvue de tous les moyens de résistance alors en usage.
Ch. AUBERT. (Le Littoral
de la France.)

* Fondée par les Ligures et les Phéniciens sous le nom de *Magalona*, elle reçut, suivant la légende chrétienne, les disciples du Christ et sainte Madeleine ; de là vint le changement de son nom en *Magdolona, Magdolena*, d'où Maguelonne. Elle fut détruite en 737 à peu près complètement par Charles Martel, qui la reprit aux Sarrazins.

MAHORIEN , IENNE , ou MAHORI, race indigène de l'île de Mayotte. (Voir MAYOTTAIS).

La population de l'île de Mohéli est très mélangée. On y trouve des Antalotes, des Malgaches, des Hovas, des *Mahoriens*, des Anjouanais, des Comoriens.
La Lanterne (8 juillet 1888).

MAICHOIS, OISE, de Maiche, ch.-l. de c^on, arr^t de Montbéliard (Doubs).

La *Maichoise*, journal hebdomadaire républicain.

MAILLANNAIS, AISE, de Maillanne, c^ne, c^on de Saint-Rémy, arr^t d'Arles (Bouches-du-Rhône).

Demain, nous saurons si notre *Maillannais* a passé bachelier.
Le Figaro (15 août 1888. —
Traduit de Mistral.)

MAILLOTIN, sobriquet des habitants de Joigny (Auxerre). (Voir JOVINIEN.)

MALABARE, ARESSE, de la côte du Malabar *, sur laquelle se trouve Mahé, possession française (Indoustan, Asie).

Les *Malabares* sont navigateurs, commerçants, pirates et guerriers courageux.
P. LAROUSSE. (Encyclopédie.)

Les sœurs de Saint-Joseph-de-Cluny dirigent une maison de jeunes filles divisée en quatre classes, dont une pour les Européennes, une pour les Topazines, une pour les *Malabaresses* et une pour les Pariates.
H. FISQUET. (Atlas de la France
et de ses colonies.)

.Bernardin de Saint-Pierre, l'immortel auteur de *Paul et Virginie*, fait le mot *Malabare* invariable au féminin.

Nous portâmes le corps de Virginie dans une cabane de pêcheurs, où nous la donnâmes à garder à de pauvres femmes *Malabares*, qui prirent soin de la laver.
BERNARDIN DE SAINT-PIERRE.
(Paul et Virginie.)

* *Malabar* veut dire le pays de montagnes.

MALGACHE, ACHE, de l'île de Madagascar (Afrique) et de Sainte-Marie-de-Madagascar, île de la mer des Indes, sur la côte orientale de Madagascar, et dépendant du gouvernement de la Réunion, colonie française (Afrique). (Voir MADÉCASSE et HOVA.)

La population de Sainte-Marie-de-Madagascar se compose principalement de *Malgaches* chassés de Madagascar par les Hovas.

H. FISQUET. *(Atlas de la France et de ses colonies.)*

Les naturels de Madagascar, les *Malgaches*, regrettent leur ancienne indépendance et supportent avec peine le joug des Hovas.

Le Journal de Madagascar (15 avril 1887).

Quelques étymologistes ont fait remarquer que le nom de Madagascar pouvait avoir pour étymologie celui de *Malaio*, par l'effet du changement très fréquent dans la langue *Malgache* du *l* en *d*. C'est en vertu de cette même loi de permutation de lettres que l'on nomme indifféremment *Malgache* et *Madécasse* l'habitant de cette île.

MALOUIN, INE, de Saint-Malo, ch.-l. d'arr^t (Ille-et-Vilaine).

Paramé est le séjour favori des *Malouins*, qui y ont bâti de charmantes villas.

Ch. AUBERT. *(Le Littoral de la France.)*

Les petites *Malouines* contemplaient les habits d'or de Kadja, comme elles eussent regardé Monsieur le préfet.

JULES CLARETIE. *(Kadja)*.

Un proverbe qui a encore cours dans presque toute la France accuse les chiens de Saint-Malo de s'attaquer aux mollets des voyageurs ; de là la question adressée à ceux ou à celles dont la jambe est en forme de flûte : « Avez-vous été à Saint-Malo ? » De là encore la chanson : « Bon voyage, cher du Mollet ! à Saint-Malo, débarquez sans naufrage ! »

La vérité est que, dès l'an 1135, une ou deux douzaines de boule-dogues furent dressés à la garde des navires, qui, restant à sec sur la vase, étaient exposés aux visites des larrons.

Renfermés pendant le jour, ces chiens étaient lâchés le soir vers dix heures et faisaient une ronde sévère jusqu'au matin, où le son d'une trompette de cuivre les rappelait sous la garde du chiennetier. On avait institué pour leur nourriture un droit de chiennage.

Jusqu'en 1770, la garde fut faite, et souvent cruellement faite, par ces terribles gardiens, qui ne regardaient pas en effet à emporter un mollet. Mais, le 7 mars de cette même année, un officier de marine ayant voulu forcer le passage pour entrer dans la ville, fut attaqué avec fureur par toute la bande. Son épée ne lui fut que d'un inutile secours, et, près de succomber, il se jeta à la mer, où les chiens le suivirent et le mirent en pièces.

Peu de jours après, par ordre, les boule-dogues furent empoisonnés.

MAMERTIN, INE, de Mamers, ch.-l. d'arr^t (Sarthe).

Les territoriaux s'en iront joyeux et plus légers retrouver la famille, la maison, les affaires ; joyeux du devoir accompli et plus légers de l'argent qu'ils auront laissé dans notre ville, car on n'ignore pas que c'est pour le commerce *Mamertin* une source de richesse, et cette richesse, on le comprend, s'étend un peu à toute la population *Mamertine*.

Journal de Mamers (24 avril 1887).

Un temple consacré au dieu Mars, que les Osques désignaient sous le nom de « Mamers, » donna son nom à la ville de Mamers, appelée dans les anciennes chartes *Mamerciæ*, *Mamertum*.

MANCEAU, ELLE, du Maine *(Pagus Cenomanensis)*, ancienne province de la France.

Un *Manceau* vaut un Normand et demi, dit un vieux proverbe, qui signifie que les *Manceaux* sont encore plus chicaneurs que les Normands.

Plusieurs agriculteurs ont eu l'heureuse pensée de croiser la race *Mancelle* avec la race durham.

(*Les Primes d'honneur en 1881.*)

L'habitant du Haut-Maine s'appelle :

HAUT-MANCEAU, HAUTE-MANCELLE.

Le *Haut-Manceau* est plus rusé que fin.

(*Les Primes d'honneur en 1881.*)

L'habitant du Bas-Maine s'appelle :

BAS-MANCEAU, BASSE-MANCELLE.

MANCEAU, ELLE, du Mans, ch.-l. du dépt de la Sarthe.

Les lettres patentes, dont le préambule est si glorieux pour les *Manceaux*, augmentaient-elles les privilèges de la commune du Mans, ou les restreignaient-elles, comme le déclare M. Cauvin ?

A. GUILBERT. (*Villes de France.*)

Les *Mancelles* sont fines et rusées.

(*Dictionnaire de Trévoux.*)

MANCIÉTOIS, OISE, de Manciet, cne, con de Nogaro, arrt de Condom (Gers).

La Fanfare *Manciétoise.*

MANGARÉWIEN, IENNE, de Mangaréwa (îles Gambier), îles placées sous le protectorat de la France (Océanie).

Les *Mangaréwiens* se nourrissent surtout de poisson et de *tiocho*, sorte de pâte faite avec le fruit de l'arbre à pain fermenté.

LARIVE et FLEURY. (*Mangaréwa ou îles Gambier.*)

On écrit aussi :

MANGARÉVIEN, IENNE.

Sur la galerie d'une maison, nous voyons couché un grand et beau jeune homme, au visage pâle et amaigri. Il est miné par le mal qui va bientôt le faire descendre au tombeau, comme tous les autres *Mangaréviens.*

VERNIER. (*Journal des Missions évangéliques.*)

MANOSCAIN, AINE, de Manosque, ch.-l. de con, arrt de Forcalquier (Basses-Alpes).

On appelle *Manoscain* l'habitant de Manosque.

Con du Maire de Manosque.

MANOUIOT, OTE, de Manou, cne, con de La Loupe, arrt de Nogent-le-Rotrou (Eure-et-Loir).

MANTAIS, AISE, de Mantes*-sur-Seine (*Pagus Meduntensis*), ch.-l. d'arrt (Seine-et-Oise).

Le Petit *Mantais*, journal libéral publié à Mantes.

* *Medunta*, qui veut dire chêne en langue celtique, semblerait prouver l'existence de cette ville avant la domination romaine.

MANTELAIS, AISE, de Mantel*, faubourg des Andelys, ch.-l. d'arrt (Eure).

Si la viande de porc n'a pas encore cessé d'être plus commune que celle du gibier, sur la table des serviteurs du fermier *Mantelais*, tout au moins le pain et le cidre ne laissent rien à désirer.

BROSSARD DE RUVILLE. (*Histoire des Andelys.*)

* Mantel est pris pour Montel, petit mont, *Monticulus*, expression qui convient parfaitement, du reste, pour désigner la situation de ce hameau.

Un vieux proverbe dit :

Dans le hameau de Mantel,
On mange plus de lard que de lièvres ;

c'est une allusion à la mauvaise nourriture du lieu.

MANTILLIEN, IENNE, de Mantilli, c^ne, c^on de Passais, arr^t de Domfront (Orne).

Les *Mantilliens* ont le titre de *Va-nu-pieds*, depuis qu'en 1639, ils se soulevèrent, refusèrent l'exécution des édits bursaux et, sous le commandement d'un cordonnier d'Avranches, *colonel de l'armée souffrante*, luttèrent pendant trois ans contre les troupes du roi.

E. DE LA BÉDOLLIÈRE.
(Le Normand.)

Le sobriquet de *Va-nu-pieds* donné aux *Mantilliens* n'a jamais cessé d'avoir cours comme expression triviale de dédain ou de mépris.

MARAICHER, ÈRE, du Marais-Vernier, c^ne, c^on de Quillebœuf, arr^t de Pont-Audemer (Eure).

Nos villageois robustes et enluminés de la plaine ne veulent pas descendre de la même souche que les pâles et étiques *Maraiquais* (interprétez *Maraichers*). Ils disent, en conséquence :

« Quand Dieu marchait la terre,
« il heurta du pied une bouse de va-
« che, en passant par le Marais, et
« il en tira le premier *Maraiquais*,
« qui fut père de tous les autres. »

CANEL. *(Blason populaire de la Normandie.)*

MARAICHIN, INE, du Marais*, pays du Bas-Poitou (Vendée).

Les *Maraichins* les plus pauvres élèvent des nuées de canards, qu'ils laissent vaquer à l'aventure sur la plaine inondée ou la surface des canaux.

A. GUILBERT. *(Villes de France.)*

Comme le Marais ne produit pas de raisins, la boisson habituelle du *Maraichin* est l'eau des canaux et des fossés, cause grave de ses maladies.

A. HUGO. *(France pittoresque.)*

On écrit également :

MARÉCHIN, INE.

Les *Maréchins* sont d'une stature élevée, d'un maintien un peu raide, mais non embarrassé ; la douceur et la fierté se peignent dans leurs regards.

Vte WALSH. *(Lettres Vendéennes.)*

MARANDAIS, AISE, de Marans, ch.-l. de c^on, arr^t de La Rochelle (Charente-Inférieure).

On devrait dire *Maransais, aise*, pour désigner l'habitant de Marans ; mais l'usage a prévalu de dire *Marandais*. Un journal a paru à Marans sous le nom de l'Indicateur *Marandais*.

C^on du Maire de Marans.

Cette petite ville doit son nom à la position qu'elle occupait au milieu des marais, à l'époque de sa fondation ; ces marais, qui existaient encore au moyen âge, ont été canalisés depuis. *Mare*, amas d'eau dormante, qui vient du mot de basse latinité *mara*, est la forme synonyme du latin *mare*.

MARANSIN, INE, du Maransin*, pays situé entre l'Adour et l'Océan, dans le département des Landes.

Le *Maransin*, que l'on nomme dans le pays *Couziot* et à Bordeaux *Parent*, est bûcheron de naissance. Les *Bouyès* ** sont des descendants des Boiens, qui, sous les Romains, habitaient la Gaule maritime et aquitanique.

(Les Primes d'honneur en 1865, 2e partie).

* Le Maransin doit son nom à la position qu'il occupe dans le voisinage de la mer, du mot latin *mare*, bas latin *mara*.

" Les Bouyès, qu'on appelle plus communément Bougès, sont les descendants des anciens *Boii* ou *Boates*, qui habitaient primitivement le nord des Landes.

MARAUSSANAIS, AISE, de

Maraussan, c^ne, c^on et arr^t de Béziers (Hérault).

Le char des roses, qui avait été admiré à Béziers, était le plus beau du défilé assez original organisé par les *Maraussanais*.

Le Messager du Midi (29 mars 1887).

MARCAIRES. — On appelle ainsi

une classe de montagnards des Vosges qui se livrent à l'industrie pastorale et à celle des fromages et qui se distinguent de leurs voisins par des mœurs spéciales.

Les pâtres ou *Marcaires* montent avec leurs vaches et leurs ustensiles à fromage vers la Saint-Urbain, le 25 mai, rarement plus tôt.

CHARLES GRAD. *(A travers l'Alsace et la Lorraine. Tour du Monde, 1884.)*

Marcaire signifie un homme qui tient des vaches dans les pâturages élevés de la montagne, pour la fabrication du fromage. Le mot est une corruption de l'allemand *melker*, trayeur ; le verbe melken se traduit par traire en bon français. En fait de costume, ils portent un pantalon et une veste en toile de chanvre, une calotte ronde de cuir sur la tête, des sabots aux pieds. Vêtus légèrement, ils sont endurcis et résistent à toutes les intempéries. Leur aide ou garçon, le kaesbub, descend chaque jour au village pour y porter avec un âne les fromages faits la veille.

CHARLES GRAD. *(Ibidem.)*

On trouve aussi :
MARQUARDS.

Dès que la neige a disparu, c'est-à-dire au mois de juin, dit M. Edouard de Bazelaire, quelques familles de fromagers, connus sous le nom de *Marquards*, montent des vallées voisines pour n'y redescendre qu'au commencement de septembre.

Plombières et ses environs. (Le Tour du Monde, 1867.)

Les chalets qu'habitent les *Marquards* se cachent de distance en distance dans le creux d'un ravin ; ils se composent de deux pièces : l'une est destinée aux habitants, l'autre aux bestiaux, que le mauvais temps force parfois à chercher un abri.

Plombières et ses environs. (Le Tour du Monde, 1857.)

MARCHIENNOIS, OISE, de

Marchiennes, ch.-l. de c^on, arr^t de Douai (Nord).

On appelle *Marchiennois, oises*, les habitants de Marchiennes.

C^on du Maire de Marchiennes.

MARCHOIS, OISE, de la Marche * *(Marchia)*, ancienne province

de la France.

Les *Marchois* sont plus laborieux que les Limousins, qui s'adonnent au travail moins par goût que par nécessité.

MAURICE ARDANT. *(Villes de France.)*

L'époque de l'émigration *Marchoise* s'appelle, dans les villes du Berry, le *passage des députés*, allusion qui n'a rien de politique et que la gaieté du peuple a puisée dans ce jeu de mots : *Les maçons vont à Paris travailler à la chambre.*

MAURICE ARDANT. *(Ibidem.)*

* *Commarchia, Marchia*, bornes, limites, frontières.

MARCOUSSIN, INE, de Marcoux [*], c^ne, c^on et arr^t de Digne (Basses-Alpes).

A part le commerce des mulets, l'agriculture est la seule occupation des *Marcoussins*.

> J.-J.-M. FERRAUD. *(Histoire géographique et statistique des Basses-Alpes.)*

[*] Marcoux, en latin *Castrum de Marculpho*, à six kilomètres nord-est du chef-lieu, est bâti sur une petite colline adossée à une montagne qui lui masque le soleil en hiver et rend le pays très froid. Son territoire est arrosé par la *Bléone*, le *Blouinenc*, le *Mardaric* et quelques autres sources dont les exhalaisons ont fait donner aux habitants de Marcoux le surnom d'*Estubassats*, qui signifie enfumés.

MARENNAIS, AISE, de Marennes, ch.-l. d'arr^t (Charente-Inférieure).

Le général Boulanger a été reçu hier soir, au milieu d'un tumulte indescriptible. Il a été acclamé par les notabilités réactionnaires et les gens étrangers, hué par la population *Marennaise*. Une arrestation a été opérée.

> *La Petite Gironde* (12 août 1888).

La position de la ville de Marennes, entourée de marais coupés de canaux et de fossés, explique suffisamment son nom, qui vient de *mare, mara.* (Voir MARANDAIS.)

MARGAULAIS, AISE, de Margaux, c^ne, c^on de Castelnau, arr^t de Bordeaux (Gironde).

MARIE-GALANTAIS, AISE, de Marie-Galante, l'une des Antilles, au midi de la Guadeloupe (Amérique occidentale).

Marie-Galante est ainsi appelée du nom du navire que montait Christophe Colomb lorsqu'il la découvrit ; son chef-lieu est Grand-Bourg.

MARITAIN, AINE, de Sainte-Marie, c^ne, c^on de Saint-Martin-de-Ré, arr^t de La Rochelle (Charente-Inférieure).

Le *Maritain*, journal de l'île de Ré.

MARLOIS, OISE, de Marle, ch.-l. de c^on, arr^t de Laon (Aisne).

Le Petit *Marlois*, journal.

MARMANDAIS, AISE, de Marmande, ch.-l. d'arr^t (Lot-et-Garonne).

Les *Marmandais* se souviennent encore avec vénération des vertus du curé Martin de Bonnefond.

> TAMISEY DE LAROQUE. *(Notice sur Marmande.)*

La Revue *Marmandaise*, journal d'annonces publié à Marmande.

> Marmandès au sac,
> Minjo rabuchos et cago tabat !
> > (Vieux dicton.)

Ce qui se traduit ainsi :
> *Marmandais* au sac,
> Mange raves sauvages et chie tabac !

On cultive le tabac sur une grande échelle à Marmande, dont les habitants sont accusés d'avarice.

MARNAIS, du département de la Marne.

Le *Marnais* ne manque ni d'esprit ni de disposition pour les sciences.

> *(Description topographique du département de la Marne.)*

MAROILLAIS, AISE, de Maroilles, c^ne, c^on de Landrecies, arr^t d'Avesnes (Nord).

La race bovine *Maroillaise* est généralement estimée des éleveurs.

MAROMMAIS, AISE, de Maromme, ch.-l. de c^on, arr^t de Rouen (Seine-Inférieure).

Les habitants de Maromme sont désignés sous le nom de *Marommais*.

> C^on du Maire de Maromme.

MAROTIN, INE, appellation sous laquelle on désigne certains habitants du département de la Gironde. (Voir GAVACHE.)

MARQUISIEN, IENNE, de Marquise, ch.-l. de c^{on}, arr^t de Boulogne-sur-Mer (Pas-de-Calais).

On adresse aux gens de Marquise la formulette suivante, disent MM. Gaidoz et Sebillot, dans le *Blason populaire de la France* :

Ces *Marquisiens* huchés sus leu bidets
Aveuc des ép'rons à lu pieds,
On dirait des coq'armés !

Marquisien,
Tête ed chien.
(Vieux proverbe.)

MARQUISIEN, IENNE, des iles Marquises, placées sous le protectorat de la France (Océanie).

Les *Marquisiens* ont le caractère doux et affable ; ils sont aussi indolents, quoique d'humeur gaie.

F. HUE et G. HAURIGOT.
(Nos petites colonies.)

On dit encore :
MARQUISAN, ANNE.

Les *Marquisans* sont de beaux hommes, grands, bien faits.

P. GAFFAREL. *(Les Colonies françaises.)*

On trouve également :
MARQUÉSAN, ANNE.

Les *Marquésans* sont peu loquaces; quand ils parlent, c'est avec une voix de basse taille formidable, en scandant fortement les syllabes de leur âpre langage.

E. CHARTON. *(Le Tour du Monde, 1875.)*

MARRANS, ANES, ou MARRONS, classe d'individus de race juive, mais devenus chrétiens, dont on trouve encore aujourd'hui des traces dans le Gévaudan, principa-

lement dans les arrondissements de Marvejols et de Mende. (Voir POLACRES.)

On est peu d'accord sur l'étymologie du mot *Marran,* au féminin *Marrane ;* quelques auteurs la font venir de *Maure* et prétendent que cette population était issue des Sarrazins. Suivant M. Depping, les *Marrans* étaient des Juifs convertis ; on les a accusés d'avoir répandu en Europe la syphilis. Suivant d'autres écrivains, le mot *Marran* vient du mot espagnol *Marrano*, qui veut dire pourceau. Il existe des *Marrans* en Auvergne et dans quelques villes du Midi.

MARRON [*], ONNE, nom donné dans les colonies à l'esclave qui s'est enfui dans les bois pour y vivre en liberté.

Le *Marron* est surtout le nègre qui s'est enfui de l'habitation de son maître et qui se cache dans les bois, les cavernes, les montagnes, pour échapper aux châtiments rigoureux dont on l'accable.

VIREY. *(Histoire naturelle du genre humain.)*

[*] Le mot *Marron* vient de l'espagnol *cimarron*, qui veut dire esclave ; ce mot est une véritable appellation ethnique aux colonies, où l'on dit en effet couramment un nègre *Marron*, une négresse *Marronne*.

MARSEILLAIS, AISE, de Marseille *(Pagus Massiliensis)*, ch.-l. du dép^t des Bouches-du-Rhône.

Ce n'est point sans raison que les *Marseillais* aiment à rappeler leurs origines grecques.

E. RECLUS. *(Géographie universelle.)*

Envoyez moi mille hommes et un exemplaire de la *Marseillaise*, disait un général, et je réponds de la victoire.

La *Marseillaise* a été composée par Rouget de l'Isle.

On trouve également employées, dans la presse locale et dans quelques auteurs, les appellations de *Massaliotes* et de

Massiliens pour désigner les habitants de Marseille. Mais ces formes, qui indiquent cependant très bien l'étymologie de Marseille, l'antique *Massilia*, ne sont plus usitées aujourd'hui, et elles sont en tout cas démodées.

MARTELAIS, AISE, de Martel, ch.-l. de c^{on}, arr^t de Gourdon (Lot).

Le public *Martelais* répondra à l'appel de l'Harmonie de Martel et viendra en foule applaudir ses musiciens.

La France (3 juillet 1887).

MARTIGAL *, ALE, de Martigues, ch.-l. de c^{on}, arr^t d'Aix (Bouches-du-Rhône).

Les *Martigaux* avaient fait, en 1622, pendant le siège de Montpellier, les approvisionnements de l'armée du roi ; ils étaient enfin estimés les plus courageux et meilleurs mariniers de la mer Méditerranée.

J.-J. BAUDE. *(Revue des Deux-Mondes.)*

On dit aussi :
MARTÉGALLAIS, AISE.

Le *Martégallais* ne mérite pas la réputation de bêtise qu'on lui a faite.

TAX. DELORD. *(Les Français peints par eux-mêmes.)*

On trouve également :
MARTIGUAIS, UAISE.

Les pêcheurs *Martiguais* prétendent que l'endiguement des embouchures du Rhône porte droit dans le golfe les limons de ce fleuve et, par suite, cause la destruction des poissons, leur grande ressource.

CH. AUBERT. *(Le littoral de la France.)*

Ce n'est pas sans étonnement que l'étranger entend les railleries pleuvant parfois sur la population *Martiguaise*.

Ch. AUBERT. *(Ibidem.)*

* Le mot ethnique provençal est *Martigaous*.

MARTINIQUAIS, UAISE, de l'île de la Martinique (Antilles), colonie française de l'Amérique.

C'est l'esprit des colonies d'être éminemment charitable. Partout où il y a une misère à soulager, on les voit voler vers elle avec ce dévouement qui n'a pas de limite. Il est tout naturel de voir les Guadeloupéens venir au secours des *Martiniquais*.

Le Courrier de la Guadeloupe (6 avril 1888).

La population féminine semble fort nombreuse à Fort-de-France, et elle justifie la réputation de beauté des *Martiniquaises*.

E.-D. DE HAURANNE. *(Revue des Deux-Mondes*, 15 octobre 1866).

On trouve également :
MARTINICAIN, AINE (peu usité).

Le *Martinicain* n'a été arrêté que par la rareté des communications qu'il lui est possible d'avoir avec le cap de Bonne-Espérance ; mais si vous voulez nous procurer le concours de votre correspondant au Cap, je ne doute pas que nous n'ajoutions avec le plus grand empressement aux coolies indiens le serpentaire (oiseau mangeur de serpents).

Dr E. RUFZ. *(Enquête sur le serpent de la Martinique.)*

MARVEJOLAIS, AISE, de Marvejols, ch.-l. d'arr^t (Lozère).

Ce n'est pas sans un légitime orgueil que je viens, au nom de la municipalité et de la population de notre antique cité *Marvejolaise*, recevoir un Ministre de la République.

Le Moniteur de la Lozère (15 mars 1887). — Discours de M. Daudé, maire de Marvejols, à M. Granet.

MARVILLAIS, AISE, de Marville, cⁿᵒ, cᵒⁿ et arrᵗ de Montmédy (Meuse).

L'Harmonie *Marvillaise*.

MASCARÉEN, ÉENNE, de Mascara, ch.-l. d'arrᵗ du dépᵗ d'Oran (Algérie).

Les *Mascaréens*, qui attendaient avec la plus vive impatience la fixation de la date des réjouissances hippolytéennes ont été enfin satisfaits.

L'Indépendant de Mascara
(2 septembre 1888).

Et vous, lecteur endurci, qui n'aimez point vous déranger, vous vous promettrez de ne pas oublier la date de la prochaine fête, afin de prendre votre part de douce, bien douce distraction et pallier un peu, ainsi, la monotonie, oh ! oui, bien grande monotonie de l'existence *Mascaréenne*.

Sar. *(L'Indépendant de Mascara*
(2 septembre 1888).

MASSYLVAIN, AINE, de Masseube, ch.-l. de cᵒⁿ, arrᵗ de Mirande (Gers).

Lundi dernier, jour de la grande foire de Masseube, la municipalité *Massylvaine* avait adressé des invitations à tous les maires du canton.

La Gironde (25 septembre 1885).

La Fraternité *Massylvaine*, fanfare de Masseube.

Masseubès,
Tripassès.

Vieux dicton qui peut se traduire ainsi :

Gens de Masseube,
Mangeurs de tripes.

MATRINCO, INCA, de Matra, cⁿᵒ, cᵒⁿ de Moïta, arrᵗ de Corte (Corse).

Matrinco fait au pluriel *Matrinchi* ; un habitant de Matra est un *Matrinto ;* les habitants de Matra sont des *Matrinchi*.

MAUBEUGEOIS, EOISE, de Maubeuge, ch.-l. de cᵒⁿ, arrᵗ d'Avesnes (Nord).

Les Carabiniers *Maubeugeois*, société de tir et de gymnastique.

La *Maubeugeoise*, journal hebdomadaire, feuille de publicité économique, publiée à Maubeuge.

MAULÉONAIS, AISE, de Mauléon, ch.-l. d'arrᵗ (Basses-Pyrénées).

Les *Mauléonais*, par un sentiment d'amour-propre fort excusable, auraient tenu à nommer leur député.

La Gironde (30 mars 1885).

MAULOIS, OISE, de Maule, cⁿᵒ, cᵒⁿ de Meulan, arrᵗ de Versailles (Seine-et-Oise).

La jeunesse *Mauloise* est toujours prête à s'égayer et à s'amuser, en dépit des dires de quelques parpaillots de décavés et de certaines viragos.

*Un spectateur Maulois. (Journal
de Saint-Germain* (2 mars 1887).

MAURE *, ESQUE, nom donné à une certaine classe des habitants de l'Algérie.

On donne le nom de *Maures* aux Arabes citadins ou *hadars*.

A. Behaghel. *(L'Algérie.)*

Une *Mauresque* en négligé, chez elle, est à peine vêtue.

A. Behaghel. *(Ibidem.)*

Les *Maures* chassés de Grenade et mal accueillis en Afrique, s'étaient pourtant établis en assez grand nombre dans quelques villes du littoral, Cherchell, Oran, Bougie, Alger.

Paul Gaffarel. *(L'Algérie.)*

Au fond, trois *Mauresques* de mine évaporée babillaient sous leurs masques blancs ; elles sentaient le musc et la pâtisserie, et leurs haïcks s'échappaient par les fenêtres comme de légers pavillons.

Eugène Fromentin. (Une année dans le Sahel.)

* *Maure* vient du punique Maouahrin, Maourin, qui signifie les occidentaux. Du reste, les Romains prononçaient Mauri, Maouri.

MAUREILHANAIS, AISE, de Maureilhan-et-Ramejan, c^ne, c^on de Capestang, arr^t de Béziers (Hérault).

La Fanfare *Maureilhanaise.*

MAURIACOIS, OISE, de Mauriac, ch.-l. d'arr^t (Cantal).

Qu'avez-vous fait, monsieur le Maire ? qu'avez-vous fait dans l'intérêt des *Mauriacois,* depuis le 25 décembre ?

L'Indépendant du Cantal
(22 janvier 1887).

Il y a à Mauriac beaucoup de malheureux ; pour fêter sa résurrection, la Lyre *Mauriacoise* devrait donner un concert à leur profit.

L'Indépendant du Cantal
(27 avril 1887).

MAURICIËN, IENNE, de l'île Maurice, île anglaise de la mer des Indes.

Alliance *Mauricienne* pour la propagation de la langue française, société.

L'île de Maurice, aujourd'hui possession anglaise, est restée colonie française jusqu'en 1815 ; elle s'appelait alors Ile-de-France. La population blanche de cette île est presque toute française d'origine et de langage.

MAURIENNAIS, AISE, de la Maurienne *(Maurienna,* vallée des Maures), ancienne province et comté de la Savoie (Savoie).

MAURIENNAIS, AISE, de St-Jean-de-Maurienne, ch.-l. d'arr^t (Savoie).

On dit aussi :

SAINT-JEANNOIS, OISE. (Voir ce mot.)

On appelle *Mauriennais* les habitants de Saint-Jean-de-Maurienne ; mais on les désigne également sous le nom de *Saint-Jeannois.*

C^on de M. Ducis, archiviste de la Haute-Savoie.

MAURONNAIS, AISE, de Castelmoron, ch.-l. de c^on, arr^t de Marmande (Lot-et-Garonne).

Les Anglais reprirent l'offensive, lorsque les *Mauronnais* furent en dehors de leurs lignes.

O. Gauban. (Histoire de la Réole.)

MAYENNAIS, AISE, du département de la Mayenne.

MAYENNAIS, AISE, de Mayenne, ch.-l. d'arr^t (Mayenne).

Le Bonhomme *Mayennais,* journal républicain modéré, donne des nouvelles régionales et diverses, et principalement une revue *Mayennaise* très complète.

(Annuaire de la Presse.)

MAYOTTAIS, AISE, de Mayotte, île française de la mer des Indes, dans le canal de Mozambique, faisant partie de l'archipel des Comores (Afrique orientale).

Des mesures sont prises pour obvier à la tendance nomade que manifestent les *Mayottais* et pour les amener à adopter une résidence.

Larousse. (Encyclopédie.)

La population de Mayotte se compose, pour la plus grande partie, de Sakalaves, d'Antalots et d'Arabes.

Les Sakalaves proviennent des immigrations de Madagascar.

Les Antalots constituent la classe aristocratique de Mayotte et des Comores ; ils proviennent d'un mélange de nègres et d'Arabes ; on les appelle aussi *Mahoris* ou *Mahoriens*. On désigne sous ce nom générique tous ceux qui sont nés et fixés à Mayotte.

MAZAMÉTOIS, OISE, de Mazamet, ch.-l. de c^{on}, arr^t de Castres (Tarn).

On appelle *Mazamétois* les habitants de Mazamet.

C^{on} du Maire de Mazamet.

MAZÉRIEN, IENNE, de Mazères, c^{ne}, c^{on} de Saverdun, arr^t de Pamiers (Ariège).

Le génie des *Mazériens* n'est pas exclusivement tourné vers l'utile ; les beaux-arts sont encore dans cette cité l'objet d'un culte sérieux.

POMIÈS frères. *(L'Ariège.)*

La Lyre *Mazérienne,* société musicale.

MAZOUNIEN, IENNE, de Mazouna, ville de l'arr^t de Mostaganem, dép^t d'Oran (Algérie).

Les *Mazouniens* sont divisés en deux grandes fractions : les Courouglis et les Haderis.

CHARLES RICHARD. *(Étude sur l'insurrection du Dhara.)*

Presque tous les jeunes *Mazouniens* parlent le français ; plusieurs ont acquis une instruction primaire complète et occupent des emplois dans notre administration.

(Bulletin de la Société de géographie et d'archéologie de la province d'Oran.)

MÉDANOIS, OISE, de Médan, c^{ne}, c^{on} de Poissy, arr^t de Versailles (Seine-et-Oise).

Une livre de petits pois, qui vaudrait trente sous pour un *Médanois* ordinaire, vaut trois francs pour M. Zola.

Il est ben assez riche ! Il a gagné tant d'argent avec l'*Assommoir*.

Le Figaro. *(Supplément littéraire du 23 juillet 1881.)*

MÉDÉEN, ÉENNE, de Médéah, ch.-l. d'arr^t du dép^t d'Alger (Algérie).

La région *Médéenne* pourra donc produire avec le temps au moins deux millions de bordelaises, d'une valeur totale de 160 millions, à 80 francs l'une.

(Bulletin du Comice agricole de Médéah.)

MÉDITERRANÉEN, ÉENNE, qui est proche, qui borde la Méditerranée.

Notre grand port *Méditerranéen* peut lutter, et il saura lutter victorieusement, sauvegardant par cela même les intérêts du pays tout entier.

Ch. AUBERT. *(Le Littoral de la France.)*

MÉDOQUIN, INE, du Médoc *(Pagus Medulicus)*, pays célèbre par ses vins, dans le département de la Gironde.

Tout étranger qui venait s'établir dans le Médoc payait le tribut et subissait la *Médoquine*, nom local que l'on donnait à des fièvres auxquelles il n'était que trop commun de succomber.

F. JOUANNET. *(Statistique du département de la Gironde.)*

On dit aussi :

MÉDOCAIN, AINE.

Le peuple des campagnes de la Gironde, mais plus particulièrement les Landais, surtout les *Médocains,* sont plus superstitieux que religieux ; ils croient aux revenants, au mal donné et aux sortilèges.

F. JOUANNET. *(Statistique du département de la Gironde.)*

Dans le Bas-Médoc, on remarque une prononciation qui ressemble à celle des dialectes périgourdins ; on dit *you* pour dire je, moi ; aussi, les habitants du Haut-Médoc désignent-ils ceux du Bas-Médoc sous le nom de *You* ou *Yaï*.

MÉGÈVON, ONNE, de Mégève[*], c^{ne}, c^{on} de Sallanches, arr^t de Bonneville (Haute-Savoie).

[*] Mégève (*megeva*, au milieu des eaux, *medium evoe*).

MEHADJERI au pluriel **MEHADJERIA**, classe de Juifs musulmans qui habitent les cercles de Tabessa, Khenchela et autres dans la province de Constantine (Algérie).

Les individus de race blanche, qui forment un quart de la population de Touggourt, sont des Arabes, des Berbères et des *Mehadjeria,* ou Juifs musulmans.

Les *Mehadjeria*, peu nombreux aujourd'hui (ils se sont répandus dans les autres oasis), exercent différentes industries ; leurs femmes sont belles.

V. LARGEAU. *(Le Sahara Algérien.)*

Les *Mehadjeria* sont des Juifs qui ont adopté les mœurs nomades des Arabes, mais qui, dans le Tell, reviennent à la vie sédentaire, depuis la colonisation française. Ces Juifs s'occupent surtout d'industrie ; leur nom de *Mehadjeria* signifie séparé, détaché de ses coreligionnaires.

MÉLANTOIS, OISE, du Mélantois *(Pagus Madeletensis)*, ancien district de la Flandre française, dont la capitale était Seclin (Nord).

MELDOIS [*], **OISE**, de Meaux *(Pagus Meldensis)*, ch.-l. d'arr^t (Seine-et-Marne).

Les habitants de Meaux sont désignés sous le nom de *Meldois* et ceux de Melun sont appelés *Melunais*.

(Les Primes d'honneur en 1871.)

Il s'est publié, en août 1791, à Meaux, un petit journal hebdomadaire, intitulé l'Ami des *Meldois*.

A. CARRO. *(Histoire de Meaux.)*

Comme celle de toutes les villes de France, la population *Meldoise* a dû refléter habituellement l'influence des pouvoirs qui l'ont dominée.

A. CARRO. *(Histoire de Meaux.)*

La Lyre *Meldoise*, fanfare.

[*] Les premiers habitants de cette ville furent les *Meldi*. Pline l'Ancien parle des *Meldi Liberi*. Les habitants de Meaux ont conservé cette appellation ethnique en continuant de s'appeler *Meldois*.

On appelle trivialement les habitants de Meaux les *Miauleux*. Nous croyons, dit M. Carro, dans son *Histoire de Meaux*, que l'origine du dicton et de l'appellation est fort simple. On écrivait autrefois le nom de la ville Miax ou Mialx ou Miaux, et l'on supposait cette dénomination motivée parce qu'elle était entourée d'eau, au milieu des eaux, Mi-eaux. Il résultait de cette prononciation une imitation du miaulement du chat, bien suffisante pour faire naître le dicton.

MELGUORIEN, IENNE, de l'ancien comté de Melgueil, dans le Languedoc.

Les comtes de Melgueil battaient monnaie. On retrouve bon nombre de donations posthumes, traduites sur les testaments en sous *Melguoriens*.

Ch. AUBERT. *(Le Littoral de la France.)*

MELGUORIEN, IENNE, de Mauguio, ch.-l. de c^{on}, arr^t de Montpellier (Hérault).

L'endroit où se trouve bâtie la petite ville de Mauguio s'est primitivement appelé du nom latin de *Mercurium,*

Mercorium. Du nom primitif, l'usage fit *Melgorium,* traduit en français par le mot *Melgueil,* devenu *Mauguio* dans les temps modernes.

MELLOIS, OISE, de Melle *(Pagus Metulensis* ou *Metullus),* ch.-l. d'arr[t] (Deux-Sèvres).

Le *Mellois,* journal hebdomadaire publié à Melle.

La culture *Melloise.*

A. HUGO. *(France pittoresque.)*

MELOIRIEN, IENNE, de Saint-Meloir-des-Ondes, c[ne], c[on] de Cancale, arr[t] de Saint-Malo (Ille-et-Vilaine).

MELUNAIS, AISE, de Melun *(Pagus Meludunensis),* ch.-l. du dép[t] de Seine-et-Marne.

Les habitants de Melun sont appelés *Melunais.*

(Les Primes d'honneur en 1871.)

On trouve également :

MÉLODUNOIS *, OISE.

La presse *Mélodunoise* occupe le premier rang des bancs réservés à la presse.

Le Gil Blas (13 août 1885). Procès de Pel, l'empoisonneur.

* *Melodunum* est l'ancien nom de Melun ; c'est de ce nom primitif que vient l'ethnique *Mélodunois.*

MENDOIS, OISE, de Mende, ch.-l. du dép[t] de la Lozère.

N'oublions pas de dire que la Lyre *Mendoise,* dirigée par M. Planchon, était aussi à la gare et qu'elle a rendu jusqu'au bout les honneurs au Ministre.

Le Moniteur de la Lozère (15 mai 1887).

MENEHOULDIEN, IENNE, de Sainte-Menehould, ch.-l. d'arr[t] (Marne).

La salle sera comble, nous en sommes certain d'avance. C'est là, du reste, tout le mal que nous souhaitons à notre directeur, qui est intelligent et disposé à tous les sacrifices pour plaire aux *Menehouldiennes* et *Menehouldiens.*

La Revue de la Marne (14 octobre 1878).

Cette ville, qui s'appelait autrefois Château-sur-Aisne, doit son nom à *Mahildis* (Mahaut, Mathilde), fille de Sigmar, comte de Perthes. Vers l'an 1100, Henri Ier, comte de Champagne, fit transporter dans l'église de Château-sur-Aisne les reliques de San Manehildis (Mathilde), qui était morte en odeur de sainteté, et la ville s'appela dès lors Sainte-Manehould ou Menehoud, d'où le nom de *Menehouldien.* Logiquement, on devrait dire *Manehildien,* puisque dans différentes chartes, entre autres dans celles de 1132, 1135, 1153, on lit : « Lidvidis de Sancta Manehilde. — Radulphus de Sancta Manehilde. — Manasses, castellanus de Sancta Manehilde », mais le mot *Menehouldien* a prévalu.

MÉNILMONTANT, ANTE, de Ménilmontant, quartier de la ville de Paris.

MENTONNAIS, AISE, de Menton, ch.-l. de c[on], arr[t] de Nice (Alpes-Maritimes).

Les *Mentonnais* ont le caractère plus gai que les Niçois.

GABRIEL CHARMES. *(Les stations d'hiver de la Méditerranée.)*

La Sentinelle *Mentonnaise,* journal de chroniques locales, publié à Menton.

MESMONTAIS, AISE, de Mesmont *(Pagus Magnimontensis),* c[ne], c[on] de Sombernon, arr[t] de Dijon (Côte-d'Or).

MESNILLOIS, OISE, du Mesnil (1), c[ne], c[on] de Saint-Florent-le-

(1) 80 communes portent le même nom, ainsi qu'un grand nombre de hameaux ; on doit appliquer à leurs habitants la même appellation ethnique.

Vieil, arr^t de Cholet (Maine-et-Loire).

MESQUERAIS, AISE, de Mesquer, c^{ne}, c^{on} de Guérande, arr^t de Saint-Nazaire (Loire-Inférieure).

Les *Mesquerais* ont une quarantaine de navires avec lesquels ils exportent le sel de leur petite rivière, savoir : 8 à 10 millions de kilogrammes par année.

J. LE BOYER. *(Notices sur le département de la Loire-Inférieure.)*

Mesquer doit son nom au joli ruisseau du Mes, qui se jette dans la baie de Pen-Bay. *Mes* (nom de la rivière), *kaër*, joli.

MESSIN, INE, de Metz *(Pagus Metensis)*, ancienne ville de France cédée à l'Allemagne par le traité de Francfort (mai 1871).

Un nom qui revient souvent dans le détail de la constitution *Messine* est celui de *paraiges*. « Six associations de familles bourgeoises, dit M. de Saulcy, alliées entre elles, et qui les premières avaient été investies des charges de la République, constituaient six classes de patriciens nommées d'abord *cognationes, parentela*, puis plus tard *paraiges*.»

MALTE-BRUN. *(La France illustrée.)*

« Les confédérés, dit une chronique citée par M. Bégin, voulaient prendre et subjuguer la cité de Metz, en abattre les murailles, la butiner et mettre en subjection et en demeurer seigneurs et maîtres eulx quatre. » Les *Messins* résistèrent vigoureusement, quoique trahis par le maître échevin Gillet de Betz, qui passa à l'ennemi avec une partie des troupes.

MALTE-BRUN. *(Ibidem.)*

Le *Messin*, journal.

MÉTIDJIEN, IENNE, de la Métidja, grande plaine située au sud d'Alger et qui contient de nombreux villages, avec une population de plus de 30,000 Européens (Algérie).

Dans la province d'Alger, Aïn-Oum-el-Allez, qu'on pourrait confondre avec le bourg *Métidjien* d'Oued-el-Allez, a pris, il y a déjà quelque temps, le nom de Thiers.

(Chronique du Tour du Monde, n° 992.)

MEUDONNAIS, AISE, de Meudon, c^{no}, c^{on} de Sèvres, arr^t de Versailles (Seine-et-Oise).

Le médecin *Meudonnais* visitait seul le prétendu baron.

La Lanterne (23 avril 1888).

La Lyre *Meudonnaise*, fanfare.

MEULANAIS, AISE, de Meulan, ch.-l. de c^{on}, arr^t de Versailles (Seine-et-Oise).

Les *Meulanais* peuvent, en faisant une bonne action, passer une agréable soirée.

Le Figaro (20 juin 1887).

MEURTHOIS, OISE, de l'ancien département de la Meurthe.

Ce nom de *Meurthois*, bien qu'ayant été employé par plusieurs auteurs, est fort peu usité ; il n'est même que très rarement employé pour désigner les riverains de la Meurthe.

MEUSIEN, IENNE, du département de la Meuse.

Les *Meusiens* sont des pêcheurs intrépides ; ils trouvent un plaisir infini à passer une après-midi au bord de l'eau, guettant le goujon ou la chevanne.

HABERT. *(Géographie historique des Ardennes.)*

L'Indépendant *Meusien*, journal.

C'est devant une salle comble que M. K..., président de la section *Meusienne* de la société de géographie de l'Est, a donné la parole à M. D..., qui devait nous entretenir de la mission de Paul Bert au Tonkin.

L'Indépendant de l'Est
(7 février 1887).

MEUXHOARD, ARDE, du Meux, c^ne, c^on d'Estrées-Saint-Denis, arr^t de Compiègne (Oise).

Les *Meuhoards* (vers blancs ou vers *meux)*, mous, larve du hanneton. Ce sobriquet vient sans doute de la concordance de vers *meux* avec le nom du pays. Pour désigner les gens du Meux, on ne dit pas les *Meuxiens*, mais les *Meuxhoards*.

YLLIATUD. *(Dictons et sobriquets populaires des départements de l'Aisne, de l'Oise et de la Somme.)*

MEYMACOIS, OISE, de Meymac, ch.-l. de c^on, arr^t d'Ussel (Corrèze).

Nous souhaitons que les concerts soient chez nous aussi nombreux que possible. C'est le vœu de tous les *Meymacois*.

Le Petit Centre (4 mai 1887).

MEYRARGUIN, INE, de Meyrargues, c^ne, c^on de Peyrolles, arr^t d'Aix (Bouches-du-Rhône).

MEYSSACOIS, OISE, de Meyssac, ch.-l. de c^on, arr^t de Brive (Corrèze).

Le républicain *Meyssacois* nous dit que le brigadier ne peut pas faire de politique, n'étant pas électeur. De qui se moque-t-on ?

Le Progrès républicain de la Corrèze (4 mai 1887).

MÉZIN, INE, des montagnes du Mézenc, dans la chaîne des Cévennes entre l'Ardèche et la Haute-Loire.

On appelle race *Mézine* une race de moutons élevés dans le Mézenc, et qui est très estimée dans le Midi pour la boucherie.

LAROUSSE. *(Encyclopédie du* XIXe *siècle.)*

C'est cependant par cette voie impraticable à tout autre véhicule qu'au primitif char à bœufs des vieux Gaulois, que communiquent entre eux les Français de Lantriac, de Laussonne et des Etables, communes de 1,400 à 1,600 âmes chacune, et chacune dotée annuellement de deux foires où le commerce d'échange et surtout la vente et l'achat du bétail de race *Mézine* (fort recherché des départements voisins), font affluer des deux versants du Vivarais un grand concours de trafiquants.

F. DE LANOYE. *(Voyage aux volcans de la France centrale.) Le Tour du Monde,* année 1866, 2e semestre, page 302.

MÉZINAIS, AISE, de Mézin, ch.-l. de c^on, arr^t de Nérac (Lot-et-Garonne).

Le Veloce-Club *Mézinais.*

Les veneurs *Mézinais* ont fait entendre les morceaux couronnés au concours de Condom.

La Petite Gironde (24 août 1888).

« Mieux vaut tard que jamais », dit le proverbe. Nous le rééditerons pour avoir tardé à narrer l'intéressant concert offert le 15 août par la fanfare de Mézin à ses membres honoraires. On remarquait dans l'assistance toutes les notabilités et toutes nos belles *Mézinaises* en toilettes estivales.

La Petite Gironde (25 août 1888).

MIAULLETON, ONNE, sobriquet des habitants de Saint-Léonard, ch.-l. de c°ⁿ, arrᵗ de Limoges (Haute-Vienne).

MILIANAIS, AISE, de Milianah, ch.-l. d'arrᵗ du dépᵗ d'Alger (Algérie).

MILLAVOIS, OISE, de Millau *(Ager Œmilianus)*, ch.-l. d'arrᵗ (Aveyron).

Il y eut de tout temps des escarmouches continuelles entre la garnison de Compeyre et de Millau, parce que la première voulait s'emparer des récoltes des *Millavois*.

Bᵒⁿ DE GAUJAL. (Etudes historiques
sur le Rouergue.)

Millau est une ancienne cité romaine, *castrum Œmilianum*, d'où *Milianum* et enfin *Millau* ou *Milhau*. Les *Millavois* ont de tout temps placé les remparts de leur ville sous l'égide divine :

Nisi Dominus custodierit civitatem
Frustrà vigilat qui custodit eam,

dit la devise de la cité.

MILLEREN, ÈNE, des Millières, contrée marécageuse de l'ancienne Savoie, qui se trouve aujourd'hui comprise dans l'arrondissement de Saint-Jean-de-Maurienne (Savoie).

On appelle *Millerens* les habitants de la contrée des Millières.

Cᵒⁿ de M. DUCIS, archiviste
de la Haute-Savoie.

MIMIZANNAIS, AISE, de Mimizan, ch.-l. de c°ⁿ, arrᵗ de Mont-de-Marsan (Landes).

MINERVOIS, OISE, de Minerve *(Pagus Minerbensis)*, c°ⁿ, c°ⁿ d'Olonzac, arrᵗ de Saint-Pons (Hérault).

Vous pouvez vous faire porter à Lacaunette à peu de frais ; les *Minervois* sont modestes.

DE VILBACK. (Voyage
en Languedoc.)

MINERVOIS, OISE, de Rieux-Minervois, c°ⁿ, c°ⁿ de Peyriac-Minervois, arrᵗ de Carcassonne (Aude).

La Fanfare *Minervoise*.

MIOTTAIN, AINE, de la Miotte, quartier de la ville de Belfort, ch.-l. du territoire de Belfort.

MIQUELONNAIS, AISE, de l'île de Miquelon, possession française, à huit kilomètres de Saint-Pierre, sur la côte de Terre-Neuve (Amérique du Nord).

Les *Miquelonnais*, qui forment environ la moitié de la population sédentaire de la colonie, descendent sans mélange des anciens Acadiens. Les habitants de Saint-Pierre sont de race acadienne et normande mêlées.

A. HUGO. (France pittoresque.)

MIRAMASSIN, INE, de Miramas, c°ⁿ, c°ⁿ de Salon, arrᵗ d'Aix (Bouches-du-Rhône).

MIRAMBEAULAIS, AISE, de Mirambeau, ch.-l. de c°ⁿ, arrᵗ de Jonzac (Charente-Inférieure).

La Lyre *Mirambeaulaise* vient de remporter à Paris, au concours des 3, 4 et 5 mai, un premier prix spécial d'honneur.

La Petite Gironde (15 mai 1886).

MIRAMONTAIS, AISE, de Miramont, c°ⁿ, c°ⁿ et arrᵗ de Saint-Gaudens (Haute-Garonne).

Les Ouvriers *Miramontais*, fanfare.

MIRANDAIS, AISE, de Mirande, ch.-l. d'arrᵗ (Gers).

Les habitants d'Auch descendent des anciens Auscitains ; ceux de

Mirande et des environs sont connus sous le nom de *Mirandais*.

G. Heuzé. *(Les Primes d'honneur en 1872.)*

C'est au long sommeil de l'intelligence *Mirandaise*, à ce dédain trop grand peut-être de tout ce qui touche aux choses de l'esprit, qu'il faut attribuer la disette des hommes remarquables, qu'on a toujours signalée à Mirande.

Mary Lafon. *(Histoire de Mirande.)*

La Lyre *Mirandaise*, société musicale.

La ville de Mirande, élégante et bien bâtie, semble bien confirmer l'opinion du commun des étymologistes, qui attribuent son nom *Miranda*, à l'aspect riant qu'elle présente. Suivant la tradition, cette ville fut fondée vers l'an 1300, et c'est en raison du site charmant de la nouvelle cité que ses fondateurs lui donnèrent le nom d'*admirable*, de *merveilleuse*, de *Miranda*, *Mirande*.

MIRAPISCIEN, IENNE, de Mirepoix, ch.-l. de c°ⁿ, arrᵗ de Pamiers (Ariège).

Mirepoix est bâti au pied d'une colline, sur la rive droite du Lers. Cette ville eut à son origine le nom de *Mirapech* ou *Mirapic*. Ne regardait-il pas en effet le sommet ou le pic de la montagne? De Mirapic ou Mirapech, on fit bientôt Mirapoix, d'où le nom de ses habitants *Mirapisciens*, et la dernière modification a été Mirepoix.

MIREBALAIS, AISE, de Mirebeau, ch.-l. de c°ⁿ, arrᵗ de Poitiers (Vienne).

Ce petit chef-lieu de canton a son cercle *Mirebalais* de la Ligue de l'Enseignement.

MIREBELLOIS, OISE, de Mirebeau-sur-Bèze, ch.-l. de c°ⁿ, arrᵗ de Dijon (Côte-d'Or).

Quand on voit entrer un *Mirebellois* au café, on dit qu'il vient de *déjeuner avec des gaudes*, c'est-à-dire qu'il vient de faire un maigre repas.

Clément Janin. *(Sobriquets des villes et villages de la Côte-d'Or.)*

MIRECURTIEN, IENNE, de Mirecourt *(Pagus Mercuriensis)*, ch-.l. d'arrᵗ (Vosges).

Les Enfants de Mirecourt *(Mercurii Curtis)*, s'appellent *Mirecurtiens*. Les paysans nous appellent des *Mirecoutois*, mais c'est du patois, et le patois de ces braves gens n'est pas riche.

Chassel, rédacteur en chef de la *Presse Vosgienne*, à Mirecourt.

MITIDJIEN, IENNE, de la Mitidja ou Métidja, grande plaine au sud d'Alger, où s'élèvent Blidah, Bouffarik et de nombreux villages comprenant plus de 30,000 Européens (Algérie). (Voir MÉTIDJIEN.)

MOGREBIN, INE, ou **MOGREBITE** *, nom donné chez les Arabes aux habitants originaires de l'Afrique occidentale.

Alger demeurera toujours la capitale et la vraie reine des *Mogrebins*.

E. Fromentin. *(Une année dans le Sahel.)*

Le sultan des *Mogrebites* a envoyé des députés au sultan des Levantins.

A. Gorguos. *(Cours d'arabe vulgaire.)*

* Les mots *Mogrebin*, *Mogrebite* viennent du mot arabe *Mogreb*, qui veut dire couchant. Le Maroc, l'Algérie, par rapport à l'Egypte, aux échelles du Levant, etc., etc., sont des régions *Mogrebines*.

MOHÉLIEN, IENNE, de Mohéli, une île des Comores, sous le protectorat de la France. (Voir COMORIEN et MAYOTTAIS.)

Un *Mohélien* a toujours sur lui une boîte rectangulaire, dans laquelle il met du bétel, de la noix d'arec et du tabac.

La Lanterne (8 juillet 1888).

MOISSAGUAIS, UAISE, ou MOISSAGAIS, AISE, de Moissac, ch.-l. d'arr¹ (Tarn-et-Garonne).

La perte du Canada et la prééminence que le Havre a prise sur Bordeaux pour les rapports avec l'Amérique ont réagi d'une manière funeste sur les expéditions commerciales des *Moissaguais*, jadis en possession de fournir aux colonies la plus grande partie des farines épurées dites de *minot*.

MARY LAFON. *(Histoire de Moissac.)*

La Lyre *Moissaguaise*, fanfare.

Les filles de Moissac
Découvrent leur derrière pour couvrir la
[tête.
dit un vieux proverbe patois du pays.

Las filhos de Mouyssac
Descatoun lou kioul per cata lou cap.

(Bulletin archéologique du Tarn-et-Garonne.)

MOÏTINCO, INCA, de Moïta, ch.-l. de c⁰ⁿ, arr¹ de Corté (Corse).

On dit un *Moïtincho*, des *Moïtinchi*.

MONCLARAIS, AISE, de Monclar, ch.-l. de c⁰ⁿ, arr¹ de Villeneuve (Lot-et-Garonne).

MONCONTOURAIS, AISE, de Moncontour, ch.-l. de c⁰ⁿ, arr¹ de Saint-Brieuc (Côtes-du-Nord).

MONCRABEAUTIEN, IENNE, de Moncrabeau, c⁰ᵉ, c⁰ⁿ de Francescas, arr¹ de Nérac (Lot-et-Garonne).

MONDOUBLOTIER, IÈRE, de Mondoubleau, ch.-l. de c⁰ⁿ, arr¹ de Vendôme (Loir-et-Cher).

MONÉGASQUE, au masculin et au féminin, de la principauté de Monaco.

Tout le monde sait que le peuple le plus heureux de la terre est le peuple *Monégasque*.

GABRIEL CHARMES. *(Les Stations d'hiver de la Méditerranée.)*

Le sang des *Monégasques* s'est épuisé, sans se renouveler, sous le régime de l'austérité.

G. CHARMES. *(Ibidem.)*

La diplomatie *Monégasque* avait remporté un véritable succès ; n'eût-il pas été imprudent de vouloir tenter un succès militaire beaucoup plus douteux ?

G. CHARMES. *(Ibidem.)*

On trouve encore :

MONAGASTE.

Bientôt on aperçoit, au milieu des oliviers et des caroubiers, les maisons de la ville et les restes du palais délabré des princes *Monagastes*.

PAUL DE KICK. *(Souvenirs et impressions d'un sous-lieutenant, ou Nice, ses environs et la rivière de Gênes.)*

On trouve également :

MONACOIS, OISE.

Honoré IV régnait tranquillement lorsqu'arriva la Révolution de 89. Les *Monacois* en suivirent les phases avec une attention toute particulière ; puis, lorsque la République fut proclamée en France, ils profitèrent d'un moment où le prince était je ne sais où, s'armèrent de tout ce qu'ils purent trouver sous la main et marchèrent sur le palais, qu'ils prirent d'assaut et dont ils commencèrent par piller les caves, qui pouvaient contenir douze ou quinze mille bouteilles de vin. Deux heures après, les huit mille sujets du prince de Monaco étaient ivres.

ALEX. DUMAS. *(Revue de Paris, année 1841.)*

MONTACUTIN, INE, de Montaigu (1), ch.-l. de c^on, arr^t de La Roche-sur-Yon (Vendée).

MONTALBANAIS *, AISE, de Montauban, ch.-l. du dép^t de Tarn-et-Garonne.

L'aversion originaire des *Montalbanais* contre le clergé existait secrètement en 1560.

MARY LAFON. *(Histoire de Montauban.)*

La presse *Montalbanaise* organise une grande fête de charité au profit des inondés du Midi de la France.

La Gironde (6 décembre 1885).

On trouve aussi, mais fautivement :
MONTAUBANAIS, AISE.

La variété des vallées, qui se rapproche du bœuf *durham* par le profil horizontal et presque rectiligne du dos et qui se subdivise en bêtes marmandaises, bêtes agenaises et bêtes *Montaubanaises*.

LARIVE et FLEURY. *(Dictionnaire de Géographie.)*

* De *Mons Albanus*, le Mont-Blanc, sur lequel on commença à bâtir la ville de Montauban, dont le vieux quartier garde encore, du reste, son nom antique *Mount Alba*.

MONTARDIDOIS, OISE, de Montardit, c^ne, c^on de Sainte-Croix, arr^t de Saint-Girons (Ariège).

(1) 10 communes portent le même nom ; on doit appliquer à leurs habitants la même appellation ethnique.

MONTARGEOIS, EOISE, de Montargis, ch.-l. d'arr^t (Loiret).

Les Petites Affiches *Montargeoises*, journal d'annonces publié à Montargis.

La Lyre *Montargeoise*, société musicale.

On trouve encore :
MONTARGIOIS, IOISE.

Le général anglais se retira en bon ordre, mais les *Montargiois* furent délivrés.

TOUCHARD-LAFOSSE. *(La Loire historique.)*

MONTBARDOIS, OISE, de Montbard, ch.-l. de c^on, arr^t de Semur (Côte-d'Or).

La Lyre *Montbardoise*, société musicale.

MONTBÉLIARDAIS, AISE, de Montbéliard, ch.-l. d'arr^t (Doubs).

Les habitants de Montbéliard sont appelés *Montbéliardais*.

C^on du Maire de Montbéliard.

MONTBRISONNAIS, AISE, de Montbrison, ch.-l. d'arr^t (Loire).

Ce fut le duc de Nemours, chef de la Ligue dans le Lyonnais, qui, ayant demandé aux *Montbrisonnais* de l'argent qu'il n'avait pas obtenu, surprit Montbrison en 1592.

TOUCHARD-LAFOSSE. *(La Loire historique.)*

L'Harmonie *Montbrisonnaise*, société musicale.

« Les ânons de Montbrison » ; ce sobriquet existe depuis plus de trois siècles, et les habitants de Chagnon et de Luré le partagent avec les *Montbrisonnais*.

GAIDOZ et SEBILLOT. *(Blason populaire de la France.)*

MONTBRONAIS, AISE, de Montbron, ch.-l. de c^{on}, arr^t d'Angoulême (Charente).

MONTCUQUOIS, UOISE, de Montcuq, ch.-l. de c^{on}, arr^t de Cahors (Lot).

L'Avenir *Montcuquois*, fanfare.

MONTDIDÉRIEN, IENNE, de Montdidier, ch.-l. d'arr^t (Somme).

Le surnom de *Promeneurs,* appliqué aux *Montdidériens,* donna lieu aux vers suivants :

Nous aimons à nous promener,
A chanter, à rire, à boire ;
Mais si Mars nous fait ajourner,
Nous volons à la gloire,

VICTOR DE BEAUVILLE. (Histoire de Montdidier.)

On appelait *Camus* les habitants du quartier de la Croix-Bleue, à Montdidier, et *Verjoleux* ceux de la rue des Cuisiniers, quartier bruyant et tapageur.

MONTDORIEN, IENNE, du Mont-Dore *(Mons Aureacensis),* c^{ne}, c^{on} de Rochefort, arr^t de Clermont-Ferrand (Puy-de-Dôme).

Le savant inspecteur du Mont-Dore tient décidément à maintenir, en dépit des chiffres, le caractère purement arsenical de la médication *Montdorienne.*

Dr ESCOT. (Etude sur les eaux de la Bourboule.)

Elles ont de l'esprit, les *Montdoriennes,* ne vous y méprenez pas ; le degré d'intelligence, chez les femmes surtout, croît ici en raison de l'altitude.

(Splendide guide.)

MONTECARLIEN, IENNE, de Monte-Carlo, ville de la principauté de Monaco.

Il a fallu s'adresser aux quatre points cardinaux où l'on chante pour grouper des talents dignes de fixer l'attention et forcer les bravos de la colonie *Montecarlienne.*

J. PREVEL. (Figaro, 29 janvier 1884).

On trouve également :

MONTE-CARLISTE (peu usité).

Il existe toute une littérature et tout un art *Monte-Carlistes,* littérature et art d'une violence extraordinaire, poussant l'hyperbole à un point qu'aucune autre école n'a jamais atteint et n'atteindra jamais.

GABRIEL CHARMES. (Les Saisons d'hiver de la Méditerranée.)

MONTELAIS, AISE, de Monteux, c^{ne}, c^{on} et arr^t de Carpentras (Vaucluse).

La belle première fête où Rosette chanta, ce fut à la Sainte-Agathe, patronne des *Maillanais*.... Quand elle eut fait toutes les *votes* de notre voisinage, l'envie lui prit d'essayer dans les villes. Et là comme au village, la *Montelaise* fit florès.

F. MISTRAL. (La Montelaise, Paris-Noël, 1887-1888.)

MONTERELAIS, AISE, de Montereau, ch.-l. de c^{on}, arr^t de Fontainebleau (Seine-et-Marne).

On désigne les habitants de Montereau sous le nom de *Monterelais.*

C^{on} du Maire de Montereau.

MONTFORTOIS, OISE, de Montfort-l'Amaury (1), ch.-l. de c^{on}, arr^t de Rambouillet (Seine-et-Oise).

MONTFORTAIS (2), AISE, de Montfort-sur-Meu, ch.-l. d'arr^t (Ille-et-Vilaine).

(1-2) 10 communes portent le même nom ; leurs habitants s'appellent *Montfortois* ou *Montfortais.*

La *Montfortaise,* société de tir et de gymnastique de Montfort.

MONTFRINOIS, OISE, de Montfrin, c^ne, c^on d'Aramon, arr^t de Nîmes (Gard).

Les *Montfrinois* furent plus braves et plus heureux à la fois que leurs voisins de Beaucaire.

> A. DE LAMOTHE. *(Le Proscrit de la Camargue.)*

MONTGAILLARDOIS, OISE, de Montgaillard, c^ne, c^on et arr^t de Bagnères-de-Bigorre (Hautes-Pyrénées).

MONTIGNACOIS, OISE, de Montignac, ch.-l. de c^on, arr^t de Sarlat (Dordogne).

J'ai l'honneur de vous présenter le Tartarin *Montignacois.*

> *L'Echo de la Dordogne* (1er mai 1888).

MONTILIEN*, IENNE, de Montélimar, ch.-l. d'arr^t (Drôme).

Mercredi dernier, vers six heures moins vingt du matin, c'est-à-dire au moment où la plupart de nos *Montiliens* goûtaient encore les douceurs du sommeil, on a ressenti les premières secousses du tremblement de terre.

> *Le Journal de Montélimar* (26 février 1887).

Le *Journal de Montélimar* publie fréquemment une petite chronique *Montilienne.*

* Le nom de *Montilien,* donné aux habitants de Montélimar, apparaît sous sa forme latine dans les actes les plus anciens du Cartulaire municipal de cette localité. Il dérive du nom même de la localité *Montilium Adhemari, Montilium Œmari* (par contraction), et successivement Monteilimar et enfin Montélimar.

MONTINIEN, IENNE, de Mont-devant-Sassey, c^ne, c^on de Dun-sur-Meuse, arr^t de Montmédy (Meuse).

Changement de front des populations *Montiniennes.*

> A. JEANTIN. *(Histoire de Montmédy.)*

MONTIVILLION, ONNE, de Montivilliers, ch.-l. de c^on, arr^t du Havre (Seine-Inférieure).

Si un *Montivillion* venait à Harfleur, il devait infailliblement s'attendre à une réception peu galante.

> A. CANEL. *(Blason populaire de la Normandie.)*

Quelques années avant la Révolution, on disait : *Les gourmands de Montivilliers,* de même qu'on dit encore « les *Friands de Caudebec* ». Mais ce sobriquet est tombé en désuétude ; celui de *Mangeurs d'oreilles* lui a succédé. En voici l'origine :

Dans une des batailles, jadis assez fréquentes entre les *Montivillions* et les Harfleurtais, un *Montivillion* arracha avec ses dents l'oreille de son adversaire. Une autre version veut qu'un habitant de Montivilliers ait coupé les oreilles d'un Harfleurtais qu'il avait tué et les ait ensuite mangées.

MONTLUÇONNAIS, AISE, de Montluçon, ch.-l. d'arr^t (Allier).

André Messager est un Parisien de Montluçon, ou plutôt un *Montluçonnais* de Paris.

> *Le Figaro* (19 octobre 1886).

La *Montluçonnaise,* société de gymnastique.

MONTMARTRAIS*, AISE, de Montmartre, quartier de la ville de Paris.

J'entre dans ce café celtibérique et j'aperçois quelques *Montmartrais,* entre autres Carjat !

> EMILE GOUDEAU. *(Voyage d'A·Kempis.)*

Il parait qu'une multitude de jolies *Montmartraises*, que nous apercevons parfois le matin en déshabillé, rue Rodier ou rue Condorcet, descendent là, le soir, exercer une piraterie particulière.

EMILE GOUDEAU. (Voyage d'A'Kempis.)

On dit également :
MONTMARTROIS, OISE.

Ils se moquent de la gloire comme d'un hiatus et se contentent pour l'heure de laisser leurs rimes folles suivre le vol des bonnets légers par delà les ailes des moulins *Montmartrois*.

JEAN AJALBERT. (Supplément littéraire du Figaro du 17 mars 1888.)

* *Mons Martyrum*, la montagne, la colline des martyres.

MONTMÉDIEN, IENNE, de Montmédy, ch.-l. d'arr^t (Meuse).

Malheureux *Montmédiens !* Comme les autres, sous son successeur, vous serez aussi vendus comme de vils troupeaux ! et ce sera un comte de Bar, pressé par l'usure, qui, le premier, vous livrera au Luxembourg et aux désastres de la guerre pendant trois cents ans !

A. JEANTIN. (Histoire de Montmédy.)

Sous Louis de Los et sous Jeanne de Blamont, la population *Montmédienne* s'accrut à l'ombre des tourelles protectrices de leur manoir.

A. JEANTIN. (Ibidem.)

La *Montmédienne*, fanfare.

MONTMORENCIEN, IENNE, de Montmorency, ch,-l. de c^on, arr^t de Pontoise (Seine-et-Oise).

Les habitants de Montmorency ont parfois été désignés sous le nom de *Montmorenciens* ; mais cette appellation est fort peu usitée.

C^on du Maire de Montmorency.

MONTMORILLONNAIS, AISE, de Montmorillon, ch.-l. d'arr^t (Vienne).

A peine venait-on de lancer la dernière fusée, que la jeunesse *Montmorillonnaise* se transportait sous le marché couvert, afin de prendre part aux danses qui y étaient organisées.

La Gartempe, journal de Montmorillon (15 juillet 1883).

MONTOIRIN, INE, de Montoir, c^ne, c^on et arr^t de Saint-Nazaire (Loire-Inférieure).

Il est impossible de faire revenir les paysans de leur opinion sur le compte des sorciers *Montoirins*.

CARPENTIER. (Galerie armoricaine.)

Mais si les *Montoirins* ne sont pas sorciers, il se trouve peut-être plus d'une enchanteresse parmi les *Montoirines,* surtout quand, le dimanche, elles ont mis leurs beaux habits.

J. LE BOYER. (Notices sur le département de la Loire-Inférieure.)

MONTOIRIEN, IENNE, de Montoire, ch.-l. de c^on, arr^t de Vendôme (Loir-et-Cher).

Les *Montoiriennes* sont en général grandes, bien faites, brunes aux traits piquants, et leur tournure offre cet abandon gracieux que l'on admire dans les figures antiques.

TOUCHARD-LAFOSSE. (La Loire historique.)

MONTOIS, OISE, de Mons-en-Montois, c^ne, c^on de Donnemarie, arr^t de Provins (Seine-et-Marne).

« Les Mutins », voilà un sobriquet dont s'enorgueillissent à juste titre les habitants de Mons-en-Montois.

A. Fourtier. *(Les Dictons de Seine-et-Marne.)*

MONTOIS, OISE, de Mont-Saint-Sulpice, c^no, c^on de Seignelay, arr^t d'Auxerre (Yonne).

La Lyre *Montoise*, fanfare.

MONTOIS, OISE, du Mont-Saint-Michel, c^no, c^on de Pontorson, arr^t d'Avranches (Manche).

La pêche est l'unique occupation des *Montois* ; quant aux *Montoises*, elles pourraient être comparées aux Granvillaises, si elles avaient la tournure dégagée, le beau profil et la coiffure gracieuse de celles-ci.

Cazin. *(Journal d'un Touriste.)*

Le Mont-Saint-Michel est un lieu de pèlerinage célèbre ; on donnait aux pèlerins qui s'y rendaient de toutes les villes du monde les noms de *Michelets, Miquelets, Michelots*. Il y a dans l'Orne une confrérie de *Miquelets*.

MONTOIS, OISE, de Mont-de-Marsan, ch.-l. du dép^t des Landes.

M. H. Jumel est parti hier par l'express pour Paris ; deux cents personnes s'étaient rendues à la gare pour faire leurs adieux au nouveau député *Montois*.

La Gironde (22 février 1888).

MONTPELLIÉRAIN, AINE, de Montpellier, ch.-l. du dép^t de l'Hérault.

Le brave général Lepic était *Montpelliérain*.

Ch. Aubert. *(Le Littoral de la France.)*

La Chorale *Montpelliéraine*, société musicale.

Le travail n'a point fait renoncer les *Montpelliéraines* aux inclinations prédominantes de leur sexe.

E. de La Bédollière. *(Français peints par eux-mêmes.)*

On trouve également :

MONTPELLIÉRAIS*, AISE (peu usité).

Les *Montpelliérais* ont ordinairement le teint brun et les cheveux châtains ou presque noirs ; les *Montpelliéraises* ont la taille svelte ; quoique souvent brunes comme les hommes, elles ont de l'éclat dans la jeunesse, mais plus de grâce que de beauté.

E. Thomas. *(Tableau historique de Montpellier.)*

*D'après M. Menet, qui a fait dans le journal la *Nature* une nomenclature du nom des habitants de quelques villes de France, les habitants de Montpellier s'appelleraient des *Monspessulans*. Cette appellation ethnique, qu'expliquerait assez bien l'étymologie de Montpellier *(Mons Pessulanus)*, ne se rencontre nulle part ; elle est complètement ignorée ; le véritable nom est *Montpelliérain*.

Les femmes de Montpellier sont réputées pour leur gentillesse, leurs grâces et leur beauté. Ceux qui ont voulu embellir l'origine de cette ville, qui se perd dans la nuit des temps, ainsi que du reste que l'étymologie de son nom, ont dit gaîment que son nom était composé des deux mots latins *Mons, Puellarum*, c'est-à-dire colline des jeunes filles, voulant ainsi rendre hommage à la beauté des jeunes filles de la capitale de l'Hérault.

MONTPONNAIS, AISE, de Montpon, ch.-l. de c^on, arr^t de Ribérac (Dordogne).

Laissez-moi, je vous prie, remercier publiquement MM. les conseillers et M. Villemonte lui-même, d'avoir bien voulu s'occuper de ce vœu du conseil municipal *Montponnais*, qui n'avait pas douté un seul instant que l'assemblée départementale n'adoptât sans difficulté l'orthographe indiquée, parce qu'elle lui semblait découler régulièrement du latin Mons, *montis*, et Pavo, *pavonis*.

Dr BARBANCEY, dans l'*Avenir de la Dordogne* (31 août 1888).

Le 9 janvier 1887 restera une date mémorable pour la franc-maçonnerie *Montponnaise*.

L'*Avenir de la Dordogne* (10 janvier 1887).

Le conseil municipal de Montpon vient de demander (août 1888) que ce retentissant dissyllabe s'écrivit désormais : Montpon. Les habitants de cette petite ville ne pouvaient se consoler de voir l'orthographe actuelle de leur cité outrager l'étymologie latine, *Mons pavonis*. Le Conseil général a voté l'orthographe rectificative qu'on lui demandait.

La Petite Gironde (25 août 1888) appelait à ce propos *Montponyais* les habitants de Montpon ; un autre journal, l'*Avenir de la Dordogne*, les nommait *Montpontais*. Ces deux qualifications sont fausses : il faut dire *Montponnais, aise*.

L'étymologie de Montpon ne paraît plus douteuse aujourd'hui ; ce nom vient de *mons, montis*, mont, monticule, et de *Pavo, pavonis ;* le mot final *pon* vient de ce nom propre *Pavo*, par élision du V. *Paon, Paonis, paon Montpaon.*

MONTREUILLOIS, OISE, de Montreuil(1)-sur-Mer, ch.-l. d'arr^t (Pas-de-Calais).

La *Montreuilloise*, journal publié à Montreuil.

MONTREUILLOIS, OISE, de Montreuil-sous-Bois, c^{ne}, c^{on} de Vincennes, arr^t de Sceaux (Seine).

Le *Montreuillois*, journal républicain.

MONTROGNON, ONE, de Montigny-le-Gannelon, c^{ne}, c^{on} de Cloyes, arr^t de Châteaudun (Eure-et-Loir).

(1) 30 communes portent le nom de Montreuil ; on doit appliquer à leurs habitants la même appellation ethnique, *Montreuillois* ou *Montreuillais.*

MONTROUGIEN, IENNE, de Montrouge, c^{ne}, c^{on} et arr^t de Sceaux (Seine).

Les *Montrougiens* sont basanés, mais très riches, grâce à un commerce assidu de carottes, navets, poireaux, artichauts et faux champignons de couche ; leurs mœurs sont douces et élégantes.

E. GOUDEAU. (*Voyage d'A'Kempis.*)

Le *Montrougien*, journal.

La *Montrougienne*, société de tir et de gymnastique de Montrouge.

MONTSALVIEN, IENNE, de Montsalvy, ch.-l. de c^{on}, arr^t d'Aurillac (Cantal).

Correspondance *Montsalvienne*, dans l'*Indépendant du Cantal* du 30 mars 1887.

MONTSAUGEONNAIS, AISE, de Montsaugeon, c^{ne}, c^{on} de Prauthoy, arr^t de Langres (Haute-Marne).

MONTSORAIN, AINE, de Montsort, faubourg de la ville d'Alençon, ch.-l. du dép^t de l'Orne.

« La Goule monte aux *Montsorains* », dit un proverbe populaire de la Normandie. Les habitants de ce faubourg d'Alençon sont réputés comme *braillards* et *tapageurs*, et c'est ce défaut que le proverbe a voulu conserver.

MONT-SOUS-VAUDRÉEN, ÉENNE, de Mont-sous-Vaudrey, c^{ne}, c^{on} de Montbarrey, arr^t de Dôle (Jura).

MORANÇOIS, OISE, de Morancez, c^{ne}, c^{on} et arr^t de Chartres (Eure-et-Loir).

MORBIHANNAIS, AISE, du département du Morbihan.

Le *Morbihannais* a gardé les allures, le costume, la langue, les vertus et même les vices qui lui ont été transmis par ces fiers Vénètes, qui eurent le dangereux honneur de résister les derniers aux Romains.

CARPENTIER. *(Galerie armoricaine.)*

Nous sommes à Langounet, en pleine Bretagne ; c'est ici que les luttes, les courses à cheval et toutes les vieilles coutumes *Morbihannaises* se conservent et se perpétuent, en passant de la génération qui s'en va à celle qui arrive.

CARPENTIER. *(Ibidem.)*

MORDELAIS, AISE, de Mordelles, ch.-l. de c^on, arr^t de Rennes (Ille-et-Vilaine).

Les monuments remarquables sont peu nombreux à Rennes. On peut citer pourtant cette porte *Mordelaise*, où les anciens ducs venaient frapper avant de monter sur le trône, en faisant le serment solennel de conserver la foi catholique et de gouverner avec équité.

M. BARBÉ. *(La Bretagne.)*

MOREUILLAIS, AISE, de Moreuil, ch.-l. de c^on, arr^t de Montdidier (Somme).

Le sobriquet de *Moniquins*, donné aux *Moreuillais*, explique l'idée de gens portés au plaisir et à la dépense.

MORÉZIEN, IENNE, de Morez, ch.-l. de c^on, arr^t de Saint-Claude (Jura).

Les *Moréziens* n'ont qu'à gravir la montagne voisine de la Faucille pour apercevoir, au milieu du merveilleux panorama qui s'y déroule, entre les cimes des grandes Alpes et le pied des monts Jurassiens, assise au bord de son beau lac, l'industrieuse et attrayante cité genévoise, dont la fabrication et le commerce

des montres ont si largement agrandi la fortune.

A. AUDIGANE. *(Revue des Deux-Mondes,* juin 1854).

Une initiative hardie, qui ne remonte qu'à huit ou neuf années, nous a montré l'horlogerie *Morézienne* visant à s'élever vers la branche la plus délicate de l'art, c'est-à-dire vers la fabrication des montres.

A. AUDIGANE. *(Ibidem.)*

MORLAISIEN, IENNE, de Morlaix, ch.-l. d'arr^t (Finistère).

La devise de Morlaix est : « *S'ils te mordent, mords-les !* » J'ignore ce que les *Morlaisiens* ont pu faire des hermines et des fleurs de lys qui jadis ornaient leur bannière ! Mais ne disons pas de mal de ces farouches citoyens, puisqu'ils ont la dent si chaude !

J. GUILLOU. *(Etymologies bretonnes.)*

Le langage breton prend sur les lèvres fraîches des *Morlaisiennes* une allure pimpante, aimable, qui la fait résonner en notes agréables aux oreilles des étrangers.

CH. AUBERT. *(Le Littoral de la France.)*

MORLAN, ANE, de Morlaas, ch.-l. de c^on, arr^t de Pau (Basses-Pyrénées).

Les vallées du Lavedan rapportaient dix-neuf livres *Morlanes ;* la livre *Morlane* avait une valeur triple de la livre tournois.

BASCLE DE LAGRÈZE. *(Histoire de Lourdes.)*

On voit encore à Morlaas les ruines du château de Hourquie, dans lequel toutes les monnaies du Béarn avaient été frappées, depuis le XIe siècle jusqu'à l'établissement de la monnaie de Pau. Le sou *Morlan*, la livre *Morlane*.

MORTAGNAIS, AISE, de Mortagne, ch.-l. d'arr[t] (Orne).

Qu'il nous soit permis d'adresser quelques reproches au dieu Phébus, que les *Mortagnais* ont dû maudire en cette journée ; par sa faute, nos concitoyens ont été un peu déçus dans leurs espérances !

L'Echo de l'Orne et de Mortagne
(8 avril 1886).

MORTAINAIS, AISE, de Mortain, ch.-l. d'arr[t] (Manche).

Le *Mortainais,* journal hebdomadaire publié à Mortain.

Reproduisons la variante *Mortainaise* de Marie Anson :

Te souvient-il qu'à la première fois,
Tes anneaux s'y rompirent en t'y serrant
lles doigts.

E. Le Héricher. *(Littérature populaire de la Normandie.)*

« A Mortain, plus de pierre que de pain », dit un vieux proverbe, qui est une allusion à la stérilité du sol ; on y récolte peu de blé, et la plus grande partie de la population ne connaît que le pain de sarrazin. ·

MORTUACIEN, IENNE, de Morteau, ch.-l. de c[on], arr[t] de Pontarlier (Doubs).

MORVANDIAU, ELLE, du Morvand * *(Pagus Morvonnensis),* ancien district du Nivernais (Nièvre).

De même que l'Arabe encourage et désennuie ses chameaux par le son d'un galoubet, le *Morvandiau* fait entendre à ses bœufs des sons retentissants et filés en point d'orgue d'une longue tenue, lorsqu'il se met à kioler. (Voir Quiaulin.)

A. Dupin. *(Le Morvand.)*

· C'est les filles de Château-Chinon,
Les petites *Morvandelles,*
Qui ont vendu leur cotte et cotillon
Pour avoir des dentelles.

(Vieux proverbe.)

On trouve également :
MORVANDEAU, ELLE.

Les *Morvandeaux* et les *Morvandelles* ne jouissent pas d'une bonne réputation, au point de vue de la propreté et de l'ordre.

(Les Primes d'honneur en 1872.)

On rencontre aussi :
MORVANDIOT, OTTE.

Le *Morvandiot* est petit, aux formes ramassées et d'intelligence étroite.

L. Simonin. *(Le Tour du Monde,* 1867, 1er semestre.)

On a même écrit :
MORVANDISTE, ISTE.

Dans la Divine d'alors, il était resté beaucoup de la petite *Morvandiste* d'autrefois.

E. et J. de Goncourt.
(La fille Elisa.)

* Le nom de ce pays vient des deux mots celtiques *Mor* et *Vand,* qui signifient montagnes noires, allusion à la couleur sombre des monts qui couvrent cette contrée. Un vieux proverbe populaire dit :

« Il ne vient du Morvand
Ni bon vin, ni bonnes gens. »

MOSELLAN, ANE, habitant des bords de la Moselle.

En 953, la Lotharingie fut partagée en deux provinces : Basse-Lorraine jusqu'aux bouches du Rhin et Haute-Lorraine, ou Lorraine *Mosellane,* la Lorraine moderne.

Larive et Fleury. *(Dictionnaire de Géographie.)*

L'appellation ethnique de *Mosellan* s'applique en général à tous les habitants des rives de la Moselle ; il y a donc des *Mosellans* aussi bien en amont qu'en aval de ce fleuve, en deçà et au delà des limites de l'ancien département qui portait le nom de Moselle.

MOSTAGANÉMOIS, OISE, de Mostaganem, ch.-l. d'arr¹ du dép¹ d'Oran (Algérie).

L'Avenir *Mostaganémois,* journal de Mostaganem.

MOTHAIS, AISE, de La Mothe(1)-Saint-Héraye, ch.-l. de cᵒⁿ, arr¹ de Melle (Deux-Sèvres).

La Fanfare *Mothaise.*

La race *Mothaise* est une race bovine estimée.

Les mots *Motte, La Mothe* portent avec eux l'idée d'une élévation, d'un sommet, soit naturel, soit factice, sur lequel la féodalité avait construit de toutes parts des châteaux-forts ; de ces buttes viennent tous les noms de Motte, Lamothe, qui expriment l'idée d'un lieu fortifié.

MOUESSARD, ARDE, habitant du faubourg de Mouesse, à Nevers, ch.-l. du dép¹ de la Nièvre.

MOULIEN, IENNE, du Moule, ch.-l. de cᵒⁿ, arr¹ de la Pointe-à-Pitre, Guadeloupe (Amérique).

MOULINOIS, OISE, de Moulins, ch.-l. du dép¹ de l'Allier.

Le spirituel *Moulinois* fut pris d'un accès d'hilarité qui piqua ma curiosité.

> L. Valéry. (Causerie *Moulinoise* dans le *Courrier de l'Allier,* 15 octobre 1885.)

Les *Moulinoises* sont coiffées du chapeau bourbonnais ; elles ont les épaules couvertes de la cape.

> Racinet. *(Le Costume historique.)*

La ville de Moulins est l'ancienne capitale du Bourbonnais. Tout porte à croire que c'est sur le territoire des anciens Boïens que cette ville, qui ne date

____

(1) 50 communes portent le même nom ; on doit appliquer à leurs habitants la même appellation ethnique.

que du moyen âge (sa fondation remonte à peine au xii° siècle), a été bâtie.

Dans la conversation, et par manière de plaisanterie, on appelle souvent les habitants de Moulins « des Boïens » pris en mauvaise part.

MOUSSANAIS, AISE, de Moussan, cⁿᵉ, cᵒⁿ et arr¹ de Narbonne (Aude).

La Lyre *Moussanaise,* fanfare.

MOUSTÉRIEN, IENNE, de Moutiers *(Munsterium, Monasterium),* ch.-l. d'arr¹ (Savoie).

On appelle *Moustériens* les habitants de Moutiers.

> Cᵒⁿ de M. Ducis, archiviste de la Haute-Savoie.

MOUSTÉRIEN, IENNE, du Moustier, hameau, cⁿᵉ de Peyzac, cᵒⁿ de Montignac, arr¹ de Sarlat (Dordogne).

Pointe *Moustérienne,* en silex, face avec les arêtes de taille, bords latéraux légèrement retouchés, base brute et épaisse..... Le Moustier, commune de Peyzac (Dordogne), localité typique qui a donné son nom à l'époque.

> G. et A. de Mortillet. *(Musée préhistorique.)*

MOUZONNAIS, AISE, de Mouzon *(Pagus Mosomagensis* ou *Mosmensis),* ch.-l. de cᵒⁿ, arr¹ de Sedan (Ardennes).

La Lyre *Mouzonnaise,* fanfare.

MOZADAIRE, de Mozac, cⁿᵉ, cᵒⁿ et arr¹ de Riom (Puy-de-Dôme).

MUGRONNAIS, AISE, de Mugron, ch.-l. de cᵒⁿ, arr¹ de Saint-Sever (Landes).

Nous désespérons, nous, *Mugronnais,* de ramener à la raison cet esprit détraqué, et nos désirs les

plus ardents seraient qu'il fût déplacé sans retard.

Le Républicain Landais
(24 décembre 1886).

La *Mugronnaise*, fanfare.

MULHOUSIEN, IENNE, de

Mulhouse, ville de l'Alsace, ancienne
province de la France.

En continuant mon inventaire,
j'ai encore à recenser dans la pâtisserie fine : les *Ringeln*, le *Mandel-
brod*, l'*Anisbrod*, etc., les *Zwiebach*,
les *Husaren-Schnitten*, les *Zimmet-
Schnitten*, les *Leckerlès*, le genre
entier des gaufres, *Waffeln*, dans
lequel figure spécialement la gaufre
Mulhousienne.

CH. GÉRARD. (L'Alsace à table.)

On trouve également :

MULHOUSOIS, OISE.

Pierre de Hagenback, le terrible
lieutenant de Charles le Téméraire,
fit beaucoup souffrir les *Mulhousois*.

CH. GRAD. (A travers l'Alsace
et la Lorraine. — Le Tour du
Monde, 1884.)

MUNSTÉRIEN, IENNE, de

Munster, commune de l'ancien département français du Bas-Rhin
(Alsace).

Voilà pourquoi je signale en passant les satisfactions moins rustiques offertes par les bons *Munsté-
riens* aux touristes comme il faut.

CH. GRAD. (A travers l'Alsace
et la Lorraine.)

MURATOIS, OISE, de Murat-

le-Quaire, c^{ne}, c^{on} de Rochefort, arr^{t}
de Clermont (Puy-de-Dôme).

MURATOIS, OISE, de Murat,

ch.-l. d'arr^{t} (Cantal).

On appelle *Muratois* les habitants
de Murat.

C^{on} du Maire de Murat.

MURETAIN, AINE, de Muret,

ch.-l. d'arr^{t} (Haute-Garonne).

Les *Muretains* ne pardonneront
jamais au Conseil municipal réac-
tionnaire d'avoir si follement gas-
pillé l'argent de la commune.

L'Indépendant de Muret
(20 février 1887).

MUROIS, OISE, de la Mure,

ch.-l. de c^{on}, arr^{t} de Grenoble
(Isère).

Le Préfet, M. Delatte, a souhaité
la bienvenue au Ministre et l'a assuré
de la reconnaissance et du dévouement inaltérable des *Murois* à la
République.

La Petite Gironde (25 juillet 1888).

MUSSIDANAIS, AISE, de Mus-

sidan, ch.-l. de c^{on}, arr^{t} de Ribérac
(Dordogne).

Les *Mussidanais* ont répondu avec
empressement à l'appel qui leur a
été adressé par le comité d'organisation de la cavalcade.

La Petite Gironde (28 mars 1886).

La *Mussidanaise*, société de gymnastique.

D'après M. l'abbé Audierne, Mussidan
paraît tenir son origine de la famille
consulaire *Mussidia*, dont les médailles
sont assez communes en Périgord. Il est
question de Mussidan dans une petite
plaquette fort rare du xviiie siècle, inti-
tulée : *Voyage de M. Courtois en Périgord*,
réimprimée en 1878, par les soins de
M. Villepelet, le savant archiviste de la
Dordogne. Voici ce que l'on dit :

Le commandant de la province,
Dont ici je tairai le nom,
Qui certes n'est point un nom mince,
En amour a quelque renom ;
Il est fameux pour les ripostes,
Et sait fort bien courir dix postes
Pour passer une bonne nuit
A Mucidan à petit bruit,
Et cætera, car c'est un drille
Qui s'absente à chaque moment ;
Et dans tout le gouvernement,
Il n'est femelle un peu gentille
Qu'il ne soumette en moins d'un an,
Fût-elle même née ailleurs qu'à Mussidan.

Ce dernier vers s'entend lorsque l'on sçait le proverbe périgourdin, qui dit : « Si tu te maries et que ta femme ne soit pas p.... dans un an, elle n'est point de Mussidan. »

MUSSIPONTAIN *, AINE, de Pont-à-Mousson, ch.-l. de c^on, arr^t de Nancy (Meurthe-et-Moselle).

Le courage et la bravoure des *Mussipontains* est à toute épreuve.
N. HENRY. *(Histoire de Pont-à-Mousson.)*

Puisse notre histoire de Pont-à-Mousson jeter dans le cœur de notre ardente jeunesse *Mussipontaine* des germes d'industrie et de savoir. .
N. HENRY. *(Ibidem.)*

Le patriote *Mussipontain*, journal républicain hebdomadaire, publié à Pont-à-Mousson.

* Le nom latin de la ville de Pont-à-Mousson a souvent varié ; elle a été indifféremment appelée *Pons ad Moutio, Pons ad Monticulum, Ponti Mussum* et *Mussi Pontum ;* c'est de cette dernière appellation qu'est venu le mot ethnique qui sert à désigner les habitants de cette localité. Pont-à-Mousson est bâtie sur les deux rives de la Moselle et elle doit son nom au *pont* qui réunit ses deux quartiers.

MOZABITE, MZABITE ou **MZABI,** indigène du Mzab (Algérie).

Les *Mzabis* ou *Mozabites* appartiennent au Mzab, contrée située sous le méridien, à deux cents lieues d'Alger.
A. BEHAGHEL. *(L'Algérie.)*

Tel *Mzabite,* aujourd'hui millionnaire, a débuté en poussant dans les rues d'Alger sa voiture de charbon ou en découpant en lanières étroites des morceaux de viande qu'il a débités dans son obscure boutique.
P. GAFFAREL. *(L'Algérie.)*

Le Mzab est un immense filet de rochers et de rocailles dont les mailles sont formées en relief par des crêtes découpées en tout sens ; cette contrée se trouve à cent kilomètres de Laghouat. Les *Mzabis* sont les descendants des *Eïbadites.* Ceux-ci, que leurs doctrines signalaient à la haine fanatique des populations arabes orthodoxes, ayant été chassés du Tell au XIe siècle, à la suite de guerres acharnées, vinrent chercher une retraite au milieu des vallées sinueuses et de difficiles accès, où se cachent les premières eaux de l'*Oued-Mzab,* dont ils prirent le nom.

Le terme usité en français, pour désigner les habitants du Mzab, est *Mozabite ; Mzabi* est l'appellation ethnique arabe.

MZITIS, appellation sous laquelle on désigne à Alger les habitants de Mansoura, province d'Oran (Algérie).

Les *Mzitis,* venant de Mansoura, sont à Alger, marchands et mesureurs de blé, baigneurs ou portefaix.
H. FISQUET. *(Atlas de la France et de ses colonies.)*

ACQUEVILLAIS, AISE, de Nacqueville, c^{ne}, c^{on} de Beaumont-Hague, arr^t de Cherbourg (Manche).

NAÏLIEN*, IENNE, nom francisé des Ouled-Naïl, tribu africaine du Sahara (Algérie). (Voir OULED-NAÏL.)

Les *Naïliennes* se livrent à la prostitution, dans le Sahara, pour gagner une dot.

P. BOURDE. *(A travers l'Algérie.)*

* L'ethnique arabe est *Nayliya* ; le terme le plus fréquemment employé est *Ouled-Naïl.* (Voir ce mot.) Les filles de cette tribu se répandent dans tout le Sahara algérien pour se faire une dot en se prostituant.

NANCÉIEN, ÉIENNE, de Nancy, ch.-l. du dép^t de Meurthe-et-Moselle.

Ne me trouvez-vous pas exagéré ? J'ai vécu la vie des *Nancéiens*, des habitants de Lunéville, de Toul, des Belfortains, et je respire avec eux.

Le Figaro (14 septembre 1888).

Le Petit *Nancéien* est un journal que l'on collectionne et qui est lu par toutes les classes de la société.

E. MERMET. *(La Presse française.)*

Le Sport *Nancéien*, société d'instruction gymnastique et militaire de Nancy.

On dit aussi :

NANCÉEN, ÉENNE, mais c'est un barbarisme.

L'impératrice a témoigné le désir de consacrer une certaine somme pour faire travailler les ouvrières de l'industrie *Nancéenne*.

(Voyage de l'impératrice Eugénie en Lorraine.)

NANTAIS, AISE, de Nantes *(Pagus Namneticus)*, ch.-l. du dép^t de la Loire-Inférieure.

Théodore Ritter, le pianiste prestigieux, est *Nantais*.

CH. AUBERT. *(Le Littoral de la France.)*

Anne de Bretagne est une des grandes figures *Nantaises*.

CH. AUBERT. *(Ibidem.)*

Les *Nantais* tirent leur nom des *Namnetes*, peuple gaulois.

NANTERRIEN, IENNE, de Nanterre, c^{ne}, c^{on} de Courbevoie, arr^t de Saint-Denis (Seine).

La *Nanterrienne*, société de tir et de gymnastique de Nanterre.

On dit aussi :

NANTERROIS, OISE (peu usité).

NANTEUILLOIS, OISE, de Nanteuil (1), c^ne, c^on de Thiviers, arr^t de Nontron (Dordogne).

NANTUATIEN, IENNE, de Nantua *, ch.-l. d'arr^t (Ain).

Le nom de la ville de Nantua a donné lieu à des étymologies diverses. Deux camps se sont formés : dans l'un, on remarque Munster, Paradin, Gabriel de La Roche-Maillet, le P. Monet et Guichenon, qui veulent, l'histoire à la main, prouver que les *Nantuatiens* descendent des *Antuates* ou *Nantuates*, dont parle César dans ses commentaires.

L'autre camp, où se distinguent MM. Genau, Rouyer, Mgr Depery et M. de La Teyssonnière, ne voit dans Nantua qu'un mot composé du celtique *Nant*, qui signifie *cours d'eau, ruisseau*, et du mot *Doye*, qui est le nom d'une source ou fontaine abondante qui fournit le tribut de ses eaux à toute la ville. Ainsi, du mot *Nant*, uni à *Doye*, on aurait formé d'abord *Nant-Doye*, puis *Nantoacum*, enfin *Nantua*. Cette étymologie nous paraît la plus rationnelle et la plus vraie ; aussi, l'acceptons nous complètement.

> M. G. Debombourg. (*Histoire de l'abbaye et de la ville de Nantua.*)

* ... *Locus qui dicitur Nantoade a multitudine aquarum ibi confluentium*, dit la chronique de Saint-Benigne de Dijon.

---

(1) 21 communes portent le même nom ; on doit appliquer à leurs habitants la même appellation ethnique.

NARBONNAIS, AISE, de Narbonne (*Pagus Narbonnensis*), ch.-l. d'arr^t (Aude).

Les *Narbonnais* obtinrent de Philippe de Valois quelques travaux pour leur rendre leur fleuve perdu ; mais ces efforts eurent peu de succès. Ce fut sous François Ier qu'un nouveau lit fut creusé à une branche de l'Aude pour la reconduire à Narbonne.

> Giraut. (*Géographie de l'Aude.*)

La Ruche *Narbonnaise* est un journal de faits divers et d'annonces publié à Narbonne.

Les habitants de Narbonne sont actuellement encore appelés *Nédenèses* * par les montagnards à demi sauvages des Albères et de la montagne noire.

> Lagneau. (*Anthropologie de la France.*)

* Narbonne (*Narbo*) s'est primitivement appelée *Nedenacoen*, d'où l'appellation de *Nédenèses*.

NAUCELLOIS, OISE, de Naucelle, ch.-l. de c^on, arr^t de Rodez (Aveyron).

NAVARRAIS, AISE, de la Navarre (*Navarra*), ancien pays de la Guyenne (Basses-Pyrénées).

Les *Navarrais* avaient coutume, lors de l'extrême sécheresse, de porter l'image de saint Pierre au bord d'une rivière ; là, le clergé accompagné des magistrats, entamait une oraison dont le sens était : *Saint Pierre, secourez-nous ; saint Pierre une fois, deux fois, trois fois, voulez-vous nous secourir ?* Comme saint Pierre ne répondait pas, le peuple indigné criait : *A l'eau, saint Pierre ! Qu'on jette saint Pierre à l'eau !* Mais ce n'était qu'une menace adroite. Les principaux du clergé représentaient qu'il ne fallait point en venir à cette extrémité ; que saint Pierre était un bon patron, qu'il ne saurait tarder à les secourir ; le peuple, qui ne se payait point de promesses, demandait alors des cautions qui répondissent pour le saint, ce qu'on leur accordait ; quelques gens irréligieux prétendent que les cautions furent plus d'une fois perdues.

ADER. (Histoire du Béarn.)

Le nom de Navarre vient, suivant quelques auteurs, d'une petite rivière appelée *Nava* ou *Navio,* qui prend sa source en Biscaye et arrose les environs de Pampelune ; suivant d'autres, le nom de Navarre viendrait d'un village des montagnes de Navarre, appelé *Nivaria.* Il est plus que probable que le nom de Navarre vient d'un mot basque, *Errie,* qui signifie terre habitée, joint à un mot espagnol *Nava,* qui signifie plaine et campagne. *Navaerrie* voudrait donc dire plaine ou campagne habitée. — En supprimant l'*e* et l'*i* du mot *Navaerrie,* on obtient le mot actuel Navarre.

NAVARRIN, INE, de Navarrenx, ch.-l. de c^{on}, arr^t d'Orthez (Basses-Pyrénées).

On appelle race *Navarrine* des chevaux de selle élevés dans les environs de Navarrenx et dans les départements des Hautes-Pyrénées, des Basses-Pyrénées et du Gers.

NAZAIRIEN, IENNE, de Saint-Nazaire *, ch.-l. d'arr^t (Loire-Inférieure).

Nous voulons que les officiers russes sachent bien que la population *Nazairienne* leur conservera longtemps des sentiments de véritable estime et de cordiale affection.

Le Gil Blas (7 septembre 1888). —
Discours de M. Gasnier, maire
de Saint-Nazaire, à la réception
faite aux officiers russes.

La *Nazairienne* société de gymnastique de Saint-Nazaire.

* Le nom de Saint-Nazaire vient du celtique *Naos'erre,* qui veut dire baie de l'attache ou de l'amarrage.

NERQUEIN, EINE, sobriquet des habitants de la Ferrière-sur-Risle, c^{ne}, c^{on} de Conches, arr^t d'Evreux (Eure).

Les habitants de la Ferrière sont presque tous forgerons, et ils ont nécessairement la peau barbouillée de noir. Leur sobriquet n'a pas besoin d'autre explication.

Neirquein est généralement employé, dans le département de l'Eure, pour qualifier les personnes dont le teint est très foncé ; c'est un *Neirquein,* c'est une *Neirqueine.*

CANEL. (Blason populaire
de la Normandie.)

NÉBOUZANAIS, AISE, du Nébouzan, ancien district de la Gascogne (Haute-Garonne).

Le nom de Nébouzan vient très probablement de celui des anciens habitants de ce pays, désignés par Pline sous le nom d'*Onobriates* ou *Onobusates.*

NEMOURIEN, IENNE, de Nemours, ch.-l. de c^{on}, arr^t de Fontainebleau (Seine-et-Marne).

Un de nos meilleurs peintres animaliers, Hermann Léon, doit-il être considéré comme *Nemourien.*

ALBÉRIC SECOND. (Le Figaro,
14 juillet 1885.)

NEMPONNOIS, OISE, de Nempont-Saint-Firmin, c^{ne}, c^{on} et arr^t de Montreuil (Pas-de-Calais).

On appelle bœufs *Nemponnois* les bœufs élevés dans tout l'arrondissement de Montreuil.

NÉO-CALÉDONIEN, IENNE, de l'île de la Nouvelle-Calédonie, colonie française (Mélanésie, Océanie).

Les *Néo-Calédoniens*, ou, pour leur donner le nom sous lequel ils se désignent eux-mêmes, les *Canaques*, ont la peau d'un noir de fumée, les cheveux noirs, laineux et crépus, la barbe de même couleur et bien fournie, le nez large, épaté, profondément déprimé entre les orbites.

P. GAFFAREL. *(Les Colonies françaises.)*

Les *Néo-Calédoniennes* sont franchement laides, et telle est la disproportion qui existe sous ce rapport entre les deux sexes, qu'on se demande presque si les indigènes n'ont pas en quelque sorte raison de considérer leurs compagnes comme très au dessous d'eux.

P. GAFFAREL. *(Ibidem.)*

On dit aussi :

CALÉDONIEN, IENNE.

NÉOCASTRIEN*, IENNE, de Neufchâteau, ch.-l. d'arr^t (Vosges).

La *Néocastrienne*, société musicale.

* Cette appellation est due au nom ancien de la ville de Neufchâteau, que l'on trouve désignée dans l'itinéraire d'Antonin, sous le nom de *Néomagus*, mais que les antiquaires désignent également sous les noms de *Noviomagus* et de *Neocastrum*.

NÉO-HÉBRIDAIS, AISE, des Nouvelles-Hébrides (Océanie).

Dépourvu de besoins, le *Néo-Hébridais* mène une vie frugale.

Illustration (21 avril 1888).

Les femmes *Néo-Hébridaises* pêchent à l'arc.

Illustration (21 avril 1888).

NÉRACAIS, AISE, de Nérac, ch.-l. d'arr^t (Lot-et-Garonne).

La petite ville de Nérac a son Cercle *Néracais* de la Ligue de l'Enseignement.

Lundi dernier, la démocratie *Néracaise* rendait les derniers devoirs à l'un de ses plus dévoués champions, M. C. Perrin.

La Gironde (6 novembre 1885).

NESLOIS, OISE, de Nesle (1), ch.-l. de c^on, arr^t de Péronne (Somme).

La manie qui attache des sobriquets aux particuliers, n'a pas épargné les habitants mêmes de la plupart des villes, collectivement pris. On dit en effet les *friands* de Noyon, les *sots* de Ham, les *ivrognes* de Péronne, les *cocus* de Nesle, les *dormeurs* de Compiègne, les *singes* de Chauny, les *beyeux* de Saint-Quentin, les *corbeaux* de la Fère, les *larrons* de Vermand.

Du Cange pense que Nesle vient de *Noa, Noia*, mots de basse latinité, qui signifient lieu de pâturages, marécageux ou baigné par les eaux pluviales descendant des collines voisines.

NEUFCHÂTELOIS, OISE, de Neufchâtel-sur-Aisne, ch.-l. de c^on, arr^t de Laon (Aisne).

La *Neufchâteloise*, fanfare.

NEUFCHÂTELLOIS, OISE, de Neufchâtel-en-Bray, ch.-l. d'arr^t (Seine Inférieure).

Les d'Estrées, leurs domaines et leurs liens de parenté au pays de Bray. — Notes généalogiques et historiques, par un *Neufchâtellois* (Lefèbre). Neufchâtel-en-Bray, 1865.

NEUILLISTE, ISTE, de Neuilly-sur-Seine, ch.-l. de c^on, arr^t de Saint-Denis (Seine).

Moi A'Kempis, par la grâce expresse du destin, j'ai pu échapper aux féroces Terniotes, aux *Neuillistes* et autres populations sauvages

---

(1) 11 communes portent le même nom ; on doit appliquer à leurs habitants la même appellation ethnique.

qui se trouvent du nord-ouest à l'ouest des Etats-Unis de Paris.

EMILE GOUDEAU. *(Voyage d'A'Kempis.)*

NICAISIEN, IENNE, de Saint-Nicaise, quartier de la ville de Rouen (Seine-Inférieure).

« Les habitants de Saint-Nicaise ont le cœur haut et la fortune basse », disaient les habitants du quartier aristocratique de Saint-Godard. De leur côté, les *Nicaisiens* avaient vivement riposté à ce mauvais brocard, en disant : « Aux enfants de Saint-Godard, l'esprit ne vient qu'à trente ans. »

CANEL. *(Blason populaire de la Normandie.)*

NIÇOIS, OISE, de Nice, ch.-l. du dép[t] des Alpes-Maritimes.

Si le *Niçois* est indépendant et indolent, les *Niçoises* aiment les couleurs voyantes et portent avec grâce un élégant chapeau de paille appelé *cappelina*.

(Les Primes d'honneur en 1865.)

Le Petit *Niçois*, journal républicain quotidien, publié à Nice.

C'était une affaire convenue, arrêtée, dont une partie de la presse *Niçoise* avait triomphé d'avance, avec un enthousiasme exubérant.

GABRIEL CHARMES. *(Les Stations d'hiver de la Méditerranée.)*

On disait autrefois :
NIÇARD, ARDE.

Il ne fut détourné de son attention que par une petite tape sur l'épaule que lui donna une jeune fille assez gentille, coiffée avec toute la propreté, netteté et coquetterie que les *Niçardes* seules savent mettre dans leurs cheveux.

PAUL DE KICK. *(Souvenirs et impressions d'un sous-lieutenant, ou Nice, ses environs et la rivière de Gênes.)*

L'ethnique consacré est *Niçois, oise.*

Un proverbe du pays, que les *Niçois* n'aiment pas beaucoup à répéter, mais que leurs voisins des autres stations d'hiver ne se font pas prier pour vous apprendre, dit : *Mer sans poisson, montagnes sans verdure, hommes sans foi, femmes sans vertu, voilà Nice !*

NICOLAS, de Saint-Nicolas-des-Laitiers, c[ne], c[on] de la Ferté-Fresnel, arr[t] d'Argentan (Orne).

La même appellation s'applique aux gens de Saint-Nicolas-de-Sommaire, même c[on], même arr[t] (Orne).

Les habitants de ces deux communes sont appelés les *Nicolas*, du nom du saint sous l'invocation duquel leurs églises sont placées.

CANEL. *(Blason populaire de la Normandie.)*

NÎMOIS, OISE, de Nîmes *(Pagus Nemausensis)*, ch.-l. du dép[t] du Gard.

Les *Nîmois* sont entreprenants, mais leur vivacité n'amoindrit pas la rudesse qui les distingue.

G. HEUZÉ. *(Les Primes d'honneur.)*

Les ouvriers *Nîmois*, qui aiment à former des chœurs, ont eu de tout temps des sociétés chantantes.

A. AUDIGANNE. *(Revue des Deux-Mondes, 1853.)*

Auguste chargea son gendre, M. Vipsanius Agrippa, d'organiser cette colonie, vingt-sept ans avant Jésus-Christ. Les habitants, en reconnaissance de ce bienfait, firent frapper une médaille qui rappelait en même temps la victoire d'Auguste et la fondation de la colonie *Nîmoise.*

MALTE-BRUN. *(La France illustrée.)*

Suivant les uns, Nîmes vient du celtique *Nemos*, forêt ; mais il est plus probable qu'il vient de *Nemeidh* ou *Nemausus*, un des ancêtres éponymes de la race gauloise.

NIOLEUR, nom donné aux habitants des marais mouillés de la Vendée, à l'embouchure de la Sèvre-Niortaise. (Voir CABANIER et HUTTIER.)

Ces Huttiers, que Caroleau, il y a environ quarante ans, disait habiter quelques points des *Marais mouillés*, dans des cabanes de roseaux, actuellement, selon M. Lagardelle, seraient surtout désignés sous les noms de Cabaniers et de *Nioleurs*. Cette dernière dénomination dérive de *Niole* ou de *Nioleau*, sorte de yole ou de petit bateau portatif en usage chez ces pêcheurs.

(Dictionnaire encyclopédique des sciences médicales.)

NIORTAIS, AISE, de Niort *(Pagus Niortensis)*, ch.-l. du dépt des Deux-Sèvres).

En passant près des plus huppés de la ville de Fontenay, les *Niortais* se bouchaient le nez, de crainte de l'odeur du cuir, qu'à la vérité ils sentaient autant qu'eux.

GAIDOZ et SEBILLOT. *(Blason populaire de la France.)*

Les anciens privilèges de la bourgeoisie *Niortaise* furent confirmés et consacrés dans une charte à laquelle Eléonore de Guyenne mit à honneur d'attacher son nom.

MALTE-BRUN. *(La France illustrée.)*

NIOLENCHO, ENCHA, ou NIOLIN, INE, du Niolo, pays de la Corse.

Les *Niolenchi* ne se couchent point, à moins qu'ils ne soient deux ; mais ils s'asseoient seulement et s'accroupissent, revêtus d'un manteau hérissé de longs poils.

Abbé GAUDIN. *(Voyage en Corse.)*

Les habitants du Niolo s'appellent *Niolins*.

(Les Primes d'honneur en 1865, 2e partie).

NIVERNAIS, AISE, de Nevers, ch.-l. du dépt de la Nièvre.

Une lettre signée « Senault » et portant la date du 3 mai 1589, fut adressée aux *Nivernais*, pour stimuler leur zèle un peu tiède, « par les gens tenant le Conseil général » de la Ligue, à Paris.

A. GUILBERT. *(Villes de France.)*

NIVERNAIS, AISE, du Nivernais *(Pagus Nivernensis)*, ancienne province de la France.

C'est au milieu du mécontentement profond des *Nivernais* que survinrent les troubles de la Fronde.

A. GUILBERT. *(Ibidem.)*

On dit aussi :

NIVERNICHON, ONNE.

Le nom de Berrichon a ses analogues dans la langue populaire. On dit aussi *Nivernichon*, Bourbonnichon. Voyez le vocabulaire du Berry, publié en 1842, par M. le comte Jaubert, utile délassement à des travaux utiles.

L. RAYNAL. *(Histoire du Berry.)*

La petite ville de Saint-Saulge est la Béotie *Nivernaise*. On ferait un volume de toutes les facéties qu'on raconte à son endroit.

GAIDOZ et SEBILLOT. *(Blason populaire de la France.)*

Dans le style noble du pays, on dit mal à propos *Niverniste*. Les terminaisons en *iste* indiquent toujours ceux qui se livrent à une occupation spéciale, qui embrassent un parti ou une secte philosophique. Le véritable nom est *Nivernais*, qui vient de *Nivernis*, nom latin de la Nièvre.

NIVERNAIS, AISE, du département de la Nièvre.

NOGAROLIEN, IENNE, de Nogaro, ch.-l. de c^on, arr^t de Condom (Gers).

La Lyre *Nogarolienne*, fanfare.

NOGENTAIS, AISE, de Nogent-le-Rotrou, ch.-l. d'arr^t (Eure-et-Loir).

Le *Nogentais*, journal hebdomadaire républicain, publié à Nogent-le-Rotrou.

NOGENTAIS, AISE, de Nogent(1)-sur-Seine, ch.-l. d'arr^t (Aube).

L'Echo *Nogentais*, journal républicain, publié à Nogent-sur-Seine.

NOGENTAIS, AISE, de Nogent-sur-Marne, c^ne, c^on, de Charenton-le-Pont, arr^t de Sceaux (Seine).

Aujourd'hui a lieu l'inauguration des chemins de fer *Nogentais*.
Le *Figaro* (21 août 1887).

Le soir, sous cette même tente, un bal a été offert à la population *Nogentaise*.
Le *Temps* (23 août 1887).

NOIRMOUTRIN, INE, de l'île de Noirmoutiers, ch.-l. de c^on, arr^t des Sables-d'Olonne (Vendée).

Les *Noirmoutrins* comparent familièrement la forme de leur île à celle « d'une épaule de mouton. »
Ch. AUBERT. *(Le Littoral de la France.)*

Noirmoutier a porté les différents noms de *Hermoutier* ou *Nermoutier*, *Heri monasterium*, *Nigrum monasterium*. Ce nom vient, selon les uns, du costume noir adopté par les moines d'un monastère de

---

(1) 20 communes portent le même nom ; on doit appliquer à leurs habitants la même appellation ethnique.

Bénédictins qui y fut fondé vers 680 par saint Philbert ; suivant d'autres, et nous nous rangeons de leur avis, d'une transformation des deux mots *her* et *moutier*. *Her*, *Hers* ou *Heris* fut en effet le nom primitif de l'île, et on sait que *moutier*, en vieux langage, est synonyme de monastère.

NONTRONNAIS, AISE, de Nontron, ch.-l. d'arr^t (Dordogne).

Nous avons annoncé ces jours derniers que les *Nontronnais* se préparaient à élever une statue à l'un de leurs concitoyens, le capitaine de frégate Larret-Lamalignie, qui se tua pour échapper à la honte de la capitulation, alors qu'il exerçait le commandement du fort de Montrouge, pendant le siège de Paris.
L'Echo de la Dordogne (20 décembre 1886).

Dans cette occasion, la population *Nontronnaise* s'est montrée paisible.
R. P. PAULIN. (Saint-Jean-de-Côle.)

NORMAND, ANDE, de la Normandie *(Normannia)*, ancienne province de la France.

Les *Normands* sont les Anglais de la France, mais sous le rapport industriel seulement, grâce à Dieu !
E. DE LA BÉDOLLIÈRE. *(Français peints par eux-mêmes.)*

Les paysannes *Normandes* ont un grand amour pour le bonnet de coton.
A. JAL.

On a donné aux *Normands* un grand nombre de sobriquets : *Gots* est la première dénomination sous laquelle ils furent connus :

Pour l'augmentation et restauration de l'abbaye de Lagny, qui aurait esté auparavant destruite par les Gots et Wandres.
(Charte de 1521. *Duc.*, *Goti.)*

Plus tard, on les qualifia *Bigots*, terme qui fut bien vite considéré par eux comme une dénomination injurieuse :

> Sire, pourquoi
> Ne tollez la terre as Bigos ?

> WACE. *(Roman de Rou.)*

Bigot est un mot très injurieux, selon le langage du pays.

> (Lettres de Rim. de 1425.
> *Duc, Bigothi.)*

On a expliqué l'origine du mot *Bigot* par l'anecdote suivante : Rollon, sommé de baiser le pied du roi Charles, s'écria : *Ne se bi god !* Jamais, par Dieu ! C'est de là que serait venu le sobriquet *Bigot*, donné aux Normands. Aujourd'hui encore, dans les iles de la Manche, on retrouve usitée cette appellation outrageante :

> Jamais nou n'oubliera le r'nom
> D'Rouf Hollande et du vier Aymon,
> Qui jurit, par le bénit nom
> D' Miché l'Archange,
> Qu' jamais Gascon, Saragousé,
> *Bigot d'Normand*, Turc, sain ou m'zè
> [ladre
> De race étrange,
> . . . .
> N'li fr'aient brin tournair à l'envers
> L'drap d'sa casaque.

> *(Rim. Guern.)*

Moisant de Brieux nous apprend que, de son temps, les Bas-Normands étaient appelés *Houivets* ou *Ouyvets*. Ce sobriquet est encore en usage de nos jours, et les Cauchois l'ont étendu à tous les *Normands* de la rive gauche de la Seine. D'après Mesnage *(Dictionnaire étymo!ogique)*, Ouyvet est un mot populaire qui veut dire *ouy-voir*. De cette explication, qui ne saurait être contestée, dit M. Canel *(Blason populaire de la Normandie)*, je tire cette conséquence : que l'on a appelé les Bas-Normands *Ouyvets*, parce que, dans la conversation, ils usaient fréquemment de l'expression *ouy-vet*, forme corrompue du *ouy-voir* du beau monde et des littérateurs.

NOUKAHIVIEN, IENNE, de

Nouka-Hiva, la principale des îles Marquises, réunie à la France en 1845 (Polynésie, Océanie).

Les *Nouka-Hiviens* adorent sous le nom d'Atouas un grand nombre de dieux, qui ne sont pour la plupart que des symbolisations des phéno-

mènes naturels, comme l'étaient les Zéméens, chez les Caraïbes ; l'un personnifie la mer, l'autre le tonnerre, l'autre la tempête, etc.

> *Le Magasin pittoresque*
> (année 1843).

Lorsque ces expéditions nécessitent des traversées par mer, on réunit les pirogues de guerre. Elles ont vingt-cinq pieds de long et sont construites avec plus d'art que les amaldies en usage sur le Sénégal et la Gambie. L'image d'une des divinités *Nouka-Hiviennes* orne leur poupe, tandis que la proue est surmontée d'une tête hideuse, entourée de touffes de cheveux et de feuilles de cocotier.

> *Le Magasin pittoresque.*
> *(Ibidem.)*

NOUZONNAIS, AISE, de

Nouzon, cne, con de Charleville, arrᵗ de Mézières (Ardennes).

La Chorale *Nouzonnaise*, société musicale.

NOYONNAIS, AISE, de Noyon

(Pagus Noviomiensis), ch.-l. de con, arrᵗ de Compiègne (Oise).

Les arbalétriers *Noyonnais* se distinguèrent toujours par leur courage.

> A. DANTIER. *(Histoire de Noyon.)*

Bibliographie *Noyonnaise*, par de Marsy. Paris, 1877.

La *Noyonnaise*, société de gymnastique.

Sobriquet : « Les Friands » de Noyon.
Noyon, *Noviodunum*, sous la domination romaine, répond à notre nom Neubourg, ville neuve fortifiée. C'est un mot hybride, composé du celtique *Dun*, éminence, hauteur, et du latin *Novus*.

NUITON, ONE, de Nuits, ch.-l.

de con, arrᵗ de Beaune (Côte-d'Or).

Quand on voulait parler des chan-
geurs *Nuitons*, on disait : Les Juifs
de Nuits. Un peu de malice aidant,
cette appellation s'étendit bientôt à
toute la population. On a vu un fait
analogue dans « les ânes de Beaune».

CLÉMENT JANIN. (Dictons
et sobriquets des villes et
villages de la Côte-d'Or.)

Nuits est une petite ville bâtie au
pied d'une colline, sur les bords du
Meuzin ; c'est sur cette colline appelée Côte *Nuitone* que croissent les
excellentes vignes qui font la réputation de cette petite ville.

L. MILLIN. (Voyage dans le Midi
de la France.)

NUSSIEN, IENNE, du petit pays
de Nuz (Mayenne).

NYONSAIS, AISE, de Nyons,
(Pagus Equestrinus), ch.-l. d'arr^t
(Drôme). (Voir PONTIAS.)

On donne aux *Nyonsais* le sobriquet de *Pontias*. Le pontias est un
vent qui souffle tous les matins jusqu'à dix heures ; il est très salutaire,
car il chasse les miasmes du pays, et
les *Nyonsais* sont très heureux pendant la saison chaude de pouvoir
le respirer chaque matin d'été.

C^on de M. BONNARDEL, rédacteur
du *Pontias*, journal de Nyons.

* *Néomagus*, aujourd'hui Nyons, est une
des plus anciennes villes du Dauphiné ;
sa fondation est attribuée à Magus, second roi des Gaules, quinze ans environ
avant notre ère.

GNARD, ARDE, d'O-gnes, c^ne, c^on de Chauny, arr^t de Laon (Aisne).

On chante sur l'air du carillon à trois cloches :

Dindons d'Ognes,
Dindons d'Ognes.

On appelle aussi les habitants d'Ognes les *Ognards* dans le sens de plaignards, du verbe picard *ogner,* grogner, grommeler, se plaindre...

YLLIATUD. *(Dictons et sobriquets populaires de l'Aisne, de l'Oise et de la Somme.)*

OLONNAIS, AISE, des Sables-d'Olonne, ch.-l. d'arr^t (Vendée). (Voir SABLAIS.)

Peu d'*Olonnais* même se souviennent que leur bourg était une très ancienne baronnie appartenant à la maison de la Trémoille.

CH. AUBERT. *(Le Littoral de la France.)*

OLORONAIS, AISE, d'Oloron*-Sainte-Marie, ch.-l. d'arr^t (Basses-Pyrénées).

Ce qui perpétuerait parmi les *Oloronais* le souvenir de Centulle, vicomte de Béarn, c'est la charte qu'il accorda à leurs premiers ancê-tres.

A. GUILBERT. *(Villes de France.)*

Les Petites affiches *Oloronaises,* journal hebdomadaire d'annonces, publié à Oloron.

* Ville des *Ilurones,* ancien peuple gaulois.

ORANAIS, AISE, d'Oran, ch.-l. de la province de ce nom (Algérie).

Le Publicateur *Oranais,* journal d'annonces, publié à Oran.

Voici la donnée de la petite pièce qui a été appréciée par le public *Oranais.*

L'Intransigeant (22 décembre 1886).

Je sais que les *Oranais* ont trouvé moyen de dépasser encore les Méridionaux, que Daudet se plaît à peindre.

ARDOUIN DU MAZET. *(Études algériennes.)*

Oran est bâtie sur les deux flancs d'un ravin auquel elle doit son nom, *Ouahran,* la coupure, dont les Espagnols ont fait Oran.

ORANGEOIS, EOISE, d'Orange *(Pagus Arausicus),* ch.-l. d'arr^t (Vaucluse).

L'ingratitude n'est pas le vice des *Orangeois*.

> DE GASPARIN. *(Histoire de la ville d'Orange et de ses antiquités.)*

Il nous revient de toutes parts que le public *Orangeois*, les membres de l'orphéon et les félibres parisiens verraient avec grand plaisir la commission des fêtes ajouter au programme des représentations le chœur des *Triomphateurs*, l'œuvre si remarquable d'un de nos compatriotes, dont la modestie égale le talent.

> *Le Messager du Midi* (29 juillet 1888).

On dit aussi :

ORANGEAIS, EAISE.

Les *Orangeais* n'en devinrent guère plus dociles, et nous les voyons encore en révolte en 1603 et 1630 contre la maison de Nassau.

> MALTE-BRUN. *(La France illustrée.)*

Orange, *Arausia Cavarum*, ainsi appelée de sa situation sur l'Araïs (Meyne) et dans le pays des Cavares.

ORBÉYEN, ENNE, d'Orbey,

ancienne commune du département du Bas-Rhin (Alsace).

Homme d'action autant que de doctrine, nous l'avons vu aux jours de l'invasion allemande quitter son siège de la Chambre des députés pour prendre les armes et enrôler ses bons *Orbéyens* dans les corps francs des Vosges.

> CH. GRAD. *(A travers l'Alsace et la Lorraine. — Le Tour du Monde, 1884.)*

ORCHESIEN, IENNE, d'Orchies, ch.-l. de cᵒⁿ, arrᵗ de Douai (Nord).

On appelle *Orchésiens* les habitants d'Orchies.

> Cᵒⁿ du Maire d'Orchies.

ORLÉANAIS, AISE, de l'Orléanais *(Pagus Aurelianensis),* ancienne province de la France.

ORLÉANAIS, AISE, d'Orléans, ch.-l. du dépᵗ du Loiret.

L'*Orléanais* se livre rarement aux plaisirs expansifs, mais il jouit avec délices des avantages de la propriété.

> TOUCHARD-LAFOSSE. *(La Loire historique.)*

Les mœurs *Orléanaises* sont généralement pures.

> TOUCHARD-LAFOSSE. *(Ibidem.)*

Les *Orléanais* n'ont pas échappé à la manie qu'on avait autrefois de donner des sobriquets. On les appelait et on les appelle même encore aujourd'hui des *Guêpins*, sans qu'on puisse toutefois expliquer ce que signifie ce sobriquet d'une manière satisfaisante.

Quelques auteurs disent que de *Gepini* on a fait *Guepini*, d'où *Guêpins*, par syncope de *Genapini* ou *Genapenses*, du nom de *Genabum*, l'ancienne ville d'Orléans.

Le Dictionnaire de Trévoux présente *Guépin* comme synonyme de fin, adroit et rusé ; mais Le Duchat, dans le Dictionnaire de Mesnage, donne une autre explication : « On appelle guêpes, dit-il, les « gens du palais, à cause de leurs » mangeries. De là peut-être le sobriquet » de *Guêpins* donné aux *Orléanais*, à cause » des nombreuses écoles de l'un et l'autre » droit qui sont à Orléans depuis plu- » sieurs siècles. »

ORNAIS, AISE, du département de l'Orne.

La Bibliothèque *Ornaise*, publiée à Paris, chez Champion, éditeur, comprend la nomenclature de tous les ouvrages publiés dans l'Orne ou écrits par un habitant de ce département.

ORNANCIEN, IENNE, d'Ornans, ch.-l. de cᵒⁿ, arrᵗ de Besançon (Doubs).

Dans plusieurs éditions de ses œuvres, le poète Placidas Philimon Gody s'intitule *Valornancien*, c'est-à-dire du Val d'Ornans.

ORTHÉZIEN, IENNE, d'Orthez, ch.-l. d'arr^t (Basses-Pyrénées).

Cyclist-Club *Orthézien*.

OSSALOIS, OISE, de la vallée d'Ossau (Basses-Pyrénées).

Les *Ossalois* ont d'ordinaire une physionomie douce, intelligente et un peu triste.

Taine. *(Voyage aux Pyrénées.)*

Les *Ossaloises*, qui s'habillent encore à l'antique mode du pays, portent sur la tête un capulet de drap écarlate, doublé de soie de même couleur. Sous le capulet, un petit bonnet rond, de mousseline ou de toile, couvre les cheveux, en laissant passer par derrière de longues tresses qui tombent sur les épaules ; la taille est serrée dans un corset ordinairement noir, mais dont le devant est revêtu de soie ou de velours cramoisi. Deux jupes noires d'étoffe de laine descendent un peu plus bas que les genoux, en plis symétriques ; celle de dessus, bordée d'un large ruban bleu, est relevée et va s'agrafer derrière la taille ; les bas sont blancs, sans pieds et s'évasent au dessus du soulier.

Adolphe Joanne. *(Itinéraire des Pyrénées.)*

On dit aussi : .

OSSALAIS, AISE.

Les *Ossalais* ont des mœurs et des coutumes qui se rapprochent beaucoup de celles des Béarnais.

Larousse. *(Encyclopédie.)*

OSSUNOIS, OISE, d'Ossun, ch.-l. de c^{on}, arr^t de Tarbes (Hautes-Pyrénées).

Jadis, les habitants d'Ossun, presque tous rouliers, étaient connus dans toute la France sous le nom de *Beurraires* ; ils différaient complètement de leurs voisins sous le rapport des mœurs et portaient un costume particulier : veste courte, ceinture rouge, béret blanc bordé d'un liseré rose ; la plus légère infraction au costume obligé était punie par le seigneur.

Adolphe Joanne. *(Itinéraire des Pyrénées.)*

OTAÏTIEN, IENNE, de Otaïti, ou Taïti. (Voir Taïtien.)

Les Anglais appellent Taïti, Otaïti, par une légère corruption tirée du mot dont les naturels faisaient précéder le nom de leur île. Ils répondaient : *O Taïti* (c'est Taïti).

On a lieu de supposer, dit Forster, narrateur des voyages de Cook, que pour les *Otaïtiens*, la déesse de la lune n'est pas la chaste Diane, mais bien plutôt l'Astarté des Phéniciens.

H. Fisquet. *(Atlas de la France et de ses colonies.)*

OUARGLI, habitant d'Ouargla, ville arabe et oasis du cercle de Ghardaïa, dans le Sahara, province d'Alger (Algérie).

Les *Ouarglis* n'en sont pas moins très fiers de leurs minarets.

Largeau. *(Le pays de Rhira.)*

OUCQUOIS, UOISE, d'Oucques, c^{ne}, c^{on} de Marchenoir, arr^t de Blois (Loir-et-Cher).

OUESSANTIN, INE, de l'île d'Ouessant, ch.-l. de c^{on}, arr^t de Brest (Finistère).

Le vieux Morgan était le roi des Morgans de ces parages ; il avait emmené la jeune *Ouessantine* avec lui au fond de la mer, dans un beau palais fait de coquillages et de coraux.

P. Sebillot. *(Contes des provinces de France.)*

On trouve aussi :

OUESSANTAIS, AISE.

Les *Ouessantais* savent se suffire à eux-mêmes.

Ch. Aubert. *(Le littoral de la France.)*

Ouessant est souvent inabordable aux navires ; ses parages sont une des régions les plus mauvaises de l'Atlantique ; aussi les Bretons appellent-ils ce pays *Enes-Heussa,* l'île de l'Épouvante, et le dicton maritime est :

Qui voit Ouessant
Voit son sang.

Le nom antique donné par Pline était *Uxantos.*

OULAD PLAÇA, sobriquet donné par les Français aux gamins indigènes, dans les villes du Sahara algérien.

Là, on voit, près du marabout qui égrène son chapelet, accroupi sur un banc, des Bédouins assis par terre, comptant et recomptant l'argent qu'ils viennent de toucher pour prix d'une vente. Des officiers se promènent en fumant, et au milieu de tout cela grouillent des polissons indigènes, les *Oulad plaça,* enfants de la place, jeunes galopins qui croupissent dans la plus grande abjection ; ils vivent de paresse et font de fort vilains métiers.

P. Soleillet. *(Voyages et découvertes dans le Sahara et dans le Soudan.)*

OULED-NAÏL, OULAD-NAÏL, nom des habitants de la tribu de ce

nom, province d'Alger (Algérie). (Voir Naïlien.)

On a vu le fils d'un grand chef, dont je ne veux pas dire le nom, piller les coffres de son père pour les caprices d'une *Oulad-Naïl;* puis, ces coffres à vide, frapper, pour lui acheter un collier d'or, les gens de sa tribu d'un impôt extraordinaire de six francs par tête.

V. Largeau. *(Le Sahara algérien.)*

Lorsque, chez les *Ouled-Nayl,* un chef de famille, ce qu'on aurait appelé un patriarche au temps d'Abraham, se trouve dans le besoin, il envoie ses filles dans une ville voisine, en leur disant, je ne puis savoir en quels termes : « Allez et gagnez le plus de douros que vous pourrez. » Elles savent bien qu'à leur retour, plus elles en auront gagné, plus vite elles trouveront à se marier, non pas à cause de l'argent, qui revient au père, mais à cause du fait par lui-même, et alors, elles sont aussi honorées sinon plus que celles de leurs compagnes qui n'ont pas eu le même sort. Je n'ai pas raison pour douter qu'elles enseignent une morale très pure à leurs filles. Biskra est le rendez-vous de toutes ces *Nayliya.*

H. Duveyrier. *(Voyage dans le pays des Beny Mezab. — Le Tour du Monde, 1861.)*

ADGEL, ELLE, nom sous lequel on désigne l'habitant de la partie montagneuse du Vivarais.

J'ai encore présents à la mémoire ces fragments de rigodons que j'ai entendu chanter par un *Padgel*, un vieillard de quatre-vingts ans, il y a une trentaine d'années.

> H. Vaschalde. *(Nos pères.)*

On croirait se mésallier en introduisant dans la famille une *Padgelle ;* la devise est : *Non montagnaberis.*

> Dr Francus. *(Voyage dans le Midi de l'Ardèche.)*

Je me souviens du temps où *la veste à lichet* ou à *petite queue de morue* était, comme elle l'est encore, le costume distinctif du *Padgel* des montagnes du Gévaudan et du Velay.

> Dr Francus. *(Ibidem.)*

Le véritable *Padgel* habite l'Ardèche, sur les hauteurs, dans de petites chaumières, où grouillent et pullulent bêtes et gens, dans une saleté révoltante. — Le mot *Padgel*, vient du mot latin *Pagus*, qui servait à désigner, chez les Romains, une portion de terrain, dans une région déterminée. On appelait autrefois les jeunes serviteurs des *pages*, comme on dit aujourd'hui, en parlant d'un compatriote du clocher : *mon pays.* Le mot *Padgel* paraît être une forme du mot paysan.

PAILLENCOURTOIS, OISE, de Paillencourt, cne, con et arrt de Cambrai (Nord).

PAILLOLAIS, AISE, de Paillolles, cne, con de Cancon, arrt de Villeneuve (Lot-et-Garonne).

PAIMBLOTIN, INE, de Paimbœuf*, ch.-l. d'arrt (Loire-Inférieure).

Très justement, on fit remarquer aux *Paimblotins* que le blocus, par les Anglais, n'avait causé aucun dommage au port futur de Saint-Nazaire.

> Ch. Aubert. *(Le Littoral de la France.)*

La rade *Paimblotine* ne pouvait offrir les avantages capables de retenir et de fixer le commerce.

> Ch. Aubert. *(Ibidem.)*

M. Charles Monselet a employé l'appellation :

PAIMBŒUVAIS, AISE.

Ce vaudeville a tiré de douces larmes d'attendrissement des yeux de nos jolies *Paimbœuvaises.*

> Ch. Monselet.

* L'étymologie de Paimbœuf est *Pen ochen*, tête de bœuf.

PAIMPOLAIS, AISE, de Paimpol, ch.-l. de c^on, arr^t de Saint-Brieuc (Côtes-du-Nord).

Il n'y a guère moins de deux mille *Paimpolais* occupés tant à Terre-Neuve qu'en Islande.

CH. AUBERT. *(Le Littoral de la France.)*

PALAISIEN, IENNE, de Palaiseau, ch.-l. de c^on, arr^t de Versailles (Seine-et-Oise).

On appelle *Palaisiens, iennes,* les habitants de Palaiseau.

C^on du Maire de Palaiseau.

Palaiseau vient de *Pales,* divinité pastorale, dont le nom se trouve souvent employé sous la forme diminutive *Palatiolum.*

PALANTIN, INE, du Palais, c^ne, c^on de Belle-Ile-en-Mer, arr^t de Lorient (Morbihan).

Les habitants du Palais sont désignés sous l'appellation de *Palantins, ines ;* sur le continent, tous les habitants de Belle-Ile sont désignés sous la dénomination générale de *Belle-Ilois, Belle-Iloises.*

C^on du Maire du Palais.

PALISIEN, IENNE, de Palis, c^ne, c^on de Marcilly-le-Hayer, arr^t de Nogent-sur-Seine (Aube).

PALISSOIS, OISE, de La Palisse, ch.-l. d'arr^t (Allier).

On dit également *Palissards, Palissauds, La Palissois, La Palissards,* pour désigner les habitants de La Palisse ; mais *Palissois* est seul usité.

C^on de M. MARIN, rédacteur du *Journal de Gannat* (Allier).

La petite ville de La Palisse doit son nom à Jacques II, seigneur de La Palice, maréchal de France, gouverneur du Bourbonnais, de l'Auvergne, du Forez et Lyonnais, qui appartenait à une des plus nobles et des plus anciennes maisons du Bourbonnais, déjà connue au IXe siècle et qui a fourni un grand nombre d'hommes remarquables. Ce Monsieur de La Palice est du reste celui de la chanson populaire :

Monsieur de La Palice est mort :
Il est mort devant Pavie ;
Un quart d'heure avant sa mort,
Il était encore en vie.

PALLETAIS, AISE, du Pallet, c^ne, c^on de Vallet, arr^t de Nantes (Loire-Inférieure).

PALMISOIS, OISE, de Paulmy, c^ne, c^on de Pressigny, arr^t de Loches (Indre-et-Loire).

PALOIS *, OISE, de Pau, ch.-l. du dép^t des Basses-Pyrénées.

Les *Palois* soignent leur hippodrome avec amour.

SAUVETERRE. *(Figaro,* 3 février 1885.)

Adieu, ciel Béarnais ! adieu, cité *Paloise !*
Ville tout à la fois espagnole et gauloise !

HONORÉ BONHOMME. *(Haltes et Récits.)*

* L'étymologie du mot *Palois (palum,* pal, pieu), se rattache à l'origine même de la ville de Pau. Vers le Xe siècle, à une époque que l'on ne peut préciser cependant, un comte du Béarn, frappé de l'admirable paysage de la vallée qui se déroulait devant lui, résolut d'y faire bâtir un château et en marqua l'emplacement futur à l'aide de pieux. A partir du XIIe siècle, on trouve dans les anciens monuments historiques de Pau *Castellum de Palo, Castrum de Palo,* c'est-à-dire le château du Pieu ou du Pal, d'où plus tard est venu Pau et d'où vient le mot ethnique *Palois.*

PANTINOIS, OISE, de Pantin, ch.-l. de c^on, arr^t de Saint-Denis (Seine).

Les Tirailleurs *Pantinois,* société de tir de Pantin.

Les filles et garçons de Pantin ont eu longtemps la réputation d'exceller à la danse ; aussi disait-on dans une vieille chanson :

Ceux de Pantin, de Saint-Ouen, de
[Saint-Cloud,
Dansent bien mieux que ceux de la
[Villette.
Ceux de Pantin, de Saint-Ouen, de Saint-
[Cloud.
Dansent bien mieux que tous ceux de
[cheu nous.

PARAUDIEN, IENNE, de Paray-le-Monial, ch.-l. de c^on, arr^t de Charolles (Saône-et-Loire).

Les processions durèrent plusieurs mois à Paray-le-Monial (août 1873). Si elles n'aboutirent pas à la restauration de Henri V, elles procurèrent du moins d'assez larges bénéfices à la population *Paraudienne*.

LAROUSSE. *(Grand Dictionnaire universel du XIXe siècle.)*

Les habitants de la petite ville de Paray-le-Monial, dit M. Fr. Michel *(Les Races maudites)*, ont reçu le surnom de *Cacous*. Quel fait, quelle imputation a donné lieu à cette dénomination ? C'est ce que nous ne saurions dire. La seule chose que nous ayons à ajouter, c'est que les *Cacous* de Paray se disent descendants des *Polacres*. (Voir CAQUEUX et POLACRES.)

PARENT, appellation sous laquelle on désigne à Bordeaux le paysan Landais. (Voir BOUYÈS ou BOUGÈS, COUZIOT, LANDAIS, LANDESCOT, MARANSIN, TCHANQUAT.)

Divers noms populaires sont donnés aux habitants des grandes Landes. A Bordeaux, on les appelle *Parents* * ; à Mont-de-Marsan, *Cocozates* ; à Tartas, où, comme nourrisseurs d'ortolans, ils jouissent de l'estime des gourmands, on les nomme *Couziots ;* à Saint-Sever, *Lannusquets* ; à Dax enfin, ainsi qu'à Bayonne, ils sont qualifiés de *Maransins*.

VICTOR GAILLARD. *(Les Français peints par eux-mêmes. — L'habitant des Landes.)*

Les habitants des Landes sont désignés par les habitants des villes sous le nom de *Marensins, Couziots, Cocozates* (à Bordeaux on les appelle *Parents*).

A. HUGO. *(France pittoresque.)*

Nous appelons indifféremment les Landais des *Cousiots* ou des *Parents*.
A. DUCOURNEAU. *(La Guienne.)*

* Les noms de *Couziots* et de *Cocozates* donnés aux Landais rappellent celui des *Cocosates*, les premiers habitants du pays, qui furent les fondateurs de *Cossium,* aujourd'hui Bazas. Ce nom a son origine étymologique dans la langue indo-européenne. *Caous* signifie terre ; les *Cocosates* étaient donc *les enfants de la terre (Caous*, terre ; *of,* enfants), ce qui signifiait, dans les temps primitifs, des habitants de la plaine.

Le mot cousin, qui signifie maintenant un *parent* plus ou moins éloigné, signifiait primitivement *compatriote* ou *compagnon* ; de là le surnom donné aux Landais.

M. A. Ducourneau *(La Guienne)*, à qui nous empruntons cette explication, la termine en disant : « Nous appelons indifféremment les Landais des *Cousiots* ou des *Parents*. »

PARISIEN, IENNE, de Paris *(Pagus Parisiacus)*, capitale de la France.

Avec cent sous d'argent mignon à dépenser par jour, un *Parisien* est plus diverti que le grand Turc.

LOUIS VEUILLOT.

Paris fait le *Parisien* plutôt que le *Parisien* ne fait Paris.

C. DOLLFUS.

La *Parisienne* est capable de tout, même d'une bonne action.

ARSÈNE HOUSSAYE.

Une *Parisienne* est une adorable maîtresse, une épouse presque impossible, une amie parfaite.

LÉON GOZLAN.

On trouve également employée l'appellation LUTÉCIEN *, IENNE (peu usitée) du mot *Lutetia,* nom de l'ancienne Lutèce (aujourd'hui Paris).

Un homme du Midi s'unissant là par hasard à une femme du Nord ne peut produire un enfant de nature *Lutécienne*.

GÉRARD DE NERVAL. *(Illustration,* 3 février 1853.)

* Suivant quelques auteurs, Lutèce, qui est le nom primitif de la capitale de la France, vient de *Lutum*, boue ; suivant d'autres, de *leucos* (blanc), à cause des bancs de gypse dont elle est dominée ?? Voilà pour Lutèce. Que dire pour Paris, sinon de rapporter des étymologies dans le genre de celle de Lutèce, ne reposant que sur des hypothèses sans base, qui ne résistent pas à la discussion. M. Cocheris, dans son *Traité des noms de lieu*, enregistre sans la contredire l'opinion de Zeuss, qui, dans sa grammaire celtique, affirme que *Parisii* voulait dire Vaillants. Le haut allemand possède, il est vrai, *bar*, d'où *baro (vir fortis)*, mais comment *bar* est-il devenu *baris* ? Grosse difficulté à résoudre, — même pour un étymologiste...

Nous avons dit que Paris s'est appelé Lutèce Il est curieux de rechercher à quelle époque le mot Paris remplaça celui de Lutèce ; c'est Parisis (M. E. Blavet), du *Figaro*, qui nous l'apprend :

« Au peuple des *Parisii*, César donne pour capitale *Lutetia;* — Strabon, sous Auguste et Tibère, *Leuketia* et *Leukotetia* ; — l'empereur Julien, *Leukesia*.

» Jusqu'ici, pas de confusion. Elle commence à poindre au IVᵉ siècle, dans Ammien Marcellin, qui nomme alternativement la capitale des Parisii *Lutetia* et *Castrum* ou *Castellum Parisiorum*. Elle s'accentue aux Vᵉ et VIᵉ siècles. Zozyme, qui vivait sous Théodose le jeune, dit *Parisium*, et Grégoire de Tours *Parisiis civitatem*, en parlant de la capitale de Clovis. En ce temps-là (507), le nom réel était encore *Lutetia*, mais il alternait avec *Parisius* et *Parisium*. Une monnaie de l'époque représente, au revers, une croix avec ces mots : *Parisiis civitas* (Le Blanc). De même pendant toute la première et la seconde race.

» Sous Dagobert (625), on flotte encore entre les deux appellations, comme l'atteste ce passage d'une chronique anonyme : *Ab urbe quæ Lutetia sive Parisiis vocatur*. Mais, à partir de Charles le Chauve (845), il n'est plus question que de *Parisiis*. Les monnaies de Charles le Simple portent indifféremment *Parisiis civitas* ou *Parisii*, et celles d'Hughes le Grand et d'Hughes Capet *Parisius* ou *Parisii Civitas*.

» C'est sous Philippe-Auguste que la transformation définitive est officiellement constatée. Son médecin Rigord, qui fut aussi son chroniqueur, écrit, à propos de la mort de Louis VII, arrivée en 1180 : *Rex pater Philippi in civitate quæ, quondam* LUTETIA, *nunc* PARISIUS *vocatur, migravit ad Dominum*. Enfin, Pa-

risius, ça y est ! Ça y est... en latin. Voici maintenant le premier ou l'un des premiers textes français où il figure, — il est signé Villehardouin, sous Philippe-Auguste :

« Eut un saint homme qui eut nom Foulques de Neuilly ; ce Neuilly fief entre Lagny-sur-Marne et *Paris*. »

» Il y a donc plus de sept siècles que ce nom a été écrit pour la première fois.»

Il nous a paru intéressant, vu la place unique que Paris tient dans le monde, de consigner ci-après quelques appréciations d'auteurs célèbres sur Paris, la VILLE-LUMIÈRE, comme l'a appelée Victor Hugo.

On pourrait appliquer à la ville de Paris les propres termes de Sainte Thérèse pour définir l'enfer : « L'endroit où il pue et où l'on n'aime point. »

CHAMFORT.

Paris est le tonneau des Danaïdes : on y jette les illusions de sa jeunesse, les projets de son âge mûr, les regrets de ses cheveux blancs ; il enfouit tout et ne rend rien.

FRÉDÉRIC SOULIÉ.

Si Paris s'éteignait, la nuit se ferait sur le monde comme si le soleil disparaissait pour ne plus renaître.

THÉOPHILE GAUTIER. (Article de la Gazette de Paris, intitulé Paris-Capitale.)

Ville sans passé, pleine d'esprits sans souvenirs, de cœurs sans larmes, d'âmes sans amour ! Ville de multitudes déracinées, mobile amas de poussière humaine, tu pourras t'agrandir et devenir la capitale du monde, tu n'auras jamais de citoyens !

LOUIS VEUILLOT.

Vive Paris, pour avoir sur le champ
Tout ce qu'on veut quand on a de l'argent.

VOLTAIRE. (Nanine.)

Les étrangers adorent, peuplent, enrichissent Paris, où ils trouvent une protection active de la part de l'autorité et des facilités de plaisir qu'ils augmentent eux-mêmes par le haut prix dont ils se font gloire de les payer. Rentrés chez eux, au coin de leur feu de charbon de terre, dans un ennui centuplé par l'acuité des souvenirs, ils disent volontiers : « C'est la ville la plus immorale du monde » et ne s'aperçoivent pas qu'ils sont au moins de moitié dans la démoralisation qu'ils nous reprochent. On peut répéter encore le mot de J.-J. Rousseau, et il est toujours vrai : « La corruption est partout la même ; il n'existe plus ni mœurs, ni vertus en Europe ; mais s'il existe encore quelque amour pour elles, c'est à Paris qu'on doit le chercher. »

Maxime du Camp.

Comme la Jérusalem Céleste qui apparut au prophète « illuminée de la clarté de Dieu, bâtie de pierres précieuses et d'un or pur comme le cristal transparent », Paris est construit d'art, de science, de lumière. Un peuple idéal de types immortels, de génies sublimes s'abrite derrière sa population vivante. L'Egypte et la Grèce, l'Orient et Rome, le moyen âge et l'Europe moderne ont concentré dans ses murs, comme dans un panthéon inviolable, leurs plus rares merveilles. Si Dieu se manifeste par les révélations de l'esprit humain, Paris est, on peut le dire, une cité de Dieu.

Paul de Saint-Victor.

Tout le bien qu'on peut dire de Paris est vrai et tout le mal qu'on en dira est vrai aussi. Paris contient le pire et le meilleur de l'espèce humaine.

Caro. (Académie française.
Réponse à M. Maxime du
Camp.)

PARTHENAISIEN, IENNE, de Parthenay, ch.-l. d'arr^t (Deux-Sèvres).

L'Harmonie *Parthenaisienne* célèbrera la fête de sainte Cécile le 21 novembre, par un concert où elle exécutera une fantaisie *Parthenaisienne* de M. Martial Rabourdin.

La Gironde (20 novembre 1885).

On dit aussi :

PARTHENAIS, AISE.

Les vaches des environs de Dinan et de Saint-Brieuc ont du sang *Parthenais*.

(Les Primes d'honneur en 1865.)

Pendant le XVIIIe siècle, on a introduit dans le département, à diverses reprises, des taureaux de la race *Parthenaise*, à l'aide de fonds votés par les états de Bretagne.

(Les Primes d'honneur en 1865.)

PAVILLAIS, AISE, de Pavilly, ch.-l. de c^on, arr^t de Rouen (Seine-Inférieure).

La voie *Pavillaise*. — (Du mot latin *Pauliacensis* et *Paviliacensis*.)

PAYRE, nom donné aux bergers de la Crau, ancien district de la Provence (Bouches-du-Rhône). (Voir BAYLE.)

Les *Bayles* ou *Payres* étaient, en 1862, au nombre de 1283.

(Les Primes d'honneur en 1872.)

PAZANAIS, AISE, de Sainte-Pazanne, c^ne, c^on du Pellerin, arr^t de Paimbœuf (Loire-Inférieure).

PÉAGEOIS, EOISE, de Bourg-de-Péage, ch.-l. de c^on, arr^t de Valence (Drôme).

La Lyre *Péageoise*, société chorale.

PÉAGEOIS, EOISE, de Péage-de-Roussillon, c^ne, c^on de Roussillon, arr^t de Vienne (Isère).

La Lyre *Péageoise*, société chorale.

PERCHERON, ONNE, du Perche *(Pagus Perticensis)*, ancienne province faisant partie du gouvernement de Maine et Perche (Orne, Sarthe, Eure-et-Loir).

Le *Percheron* a pour chaussure de gros sabots en bois de hêtre ou de gros souliers ferrés, qui résistent au frottement comme ses mœurs.

A. GUILBERT. *(Villes de France.)*

Il faut voir la *Percheronne* avec sa jupe de cotonnade peinte, son tablier de mousseline, ses bas de coton blanc et ses petits souliers plats.

A. GUILBERT. *(Ibidem.)*

A. Hugo *(France pittoresque)*, au sujet des *Percherons* du nord du département de la Sarthe, dit que leur voix haute et brusque, leur patois rude, leur immobilité dans la foule, leurs vêtements gris, leurs longs cheveux sans poudre leur ont valu le sobriquet de *Sangliers*.

PÉRIGOURDIN, INE, du Périgord *(Pagus Petragoricus)*, ancien comté faisant partie du gouvernement de la Guyenne (Dordogne).

Le *Périgourdin* a beaucoup d'aptitudes aux arts et même aux sciences ; il est spirituel, et la classe aisée montre de l'intelligence et de la vivacité.

W. DE TAILLEFER. *(Antiquités de Vésone.)*

Le sang y est beau (en Périgord) presque partout. Les femmes y sont charmantes. C'est un des pays où l'on pousse le plus loin le goût de la danse, et il n'est personne qui ne connaisse les *Périgourdines*.

J. LAVALLÉE. *(Voyage dans les départements de la France.)*

PÉRIGOURDIN, INE, de Périgueux, ch.-l. du dép^t de la Dordogne.

En 1821, les *Périgourdins* passaient pour gastronomes. En effet, ils se nourrissaient bien. Tout était bon marché, à Périgueux : on avait une dinde pour quatre francs, un chapon pour deux francs, une paire de poulets pour un franc cinquante centimes, un lièvre pour deux francs, une perdrix pour cinquante centimes.

FOURTEAU. (Notes manuscrites. Bibliothèque municipale de Périgueux.)

Les *Périgourdines* sont assez communément jolies.

W. DE TAILLEFER. *(Antiquités de Vésone.)*

Périgueux est l'ancienne Vésona, qu'on appela plus tard *Civitas Petrocoriorum, Petrigoriorum, Petrigoris*, etc., dénominations qui ont formé, à la suite de transformations successives, le nom actuel de Périgueux, resté à la ville qui a remplacé Vésone. Le mot *Pétrocorien* vient de deux mots grecs, *petros*, pierre, et *chora*, région, c'est-à-dire contrée pierreuse.

Périgueux fut toujours une ville guerrière ; ses brillantes annales attestent la bravoure et les fiers sentiments de ses habitants. Un distique fameux a dit de ses citoyens :

Petra esto duris, *cor* amicis, hostibus *ensis*
Hœc tria si fueris, *Petracorensis* eris.

M. Fourteau, ancien professeur au lycée de Périgueux, mort bibliothécaire de la ville, a traduit ainsi ces deux vers :

Sois dur comme la pierre pour les mé-
[chants !
Tout cœur pour tes amis,
Contre les ennemis de la patrie toujours
[l'épée à la main.
Si tu as ces trois qualités, tu es un bon
[*Périgourdin*.

PÉRONNAIS, AISE, de Péronne, ch.-l. d'arr^t (Somme).

Le Comptoir *Péronnais*, maison de banque.

Sobriquet : « Les ivrognes de Péronne. »

Péronne signifie pierre, une pierre. De *petra*, la lettre *t* a disparu, et il est resté Pera. C'est ainsi que l'on disait *péreux, perreux* pour *pierreux*, comme on dit aujourd'hui ; mais le sol sur lequel Péronne s'est élevée n'est pas essentiellement pierreux. Ce n'est donc pas la nature du terrain qui en a déterminé le nom. Péronne doit son nom à une « p:erre » en gré, à larges proportions, qui existait encore dans un temps peu reculé, sur la place même et au centre de la ville, devant le beffroi. Péronne est la ville de la « pierre » et non la la ville au sol pierreux.

PERPIGNANAIS, AISE, de Perpignan, ch.-l. du dépt des Pyrénées-Orientales.

Un grand nombre de *Perpignanais*, outre l'illustre citoyen Arago, se sont distingués, soit dans les sciences, les lettres et les arts, soit dans la carrière des armes.

E. ARAGO. *(Histoire de Perpignan.)*

A deux cents mètres environ du village de Canet se développe la plage du même nom, très fréquentée pendant l'été par la population *Perpignanaise*, qui vient y prendre les bains de mer.

P. VIDAL. *(Guide des Pyrénées-Orientales.)*

PERTHOIS, OISE, du Perthois *(Pagus Pertensis)*, ancien district de la Champagne (Marne).

PERTHOIS, OISE, de Perthes-en-Perthois, cne, con de. Saint-Dizier, arrt de Vassy (Haute-Marne).

PERTUISIEN, IENNE, de Pertuis, ch.-l. de con, arrt d'Apt (Vaucluse).

Les habitants de Pertuis, qui est dénommé *Pertus* en provençal, sont désignés sous le nom de *Pertuisiens, iennes*.

Con du Maire de Pertuis.

PETITES-CHIETTOIS, OISE, des Petites-Chiettes (aujourd'hui Bonlieu`), cne, con de Saint-Laurent, arrt de Saint-Claude (Jura).

Songez donc : les *Petites-Chiettois* demandent à changer le nom de leur localité, et on leur répond : « Soit ; votre village s'appellera désormais Bonlieu... » Ce qu'on ne sait pas, c'est que le pays où demeurent ces pudibonds *Petites-Chiettois*, devenus *Bonlieusains*, est le plus beau du monde.

FIRMIN JAVEL. *(Le Gil Blas,* 9 janvier 1889.)

M. Firmin Javel, qui se déclare *Jurassien* dans le *Gil Blas* du 9 janvier 1889, nous apprend que Bonlieu est le nom d'un hameau, moins encore, d'un groupe de quelques maisonnettes appuyées aux ruines d'une ancienne abbaye et situées à quelque distance du village des Petites-Chiettes. On s'est borné, en supprimant le vocable dont les *Petites-Chiettois* rougissaient si tardivement, à lui substituer le nom du pays le plus voisin. Il n'y a donc plus de Petites-Chiettes, partant plus de *Petites-Chiettois !*... Mais, qu'on se rassure ; nous avons maintenant un Bonlieu de plus en France et des *Bonlieusains*, ainsi baptisés par un de leurs compatriotes du Jura.

PÉZENOL, OLE, de Pézènes, cno, con de Bédarieux, arrt de Béziers (Hérault).

Après quelques mois d'hésitation, le *Pézenol*, voyant quelques unes de ses bêtes atteintes du piétain...

FERDINAND FABRE. *(Revue contemporaine* (juin 1854).

PHALSBOURGEOIS, EOISE, de Phalsbourg, ancienne ville de France (Alsace), cédée à l'Allemagne en 1871.

Avis aux *Phalsbourgeois* résidant à Paris :

Les obsèques du général Uhrich ayant lieu mardi 19 courant, à midi très précis, les *Phalsbourgeois* sont priés de se réunir à onze heures et demie, devant l'église de l'Annonciation de Passy, pour assister en corps aux funérailles de leur regretté compatriote le général Uhrich.

De la part des membres du comité.

L'Evénement (19 octobre 1885).

PIANAIS, AISE, de Pian-en-Médoc, c^ne, c^on de Blanquefort, arr^t de Bordeaux (Gironde).

PIANENCH, ENCHA, de Pia, c^ne, c^on et arr^t de Perpignan (Pyrénées-Orientales).

Les *Pianenchs* étaient devenus un sujet d'amusement, et cependant ils ne sont pas moins intelligents que le reste des Roussillonnais.

P. VIDAL. *(Guide des Pyrénées-Orientales.)*

PICARD, ARDE, de la Picardie *(Picardia)*, ancienne province de la France.

Les guerres du moyen-âge et les guerres modernes sont là pour attester que les *Picards* n'ont point dégénéré.

CH. LOUANDRE. *(Histoire de Picardie.)*

Demandez à une femme de la Picardie le lieu de sa naissance. — Je suis, répondra-t-elle, du pays des jolies filles, je suis *Picarde*.

FR. WEY. *(Les Français peints par eux-mêmes. — Le Picard.)*

· **PICHANGEIR, EIRE**, de Pichange, c^ne, c^on d'Is-sur-Tille, arr^t de Dijon (Côte-d'Or).

Les imbéciles de Pichange, dit un vieux proverbe. Une femme de cette commune appelle le chiffonnier pour lui vendre de la guenille. On convient du prix, *deux liards la livre*, et l'on pèse, mais la *Pichangeire*, s'apercevant que ses chiffons

lui feront peu d'argent, ne trouve rien de mieux à faire que de glisser en cachette un quartier de lard dans le sac, afin d'avoir du poids.

Et les habitants de Pichange se fâchent de leur sobriquet !

CLÉMENT JANIN. *(Sobriquets des villes et villages de la Côte d'Or. — Dijon.)*

PIENNOIS, OISE, de Piennes, c^ne, c^on et arr^t de Montdidier (Somme).

PIERRATS, appellation donnée dans l'Angoumois à une catégorie d'individus qu'on peut assimiler aux Cagots des Pyrénées ou aux Caqueux de la Bretagne. (Voir CAGOT et CAQUEUX.)

De renseignements authentiques qui nous ont été fournis, il résulte qu'il y avait en Angoumois, durant et depuis la domination anglaise, une race ou secte qu'on peut assimiler aux Cagots des Pyrénées ou aux Caqueux de la Bretagne et qui, suivant les diverses localités angoumoisines où ces hommes vivaient groupés et associés, recevaient de leurs voisins les noms de *Creetés* ou *Crestés*, et plus rarement ceux de *Roux*, *Roussets*, *Cailluauds*, ou *Cailhevots*. Une agglomération de ces hommes vivant à part au milieu des autres Angoumoisins, a existé au village du Temple, près de Rouillac, où on leur a aussi donné quelquefois l'épithète de *Pierrats* et plus tard le nom de *Morins* ou *Maurins*.

FRANCISQUE MICHEL. *(Histoire des races maudites.)*

Il y a encore des *Creetés, Roux, Cailluauds* ou *Pierrats* à Saint-Eutrope, Guizengeard, Saint-Même et dans plusieurs autres communes des cantons de Montmoreau, de Brossac, de Segonzac, de Jarnac.

PIERREFITTOIS, OISE, de Pierrefitte (1), c^ne, c^on et arr^t de Saint-Denis (Seine)

PIERROIS, OISE, de Pierre-en-Bresse, ch.-l. de c^on, arr^t de Louhans (Saône-et-Loire).

L'Echo *Pierrois,* journal local.

PIERROTIN, INE, de Saint-Pierre, ch.-l. d'arr^t, Martinique (Amérique).

Les habitants de Saint-Pierre, les *Pierrotins,* se moquent des habitants du Gros-Morne (les Gros-Mornais ou Gros-Mornès, car il n'y a jamais eu d'orthographe précise), et ces béotiens de Gros-Mornais rendent bien leurs railleries aux *Pierrotins.*

C^on de M. MAURICE DALLAS, avocat à Bordeaux, propriétaire aux Antilles.

C'est à Fort-Royal que se tenait l'assemblée coloniale, dans laquelle les planteurs dominaient par le nombre. Ils imaginèrent de punir les *Pierrotins* par l'endroit le plus sensible. Le seul port de Saint-Pierre était ouvert aux Américains ; l'assemblée leur ouvrit également les ports de Fort-Royal, de la Trinité, du François et du Marin. Le comte de Vioménil sanctionna l'arrêt de l'assemblée. L'ouverture de ces ports était de la liberté ; mais de cette liberté, les *Pierrotins* n'en voulaient pas.

A. LACOUR. *(Histoire de la Guadeloupe.)*

PIERROTIN, INE, de Pierres, c^ne, c^on de Maintenon, arr^t de Chartres (Eure-et-Loir).

(1) 12 communes portent le même nom ; on doit appliquer à leurs habitants la même appellation ethnique.

PINSUTO, nom sous lequel on désigne les habitants de la piève de Bastelica, ch.-l. de c^on, arr^t d'Ajaccio (Corse).

Le costume des bergers est à peu de chose près le même dans toute la partie froide de la Corse ; un justaucorps en drap noir, un vaste gilet croisant sur la poitrine, un pantalon de drap noir tissé par la famille avec les toisons des moutons. La coiffure se compose d'un bonnet de laine dans le genre de ceux que portent les Napolitains, mais un peu moins large du haut. Aussi appelle-t-on les habitants *Pinsuto* (bonnet pointu).

L. DE SAINT-GERMAIN. *(Itinéraire de la Corse. — Mœurs et coutumes de la piève de Bastelica.)*

PIQUECAILLOUTISTE, habitant de Piquecailloux, quartier de la ville de Bergerac (Dordogne).

Il y a à Bergerac un quartier ou plutôt un terrain vague, un marécage, qui s'est appelé de tout temps Piquecailloux. Ce quartier, qui n'avait pour habitants que des grenouilles, était, jusqu'à ces derniers temps, parfaitement inconnu de la population Bergeracoise ; il a fallu, pour le tirer de cette obscurité et appeler sur lui l'attention des habitants, que des projets de construction d'un hôpital civil et militaire sur son emplacement fussent mis en avant. De là scission des Bergeracois en deux groupes : les uns tenant pour Piquecailloux (les *Piquecailloutistes*) et les autres, ayant avec eux l'autorité militaire, absolument opposés à la construction de cet établissement sur les terrains de Piquecailloux ; on les appelle *Anti-Piquecailloutistes.*

La querelle de Piquecailloux dure depuis plusieurs années.

A l'heure actuelle, Piquecailloux s'est un peu amélioré, grâce aux efforts de la municipalité, qui y a fait faire des terrassements très importants et y a construit un magnifique foirail.

On a même commencé à bâtir quelques maisons à Piquecailloux.

PIRIAÇAIS, AISE, de Piriac, c^ne, c^on de Guérande, arr^t de Saint-Nazaire (Loire-Inférieure).

Content de sa pêche ou des quelques sillons qu'il cultive, le *Piriaçais* accepte dans le monde la place que le hasard lui a faite, non qu'elle lui plaise, ·mais parce qu'il y est.

E. SOUVESTRE. *(Revue des Deux-Mondes,* 1851).

PISCÉNOIS·, OISE, de Pézenas, ch.-l. de c^on, arr^t de Béziers (Hérault).

L'Harmonie *Piscénoise,* société musicale.

· *Piscénois* vient de *Piscena,* le nom latin de cette ville, qui fut également désignée sous le nom de *Castrum Pesenacum* ou de *Pesenaco,* d'où Pézenas.

PITHIVÉRIEN, IENNE, de Pithiviers· *(Pagus Pithiverensis),* ch.-l. d'arr^t (Loiret).

Bals, concerts, théâtre, raouts par ici, soirée par là, rien n'aura manqué cet hiver aux *Pithivériens* pour rompre la monotonie de leur vie journalière et jeter sur elle comme un aimable reflet des plaisirs d'antan.

L'Echo de Pithiviers (13 mars 1887).

Il y avait foule dimanche soir dans la coquette salle du théâtre de Pithiviers ; toutes les loges étaient prises d'assaut par l'élite de la société *Pithivérienne.*

L'Echo de Pithiviers (6 mars 1887).

· Les anciens noms de Pithiviers sont *Pluviers, Piviers, Piveris castrum,* le château ou domaine de Piver, *Pituerium, Aviarium,* lieu fréquenté par les oiseaux ; les pluviers en effet fréquentent la vallée humide de l'Œuf, près de Pithiviers.

PITRIEN, IENNE, de Pitres, c^ne, c^on de Pont-de-Larche, arr^t de Louviers (Eure).

PLANARD, ARDE, habitant de la plaine du Forez. (Voir FORÉZIEN.)

« Les ventres jaunes » ; c'est ainsi qu'on appelle les *Planards* ou habitants de la plaine du Forez.

GAIDOZ et SÉBILLOT. *(Blason populaire de la France.)*

PLANEZARD, ARDE, du haut plateau de Planèze (Cantal).

PLANEZARD, ARDE, de Planèzes, c^ne, c^on de La Tour-de-France, arr^t de Perpignan (Pyrénées-Orientales).

PLEUMÉROU·, OUE, de Plombières-les-Dijon, c^ne, c^on et arr^t de Dijon (Côte-d'Or).

Les Talantais, pour se venger de leur sobriquet de *chiens,* avaient baptisé les *Pleumérous,* les *baudets,* par allusion à leur patron *saint Baudèle.*

CLÉMENT JANIN. *(Sobriquets des villes et villages de la Côte-d'Or. — Dijon.)*

· L'appellation *Pleumérou* vient de l'ancien nom de Plombières, qui a été successivement Plumières ou Plumeires et Plemeire.

... Ce vieu pôtou,
Ce vieu penar, ce vieu gôtou
Se maule daulay ay *Plemeire*
Boisé grisòtte et chambeleire.

Le Discor joyou (1682).

PLEURTUDI, INE, de Pleurtuit, c^ne, c^on de Dinard-Saint-Enogat, arr^t de Saint-Malo (Ille-et-Vilaine).

Les habitants de Pleurtuit se nomment *Pleurtudis, Pleurtudines.*

PAUL SEBILLOT. *(Blason populaire de la Haute-Bretagne. —Ille-et-Vilaine.)*

PLOËRMELAIS, AISE, de Ploërmel, ch.-l. d'arr^t (Morbihan).

Quelle belle nappe d'eau ! C'est presque un lac ; c'est l'étang au duc ou des grands moulins : sa circonférence a au moins douze kilomètres et ses eaux récèlent des truites que les *Ploërmelais* prétendent meilleures que celles du lac Léman.

CARPENTIER. *(Galerie armoricaine.)*

Le *Ploërmelais*, journal catholique et royaliste, publié à Ploërmel.

PLOUGASTEL, ÈLE, de Plougastel-Daoulas, c^{no}, c^{on} de Daoulas, arr^{t} de Brest (Finistère).

Le *Plougastel*, à très peu d'exceptions près, est un homme fort et très bien développé, d'une très grande vigueur musculaire.

GILBERT VILLENEUVE. *(Itinéraire descriptif du Finistère.)*

PLUMÉLIEN, IENNE, de Pluméliau, c^{no}, c^{on} de Baud, arr^{t} de Pontivy (Morbihan).

PODENSACAIS, AISE, de Podensac, ch.-l. de c^{on}, arr^{t} de Bordeaux (Gironde).

La Lyre *Podensacaise*, fanfare.

PODOT, OTE, du Puy-en-Velay, ch.-l. du dép^{t} de la Haute-Loire. (Voir PONOT).

POINÇONNAIS, AISE, de Poinçon-les-Larrey, c^{no}, c^{on} de Laignes, arr^{t} de Châtillon (Côte-d'Or).

Depuis longtemps, deux importants *Poinçonnais* se regardaient de travers et se faisaient les niches usitées entre mauvais voisins.

CLÉMENT JANIN. *(Sobriquets des villes et villages de la Côte-d'Or. — Châtillon.)*

POINTU, de la Pointe-à-Pitre, ch.-l. d'arr^{t}, Guadeloupe (Amérique).

Tout à coup, les esprits s'exaltent, entrent en fermentation, et les *Pointus*, réunis pour une fête, passent sans transition au tumulte d'une révolte. Des cris de fureur se font entendre contre le despotisme de la Basse-Terre ; plus de relations avec cette ville.

A. LACOUR. *(Histoire de la Guadeloupe.)*

Le nom de Pointe-à-Pitre vient d'un marin nommé Peters, venu avec les Hollandais en 1654 et dont la cabane était construite sur la pointe nord-ouest du Morne Louis. Cette pointe fut nommée Pointe-à-Pitre et donna son nom à la ville qui y fut fondée en 1763.

POISSIAIS *, IAISE, du Poissiais ou Pincerais *(Pagus Pinciacensis)*, et de Poissy, ch.-l. de c^{on}, arr^{t} de Versailles (Seine-et-Oise).

L'ancien nom latin de Poissy, *Pisciacum, Pinciacensis*, semble indiquer que l'origine de cette ville remonte à quelques établissements de pêcheurs, sur lesquels l'histoire ne nous a conservé aucun document.

POITEVIN *, INE, du Poitou *(Pagus Pictavus)*, ancienne province de la France et de Poitiers, ch.-l. du dép^{t} de la Vienne.

François Ier, né à Cognac, disait : « Nous sommes quatre gentilshommes gascons, qui courons lance contre tout venant, savoir : moi, Sansac, d'Essé, Chataigneraie. » Or, ces deux derniers compagnons d'armes du roi chevalier étaient *Poitevins*.

DE LA FONTENELLLE DE VAUDORÉ. *(Chroniques Fontenaisiennes.)*

Les dames *Poitevines* ont de la beauté ; mais leur beauté brille plus par l'éclat et la grandeur que par la grâce.

A. HUGO. *(France pittoresque.)*

Gilbert de La Porée, né à Poitiers et évêque de cette ville, collègue d'Abailard à l'école de Chartres, enseigna avec la même hardiesse, fut comme lui attaqué par Saint-Bernard, se rétracta comme lui, mais ne se releva pas comme le logicien breton. La philosophie *Poitevine* naît et meurt avec Gilbert.

J. MICHELET. *(Notre France.)*

* *Poitevin* vient de *Poitou*, qui lui-même vient de *Pictavia*, nom gallo-romain du pays des *Pictones*, peuple gaulois.

POLACRES, nom sous lequel on désignait une certaine catégorie d'individus de race juive, habitant la Lozère, ainsi que la ville de Paray-le-Monial, en Charolais (Saône-et-Loire).

Dans le Charolais, la petite ville de Paray-le-Monial aurait également été peuplée de Juifs qui, comme ceux de la Lozère, se seraient désignés sous le nom de *Polacres*, tandis qu'en Auvergne, dans le Midi, on leur aurait longtemps conservé la dénomination de *Marrans* ou *Marons* (de *Marrano*, pourceau en Espagne).

G. LAGNEAU. *(Bulletin de la Société d'anthropologie.)*

POLINOIS, OISE, de Poligny, ch.-l. d'arr¹ (Jura).

Les habitants de Poligny sont appelés *Polinois*.

Cᵒⁿ du Maire de Poligny.

POLLETAIS, AISE, du Pollet*, faubourg de la ville de Dieppe (Seine-Inférieure).

Les *Polletais* se montrent d'une hardiesse extrême dès qu'il s'agit de prendre la mer.

Ch. AUBERT. *(Le Littoral de la France.)*

Le costume des *Polletaises* en habit de fête avait moins d'excentricité que celui des hommes et se rapprochait des modes générales de cette partie de la Normandie.

RACINET. *(Le Costume historique.)*

* Le nom de Pollet est mentionné dès 1285 dans des lettres patentes de Philippe III, sous le nom de *Villa de Poleto* ; c'est un faubourg de Dieppe où habitent la plupart des pêcheurs. Il est à peine séparé de la ville par un étroit chenal.

POLOIS, OISE, de Saint-Pol-sur-Ternoise *(Comitatus Sancti Pauli)*, ch.-l. d'arr¹ (Pas-de-Calais).

Polois, mes frères ! j'ai cru que vous liriez avec plaisir votre histoire.

G.-E. SAUVAGE. *(Histoire de Saint-Pol.)*

On dit aussi :
SAINT-POLOIS, OISE.

Histoire de Saint-Pol, par G.-E. Sauvage, *Saint-Polois*.

POLYNÉSIEN, IENNE, de la Polynésie, une des quatre grandes divisions de l'Océanie (Taïti, Marquises).

Le *Polynésien*, lorsqu'il n'est pas trop mélangé de *Papoua*, est de haute taille, de carnation relativement claire (jaune, bistré) ; il a la figure ovale, le nez saillant, tantôt droit, tantôt aquilin, les yeux noirs et bien fendus en amandes. Son crâne est sous-dolichocéphale, et si parfois son prognathisme sous-nasal est accentué, cela tient sans doute aux mélanges avec des populations voisines, car les Tahïtiens, qui passent pour représenter assez purement le type, ne sont guère plus prognathes que les blancs.

G. DE RIALLE. *(Peuples de l'Asie et de l'Europe.)*

Quelques érudits ont voulu voir dans les langues *Polynésiennes* la souche des langues aryennes ; c'est un paradoxe qui a été soutenu dans les journaux d'Honolulu.

P. Larousse. *(Grand dictionnaire universel du* xixe *siècle.)*

POMMARDIN, INE, de Pommard, cne, con et arrt de Beaune (Côte-d'Or).

C'est égal, disait le *Pommardin*, on est bien voleur tout de même, dans ce Paris !

Clément Janin. *(Sobriquets des villes et villages de la Côte-d'Or. — Beaune.)*

PONCINOIS, OISE, de Poncin, ch.-l. de con, arrt de Nantua (Ain).

PONDICHÉRIEN, IENNE, de Pondichéry, ch.-l. des établissements français dans les Indes, sur la côte de Coromandel (Asie). (Voir Chandernagorien.)

PONOT, OTE, du Puy-en-Velay, ch.-l. du dépt de la Haute-Loire. (Voir Anicien.)

On dit *Ponots, otes,* pour désigner les habitants du Puy.

Con du Maire du Puy.

D'après E. Reclus, on dit :

PODOT, OTE, ou **PONOT, OTE.**

L'industrie dentellière a toujours été un travail d'importance capitale pour les *Podots* ou *Ponots* (tel est le nom des habitants du Puy) et même pour toute la population du Velay.

E. Reclus. *(Géographie universelle. — France.)*

D'après Racinet, on dit :

PODOT, OTE.

Les *Podotes* ont la réputation d'être très actives ; amoureuses du travail, leur esprit net, positif, justifie ce vieil adage, « qu'avec femme du Puy et homme de Lyon, on doit faire excellente maison. »

Racinet. *(Le Costume historique.)*

Il paraît assez extraordinaire au premier abord que les habitants du Puy s'appellent *Podots* ou *Ponots* ; rien de plus naturel cependant si on se reporte au nom primitif de cette ville. Le mot Puy vient du latin *Podium*, qui veut dire tertre, éminence, hauteur. Le vieux mot français était *pui*, qui servit à former le vieux verbe *puier*, gravir. De *Podium* à *Podots*, la différence n'est pas grande.

La ville du Puy se nommait en latin *Anicium* et *Podium* ; nous avons donné au mot *Anicien* l'explication de cette première appellation, la seconde est le nom d'une ville romaine ayant existé sur l'emplacement actuel de la ville du Puy, ville détruite par les Gaulois et réédifiée après l'établissement du christianisme sous le nom de *Podium Sanctæ Mariæ* (la montagne de Sainte Marie), nom que l'on rencontre dans les diplômes antérieurs à l'an 1100. Plus tard, on a dit *Podium* sans addition, d'où le Puy.

Il résulte de la communication qui nous a été faite par M. le Maire du Puy que les habitants de cette ville doivent être appelés *Ponots, otes.*

Par contre, M. l'abbé Poyrard, curé de Saint-Julien-d'Ance (Haute-Loire), nous écrit sur ce sujet une lettre d'où nous détachons les lignes suivantes :

« On appelle les habitants du Puy
» *Poneaux* ou *Podeaux* en langue vulgaire.
» Ces noms sont évidemment dérivés de
» *Podium.* On trouve *Poneaux* et *Po-*
» *deaux* dans quelques écrits badins et
» dans quelques poèmes patois, mais les
» auteurs sérieux n'emploient jamais ces
» noms, qui sonnent mal. Dire à quelqu'un
» qui n'est pas du Puy « vous êtes un *Po-*
» *neau* ou bien vous appartenez au type
» *Poneau* » serait une sorte d'injure. Beau-
» coup de gens écrivent *Ponot* ; c'est une
» faute. J'en tire la preuve de ce que,
» dans le langage vulgaire, on dit *un*
» *Pouneau, una Pounauda, lous Pounaus,*
» *las Pounaudas* ; mais on ne dit jamais,
» du moins au Puy, *las Pounotas.* »

PONTALICIEN, IENNE, de Pontailler, ch.-l. de c^{on}, arr^t de Dijon (Côte-d'Or).

PONTAS, sobriquet des habi-tants du faubourg du Pont de la ville de Dinan, ch.-l. d'arr^t (Côtes-du-Nord).

Les *Pontas*. — C'est le nom donné par les gens de la ville à ceux du faubourg du Pont, situé au dessous, au bord de la rivière. On les appelle aussi les « Gas du Pont. »

PAUL SEBILLOT. *(Blason populaire de la Haute-Bretagne. — Côtes-du-Nord.)*

PONTAUDEMÉRIEN, IENNE, de Pont-Audemer, ch.-l. d'arr^t (Eure).

Monsieur Gambetta va faire de petits discours. Il va parler aux Havrais de la Seine maritime, aux Quillebeuviens de la canalisation de la Seine et aux *Pontaudemériens* de la réfection des digues.

P. GIFFARD. *(Le Figaro, 24 octobre 1881.)*

Pont-Audemer *(Pons Aldemarii)*, situé sur le passage de la voie romaine de Lillebonne à Lisieux, paraît s'être formé vers le ixe siècle. Un certain Omer ou Aldemer y fit construire un pont à cette époque et lui donna son nom.

PONTCHÂTELAIS, AISE, de Pont-Château, ch.-l. de c^{on}, arr^t de Saint-Nazaire (Loire-Inférieure).

PONTIAS, sobriquet des habi-tants de Nyons, ch.-l. d'arr^t (Drôme). (Voir NYONSAIS.)

Nyons est une petite ville de 3,500 habitants ; elle est baignée par la rivière de l'Eygue. Elle est adossée à une mon-tagne qui s'appelle le Devès et d'énor-mes rochers garnis de crevasses profon-des la surplombent ; la légende dit que c'est du fond de ces crevasses que s'é-chappe chaque matin le vent du *Pontias*, qui fut apporté dans le pays par un évêque d'Arles.

D'après certains auteurs, ce nom de *Pontias* a été donné aux habitants de Nyons à cause du pont qui avoisine la ville et qui existe de toute antiquité ; ce pont, qui avait probablement été cons-truit par les Romains, a été rebâti au commencement du xve siècle.

Un journal imprimé à Nyons s'intitule le *Pontias* ; il est dirigé par M. Bon-nardel.

PONTIGNIEN, IENNE, de Pontigny, c^{ne}, c^{on} de Ligny-le-Châ-tel, arr^t d'Auxerre (Yonne).

PONTISSALIEN *, IENNE, de Pontarlier, ch.-l. d'arr^t (Doubs).

En parlant des habitants de Pon-tarlier, on dit *Pontissaliens, iennes*.

C^{on} de M. THOMAS, rédacteur en chef du *Journal de Pon-tarlier.*

* Le mot Pontarlier a subi dans l'histoire de nombreuses variantes, mais son éty-mologie véritable paraît être celle que lui attribue Gallut. Elius Adrianus, em-pereur romain, aurait, dit-on, construit le pont qui existe encore à l'entrée de la ville ; de là le nom de Pons Elie donné à la ville et celui de *Pontissaliens* donné à ses habitants : *Pontis Elii.*

PONTIVIEN, IENNE, de Pon-tivy, ch.-l. d'arr^t (Morbihan).

Que M. le colonel du 2e chasseurs me permette en passant de lui don-ner un bon conseil, pour peu qu'il tienne à l'affection des *Pontiviens*. A Pontivy, on aime beaucoup la musique militaire, que dis-je, on en raffole.

MAHORI. *(Le Figaro, 1er février 1886.)*

PONT-L'ABBISTE, ISTE, de Pont-l'Abbé, ch.-l. de c^{on}, arr^t de Quimper (Finistère). (Voir BIGOU-DEN).

Les habitants de Pont-l'Abbé sont désignés sous le nom de *Pont-l'Abbistes*.

C^{on} du Maire de Pont-l'Abbé.

PONT-L'ÉVÊQUAIS, AISE,
ou PONT-L'ÉVÊQUOIS, OISE
(peu usités), de Pont-l'Évêque, ch.-l.
d'arr¹ (Calvados).

Les habitants de Pont-l'Évêque
et des environs ont toujours été
désignés sous l'appellation générique d'*Augerons*, c'est-à-dire habitants du pays d'Auge. Quelques
journalistes locaux ont essayé de
faire prévaloir les deux appellations
néologiques de *Pont-l'Evêquais* et de
Pont-l'Évêquois ; mais elles n'ont
rencontré que peu de crédit jusqu'à
présent.

C^on du Maire de Pont-l'Évêque.

D'après M. Menet, qui a fait dans *La
Nature* une nomenclature du nom des
habitants de quelques villes de France,
les habitants de Pont-l'Évêque s'appelleraient des *Pontépiscopiens !!* Nous n'avons
rencontré cette appellation nulle part et
nous ajoutons qu'elle paraît ignorée à
Pont-l'Évêque.

PONTLÉVIEN, IENNE, de
Pontlevoy, c^no, c^on de Montrichard,
arr¹ de Blois (Loir-et-Cher).

Fanfare *Pontlévienne*, de Pont-
lévoy.

PONTOIS, OISE, de Pons, ch.-l.
de c^on, arr¹ de Saintes (Charente-
Inférieure).

PONTOIS, OISE, de Pont-sur-
Yonne, ch.-l. de c^on, arr¹ de Sens
(Yonne).

Il avait offert une quinzaine de
mille francs pour fonder à Pont-sur-
Yonne « une rosière », mais le Maire
déclara que ses administrés n'avaient
pas besoin de ce *capital*, et que
c'était faire injure à leur autre *capital*, que du reste les rosières étaient
souvent... décapitalisées et arron-
dies, et il prit pour exemple un village voisin.

Mais alors, si les *Pontoises* sont
toutes dignes d'être rosières, comment seraient-elles ce que vous dites,
monsieur le Maire ?

Le Gil Blas (11 janvier 1889).

PONTOISIEN, IENNE, de Pontoise, ch.-l. d'arr¹ (Seine-et-Oise).

L'Echo *Pontoisien*, journal littéraire publié à Pontoise.

Pontoise, l'ancienne *Pons Æsiæ, Pon-
tisara, Pontesium*, tire son nom de son
pont sur l'Oise, construit sur la chaussée
romaine de Beauvais à Paris.

PONTORSONNAIS, AISE, de
Pontorson, ch.-l. de c^on, arr¹ d'Avranches (Manche).

La Fanfare *Pontorsonnaise*, société
musicale.

PONTOUVROIS, OISE, de
Pontouvre, ou l'Houmeau-Pontou-
vre, c^no, c^on et arr¹ d'Angoulême
(Charente).

La promenade au Pontouvre est
la course légendaire des *Angoumoisins*, le mercredi des Cendres....
Les petites îles du moulin de M. F.
Rivaud, avec leurs belles plantations
d'arbustes verts, donnent à ce paysage un attrait exquis ; deux ou trois
Pontouvrois se sont installés dans
cet archipel.

O.-B. *(La Charente,*
25 février 1887).

PORCÉANNAIS, AISE, de Châ-
teau-Porcien *(Pagus Porcensis)*,
ch.-l. de c^on, arr¹ de Rethel (Ardennes).

PORNICAIS, AISE, de Pornic,
ch.-l. de c^on, arr¹ de Paimbœuf
(Loire-Inférieure).

On appelle *Pornicais* les habitants
de Pornic.

C^on du Maire de Pornic.

PORTELOIS, OISE, du Portel, c^{ne}, c^{on} de Samer, arr^l de Boulogne-sur-Mer (Pas-de-Calais).

M. Duchenne, de Boulogne, a signalé chez les belles et vigoureuses *Porteloises*, à l'ouest de cette ville, non-seulement une incurvation lombo-sacrée très prononcée, ainsi qu'une légère courbure dorso-cervicale en sens contraire, mais aussi un cou bien modelé, de belles épaules, une taille élégante, des mains et des pieds petits et bien attachés, caractères qui paraissent également être ceux de la race ibérienne.

PORT-LOUISIEN, IENNE, de Port-Louis, ch.-l. de c^{on}, arr^l de la Pointe-à-Pitre, Guadeloupe (Amérique).

PORT-LOUISIEN, IENNE, de Port-Louis, petit port fortifié dépendant du gouvernement de l'île de la Réunion, Madagascar (Afrique).

PORT-LOUISIEN, IENNE, de Port-Louis, ch.-l. de c^{on}, arr^l de Lorient (Morbihan).

PORT-VENDRAIS, AISE, de Port-Vendres, c^{ne}, c^{on} d'Argelès, arr^l de Céret (Pyrénées-Orientales).

A la suite de la collision survenue entre l'*Ajaccio* et l'*Asie,* un concert a été donné au café des Paquebots au profit des naufragés. Toute la population *Port-Vendraise* y assistait et la recette a été fructueuse.

L'Avenir de la Dordogne
(9 mai 1887).

Les Romains, lorsqu'ils devinrent maîtres du pays, élevèrent à Vénus pyrénéenne un temple sur le promontoire Aphrodision, le cap Creu. Le port creusé au pied de la montagne prit aussi le nom de la déesse et s'appela *Portus Veneris,* Port-Vendres.

POUGEOIS, EOISE, de Pougues'-les-Eaux, ch.-l. de c^{on}, arr^l de Nevers (Nièvre).

« L'Hydre féminine combattue par la nymphe *Pougeoise* », d'Augustin Courrade, est une sorte d'allégorie médicale où les maladies de la femme sont rangées sous sept chefs, dont ces eaux font justice.

Dr F. Roubaux. *(Histoire
de Pougues.)*

La Lyre *Pougeoise,* fanfare.

* Le nom de Pougues vient des mots *Podium* et *Aquœ,* d'où l'on a fait dans la suite *Podaquœ, Poguœ* et *Pogœ,* qui est le nom de ce lieu dans les titres latins du moyen âge.

POUILLONNAIS, AISE, de Pouillon, ch.-l. de c^{on}, arr^l de Dax (Landes).

On manifeste l'espoir que les républicains *Pouillonnais* trouveront un appui dans le premier magistrat du département.

La Petite Gironde (5 juin 1888).

POURVILLAIS, AISE, de Pourville, hameau, c^{ne} d'Hautot-sur-Mer, c^{on} d'Offranville, arr^l de Dieppe (Seine-Inférieure).

Ce matin, toutefois, les *Pourvillais* ont envoyé des délégués aux autorités compétentes pour demander la destitution du baigneur et sa punition exemplaire.

Le Soleil (23 août 1888).

POUZAUGEOIS, EOISE, de Pouzauges, ch.-l. de c^{on}, arr^l de Fontenay-le-Comte (Vendée).

On appelle *Pouzaugeois* les habitants de Pouzauges.

C^{on} du Maire de Pouzauges.

POYAIS, AISE, de Poix, ch.-l. de c^{on}, arr^l d'Amiens (Somme).

POYANNAIS, AISE, de Poyanne, c^{ne}, c^{on} de Montfort, arr^l de Dax (Landes).

La cité *Poyannaise* est le pays des bonnes vaches comme des vaillants écarteurs.

La Petite Gironde (1er septembre 1888).

PRADÉEN, ÉENNE, de Prades, ch.-l. d'arr^t (Pyrénées-Orientales).

On appelle *Pradéen* l'habitant de Prades.

C^on du Maire de Prades.

L'appellation ethnique patoise est :
PRADENCH, ENCHA.

Las *Pradenchas*, ou *Pradencas* ou *Pradenques* son las mes boniques minyonas de Rosselló y Conflens, vieux proverbe qui se traduit ainsi :

« Les femmes de Prades sont les plus jolies filles du Roussillon et de Conflent. »

PRÉCYOT, OTE, de Précy-sur-Oise (1), c^ne, c^on de Creil, arr^t de Senlis (Oise).

PRÉMONTRÉ, ÉE, de Prémontré, c^ne, c^on de Coucy-le-Château, arr^t de Soissons (Aisne).

En 1245, le pape Innocent IV se plaignit au chapitre général des *Prémontrés* de la dissolution de cet ordre ; mais les *Prémontrés* étaient trop puissants pour en tenir compte.

LAROUSSE. *(Grand Dictionnaire universel du XIXe siècle.)*

On dit une religieuse *Prémontrée*.

Le village de Prémontré tire son nom d'un monastère fondé en 1120 par Saint Norbert, dans un endroit qu'il appela *Præmonstratum* (lieu indiqué à l'avance), d'où l'on a fait le nom actuel de *Prémontré*. Suivant quelques auteurs, l'étymologie de ce nom se trouve dans *Pratum monstratum*, le pré appartenant à Montré ; ou bien encore dans *Præ montibus tribus*, auprès de trois monts.

---

(1) 9 communes portent le même nom ; on doit appliquer à leurs habitants la même appellation ethnique.

PRINQUELAIS, AISE, dé Prinquiau, c^ne, c^on de Savenay, arr^t de Saint-Nazaire (Loire-Inférieure).

PRISSACOIS, OISE, de Prissac, c^ne, c^on de Belabre, arr^t du Blanc (Indre).

PRISSÉEN, ÉENNE, de Prissé, c^ne, c^on et arr^t de Mâcon (Saône-et-Loire).

PRIVADOIS, OISE, de Privas, ch.-l. du dép^t de l'Ardèche.

Le *Manuale Notarum*, d'Antoine Brion (1427-28), nous montre tous les *Privadois*, riches ou aisés de ce temps-là, inscrivant dans leurs testaments quelques legs pour les quêtes qui s'y faisaient.

Dr FRANCUS. *(Voyage autour de Privas.)*

Deux compagnies *Privadoises* arrivées à Coux reçurent une lettre du curé de Loriol annonçant que les brigands s'étaient retirés.

Dr FRANCUS. *(Ibidem.)*

PROISSANNAIS, AISE, de Proissans, c^ne, c^on et arr^t de Sarlat (Dordogne).

PROJANAIS, AISE, de Projan, c^ne, c^on de Riscle, arr^t de Mirande (Gers).

PROMILHANAIS, AISE, de Promilhanes, c^ne, c^on de Limogne, arr^t de Cahors (Lot).

PRONVILLAIS, AISE, de Pronville, c^ne, c^on de Marquion, arr^t d'Arras (Pas-de-Calais).

PROPRIANAIS, AISE, de Propriano, c^ne, c^on d'Olmeto, arr^t de Sartène (Corse).

« En avant ! » commande le chef d'escadron, et on part au grand trot, suivi de toute la population *Proprianaise.*

Le Figaro (5 septembre 1888).

L'ethnique corse est *Proprianinco, enca,* dont le pluriel est *Proprianinchi.*

PROUVILLAIS, AISE, de Prouville, c^ne, c^on de Bernaville, arr^t de Doullens (Somme).

PROVENÇAL, ALE, de la Provence *(Provincia),* ancienne province de la France.

Français, Italien, Espagnol, le *Provençal* est tout cela ; il participe de ces trois peuples, dont il subit le contact et la domination.

TAXILE DELORD. *(Le Provençal.)*

Tout le monde sait que Pétrarque fut inspiré par une *Provençale.*

FONTENELLE.

Les anciens *Provençaux* empruntèrent des Romains la manière de mesurer leurs chemins ; ils comptaient par milles.

BOUCHE. *(Histoire de Provence.)*

PROVERVILLAIS, AISE, de Proverville, c^ne, c^on et arr^t de Bar-sur-Aube (Aube).

PROVINOIS, OISE, de Provin, c^ne, c^on de Seclin, arr^t de Lille (Nord).

PROVINOIS, OISE, de Provins *(Pagus Provinensis),* ch.-l. d'arr^t (Seine-et-Marne).

« A Provins, les claquots ! » ce qui veut dire les faiseurs d'embarras, les importants. C'est le sobriquet donné aux *Provinois* par les paysans d'alentour.

GAIDOZ et SEBILLOT. *(Blason populaire de la France.)*

S'il y a six ou sept cents ans que les *Provinoises* ont cessé d'être les plus voluptueuses des femmes, on doit juger par celles de nos jours qu'elles n'ont pas cessé d'être les plus aimables.

MICHELIN. *(Essais historiques sur le département de Seine-et-Marne.)*

PRUNAYOT, OTE, de Prunay-le-Gillon, c^ne, c^on et arr^t de Chartres (Eure-et-Loir).

PUCHIN, INE, du Puy-Sainte-Réparade, c^ne, c^on de Peyrolles, arr^t d'Aix (Bouches-du-Rhône).

PUGÉTOIS, OISE, de Puget-Théniers, ch.-l. d'arr^t (Alpes-Maritimes).

M. X... n'est pas de Puget-Théniers. Il a cela de commun avec une trentaine de mille de *gentlemen* américains, russes, anglais ou parisiens, lesquels ne sont pas plus devenus *Pugétois* qu'il ne serait lui-même nationalisé *Grison* s'il allait passer le mois de juillet à Ouchy ou Interlaken.

Le Français (Décembre 1878).

PUISÉTIEN, IENNE, du Puiset, c^ne, c^on de Janville, arr^t de Chartres (Eure-et-Loir).

PUISOTIN, INE, du Puiseau, ch.-l. de c^on, arr^t de Pithiviers (Loiret).

PUISSEGUINAIS, AISE, de Puisseguin, c^ne, c^on de Lussac, arr^t de Libourne (Gironde).

PUJOLAIS, AISE, de Pujo-le-Plan, c^ne, c^on de Villeneuve, arr^t de Mont-de-Marsan (Landes).

La *Pujolaise,* fanfare.

PUJOLAIS, AISE, de Pujols, ch.-l. de c^on, arr^t de Libourne (Gironde).

La Fanfare *Pujolaise*.

PUTELLIEN, IENNE, de Puteaux, c^ne, c^on de Courbevoie, arr^t de Saint-Denis (Seine).

PYRÉNÉEN, ÉENNE, de la chaîne des Pyrénées et des départements des Hautes et Basses-Pyrénées.

Les tumulus *Pyrénéens* se trouvent en très grand nombre sur deux points principaux qui avoisinent immédiatement la montagne, sur le plateau qui s'étend au nord de Pau

et dans les landes d'Ossun et de Bartrés, aux environs de Tarbes.

Bois et Durier. *(Les Hautes-Pyrénées.)*

Maintenant encore, la plupart des populations *Pyrénéennes* de Port-Vendres à Bayonne, sont incontestablement d'origine ibérique.

Adolphe Joanne. *(Itinéraire des Pyrénées.)*

Nombreuses sont les hypothèses émises par les étymologistes pour expliquer l'origine du mot Pyrénées. La plus probable nous paraît celle qui fait dériver ce nom du mot gaélique *ber*, *per* ou *pir* *(birennou* au pluriel), signifiant pointe, hauteur, sommet. Dans les vallées de l'Ariège, on appelle encore *biren* ou *piren* tous les pâturages élevés.

UARANTAIS, AISE, de Quarante, c^ne, c^on de Capestang, arr^l de Béziers (Hérault).

QUAROUBLAIS, AISE, de Quarouble, c^ne, c^on et arr^l de Valenciennes (Nord).

QUEIGEREN, ÈNE, du Queige (*Queigium*), c^ne, c^on de Beaufort, arr^l d'Albertville (Savoie).

On appelle *Queigerens* les habitants de Queige.

C^on de M. Ducis, archiviste de la Haute-Savoie.

QUERCINOIS, OISE, du Quercy *(Pagus Cadurcinus)*, ancien district de la Guienne (Lot). (Voir CADURCIEN.)

Le gouvernement des *Quercinois* paraît avoir été aristo-démocratique à peu près comme celui de la Hollande de nos jours.

CATHALA-COTURE. *(Histoire politique du Quercy.)*

QUERQUEVILLAIS, AISE, de Querqueville, c^ne, c^on d'Octeville, arr^l de Cherbourg (Manche).

QUETTETOTAIS, AISE, de Quettetot, c^ne, c^on de Bricquebec, arr^l de Valognes (Manche).

QUETTEVILLAIS, AISE, de Quetteville, c^ne, c^on de Honfleur, arr de Pont-l'Évêque (Calvados).

QUETTREVILLOIS, OISE, de Quettreville, c^ne, c^on de Montmartin-sur-Mer, arr^l de Coutances (Manche).

Quettrevillois,
Gambe (jambe) de bois,
Talon de fer,
Museau nair (noir) ;
Un cheval hair (hergne, maigre),
Les porte en enfer.

Nous ne savons quelle circonstance a pu donner naissance à cette formule. Ce doit être une allusion à quelque scène de sorcellerie et de sabbat.

CANEL. *(Blason populaire de la Normandie.)*

QUIAULIN, INE, sobriquet du Boischautin, ou habitant de la contrée de l'Indre appelée Boischaut. (Voir CHAMPIGNOU.)

La ligne de démarcation qui sépare

le Champignou, le *Quiaulin* et le Brenous est aussi accusée que celle qui sépare la Champagne, le Boischaut et la Brenne.

L. MARTINET. *(Le Berry préhistorique.)*

On désigne sous le nom de *Quiaulin* autour de Châteauroux et d'Issoudun, les habitants du sud du Bas-Berry et des frontières de la Marche, pays où l'on cultive avec des bœufs et où les laboureurs ont l'habitude de *quiauler. Quiauler* veut dire soutenir par un chant particulier l'allure des bœufs en labourant. Il en est de même des mots *Tioler, Hôler, Brioler, Roiler.* Dans la Nièvre, on dit kioler, comme dans le passage suivant : « N'est-il pas heureux, celui qui, par une » belle journée de printemps, ouvre la » terre avec une solide charrue, attelée » de magnifiques bœufs qu'il encourage » par ses chants, dont les accents lente- » ment prolongés retentissent au loin » dans les airs? C'est ce qu'en Morvand » on appelle *kiauler.* » (Dupin, Comice agricole de Clamecy, 6 septembre 1853.)

Quiaulin est devenu un sobriquet et un terme de raillerie de la part des gens des contrées voisines. Avoir l'air d'un *Quiaulin*, c'est avoir l'air naïf, simple. Quelquefois, il s'y attache même une idée méprisante.

QUIBERONNAIS, AISE, de Quiberon, ch.-l. de c^on, arr^t de Lorient (Morbihan).

QUIBERVILLAIS, AISE, de Quiberville, c^no, c^on d'Offranville, arr^t de Dieppe (Seine-Inférieure).

QUILLANAIS, AISE, de Quillan, ch.-l. de c^on, arr^t de Limoux (Aude).

QUILLEBOIS, OISE, de Quillebœuf, ch.-l. de c^on, arr^t de Pont-Audemer (Eure).

Les *Quillebois* se regardent à peu près comme une grande famille, et pendant longtemps, ils n'ont pas daigné se confondre avec les autres habitants de la contrée.

CANEL. *(Blason populaire de la Normandie.)*

« Les enrazés de Quillebœuf », vieux proverbe.

Les *Quillebois* font, dans leur conversation, un usage fréquent du mot enragé, et comme ils prononcent *G* comme *Z*, leurs voisins, pour se moquer d'eux, les ont surnommés les *enrazés.*

GAIDOZ et SEBILLOT. *(Blason populaire de la France.)*

On dit également :

QUILLEBEUVIEN, IENNE (peu usité).

QUIMPERLOIS, OISE, ou **QUIMPERLÉEN, ÉENNE,** de Quimperlé, ch.-l. d'arr^t (Finistère).

Les habitants de Quimperlé disent communément qu'ils sont des *Quimperlois*; mais je crois plus logique de dire *Quimperléen.* J'ai du reste vu ce mot *Quimperléen* employé dans plusieurs ouvrages, et notamment dans des articles historiques sur Quimperlé, publiés en 1847 dans un journal de la localité.

C^on de M. LORANS, président du tribunal civil de Quimperlé, membre de la Société archéologique du Finistère.

Cette ville, dont la véritable orthographe bretonne est *Kemperlé, Kemper-Ellé*, s'appela d'abord *Anaurot.* Elle tire son nom de sa situation au confluent de l'Ellé et de l'Esole *(Kemper,* confluent).

QUIMPÉROIS, OISE, de Quimper-Corentin*, ch.-l. du dép^t du Finistère.

La terre de Kerguelen, dans l'Océan des Indes, a reçu le nom du navigateur *Quimpérois* qui l'a reconnue le premier.

E. RECLUS. *(Géographie universelle. — France.)*

Beaucoup de très jolies pièces *Quimpéroises* ont circulé sous le couvert de Rouen.

CH. AUBERT. *(Le Littoral de la France.)*

On trouve aussi :

QUIMPER-CORENTINOIS, OISE (peu usité).

Quimper-Corentin s'appelait autrefois Quimper-Odet, du nom d'une jolie petite rivière sur le bord de laquelle cette ville était bâtie ; on lui donna plus tard le nom de Quimper-Corentin en mémoire d'un évêque qui y mourut en odeur de sainteté, dans les premières années du VIe siècle.

A la chute de l'empire romain, l'ancienne *Corisopitum* prit le nom celtique de *Kemper*, qui veut dire confluent *(kem,* avec, et *bera,* couler), à cause de sa situation au confluent de l'Odet et du Stheir. On l'appela même plus particulièrement Kemper-Odet pour la distinguer de Kemper-Ellé.

QUINGEOIS, EOISE, de Quingey, ch.-l. de c^{on}, arr^t de Besançon (Doubs).

Une fille de Quingey en *Quingeois*
Accouche au terme de trois mois,
Seulement pour la première fois.

(Vieux proverbe.)

QUINSACAIS, AISE, de Quinsac, c^{ne}, c^{on} de Créon, arr^t de Bordeaux (Gironde).

La Lyre *Quinsacaise*, fanfare.

QUINTINOIS, OISE, de Quintin, ch.-l. de c^{on}, arr^t de Saint-Brieuc (Côtes-du-Nord).

Parmi eux, un *Quintinois*, de Quintin, petit garçon un peu naïf, mais énergique et affectueux.

AIMÉ GIRON. *(Le Figaro,* 12 août 1887).

ABASTENAIS, AISE, de Rabastens, ch.-l. de c^on, arr^t de Tarbes (Hautes-Pyrénées).

Il faut voir avec quel zèle nos jeunes *Rabastenaises*, empressées et charmantes, tressent de leurs doigts agiles les guirlandes de feuillage et de fleurs pour orner la jolie petite cité, désireuse de fêter de son mieux les vainqueurs, ses chers enfants, dont elle attend le retour dans la journée.

La Petite Gironde (12 septembre 1888).

RABASTENAIS, AISE, de Rabastens, ch.-l. de c^on, arr^t de Gaillac (Tarn).

RABLAYSIEN, IENNE, de Rablay, c^ne, c^on de Thouarce, arr^t d'Angers (Maine-et-Loire).

RADDONAIS, AISE, de Raddon, c^ne, c^on de Faucogney, arr^t de Lure (Haute-Saône).

RADONAIS, AISE, de Radon, c^ne, c^on et arr^t d'Alençon (Orne).

RAFFETOTAIS, AISE, de Raffetot, c^ne, c^on de Bolbec, arr^t du Havre (Seine-Inférieure).

RAGNABERTOIS, OISE, de Saint-Rambert-sur-Loire, ch.-l. de c^on, arr^t de Montbrison (Loire).

La *Ragnabertoise*, harmonie, société musicale de Saint-Rambert.

RAHÉLIEN, IENNE, d'Er-Rahel, c^ne, arr^t et dép^t d'Oran (Algérie).

Nous souhaitons que les *Rahéliens* n'aient plus à attendre longtemps l'eau après laquelle ils soupirent.

L'Echo d'Oran (24 octobre 1883).

RAHONAIS, AISE, de Rahon, c^ne, c^on de Chaussin, arr^t de Dôle (Jura).

RAIMBEAUCOURTOIS, OISE, de Raimbeaucourt, c^ne, c^on et arr^t de Douai (Nord).

RAINFREVILLAIS, AISE, de Rainfreville, c^ne, c^on de Bacqueville, arr^t de Dieppe (Seine-Inférieure).

RAMBOLITAIN*, AINE, de Rambouillet, ch.-l. d'arr^t (Seine-et-Oise).

Le *Rambolitain*, journal républicain indépendant publié à Rambouillet.

M. H... sera amené à la barre, et si son état ne le permet pas, un membre délégué du tribunal se rendra auprès de lui pour procéder à nouveau à un interrogatoire qui corroborera et complètera au besoin celui du parquet *Rambolitain.*

> *Le Figaro* (24 octobre 1888).

* L'appellation ethnique *Rambolitain* vient de *Rambolitum,* le nom ancien de la ville de Rambouillet.

RAMBUVELAIS, AISE, de Rambervillers, ch.-l. de c^on, arr^t d'Epinal (Vosges).

RANDANOIS, OISE, de Randan *(Randanum),* ch.-l. de c^on, arr^t de Riom (Puy-de-Dôme).

Randan en *Randanois,*
Les femmes accouchent à trois mois ;
Villeneuve-sur-Randan,   .
Elles en font tout autant.
> (Vieux proverbe.)

Ce bourg, qui n'était autrefois qu'une suite de masures éparses et couvertes de chaume, malgré son titre superbe de capitale du *Randanois,* offre maintenant en général des maisons bien bâties et respirant l'aisance.

> Lodoïx Enduran. *(Flâneries d'un buveur d'eau à Vichy.)*

RAONNAIS, AISE, de Raon-l'Étape, ch.-l. de c^on, arr^t de Saint-Dié (Vosges).

Le Petit *Raonnais,* journal républicain.

La *Raonnaise,* fanfare.

Les élections municipales *Raonnaises* viennent d'être pour M. le Procureur général une nouvelle occasion de se distinguer.

> *Le Soleil* (11 juin 1888).

RAUZANNAIS, AISE, de Rauzan, c^ne, c^on de Pujols, arr^t de Libourne (Gironde).

La Fanfare philharmonique *Rauzannaise.*

RÉALMONTOIS, OISE, de Réalmont, ch.-l. de c^on, arr^t d'Albi (Tarn).

La Fanfare *Réalmontoise.*

RECÉEN, ÉENNE, de Recey-sur-Ource, ch.-l. de c^on, arr^t de Châtillon (Côte-d'Or).

Un *déreuffement* * de l'intelligence des *Recéens* était devenu bien nécessaire.

> Clément Janin. *(Sobriquets des villes et villages de la Côte-d'Or. — Châtillon.)*

* On appelle *reuffe* la croûte formée par la saleté sur la tête des enfants ; se *déreuffai,* c'est donc se défaire de toutes les impuretés. On appelle les *Recéens* les *Déreuffés,* c'est-à-dire les débarbouillés, en manière de sobriquet.

REDONNAIS, AISE, de Redon *(Roto, Rosbonum),* ch.-l. d'arr^t (Ille-et-Vilaine).

L'Echo *Redonnais,* journal politique, littéraire, commercial et agricole publié à Redon.

RÉIEN, IENNE, de Riez * *(Reii Albici),* ch.-l. de c^on, arr^t de Digne (Basses-Alpes).

Albèce (Albisse), la capitale des Albicœi, n'est plus qu'un pauvre village, tandis que la vieille cité des *Réiens* a survécu, malgré les ravages du temps et de la guerre.

> Malte-Brun. *(La France illustrée.)*

A peine saccagée par les Saxons et les Lombards, elle tomba au pouvoir des Sarrazins, qui la brûlèrent après l'avoir pillée. Alors, les *Réiens,* las de voir leurs habitations la proie de la guerre, commencèrent à bâtir sur la hauteur ; les évêques eux-mêmes y fixèrent leur résidence.

> Malte-Brun. *(Ibidem.)*

*C'est l'ancienne Albèce, *Colonia Augusta Reiiorum*, érigée en colonie romaine, sous le patronage d'Auguste.

REMIREMONTAIS, AISE, de Remiremont, ch.-l. d'arr[t] (Vosges).

Les habitants de Remiremont s'appellent *Remiremontais*.

C[on] du Maire de Remiremont.

Remiremont doit son nom à saint Romaric, son fondateur ; c'est de *Romarici mons,* le mont de Romaric, qu'est venu le nom Remiremont.

RÉMOIS, OISE, de Reims * *(Pagus Remensis)*, ch.-l. d'arr[t] (Marne).

Les *Rémois* ont partagé les croyances communes aux Gaulois.

AL. HANNESSE. *(Histoire de Reims.)*

La cité *Rémoise* réunit dans ses murs tous les différents pouvoirs du moyen-âge.

AL. HANNESSE. *(Ibidem.)*

* Le nom de la ville de Reims était autrefois *Durocort* ; elle le devait sans doute à sa position sur les rives de la Vesle *(Duro, dour,* eau, rivière ; *cort,* ferme, village, ville). Au nom de la ville, on ajouta, vers le ve siècle, le nom du pays dont elle était la capitale, Durocort des Rèmes ; plus tard, le nom du pays resta seul : *Remi, Remis, Rems,* d'où, par corruption, au xve siècle, *Reins* et *Rains* ; quelquefois *Reims* s'est écrit avec la lettre *h* : *Rheims.*

RENAUDIN, INE, de Château-Renault, ch.-l. de c[on], arr[t] de Tours (Indre-et-Loire).

RENAZÉEN, ÉENNE, de Renazé, c[ne], c[on] de Saint-Aignan-sur-Roë, arr[t] de Château-Gonthier (Mayenne).

La Lyre *Renazéenne,* harmonie.

RENNAIS, AISE, de Rennes *(Pagus Redonicus)*, ch.-l. du dép[t] d'Ille-et-Vilaine.

Les *Rennais*, peuple d'un esprit fin, élevé, réfléchi, ont largement fourni leur contingent d'hommes distingués.

A. GUILBERT. *(Villes de France.)*

C'est une coutume *Rennaise* de crier au lard sur tous ceux à qui l'on joue un tour plaisant.

CARPENTIER. *(Galerie armoricaine.)*

Rennes est l'ancienne capitale des *Rhedones*, l'antique *Urbs rubra* (ville rouge) des anciens chroniqueurs.

RÉOLAIS, AISE, de La Réole, ch.-l. d'arr[t] (Gironde).

Henri III d'Angleterre établit son camp à Gironde pendant l'insurrection des seigneurs de Gascogne et des *Réolais.*

O. GAUBAN. *(Histoire de la Réole.)*

On dit aussi :

LA RÉOLAIS, AISE (peu usité).

Ils adressèrent une proclamation aux *La Réolais*, ordonnant une fédération générale ou association démocratique...

J. O'REILLY. *(Histoire de Bordeaux.)*

La Réole était autrefois nommée *Regula*, à cause de la règle de Saint-Benoît, que les moines introduisirent au xe siècle dans son monastère.

RESBACIEN, IENNE, de Rebais, ch.-l. de c[on], arr[t] de Coulommiers (Seine-et-Marne).

RÉSINIER *, nom sous lequel on désigne certaine catégorie d'habitants d'une partie des Landes de la Gironde et des Grandes-Landes. (Voir BOUYÈS ou BOUGÈS, COUZIOT, LANDAIS, LANDESCOT, MARANSIN, PARENT et TCHANQUAT.)

La troisième classe, qui se compose de *Résiniers*, dont l'existence se passe dans une mauvaise cabane, dans des forêts humides, est chétive, maigre, et vouée à une mort précoce.

MARY LAFON. *(Villes de France. — Guienne.)*

Les *Résiniers* se livraient à l'exploitation des pinadas, qu'ils habitaient presque toujours, ne venant à La Teste que le dimanche.

O. Dejean, ancien maire de la Teste. *(Arcachon et ses environs.)*

Cette vivacité populaire, qui tombe tout à coup dans les sables des Landes pour ne se relever, après avoir traversé les cabanes taciturnes des *Landescots* et des *Résiniers*, que dans les plaines heureuses de Mont-de-Marsan et de Bayonne, s'affaiblit peu à peu à mesure qu'on approche du Périgord.

Mary Lafon. *(Villes de France. — Guienne.)*

* Le mot *Résinier* n'est pas une appellation ethnique ; il désigne les ouvriers qui travaillent à recueillir la résine.

Le *Résinier* est l'habitant des Landes qui passe sa vie dans les bois à ramasser la résine ; il grimpe sur les sapins, y fait une entaille longitudinale, qui aboutit au pied de l'arbre, d'où découlera la résine que ce même homme ramassera et transportera plus tard aux ateliers où elle est distillée. En patois, on appelle les Résiniers *Jemès*, de *Jeume*, résine, du latin *gemma*.

RESSONAIS, AISE, de Ressons-le-Long *(Pagus Ressontensis)*, c^{no}, c^{on} de Vic-sur-Aisne, arr^t de Soissons (Aisne).

RETHÉLOIS, OISE, de Rethel *(Pagus Reitestinus)*, ch.-l. d'arr^t (Ardennes).

Napoléon a dit des *Rethélois* : « Je les connais ; ce sont de braves gens, des cœurs français. »

E. Jolibois. *(Histoire de Rethel.)*

REVERMONTOIS, OISE, du Revermont, ancien district de la Bourgogne (Ain).

Les gens de la Bresse ont donné aux *Revermontois* le sobriquet de *Cavets*, qui s'applique également aux habitants du Bugey.

Du temps que j'étais là, j'ai trouvé des *Bressans* qui ont presque autant d'esprit que les *Cavets*, car ils disent de jolis contes.

Ph. Le Duc. *(Lettres Bressanes et Dombistes.)*

Ce sobriquet de *Cavets*, donné par les habitants de la plaine à ceux de la montagne, est considéré par ces derniers comme un terme des plus injurieux. On ne le trouve pas seulement usité dans l'Ain ; on le rencontre encore employé dans le Jura et dans la Saône-et-Loire, et quelquefois même dans la Savoie.

Quelle est l'origine de ce mot ?... Énigme et mystère, que les meilleurs chercheurs de l'Ain n'ont pu encore réussir à pénétrer.

Quelques auteurs pensent que ce mot est une simple allusion au travail que font ces habitants dans les carrières des montagnes, d'où cette désignation de *en cave, encavés, Cavets.*

D'autres croient qu'ils ont été ainsi désignés par les côtiers ou habitants des hauteurs, parce qu'ils cultivent des terrains placés au haut de la montagne et formant des creux *(cavus, cavi)*.

Enfin, certains auteurs, qui n'ont pu fournir une explication scientifique ou étymologique satisfaisante de ce mot, s'en tirent de la manière suivante :

Quand César envahit les Gaules, disent-ils, il entra par Genève. A son approche, tous les habitants se réfugièrent dans les montagnes, où César, qui désirait seulement ne pas être inquiété et se souciait fort peu de conquérir des montagnes, se garda bien de les poursuivre. Alors, se voyant en sécurité, lesdits habitants devinrent fanfarons, et quand, par hasard, ils rencontraient un Romain seul, ils prenaient un air bravache et lui criaient d'aussi loin qu'ils l'apercevaient : *Cave*, c'est-à-dire prends garde ; s'ils en voyaient deux, ils disaient *Cavete*, prenez garde, d'où le mot *Cavet*.

Si non e vero, e ben trovato !

On peut dire avec raison, après une pareille explication qui nous a été fournie par un Bressan pur sang, que tous les Gascons n'habitent pas les bords de la Garonne.

Quoi qu'il en soit, nous pouvons assurer que ce mot est considéré comme une cruelle injure qui donne lieu presque toujours à des rixes sanglantes, dont le dénouement a lieu le plus souvent devant les tribunaux de l'Ain.

REVINOIS, OISE, de Revin, c^{no}, c^{on} de Fumay, arr^t de Rocroi (Ardennes).

La *Revinoise*, société chorale.

RHÉTAIS, AISE, de l'Ile-de-
Ré* arr¹ de La Rochelle (Charente-
Inférieure).

Désormais, quand un étranger
demandera aux *Rhétais* leur histoire,
ils se relèveront illuminés par la
gloire des souvenirs, en montrant
les noms qui décorent les rues de la
capitale de l'île.

Dr KEMMERER. *(Noms historiques
des rues de Saint-Martin.)*

La famille des Gabarret est une
grande famille *Rhétaise*, qui, pendant cinq générations, a donné
à la France des chefs d'escadre,
des gouverneurs, des lieutenants-
généraux.

Dr KEMMERER. *(Ibidem.)*

* Cette ville resta sans nom jusqu'au
vᵉ siècle, époque à laquelle elle reçut
des Romains le baptême païen, — *insula
Rhea* (île de la Cybèle Rhéa, femme de
Saturne, mère de Jupiter).
Les principales localités de l'île de
Ré sont la ville de Saint-Martin, chef-
lieu de canton de l'arrondissement de La
Rochelle, et Ars-en-Ré.

RHODANIEN*, IENNE, habi-
tant des bords du Rhône.

Le climat *Rhodanien* rattache le
climat continental du plateau central
au climat non moins continental de
l'Alsace et de la Lorraine. On pourrait l'appeler aussi bien climat bourguignon, car il s'étend sur la Saône
plus que sur le Rhône, et même
encore climat Lyonnais, de la grande
ville où se lient les deux bassins
qui lui appartiennent.

E. RECLUS. *(Géographie
universelle. — France.)*

On dit aussi :

RHÔNIEN, IENNE.

On trouve également :

RHODANIQUE.

* Du nom latin du Rhône *Rhodanus*.

RHUYSIEN, IENNE, de la presqu'île de Rhuys (Morbihan).

Un certain nombre de fermiers
du pays Nantais ont depuis peu
profité de l'indifférence des *Rhuysiens*. Le *Rhuysien* aime uniquement
sa barque de pêche.

Ch. AUBERT. *(Le Littoral
de la France.)*

RIBEMONTOIS, OISE, de Ri-
bemont, ch.-l. de cᵒⁿ, arr¹ de Saint-
Quentin (Aisne).

Le Petit *Ribemontois*, journal.

La *Ribemontoise*, fanfare.

RIBÉRACOIS, OISE, de Ribérac, ch.-l. d'arr¹ (Dordogne).

La *Ribéracoise*, société de gymnastique.

RIMATARIEN, IENNE, de Ri-
matara, une des îles Tubuaï, archipel de la Polynésie, placé sous le
protectorat Français (Océanie).

Les *Rimatariens*, au nombre de
cent cinquante environ, peuvent en
moyenne exporter annuellement une
centaine de tonneaux de marchandises, coton et arrow-root notamment.

AYLIC MARIN. *(Promenades
en Océanie. — Le Tour
du Monde*, 1883.)

RIOMOIS, OISE, de Riom *(Pagus Riomensis)*, ch.-l. d'arr¹ (Puy-
de-Dôme).

L'abbé Faydit (1644-1709), auteur
de la *Télémacomanie*, indigne libelle
contre Fénelon, était *Riomois*.

Bᵒⁿ de B... *(Villes de France.)*

RIPAGÉRIEN, IENNE, de Rive-
de-Gier*, ch.-l. de cᵒⁿ, arr¹ de Saint-
Etienne (Loire).

La *Ripagérienne*, société chorale.

* Cette ville tire son nom de ce qu'elle
est bâtie sur les deux rives du Gier, petite
rivière qui se jette dans le Rhône, à
Givors.

RIVESALTAIS, AISE, de Rivesaltes, ch.-l. de c^{on}, arr^t de Perpignan (Pyrénées-Orientales).

On appelle *Rivesaltais, aises*, les habitants de Rivesaltes.

C^{on} du Maire de Rivesaltes.

RIVOIS, OISE, de Rives-sur-Fure, ch.-l. de c^{on}, arr^t de Saint-Marcellin (Isère).

L'Union *Rivoise*, fanfare.

RIVOIS, OISE, des Rives, c^{ne}, c^{on} du Caylar, arr^t de Lodève (Hérault).

ROAILLANNAIS, AISE, de Roaillan, c^{ne}, c^{on} de Langon, arr^t de Bazas (Gironde).

ROANNAIS, AISE, de Roanne *(Pagus Rodanensis)*, ch.-l. d'arr^t (Loire).

C'est au collège des jésuites de Roanne qu'un jeune *Roannais*, le futur historien de la province du Forez, Jean-Marie de La Mure, fit ses premières études.

A. GUILBERT. *(Villes de France.)*

Les *Roannaises* nous ont paru jolies dans une notable proportion.

TOUCHARD-LAFOSSE. *(La Loire historique.)*

ROCHECHOUART, de Rochechouart, ch.-l. d'arr^t (Haute-Vienne).

Les habitants de certaines villes sont le plus souvent désignés au moyen d'une appellation dérivant du nom de la ville même. A Rochechouart, il n'en est pas ainsi et ses habitants ont toujours été appelés les *Rochechouarts*. En patois, on dit

lou Réchoir par abréviation, car, même en français, on ne dit ici que *Rochoir* et presque jamais *Rochechouart*. Il est probable que cette désignation les *Rochechouarts* provient de la famille des vicomtes de ce nom, qui, dans l'histoire ou les légendes locales, sont souvent appelés les *Rochechouarts*.

C^{on} du Maire de Rochechouart.

ROCHEFORTAIS, AISE, de Rochefort-sur-Mer, ch.-l. d'arr^t (Charente-Inférieure).

Le *Rochefortais*, journal républicain intransigeant, publié à Rochefort.

La *Rochefortaise*, société de tir et de gymnastique de Rochefort.

ROCHELAIS, AISE, de La Rochelle*, ch.-l. du dép^t de la Charente-Inférieure.

En 1586, les *Rochelais* fermèrent le port de Brouage en coulant vingt bâtiments chargés de pierre à l'entrée du chenal.

E. RECLUS. *(Géographie universelle. — France.)*

Sur la brèche, Caussens et Goas ont rencontré *Rochelais* et *Rochelaises*.

A. DE QUATREFAGES. *(Les Côtes de Saintonge. — Revue des Deux-Mondes.)*

Consolez-vous, Monsieur Edouard, la *Rochelaise* ouvre toujours les huîtres en fermant les yeux.

R. DE LAMORILLIÈRE. *(Les Bordelaises partout.)*

On dit aussi :
ROCHELOIS, OISE.

Le *Rochelois* est calme et tenace.

J. MICHELET. *(Notre France.)*

La Rochelle, d'autant plus française que Bordeaux était anglais, supplia le roi au nom de Dieu de ne pas l'abandonner. Les *Rochelois* « aimaient mieux être taillés tous les ans de la moitié de leur chevance » ; ils disaient encore : « Nous nous soumettrons aux Anglais des lèvres, mais de cœur, jamais. »

J. MICHELET. *(Notre France.)*

* La Rochelle doit son nom *(rupella, rochelle, petite roche)*, au rocher à l'abri des envahissements de la mer sur lequel s'installèrent ses premiers habitants.

ROCHOIS, OISE, de la Roche (1), ch.-l. de c^on, arr^t de Bonneville (Haute-Savoie).

L'ingénieur demandait aux *Rochois* un fonds de 65,000 francs pour édifier son usine à gaz.

P. GIFFARD. *(Le Figaro,* 16 décembre 1885.)

La Lyre *Rochoise*, société chorale.

ROCHOIS, OISE, de Roche, c^ne, c^on de la Verpillière, arr^t de Vienne (Isère).

La Lyre *Rochoise*, société musicale.

ROCROIEN, IENNE, de Rocroi, ch.-l. d'arr^t (Ardennes).

A Rocroi, rien ne croît,
Qu'herbes, enfants et bois.

(Vieux proverbe.)

L'étymologie du mot Rocroi est très discutée. D'après les uns, Rocroi devrait s'écrire *Rau-croît*, parce que la première maison du pays, située au centre de la ville, appartenait alors à un sieur Rau ou Raul, et qu'en voyant d'autres maisons

---

(1) 20 communes portent le nom de Roche ou la Roche ; on doit appliquer à leurs habitants la même appellation ethnique.

se grouper autour de cette ferme (concédée sans doute par les anciens propriétaires des bois du plateau), on disait, en faisant allusion à cet endroit, qui était désigné par le nom de son propriétaire : Rau croît, s'augmente.

D'autres prétendent que Rocroi devrait s'écrire *Rau-croix,* parce qu'en face de la maison de Raux il y avait une croix.

Rocroi a eu à subir des vicissitudes nombreuses : elle a été incendiée plusieurs fois. Le dernier de ces incendies, qui remonte au-delà de trois siècles, en a détruit non-seulement les maisons, mais même les traditions et les archives.

Sous l'ancienne monarchie, Rocroi s'écrivait Rocroy avec un *y*. Sous la grande République, on lui donna le nom de *Roc-Libre*, et depuis, son nom et son orthographe officiels sont Rocroi.

Le mot de *Roc-Libre* donné à cette ville par les républicains prouve combien l'on était peu au courant des traditions, puisqu'on avait pu croire que Rocroy venait de *Roc-Royal,* opinion qui motivait le changement de nom de cette petite ville. Et cependant, il n'existe aucune trace de roc sur le plateau argileux de Rocroi.

Du reste, le nom des habitants n'a jamais varié ; ils ont été toujours des *Rocroiens* ; on n'a jamais songé, sous la monarchie, à les appeler des *Rocroyaux*, pas plus qu'on n'a songé, sous la République, à les désigner sous le nom de *Roclibéraux.*

Le climat de Rocroi est des plus rigoureux, et le proverbe populaire cité plus haut résume parfaitement tout ce que l'on pourrait dire sur cette ville :

A Rocroi, rien ne croît.
Qu'herbe, enfants et bois.

C'est par une vallée, appelée vallée de Misère et qui porte bien son nom, que l'on descend de Rocroi à la Meuse.

ROGNATIN, INE, de Rognac, c^ne, c^on de Berre, arr^t d'Aix (Bouches-du-Rhône).

ROGUIN, INE, de Rogues, c^ne, c^on et arr^t du Vigan (Gard).

ROHANNAIS, AISE, de Rohan, ch.-l. de c^on, arr^t de Ploërmel (Morbihan).

ROMANAIS, AISE, de Romans* *(Romanum)*, ch.-l. de c^on, arr^t de Valence (Drôme).

Il y a eu un moment où chaque *Romanais* prétendait descendre d'un député de 1788.

A. HEULHARD. *(Le Figaro,* 12 novembre 1888.)

La fanfare *Romanaise*, société musicale.

On trouve également :
ROMANAIN, AINE.

... Suivant l'Isère sablonneuse et rapide, laissons à gauche le *Romanain* actif et laborieux, toujours opiniâtre, souvent insoumis ou querelleur, et bientôt nous entrerons dans le Rhône, où nous aborderons Valence.

G. D'ALCY. *(Français peints par eux-mêmes. — Le Dauphinois.)*

* La ville de Romans doit son nom à une abbaye fondée, dit-on, par Charlemagne dans les premières années du IXe siècle. Cette abbaye porta d'abord le nom d'abbaye de Saint-Bernard, du nom de son premier abbé, archevêque de Vienne, qui, pour mieux assurer son indépendance, la plaça sous la protection directe du Saint-Siège, après en avoir fait la dédicace à Saint-Pierre et aux apôtres, d'où le nom d'abbaye romaine *(abbatia Romana, Romanum),* qui ne tarda pas à remplacer celui de Saint-Bernard et d'où vint plus tard le nom de Romans.

ROMILLOIS, OISE, de Romilly-sur-Aigre, c[ne], c[on] de Cloyes, arr[t] de Châteaudun (Eure-et-Loir).

ROMILLON, ONNE, de Romilly-sur-Seine, ch.-l. de c[on], arr[t] de Nogent-sur-Seine (Aube).

Samedi, le groupe *Romillon* de la Libre pensée avait réuni une centaine d'adhérents en vue d'interdire la parole au conférencier.

Le Figaro (14 juin 1887).

ROMORANTINOIS, OISE, de Romorantin *, ch.-l. d'arr[t] (Loir-et-Cher).

Les *Romorantinois* jouissent d'une promenade plantée de beaux arbres ; c'est une sorte de boulevard fort étendu, près duquel murmure à l'oreille des promeneurs le ruisseau le *Morantin*, ce vieux parrain de la cité.

TOUCHARD-LAFOSSE. *(La Loire historique.)*

La *Romorantinoise*, société de tir et de gymnastique.

* Romorantin contient le nom du ruisseau, le Morantin. *Rivus Morantinus* nous paraît être l'étymologie probable. *Ru, riau* ou *ruau*, mots dérivés de *rivus*, signifient encore dans le peuple un ruisseau. De *Rivus Morentinus* on aura fait d'abord *Rio-Morantin*, puis *Remorantin* et enfin *Romorantin*, le nom actuel.

. RONCHEROLLAIS, AISE, de Roncherolles-en-Bray, c[ne], c[on] de Forges, arr[t] de Neufchâtel (Seine-Inférieure).

ROQUEFORTOIS, OISE, de Roquefort, ch.-l. de c[on], arr[t] de Mont-de-Marsan (Landes).

La *Roquefortoise*, fanfare.

ROQUEFORTOIS, OISE, de Roquefort (1), c[ne], c[on] de Jegun, arr[t] d'Auch (Gers).

La *Roquefortoise*, service de diligences d'Auch à Roquefort.

ROQUETTIER, IÈRE, du quartier de la Roquette, à Arles (Bouches-du-Rhône). (Voir ARLÉSIEN.)

ROSCOVITE, ITE, de Roscoff, c[ne], c[on] de Saint-Pol-de-Léon, arr[t] de Morlaix (Finistère).

Le *Roscovite* allie à l'énergie du

---

(1) 10 communes portent le même nom ; on doit appliquer à leurs habitants la même appellation ethnique.

travailleur l'esprit entreprenant du commerçant perspicace.

CH. AUBERT. *(Le littoral de la France.)*

On trouve également :
ROSCOVIEN, IENNE.

ROUARHA, de l'Oued-Rirh, groupe d'oasis du Sahara algérien (Algérie). (Voir ARATIN.)

Les habitants de l'Oued-Rirh ou *Rouarha* ont la peau noire et les cheveux crépus, et, à première vue, on croirait des nègres. En réalité, les *Rouarha* ont pour ancêtres des Berbères, c'est-à-dire des blancs ; mais, pendant des siècles, ils ont pris des femmes noires dans les caravanes d'esclaves importés du Soudan.

Ils sont généralement de caractère doux et d'une grande honnêteté. Musulmans comme leurs anciens conquérants les Arabes, mais beaucoup moins fanatiques, sédentaires et cultivateurs, leurs intérêts les rapprochent de nous et les éloignent des Arabes nomades.

GEORGES ROLLAND. *(Supplément littéraire du Figaro* du 3 novembre 1888.)

ROUBAISIEN, IENNE, de Roubaix, ch.-l. de c^{on}, arr^t de Lille (Nord).

Les Mélomanes *Roubaisiens*, société musicale.

La Cœcilia *Roubaisienne*, société chorale.

Le nom de cette ville vient de *Rubetum* (lieu planté de ronces). Il y a trace d'un bourg nommé Rubetum au commencement du VIe siècle, où Saint Christophe prêcha l'Evangile.

ROUENNAIS, AISE, de Rouen *(Pagus Rotomagensis major)*, ch.-l. du dép^t de la Seine-Inférieure.

Si un *Rouennais,* jeté sur une île déserte, était obligé d'oublier la langue natale, les termes techniques du domino seraient les derniers qu'il désapprendrait.

E. DE LA BÉDOLLIÈRE. *(Français peints par eux-mêmes. — Le Normand.)*

Les jeunes filles de Quillebœuf se montrent parées du bavolet des *Rouennaises.*

RACINET. *(Le Costume historique.)*

Paris, Rouen et le Havre, disait Napoléon Ier, ne sont qu'une seule ville dont la Seine est la grande rue.

Rouen, pot de chambre de la Normandie, dit un vieux proverbe qui vient fort à propos du reste consacrer l'opinion généralement répandue qu'il tombe à Rouen beaucoup plus de pluie que dans toute autre ville de Normandie.

ROUERGAT, ATE, du Rouergue *(Pagus Rutenicus)*, ancienne province de France, à l'extrémité nord-est du grand gouvernement de Guyenne (Aveyron).

Le fameux Raymond de Saint-Gilles, que l'histoire du Rouergue a d'autant plus le droit de réclamer, qu'au titre de comte des Toulousains il ne dédaignait pas de joindre celui de comte des *Rouergats.*

B^{on} DE GAUJAL. *(Etudes sur le Rouergue)*

Nos bouches *Rouergates* ont cessé de faire entendre l'R finale des désinences provençales AR, IR, OR.

J.-P. DURAND. *(Etudes de philologie et linguistique aveyronnaises.)*

On dit aussi :
RODANAIS, AISE.

La capitale du pays, Rodez (que les gens du pays prononcent Roudèz), a mieux conservé l'ancienne appellation, qui est aussi restée sous la forme de *Rodanais*, l'ethnique des habitants du Rouergue, bien qu'on emploie aussi la dénomination de *Rouergats*.

VIVIEN DE SAINT-MARTIN.
*(Nouveau Dictionnaire de
géographie universelle.)*

Le Rouergue forme aujourd'hui le département de l'Aveyron et une partie de celui du Lot-et-Garonne. Le Rouergue a tiré son nom des *Ruthènes*, ses anciens habitants.

ROUFFIGNACOIS , OISE, de Rouffignac, c^{ne}, c^{on} de Montignac, arr^t de Sarlat (Dordogne).

Le comité d'organisation n'a rien négligé pour distraire la population *Rouffignacoise*.

La France du Sud-Ouest
(2 septembre 1888).

ROUGIESSAIN, AINE, de Rougiers, c^{ne}, c^{on} de Saint-Maximin, arr^t de Brignoles (Var).

ROUMANICHAL, nom sous lequel se désignent entre eux les Bohémiens qu'on rencontre dans certains départements de l'est et du midi de la France. (Voir ZIGEUNERS.)

ROUMOISAN, ANE, du Roumois *(Pagus Rotomagensis minor)*, ancien district de la Haute-Normandie.

L'arrondissement de Pont-Audemer se compose d'une portion de deux plateaux, le Roumois et le Lieuvin, séparés par la vallée de Risle. On remarque quelques différences physiques entre les habitants de ces deux contrées : en général, les *Roumoisans* ont la figure plus large et plus ronde, la taille plus allongée que les Lexoviens et leurs traits portent davantage l'expression de la bonhomie.

CANEL. *(Blason populaire
de la Normandie.)*

Le *Rotomagensis Ager* ou Roumois tire son nom bien évidemment de la ville de Rouen *(Rotomagus)*, bien que cette ville ne fît pas partie de ce district.

ROUSSILLONNAIS, AISE, du Roussillon *(Pagus Ruscinonensis)*, ancienne province de la France.

Pas de paysan *Roussillonnais*, pas de bourgeois Cévenol qui ne se signât de frayeur et de dégoût, lorsqu'il apercevait dans les masures ruinées, ou sous l'arche de quelque pont, les gitanos assis gaiement autour des feux.

MARY LAFON. *(Histoire du Midi
de la France.)*

Les *Roussillonnaises* portent dans la mauvaise saison un léger capuchon qu'elles replient carrément sur leur tête, lorsqu'elles en sont embarrassées, ou qu'elles laissent flotter sur leurs épaules quand elles veulent se garantir du vent des montagnes.

A. HUGO. *(France pittoresque.)*

Le Roussillon tire son nom de la ville antique de *Ruscino*, dont les ruines sont voisines de Perpignan.

ROUSSILLONNAIS, AISE, de Roussillon, c^{ne}, c^{on} de Gordes, arr^t d'Apt (Vaucluse).

On conçoit l'émotion profonde que cette inhumation anticipée a causé à toute la population *Roussillonnaise*.

Le Figaro (2 août 1887).

ROYADÈRE, ÈRE, de Royat, c^{ne}, c^{on} et arr^t de Clermont-Ferrand (Puy-de-Dôme).

ROYANNAIS, AISE, de Royan, ch.-l. de c^{on}, arr^t de Marennes (Charente-Inférieure).

Le patriote *Royannais*, journal.

Ce matin, dès la première heure, la nouvelle de la catastrophe de

Cordouan s'étant répandue, la population *Royannaise* se pressait en foule sur les quais.

La Petite Gironde (16 août 1885).

ROYANNAIS, AISE, de Saint-Jean-en-Royans, ch.-l. de c^on, arr^t de Valence (Drôme).

La *Royannaise,* fanfare.

ROYANNAIS, AISE, du Royans ou Royanez, ancien district du Dauphiné (Drôme).

On dit aussi :

ROUANNAIS, AISE.

ROYANNAIS, AISE, de Pont-en-Royans, ch.-l. de c^on, arr^t de Saint-Marcellin (Isère).

La Lyre *Royannaise,* société musicale.

ROYBONNAIS, AISE, de Roybon, ch.-l. de c^on, arr^t de Saint-Marcellin (Isère).

ROYEN, ENNE, de Roye, ch.-l. de c^on, arr^t de Montdidier (Somme).

A la suite du désastre de 1373, les *Royens* renoncèrent à leurs franchises.

YLLIATUD. *(Dictons et sobriquets populaires de l'Aisne, de l'Oise et de la Somme.)*

ROYÉRAUD, AUDE, de Royère, ch.-l. de c^on, arr^t de Bourganeuf (Creuse).

On désigne sous le nom de *Royères,* et plus rarement sous celui de *Royérauds, audes,* les habitants de Royère ; en patois, on dit *lous Rouyéras, Rouyéraudas.*

C^on du Maire de Royère.

Royère s'est successivement appelée Rouyère (1580) et Royère (1650) ; en patois limousin, on dit *Rouièro.*

ROYOL, OLE, nom sous lequel on désigne l'habitant du midi du Vivarais et des Cévennes. (Voir PADGEL.)

M. Ollier se trompe ou du moins exagère en parlant de l'excessive irascibilité et du couteau effilé du *Royol,* mais il dit vrai quand il le présente comme très défiant, surtout à l'égard du *Padgel,* dont il connaît l'astuce profonde. D'où le proverbe :

Lou *Padgel* es fi,
N'a de groussier que l'habi

Dr FRANCUS. *(Voyage dans le Midi de l'Ardèche.)*

Tout Cévenol Vivarois portait la veste courte dite carmagnole des *Royols,* veste moins longue que celle des Savoyards et moins courte que celle des Auvergnats.

Dr FRANCUS. *(Ibidem.)*

On trouve également :

RAYOL, OLE.

Le docteur Francus nous raconte dans son *Carnet de voyage* qu'il s'est trouvé un jour dans une auberge du Vivarais où il y avait des *Rayols* et des *Padgels.*

H. VASCHALDE. *(Nos pères.)*

Le second type est désigné sous le nom de *Rayol.* Il est dolichocéphale, d'une taille moyenne, plus maigre que le *Padgel* et moins coloré, le teint brun, à peu près aussi fort, mais plus indépendant, plus orgueilleux et plus méfiant. Il habite le fond des vallées, dans les lieux où croît le châtaignier ; son habitation est couverte d'ardoises.

OLLIER DE MARICHARD. *(Association française pour l'avancement des sciences. — 1879.)*

L'appellation ethnique patoise est :

ROYOOU.

L'aïgo per lous mouli,
Lou laï per lous peti,
Et lou vi per lous bels,
Lous jouïnès ma lous viels,
Royoou coumo *Pogel !*

Cette strophe de chanson ardéchoise doit se traduire ainsi :

L'eau pour les moulins,
Le lait pour les petits
Et le vin pour les grands,
Jeunes comme vieux,
Royols comme *Pagels !*

L'habitant de la partie montagneuse du Vivarais est désigné sous les noms de *Padgel* ou *Pagel*. Ce nom vient du mot latin *Pagus*, qui désignait chez les Romains une portion de terrain, dans une région déterminée. On appelait autrefois les jeunes serviteurs des *pages*, comme on dit aujourd'hui, en parlant d'un compatriote du clocher, un *pays*, mon *pays*. Le mot *Padgel* paraît être une forme du mot paysan ; quoi qu'il en soit, en langue d'*oc*, *Pagel* ou *Padgel* signifient montagnard, homme rustique.

Il y a toujours eu méfiance, rivalité et lutte entre le *Padgel* (montagnard) et le *Royol*, qui devrait, assure-t-on, cette appellation aux sentiments royalistes manifestés par une grande partie des populations du Vivarais.

ROZANOIS, OISE, du Rozans, ancien petit pays (Hautes-Alpes) et de Rozans ou Rosans, ch.-l. de c^on, arr^t de Gap (Hautes-Alpes).

RUEILLOIS, OISE, de Rueil, c^ne, c^on de Marly-le-Roy, arr^t de Versailles (Seine-et-Oise).

Les *Rueillois* redemandent le train de cinq heures et quart.

Le Figaro (19 mai 1878).

RUFFÉCOIS, OISE, de Ruffec, ch.-l. d'arr^t (Charente).

La Lyre *Ruffécoise*, société musicale.

RUFFÉEN, ÉENNE, de Ruffey-lès-Beaune, c^ne, c^on et arr^t de Beaune (Côte-d'Or).

Que Dieu préside à toutes nos pensées, paroles et actions !

Pensées, paroles et actions font les *Rufféens*.

CLÉMENT JANIN. *(Dictons et sobriquets de la Côte-d'Or. — Beaune.)*

RUMILIEN, IENNE, de Rumilly, ch.-l. de c^on, arr^t d'Annecy (Haute-Savoie).

On appelle *Rumiliens* les habitants de Rumilly.

C^on de M. DUCIS, archiviste de la Haute-Savoie.

La *Rumilienne*, fanfare.

RUTHÉNOIS, OISE, de Rodez, ch.-l. du dép^t de l'Aveyron.

Et les archéologues *Ruthénois ?...* Ils étaient divisés ou s'inclinaient devant la toute puissance du haut et puissant seigneur.

P. DE SAVARUS. *(A travers France.)*

C'est à elle que les *Ruthénois* doivent la découverte de l'aqueduc romain, qui bientôt amènera des eaux pures et abondantes dans leur cité altérée.

J. DUVAL. *(Biographie du baron de Gaujal.)*

Monacus in claustro
Non valet ova duo ;
Sed quando est extra
Bene valet triginta.

Ce qui, traduit librement et appliqué à Sa Grandeur *Ruthénoise*, veut dire : « Quand il fait son métier, il est comme le commun des prélats ; mais, quand il en sort, il n'a pas de pareil. »

L'Aveyron républicain (25 avril 1887).

Rodez est l'ancienne *Segodunum* ; conquise par les Romains, elle prit dans la suite le nom de *Ruthena*, ainsi appelée du nom de ses habitants les *Rutheni*, qui tiraient eux-mêmes le leur d'une divinité gauloise, *Ruth*, qu'ils adoraient. Le culte qu'on rendait à cette idole rappelait celui de Vénus. Rodez, d'après tous les étymologistes, serait la dernière forme de *Ruthena*, dont les modifications successives ont abouti au nom actuel.

 ABAILLANAIS, AISE, de Sabaillan, c^ne, c^on et arr^t de Lombez (Gers).

SABLAIS, AISE, des Sables-d'Olonne, ch.-l. d'arr^t (Vendée).

Un nom s'impose à la gratitude des *Sablais,* celui de François de Lamandé, chevalier de Vaubernier, qui, en 1766, par d'habiles travaux, sauva la ville de l'invasion des dunes et en assura l'existence.

> CH. AUBERT. *(Le Littoral de la France.)*

Les *Sablaises* aux cheveux foncés, à l'œil noir très vif, aux lignes fines et régulières, sont charmantes sous leur petit bonnet.

> CH. AUBERT. *(Ibidem.)*

Dans leur travail, les *Sablaises* marchent presque toujours pieds nus.

> RACINET. *(Le costume historique.)*

On dit également :

OLONNAIS, AISE (moins usité). (Voir ce mot.)

SACÉEN, ÉENNE, de Sacy-le-Grand, c^ne, c^on de Liancourt, arr^t de Clermont (Oise).

SACÉIEN, ÉIENNE, de Sassey, c^ne, c^on de Dun-sur-Meuse, arr^t de Montmédy (Meuse).

SABLÉSIEN, IENNE, de Sablé ch.-l. de c^on, arr^t de La Flèche (Sarthe).

Sablé, devenu chef-lieu de district en 1790, fut exposé aux incursions des chouans pendant toute la révolution. Coquereau, chef du district de Château-Gonthier, écrivait aux *Sablésiens,* le 8 avril 1795 : « La religion, le roi ou la mort; vive le roi Louis XVII ! Mort aux patauds ! »

> A. GUILBERT. *(Villes de France.)*

On dit également :

SABOLIEN, IENNE [*].

La Lyre *Sabolienne,* fanfare.

[*] Sablé a été appelée autrefois *Sabolium,* d'où on a tiré l'appellation ethnique de *Saboliens,* pour désigner les habitants de cette localité. Il est peu de villes dont le nom soit plus diversement orthographié dans les documents du moyen âge ; on y lit indistinctement *Sabloilum, Sabololium, Sabuliacus, Sabulium, Sabronium, Sableium, Sablulium, Sabolium, Saboleyum, Sableyium,* d'où l'on a fait dériver Sablé.

SABRIN, INE, ou SABRINGOT,
OTE, de Sabres, ch.-l. de c^on, arr^t
de Mont-de-Marsan (Landes).

> Bibe les *Sabringotes*,
> Doundène la doundène.

Félix Arnaudin. (Contes populaires
recueillis dans la Grande-Lande.
— Chants Landais.)

On désigne les habitants de Sabres sous les diverses appellations de *Sabringots, otes, Sabrots, otes,* et *Sabrins, ines ;* mais ces appellations sont purement patoises ; à peine le mot *Sabrin* est-il quelquefois hasardé dans le français local.

SACHARRÉE, sobriquet des Français aux Etats-Unis.

Sacharrée, sobriquet des Français aux Etats-Unis ; provient par imitation des jurons français commençant par *sacré.* (C^on de M. John L. Williams, de Chicago.)

Gaidoz et Sebillot. (Blason
libre de la France.)

SAFFRÉIEN, ÉIENNE, de Saffré, c^no, c^on de Nozay, arr^t de Châteaubriant (Loire-Inférieure).

SAGIEN *, IENNE, de Sées *(Pagus Saiensis)*, ch.-l. de c^on, arr^t d'Alençon (Orne).

> Les francs et loyaux *Sagiens*
> Ont tous le cœur sur les mains.

(Vieux proverbe.)

L'origine du dicton que nous venons de rapporter, des armoiries et de la devise de cette ville *(Nihil nobis tollit tempus)* ; c'est la fidélité constante des *Sagiens* à leurs princes.

Canel. (Blason populaire
de la Normandie.)

* L'origine de Sées se perd dans la nuit des temps ; ce n'est qu'au moyen âge que l'on voit apparaître le nom de *Sagius,* pour désigner cette localité. Elle était habitée par les *Saii* ou *Sagii* (d'où

on a tiré *Sagiens)*, peuple dont on soupçonne, comme le remarque d'Auville, « que le nom se trouve dans César sous une forme différente, *Essui,* » mais qui sans aucun doute occupait le territoire affecté plus tard au diocèse de Sées.

SAHARIEN, IENNE, du Sahara, partie méridionale de l'Algérie qui borde le désert.

Ouargla fut aussitôt proclamée ville française et englobée dans le cercle de Géryville, poste fortifié que nous venions de fonder en plein désert, pour bien montrer aux *Sahariens* que nous étions déterminés à ne plus reculer.

P. Gaffarel. (L'Algérie.)

Les tribus oranaises ou *Sahariennes* n'avaient pas fait leur soumission depuis si longtemps qu'elles ne fussent peut-être tentées de se soulever de nouveau.

P. Gaffarel. (Ibidem.)

SAÏDIEN, IENNE, de Saïda, ch.-l. de cercle militaire, arr^t de Mascara, dép^t d'Oran (Algérie).

Le massif *Saïdien* se trouve entre la Mina et la Mekerra.

H. Fisquet. (Atlas de la France
et de ses colonies.)

Les femmes sont blanches et, dans beaucoup de localités, il y en a d'une grande beauté. On signale surtout les *Saïdiennes* et les Guisfariennes.

Racinet. (Le Costume
historique.)

SAÏGONNAIS, AISE, de Saïgon, capitale de la Cochinchine, colonie française (Asie).

Le *Saïgonnais,* journal.

Supportant mal la critique, au demeurant, il s'avisa d'envoyer à un journaliste *Saïgonnais* un cartel aux conditions terribles.

Le Figaro (8 octobre 1888).

Nous écrivons Saïgon et nous prononçons en donnant à ces deux syllabes la même consonnance qu'au mot maison.

> Lettre de M. BLANCSUBÉ, député, ancien maire de Saïgon. (Extrait du *Bulletin* de la Société de géographie commerciale de Bordeaux, 1882.)

SAILLOTIN, INE, de Saillé, hameau de Guérande, ch.-l. de con, arrt de Saint-Nazaire (Loire-Inférieure).

SAINTAIS, AISE, de Saintes *(Santónes, Mediolanum)*, ch.-l. d'arrt (Charente-Inférieure).

Club des Cyclistes *Saintais*.

Les populations *Saintaises* ont perdu cette réputation belliqueuse si bien due à leurs ancêtres.

> L'Abbé COUSIN. *(Histoire de Cognac.)*

On trouve également :
SANTON *, ONE.

Académie des Muses *Santones*, société littéraire de Saintes.

La *Santone*, société de gymnastique.

* Les *Santones*, d'où l'appellation ethnique de *Santon, one*, étaient un peuple de la Gaule celtique. Les *Santones* occupèrent les pays qui portèrent depuis les noms d'Aunis, de Saintonge et d'Angoumois, compris aujourd'hui dans les départements de la Charente et de la Charente-Inférieure. Leur capitale était *Mediolanum* (Saintes) ; leurs villes principales *Inculisma* (Angoulême) et *Santonum Portus* (La Rochelle).

SAINT-AFFRICAIN, AINE, de Saint-Affrique, ch.-l. d'arrt (Aveyron).

Le Messager *Saint-Affricain*, journal publié à Saint-Affrique.

L'Harmonie *Saint-Affricaine*, société musicale.

Vers le milieu du vi° siècle, un religieux du nom de Fric ou Affrique vint évangéliser les populations à demi sauvages du Vabrais. Son apostolat fut fécond. Après sa mort, on lui éleva un tombeau qui devint bientôt un pèlerinage célèbre dans la contrée. Quelques maisons furent construites, puis un village qui prit le nom de Saint-Affrique.

SAINT-AIGNANAIS, AISE, de Saint-Aignan (1), ch.-l. de con, arrt de Blois (Loir-et-Cher).

SAINT-ALVÉROIS, OISE, de Saint-Alvère, ch.-l. de con, arrt de Bergerac (Dordogne).

Toute la population *Saint-Alvéroise* s'était mise d'accord pour pavoiser et décorer les fenêtres des maisons situées sur le parcours que devait suivre le cortège officiel.

> *L'Avenir de la Dordogne* (7 août 1885).

SAINT-AMANDINOIS, OISE, de Saint-Amand, ch.-l. de con, arrt de Vendôme (Loir-et-Cher).

SAINT-AMANDOIS, OISE, de Saint-Amand-Mont-Rond, ch.-l. d'arrt (Cher).

La Lyre *Saint-Amandoise*, harmonie.

SAINT-BONNITAIN, AINE, de Saint-Bonnet(2)-le-Château, ch.-l. de con, arrt de Montbrison (Loire).

Le *Saint-Bonnitain* est industriel... Il résiste au fer de l'ennemi, à l'or du capitaliste.

> L. ROUX. *(Les Français peints par eux-mêmes. — Le Forésien.)*

---

(1) 16 communes portent le nom de Saint-Aignan ; on doit appliquer à leurs habitants la même appellation ethnique.

(2) 39 communes portent le même nom ; même observation que ci-dessus.

SAINT-CANNADIN, de Saint-Cannat, c^ne, c^on de Lambesc, arr^t d'Aix (Bouches-du-Rhône).

SAINT-CAPRAISIEN, IENNE, de Saint-Capraise-de-Lalinde, c^ne, c^on de Lalinde, arr^t de Bergerac (Dordogne).

Ces naïfs *Saint-Capraisiens* ne reconnaissent que tardivement les habiles.

L'Avenir de la Dordogne
(26 mars 1888).

SAINT-CHAMASSIN, INE, de Saint-Chamas, c^ne, c^on d'Istres, arr^t d'Aix (Bouches-du-Rhône).

SAINT-CHAPTÈSIEN, IENNE, de Saint-Chaptes, ch.-l. de c^on, arr^t d'Uzès (Gard).

SAINT-CHINIANAIS, AISE, de Saint-Chinian, ch.-l. de c^on, arr^t de Saint-Pons (Hérault).

La Lyre *Saint-Chinianaise*, société musicale.

SAINT-CLARAIS, AISE, de Saint-Clar, ch.-l. de c^on, arr^t de Lectoure (Gers).

La Fanfare *Saint-Claraise*.

SAINT-CLAUDIEN, IENNE, de Saint-Claude, ch.-l. d'arr^t (Jura).

L'érection de la statue de Voltaire, était-il dit dans ce factum, était une insulte aux vrais patriotes *Saint-Claudiens*.

Le Petit Bourguignon
(14 septembre 1887).

SAINT-CLOUTIEN, IENNE, de Saint-Cloud, ch.-l. de c^on, arr^t de Versailles (Seine-et-Oise).

On appelle *Saint-Cloutiens, iennes*, les habitants de la ville de Saint-Cloud.

C^on du Maire de Saint-Cloud.

SAINT-CYBARDIN, INE, de Saint-Cybard-de-Montmoreau, c^ne, c^on de Montmoreau, arr^t de Barbezieux (Charente).

Indépendamment des réjouissances habituellement données au faubourg, la jeunesse *Saint-Cybardine* avait organisé une grande cavalcade de charité.

La Charente (15 juin 1887).

SAINT-CYRIEN, IENNE, de Saint-Cyr-l'École (1), c^ne, c^on et arr^t de Versailles (Seine-et-Oise).

On appelle également *Saint-Cyriens* les élèves de l'école militaire de Saint-Cyr.

Quel avenir cache-t-elle, cette silhouette de soldat blond, de général élégant, d'une courtoisie de diplomate et d'un enjouement de *Saint-Cyrien* ?

Le Gil Blas (13 janvier 1889).

SAINT-ÉMILIONNAIS, AISE, de Saint-Emilion, c^ne, c^on et arr^t de Libourne (Gironde).

La Lyre *Saint-Emilionnaise*, fanfare.

M. Coudure, adjoint et vice-président de la fanfare, remercie les hôtes qui ont bien voulu répondre à l'invitation qu'on leur avait adressée. Puis il félicite les électeurs *Saint-Emilionnais* d'avoir fermé l'oreille aux sollicitations de nos adversaires politiques.

Ils ont fait triompher les vrais principes d'ordre et de liberté que la République symbolise.

---

(1) 38 communes portent le même nom ; on doit appliquer à leurs habitants la même appellation ethnique.

En terminant, M. Surchamp lève son verre à la cité *Saint-Emilionnaise*, à sa municipalité, à son conseil municipal. Il boit au succès de la République, à la grandeur de la France.

La Petite Gironde.

SAINT-FÉLICIEN, IENNE, de Saint-Félicien, ch.-l. de c^on, arr^t de Tournon (Ardèche).

SAINTE-FOYAIN, AINE, de Sainte-Foy-la-Grande, ch.-l. de c^on, arr^t de Libourne (Gironde).

On appelle *Sainte-Foyains, aines,* les habitants de Sainte-Foy.

C^on du Maire de Sainte-Foy.

SAINT-FRONTAIS, AISE, de Saint–Front(1)-la-Rivière, c^ne, c^on de Saint-Pardoux-la-Rivière, arr^t de Nontron (Dordogne).

SAINT-GAUDINOIS, OISE, de Saint-Gaudens, ch.-l. d'arr^t (Haute-Garonne).

Les habitants de Saint-Gaudens s'appellent *Saint-Gaudinois.* Ils n'ont jamais, que je sache, été appelés autrement, bien qu'en 1793, notre ville ait repris pendant quelque temps le nom de Mas *(Mansum),* qu'elle portait avant le martyre du jeune Gaudens.

C^on de M. Dufour, juge de paix de Saint-Gaudens.

Nous ne pouvons que féliciter les *Saint-Gaudinois* de l'importante majorité qu'ils ont donnée au candidat républicain. Les idées démocrati-

---

(1) 8 communes portent le nom de Saint-Front ; on doit appliquer à leurs habitants la même appellation ethnique.

ques progressent sensiblement dans ce riche et industriel arrondissement.

L'Indépendant de Muret
(4 mai 1887).

SAINT-GERMINOIS, OISE, de Saint-Germain(1)-en-Laye, ch.-l. de c^on, arr^t de Versailles (Seine-et-Oise).

La population libérale de la deuxième ville de Seine-et-Oise, demande la destitution du tyranneau *Saint-Germinois.*

Le Figaro (19 septembre 1886).

La société l'Union *Saint-Germinoise* organise un grand concert pour le dimanche 6 mars 1887, à huit heures du soir.

Journal de Saint-Germain
(2 mars 1887).

SAINT-GIRONNAIS, AISE, de Saint-Girons, ch.-l. d'arr^t (Ariège).

L'Orphéon *Saint-Gironnais* a été fondé en 1876.

L'industrie *Saint-Gironnaise* se présente sous diverses formes.

Pomiès frères. *(L'Ariège.)*

SAINT-JEAN-DE-LUZIEN, IENNE, de Saint-Jean-de-Luz, ch.-l. de c^on, arr^t de Bayonne (Basses-Pyrénées).

Louis XIV, dans des lettres-patentes, reconnaît, comme ses prédécesseurs, l'inviolable fidélité et le dévouement des *Saint-Jean-de-Luziens* à la couronne.

Léonce Goyetche. *(Saint-Jean-de-Luz historique et pittoresque.)*

---

(1) 127 communes portent le même nom ; on doit appliquer à leurs habitants la même appellation ethnique.

Non content de poursuivre sa pêche nationale bien au delà du golfe vascon, la flottille *Saint-Jean-de-Lusienne* distingua son pavillon par de hauts faits militaires.

LÉONCE GOYETCHE. (Saint-Jean-de-Lus historique et pittoresque)

Le nom de Saint-Jean-de-Luz est matière à controverse parmi les étymologistes. Les uns y voient un radical purement latin : *Lux*, Saint-Jean de la lumière. Les autres, avec une vraisemblance plus grande, retrouvent dans *Lus* le nom basque indigène *Lohitsun*, traduit d'abord littéralement par *Lohits*, puis altéré en *Loys* et *Lus*. *Lohitsun* fut de tout temps le nom usité chez les Basques fondateurs, et sa signification (marais) rappelle l'état antérieur et primitif des lieux occupés aujourd'hui par la ville de Saint-Jean-de-Luz.

SAINT-JEANNAIS, AISE,

de Saint-Jean-Pied-de-Port, ch.-l. de c^on, arr^t de Mauléon (Basses-Pyrénées).

On appelle *Saint-Jeannais, Saint-Jeannaises* les habitants de Saint-Jean-Pied-de-Port.

C^on du Maire de Saint-Jean-Pied-de-Port.

SAINT-JEANNOIS, OISE, de

Saint-Jean(1)-de-Maurienne, ch.-l. d'arr^t (Savoie).

On dit aussi :

MAURIENNAIS, AISE. (Voir ce mot.)

SAINT-JUNIAUD, AUDE, de

Saint-Junien, ch.-l. de c^on, arr^t de Rochechouart (Haute-Vienne).

---

(1) 164 communes sont placées sous le vocable de Saint-Jean ; on doit appliquer en général à leurs habitants la même appellation ethnique de *Saint-Jeannois* ou *Saint-Jeannais* ; il y a cependant des exceptions, puisque les habitants de Saint-Jean-d'Ataux s'appellent *Astaudels*, de Saint-Jean-de-Luz *Saint-Jean-de-Lusiens*, de Saint-Jean-de-Losne *Losnois*.

Les habitants de Saint-Junien sont appelés *Saint-Juniauds, audes.*

C^on du Maire de Saint-Junien.

SAINT-LAURENTIN, INE, de

Saint-Laurent(1)-de-l'Ain, c^no, c^on de Bagé-le-Châtel, arr^t de Bourg (Ain).

SAINT-LÉONARD, ARDE, de

Saint-Léonard (2), ch.-l. de c^on, arr^t de Limoges (Haute-Vienne). (Voir MIAULLETON.)

On appelle *Saint-Léonards* les habitants de la ville de Saint-Léonard ; mais on leur a aussi donné le sobriquet de *Miaulletons,* sous lequel ils sont plus généralement désignés.

C^on du Maire de Saint-Léonard.

SAINT-LÉONARDIEN, IENNE,

de Saint-Léonard, faubourg de la ville de Honfleur, ch.-l. de c^on, arr^t de Pont-l'Évêque (Calvados).

Les mangeux de lard !
Les Beuzevillais de Saint-Léonard.
(Vieux dicton.)

Traiter les *Saint-Léonardiens* de *Beuzevillais*, c'est comme si on leur reprochait d'être restés, malgré leur qualité de citadins, aussi étrangers au progrès social que s'ils eussent été habitants d'une simple bourgade.

CANEL. (Blason populaire de la Normandie.)

SAINT-LOIS *, OISE, de Saint-

Lô, ch.-l. du dép^t de la Manche.

Les *Saint-Lois* ont profité du premier beau jour de l'année qui coïncidait avec le lundi de Pâques pour

---

(1) 103 communes sont placées sous le vocable de Saint-Laurent ; on doit appliquer à leurs habitants la même appellation ethnique.

(2) 9 communes sont placées sous le vocable de Saint-Léonard ; même observation que ci-dessus.

aller se promener dans les environs de la ville, qui sont déjà si agréables.

XAVIER MÉLET. *(Le Messager de la Manche,* 11 avril 1887.)

* Saint-Lô s'est primitivement appelé *Urbs Sanlaudus,* la cité de Saint-Lô, dont l'évêque de Coutances de ce nom *(Laudus,* Lô), était seigneur et propriétaire, ainsi que de toute la seigneurie de Briovère et de tout ce qu'on appela plus tard la baronnie de Saint-Lô.

SAINT-LYZIEN, IENNE, de Saint-Lys, ch.-l. de c^{on}, arr^t de Muret (Haute-Garonne).

La Lyre *Saint-Lysienne.*

SAINT-MAIXENTAIS, AISE, de Saint-Maixent, ch.l-. de c^{on}, arr^t de Niort (Deux-Sèvres).

Les *Saint-Maixentais,* jaloux du clocher de Niort, mettaient du fumier auprès du leur pour le faire pousser, et comme le fumier se tassait, ils croient que leur tour s'élève.

GAIDOZ et SEBILLOT. *(Blason populaire de la France.)*

SAINT-MANDÉEN, ÉENNE, de Saint-Mandé, c^{ne}, c^{on} de Vincennes, arr^t de Sceaux (Seine).

La *Saint-Mandéenne,* société de gymnastique.

SAINT-MARCELLINOIS, OISE, de Saint-Marcellin, ch.-l. d'arr^t (Isère).

La *Saint-Marcellinoise,* société de gymnastique.

SAINT-MICHEL, de Saint-Michel-de-Sommaire, arr^t d'Argentan (Orne).

Les *Saints-Michels-de-Sommaire* sont quelquefois pires que le diable, dit un vieux proverbe. On sait que saint Michel tient le diable terrassé sous ses pieds ; c'est ce qui a donné lieu à ce dicton.

SAINTOIS, OISE, des Saintes, petites îles situées au sud de la Guadeloupe, à l'ouest de Marie-Galande (Amérique).

Un bateau-poste met deux fois par semaine la Basse-Terre et les Saintes en communication ; il y a, en outre, de fréquentes relations entre la terre d'en haut (une des Saintes) et les Trois-Rivières (commune près de la Basse-Terre). Les *Saintois,* intrépides et habiles marins, s'y rendent dans leurs canots gréés en côtres en une heure et demie pour y vendre le produit de leur pêche et y prendre des vivres.

A. BOUINAIS. *(La Guadeloupe physique, politique et économique.)*

SAINTONGEOIS, EOISE, de la Saintonge *(Pagus Santonensis),* ancienne province de la France.

Les superstitions populaires ont beaucoup d'empire sur les *Saintongeois,* vers le haut pays surtout ; ils croient à l'existence et au pouvoir des loups-garous et des fées.

A. GUILBERT. *(Villes de France.)*

On dit aussi :

SAINTONGEAIS, EAISE.

Les jeunes *Saintongeais* n'aiment pas à s'engager.

H. D'AUSSY. *(Le 20° dragons à Saint-Jean-d'Angély.)*

On trouve également employé *Santon, one,* du nom ancien de la Saintonge *(Santonia).*

Biographie *Santone* et Aunisienne, par L. Audiat.

SAINT-OUENNAIS, AISE, de Saint-Ouen, c^{ne}, c^{on} et arr^t de Saint-Denis (Seine).

SAINT‑MIHIÉLOIS, OISE, de Saint‑Mihiel, ch.‑l. de c^{on}, arr^t de Commercy (Meuse).

Cercle *Mihiélois* de la Ligue de l'Enseignement.

SAINT‑PARDONNAIS, AISE, de Saint‑Pardon, c^{ne}, c^{on} de Langon, arr^t de Bazas (Gironde)..

Une inoffensive contre‑danse a été organisée par les *Saint‑Pardonnais*.

La Gironde (30 septembre 1885).

SAINT‑PAULOIS, OISE, de Saint‑Paul(1)‑de‑la‑Réunion, ch.‑l. de c^{on} de l'île de la Réunion, arr^t du Vent, colonie française (Afrique).

Le Petit *Saint‑Paulois*, journal politique.

Saint‑Pierre est l'antipode de Saint‑Paul, et tandis que les négociants Saint‑Pierrois, à la suite de nombreuses démarches, ont obtenu l'autorisation de créer un port et reçu des subsides du gouvernement métropolitain et colonial, les apathiques *Saint‑Paulois* en sont encore à demander la même faveur et à s'apercevoir qu'ils n'ont rien obtenu.

(Voyage à l'île de la Réunion. — Le Tour du Monde, 1862, 2° semestre.)

SAINT‑PÉROLLAIS, AISE, de Saint‑Péray, ch.‑l. de c^{on}, arr^t de Tournon (Ardèche).

Beaucoup de personnes veulent appeler les habitants de Saint‑Péray des *Saint‑Péréens,* de même que l'on dit Annonéens pour désigner

---

(1) 46 communes sont placées sous le vocable de Saint‑Paul ; on doit appliquer à leurs habitants la même appellation ethnique.

les habitants d'Annonay ; mais il faut dire *Saint‑Pérollais, aises.*

C^{on} du Maire de Saint‑Péray.

On trouve également :
SAINT‑PÉRÉEN, ÉENNE (peu usité).

SAINT‑PIERROIS, OISE, de Saint‑Pierre, ch.‑l. de c^{on}, île de la Réunion ou Bourbon, arr^t de Sous‑le‑Vent (Afrique orientale).

Saint‑Pierre est une des villes les plus agréables de Bourbon. Dans ses rues bien pavées courent d'abondants ruisseaux à l'eau limpide. Çà et là, de belles maisons déroulent leurs élégantes varangues (terrasses ou vérandas) au milieu de jardins bien entretenus. L'air est vif et frais, le vent souffle presque tous les jours et les habitants du pays, les *Saint‑Pierrois,* pour les appeler de leur nom créole, empruntent à ce climat une activité, une énergie qui leur sont propres et qui les fait aisément reconnaître par toute la Réunion.

(Voyage à l'île de la Réunion. — Le Tour du monde, 1852, 2° semestre.)

SAINT‑PIERROIS, OISE, de Saint‑Pierre(1)‑les‑Calais, c^{ne}, c^{on} de Calais, arr^t de Boulogne (Pas‑de‑Calais).

Le choléra n'a fait qu'accroître le mal, car Paris est le principal débouché des produits *Saint‑Pierrois,* et il paraît qu'étrangers et acheteurs désertent Paris, ce qui porte la crise à un point des plus aigus.

J. ROUAND. *(Correspondance.)*

---

(1) 125 communes sont placées sous le vocable de Saint‑Pierre ; on doit appliquer à leurs habitants la même appellation ethnique.

SAINT-POLOIS, OISE, de Saint-Pol-sur-Ternoise, ch.-l. d'arr^t (Pas-de-Calais). (Voir POLOIS).

SAINT-PONAIS, AISE, de Saint-Pons, ch.-l. d'arr^t (Hérault).

Le *Saint-Ponais*, journal littéraire, agricole et d'annonces.

La Philharmonie *Saint-Ponaise*, fanfare.

SAINT-POURCINOIS, OISE, ou SANPOURCINOIS, OISE, de Saint-Pourçain, ch.-l. de c^on, arr^t de Gannat (Allier).

Saint-Pourçain doit son nom à un moine appelé Portianus, qui vivait au temps de Thierry, roi d'Austrasie (VIe siècle). D'abord serf, Portianus fut émancipé et il fonda un monastère célèbre à Montmiret, près de la ville actuelle, qu'il renouvela et dota d'établissements de bienfaisance. Devenu célèbre dans la contrée par sa sainteté et ses miracles, il eut un jour l'occasion de sauver le pays et de le protéger contre la fureur d'un prince qui était venu le ravager. Ce fut sans doute par reconnaissance pour tous ses bienfaits que les habitants du pays donnèrent son nom à la ville, d'où le nom fort ancien de Saint-Pourçain.

SAINT-QUENTINOIS, OISE, de Saint-Quentin (1), ch.-l. d'arr^t (Aisne).

Le *Saint-Quentinois*, journal d'informations.

La *Saint-Quentinoise*, société de gymnastique et de tir.

On trouve aussi :
SAINQUINTINOIS, OISE.

Poésies *Sainquintinoises*, par Félix David, publiées à Saint-Quentin en 1828.

Sobriquet : « Les *Beyeux* » de Saint-Quentin.

Beyeux vient du vieux verbe *béer* (regarder), encore usité en Picardie ; on accuse les habitants de cette ville d'être

curieux et de regarder les étrangers sous le nez.

SAINT-RÉMOIS, OISE, de Saint-Rémy (1), ch.-l. de c^on, arr^t d'Arles (Bouches-du-Rhône).

C'est en pleine atmosphère provençale que s'épanouit ce jardinet *Saint-Rémois*, dont M. Gabin est le Le Nôtre.

Le Figaro (25 septembre 1888).

SAINT-SAULGEOIS, EOISE, de Saint-Saulge, ch.-l. de c^on, arr^t de Nevers (Nièvre).

Un proverbe nivernais attribue aux *Saint-Saulgeois* une naïveté presque enfantine.

A. GUILBERT. *(Villes de France.)*

SAINT-SAVINIEN, IENNE, de Saint-Savin, ch.-l. de c^on, arr^t de Blaye (Gironde).

SAINT-SERVATIN, INE, de Saint-Servan, ch.-l. de c^on, arr^t de Saint-Malo (Ille-et-Vilaine).

Les Malouins adressent à leurs voisins de Saint-Servan la formulette suivante :

Les *Saint-Servatins* dans un brigaut (vignaut),
Les Malouins leur chient d'en haut.

Les *Servatins* ripostent par :

Les Malouins dans un pertus,
Les *Saint-Servatins* leur chient [dessus.

PAUL SEBILLOT. *(Blason populaire de la Haute-Bretagne.)* — C^on de M. Paul Hercourt.

Saint-Servatins,
Culs de chiens.
(Vieux proverbe.)

On dit aussi :
SERVANNAIS, AISE.

---

(1) 30 communes sont placées sous le vocable de Saint-Quentin ; on doit appliquer à leurs habitants la même appellation ethnique.

(1) 44 communes sont placées sous le vocable de Saint-Remy ; on doit appliquer à leurs habitants la même appellation ethnique.

Le cercle de la ville de Saint-Servan s'appelle Cercle *Servannais*.

SAINT-SÉVERIN, INE, de Saint-Sever, ch.-l. d'arr^t (Landes).

La population *Saint-Séverine* n'est pas la moins patriotique du département des Landes.

Le Progrès de la Chalosse
(15 avril 1887).

SAINT-SEVÉROIS, OISE, de Saint-Sever, ch.-l. de c^on, arr^t de Vire (Calvados).

Le compère donneur de conseils ne se doutait pas que les *Saint-Sevérois* écorchaient cette langue qui n'en pouvait mais, aussi bien que le ferait une vache espagnole.

JEAN DE LA CLOCHE. *(Blason populaire de Ville-Dieu-les-Poëles.)*

SAINT-SIMONIEN, IENNE, de Saint-Simon, ch.-l. de c^on, arr^t de Saint-Quentin (Aisne).

SAINT-SIMONIEN, IENNE, de Saint-Simon (1), c^ne, c^on et arr^t d'Aurillac (Cantal).

A l'hôtel de M. C...., maison agréablement située sur la jolie place *Saint-Simonienne*, la bourrée et la polka seront dansées aux sons harmonieux de la musette.

L'Indépendant du Cantal
(27 avril 1887).

SAINT-TRICATOIS, OISE, de Saint-Tricat, c^ne, c^on de Calais, arr^t de Boulogne-sur-Mer (Pas-de-Calais).

SAINT-VAASTAIS, AISE, de Saint-Vaast-la-Hougue, c^ne, c^on de Quettehou, arr^t de Valognes (Manche).

On désigne sous l'appellation de *Saint-Vaastais* les habitants de Saint-Vaast-la-Hougue.

C^on du Maire de Saint-Vaast-la-Hougue.

SAINT-VICTORIN, INE, de Saint-Victor (1), c^ne, c^on de Saint-Félicien, arr^t de Tournon (Ardèche).

On appelle *Saint-Victorins* les habitants de Saint-Victor.

C^on du Maire de Saint-Victor.

SAISNES, appellation sous laquelle on désigne une certaine catégorie d'individus qui habitent Bayeux et les environs de cette ville (Calvados).

Les descendants des colons Saxons Baïocasses, connus aussi sous la dénomination de Saisnes de Bayeux, auraient habité diverses petites localités comme Saon, Saonais, Oistreham, Airan, anciennement Heidram, principalement auprès de la Dive.

DECHAMBRE. *(Dictionnaire médical d'anthropologie.)*

SALAZIEN, IENNE, de Salazie, c^ne, c^on de Saint-André, arr^t de la Partie-du-Vent, île de la Réunion (Afrique).

Le Nouveau *Salazien*, journal.

SALENCIEN, IENNE, de Salency, c^ne, c^on de Noyon, arr^t de Compiègne (Oise).

SALERSOIS, OISE, de Salers, ch.-l. de c^on, arr^t de Mauriac (Cantal).

---

(1) 7 communes sont placées sous le vocable de Saint-Simon ; on doit appliquer à leurs habitants la même appellation ethnique.

(1) 24 communes sont placées sous le vocable de Saint-Victor ; on doit appliquer à leurs habitants la même appellation ethnique.

En notant ici ce chiffre, je cède à une recommandation des bons *Salersois*.

F. DE LANOYE. *(Voyage aux volcans de la France centrale. — Le Tour du Monde, 1866.)*

SALÉSIEN, IENNE, de Sales, c^ne, c^on de Rumilly, arr^t d'Annecy (Haute-Savoie).

SALINOIS, OISE, de Salins, ch.-l. de c^on, arr^t de Poligny (Jura).

Le *Salinois*, journal hebdomadaire conservateur publié à Salins.

La Société *Salinoise* de tir.

Les rues de Salins ont un air de fête. Le Mont-Poupet se carre au loin dans ses broussailles verdoyantes. La brise souffle sans relâche, mais caressante et douce comme une brise de printemps, et chacun s'empresse de l'aspirer par tous ses pores et par toutes ses fenêtres, car, en passant à travers les grands tilleuls de la promenade Barberine, elle a eu soin de s'y parfumer de son mieux avant de venir souhaiter le bonjour à la population *Salinoise*.

MAX BUCHON. *(Le Matachin. — Revue des Deux-Mondes,* 15 juin 1854.)

SALISIEN, IENNE, de Salies-de-Béarn, ch.-l. de c^on, arr^t d'Orthez (Basses-Pyrénées).

L'ancien Salies ne s'est guère modifié. Il ne se transforme pas vite et les vieux *Salisiens* d'il y a deux cents ans, s'ils sortaient de leurs tombes, pour parcourir les quartiers de Bayaa ou d'Andioque, les retrouveraient peu changés.

La Gironde (25 avril 1885).

SALIVOIS, OISE, de Salives, c^ne, c^on de Grancey, arr^t de Dijon Côte-d'Or).

La légende dit que saint Baudry, en quittant Etalante, peupla Salives de cochons, qu'il engraissait avec de l'eau claire, en dépit du proverbe. Les gens de Salives aimaient beaucoup leurs nouveaux concitoyens... salés ou non. *Méjou de chair humaine*, leur sobriquet, doit donc se traduire par mangeurs de cochons, avec cette pointe que Salives n'étant peuplé que d'habillés de soies les *Salivois* sont censés se manger entre eux.

CLÉMENT JANIN. *(Sobriquets des villes et villages de la Côte-d'Or. — Dijon.)*

SALLANCHOIS, OISE, de Sallanches, ch.-l. de c^on, arr^t de Bonneville (Haute-Savoie).

On dit aussi :

SALLANCHARD, ARDE.

On appelle *Sallanchois* ou *Sallanchards* les habitants de Sallanches.

C^on de M. DUCIS, archiviste de la Haute-Savoie.

SALLOT, OTE, de Salles, c^ne, c^on de Belin, arr^t de Bordeaux (Gironde).

SALONAIS, AISE, de Salon, ch.-l. de c^on, arr^t d'Aix (Bouches-du-Rhône).

Les habitants de Salon sont appelés *Salonais*.

C^on du Maire de Salon.

Le Petite Revue *Salonaise*, journal.

SAMARITAIN, AINE, de Sainte-Marie, quartier d'Oloron-Sainte-Marie, ch.-l. d'arr^t (Basses-Pyrénées).

SAMARITAIN, AINE, de Sainte-Marie, c^ne, c^on de Pornic, arr^t de Paimbœuf (Loire-Inférieure).

SAMÉRIEN, IENNE, de Samer, ch.-l. de c^{on}, arr^t de Boulogne-sur-Mer (Pas-de-Calais).

SAMOËNTIN, INE, de Samoëns, ch.-l. de c^{on}, arr^t de Bonneville (Haute-Savoie).

On appelle *Samoëntins* les habitants de Samoëns.

> C^{on} de M. Ducis, archiviste de la Haute-Savoie.

SANCERROIS, OISE, de Sancerre, ch.-l. d'arr^t (Cher).

De temps à autre, les *Sancerrois* descendaient sur Saint-Satur et livraient combat à ses indigènes jusqu'à ce qu'ils fussent parvenus à faire l'un d'entre eux prisonnier.

> E. Montégut. *(Souvenirs du Nivernais.)*

L'Harmonie *Sancerroise*, société musicale.

SANCLAUDIEN, IENNE, de Saint-Claude, ch.-l. d'arr^t (Jura).

La race que l'on a appelée race *Sanclaudienne* est la race franc-comtoise modifiée par les races qui viennent de la Suisse.

> *(Les Primes d'honneur en 1872.)*

L'Union *Sanclaudienne*, fanfare.

SANFLOURAIN, AINE, de Saint-Flour, ch.-l. d'arr^t (Cantal).

Le cortège était nombreux aux obsèques de M. D..., et l'élite de la population *Sanflouraine* y assistait.

> *La Petite Gironde* (19 février 1886).

On trouve également :
SAN-FLORIN, INE.

On rencontre aussi :
SAINT-FLORIN, INE.

En France, on a généralement l'habitude de considérer Saint-Flour

comme un grand atelier de chaudronnerie, quoique précisément cette industrie soit à peine représentée parmi les *Saint-Florins*.

> E. Reclus. *(Géographie universelle. — France.)*

On dit encore :
SAINT-FLOURIEN, IENNE.

En 1372, Charles V accorda aux *Saint-Flouriens* une charte de commune avec un sceau et des archives.

> Ch. Cassou. *(Histoire de Saint-Flour.)*

SANTERROIS, OISE, du Santerre *(Pagus Sancterriensis) (Sana terra)*, ancien district de la Picardie (Somme).

SAONNOIS, OISE, appellation donnée aux habitants des rives de la Saône.

A côté de moi se tenait mon voiturier, M. Coco (Coco est, là-bas, un aimable diminutif de Joseph), nabot tordu et bossu, au parler *Saônnois* traînard et geignard. Un muet, ce M. Coco, et faisant mentir le dicton : « Franc–Comtois, franc conteur. »

> Gilbert-Augustin Thierry. *(Revue des Deux-Mondes,* 15 mars 1887.)

SAOSNAIS, AISE, de Saosnes *(Pagus Sagonensis)*, c^{ne}, c^{on} et arr^t de Mamers (Sarthe).

SARCELLOIS, OISE, de Sarcelles, c^{ne}, c^{on} d'Ecouen, arr^t de Pontoise (Seine-et-Oise).

Avertis par quelques gentilshommes détachés de l'escorte du roi, les *Sarcellois* se réfugièrent à Paris, mais pour y demander au plus tôt la bataille.

> *Le Magasin pittoresque* (avril 1880).

SARLADAIS, AISE, de Sarlat
(Pagus Sarlatensis), ch.-l. d'arr[t]
(Dordogne).

Les *Sarladais* qui voulaient s'af-
franchir de la suzeraineté abbatiale
ont revendiqué pendant quatre cents
ans les privilèges plus ou moins
authentiques de ce cartulaire.

> JULES ROUX. *(Le Chroniqueur*
> *du Périgord et du Limousin,*
> année 1853.)

L'Union *Sarladaise*, journal républicain de l'arrondissement de Sarlat.

« A Sarlat, l'esprit court les rues, »
dit un vieux dicton périgourdin.

SARONAIS, AISE, de Saron-sur-
Aube, c[ne], c[on] d'Anglure, arr[t] d'Epernay (Marne).

La Fanfare *Saronaise*.

SARRANCOLINOIS, OISE, de
Sarrancolin, c[ne], c[on] d'Arreau, arr[t]
de Bagnères (Hautes-Pyrénées).

Les *Sarrancolinois* ne semblent
point se douter qu'ils possèdent un
trésor archéologique.

> L. DUPONT. *(De Paris*
> *aux montagnes.)*

SARTENAIS, AISE, de Sartène,
ch.-l. d'arr[t] (Corse).

On appelle *Sartenais, aises,* les
habitants de Sartène.

> C[on] du Maire de Sartène.

On trouve également :
SARTENOIS, OISE.

A la peine que M. Deibler a eue
pour joindre le bandit de Sartène,
on se demande s'il n'y aurait pas eu
épargne d'argent, de ridicule et de
cafrerie à gracier ce scélérat ? Car
voici la fin de l'odyssée de la Veuve.
— Pour qu'elle pût être conduite en
Corse, à ses fiançailles *Sartenoises,*

il a fallu un ordre d'Etat et la présence d'un procureur général, ni
plus ni moins, en robe !

> *Le Figaro* (7 septembre 1888).

SARTHOIS, OISE, du département de la Sarthe.

Le *Sarthois* illustré, journal.

SARZEAUTIN, INE, de Sar-
zeau, ch.-l. de c[on], arr[t] de Vannes
(Morbihan).

Le caractère indolent des Sarahouis *, appelés aussi plus familièrement *Sarzeautins*, ne s'applique
qu'aux travaux agricoles.

> Ch. AUBERT. *(Le Littoral*
> *de la France.)*

* Sarahouis est un sobriquet qui s'appli-
que aussi bien aux *Sarzeautins* qu'aux
Rhuysiens (habitants de la presqu'île de
Rhuys) en général ; ce nom vient de
Saraoh, qui, en breton, veut dire *Sar-
reau,* qui est la veste nationale.

SAUGET, ETTE, du pays du
Sauget, dans le canton de Montbenoît, arr[t] de Pontarlier (Doubs).

Les journaux nous ont apporté
récemment une nouvelle bien faite
pour redoubler nos angoisses patriotiques : les *Saugets*, chose horrible !
auraient déclaré qu'ils ne se considéraient pas comme Français.

Lâchée par les *Saugets !* pauvre
France !

> *Le Figaro* (1er octobre 1888).

Les *Saugets* se vantent d'avoir eu
le dessus avec l'anecdote suivante :
L'un d'eux se promène au Jardin
des Plantes, et devant l'orang-ou-
tang, il s'arrête rêveur : « Ce n'est
pas un homme, dit-il en son patois,
ce n'est pas une bête : j'ai entendu
parler des Morteaux ; pour sûr, c'en
est un. » Mais l'histoire est-elle bien
Saugette ? J'en retrouve une à peu

près pareille, et plus drôle, dans la bouche de l'archevêque de Cantorbéry, qui la raconte à tout venant. L'archevêque, qui n'est point beau, fait sauter sur ses genoux une ravissante petite fille qu'il n'a jamais vue : — Je vous connais, moi, dit la petite fille en riant. — Tu m'étonnes. — Si, si, je vous connais. — Où m'as-tu donc vu ? — Le dimanche, au Zoological Garden.

Le Figaro (1er octobre 1888).

Le pays des *Saugets*, le Sauget, était autrefois couvert de sauges, d'où le nom du pays et de ses habitants. Les *Saugets* occupent le canton de Montbenoît, soit dix-sept communes. Ils reconnaissent cette ville pour leur capitale ; c'était jadis une riche abbaye, abritée contre le vent par les montagnes et les sapins, qui forment sur ce point un rideau séculaire entre la France et la Suisse.

SAUJONNAIS, AISE, de Saujon, ch.-l. de c^{on}, arr^t de Saintes (Charente-Inférieure).

La Société *Saujonnaise*, orphéon.

SAULXURON, ONE, de Saulxures, ch.-l. de c^{on}, arr^t de Remiremont (Vosges).

Cercle *Saulxuron* de la Ligue de l'Enseignement.

SAUMUROIS, OISE, de Saumur *(Pagus Salmurensis)*, ch.-l. d'arr^t (Maine-et-Loire).

Les quatre *Saumurois*, environnés de plusieurs personnes, restèrent devant la voiture jusqu'à ce qu'elle partît ; puis, quand elle disparut sur le pont et ne retentit plus que dans le lointain : — Bon voyage, dit le vigneron.

H. DE BALZAC. (Eugénie Grandet.)

Nous avons déjà cité un ouvrage récemment publié à Saumur sous le titre « d'Époques *Saumuroises* »

et dans lequel l'auteur, M. J.-B. Coulon, développe avec autant de charme que de sagacité, une multitude d'événements sur lesquels le cadre adopté par Bodin ne lui a pas permis d'insister.

TOUCHARD-LAFOSSE. (La Loire historique.)

SAUNIER *, classe d'individus originaires de la Saintonge qu'on rencontre sur certaines parties du littoral du département de la Gironde.

Une taille plus élevée, non moins que l'accent traînant et l'indolence native, caractérisent la sixième classe dans laquelle se trouvent les *Sauniers*, originaires de la Saintonge et parqués depuis deux siècles dans les marais salants du Verdon et d'Audenge.

MARY LAFON. (Villes de France. — Guienne.)

* Le mot *Saunier* n'est pas une appellation ethnique ; il sert à désigner une profession.
On appelle *Saunier* l'ouvrier qui est employé à la fabrication du sel dans les marais salants ; ce mot vient du latin *Salinarius*, par la contraction régulière de *Salinarius* en *Salnarius*, d'où *Saunier* par le changement de *al* en *au* et de *arius* en *ier*.

SAUQUITOIS, OISE, de Saucats, c^{ne}, c^{on} de Labrède, arr^t de Bordeaux (Gironde).

L'appellation patoise des *Sauquitois* est *Sauquiteys* ou *Sauquitéis*.

SAUTERNAIS, AISE, de Sauternes, c^{ne}, c^{on} de Langon, arr^t de Bazas (Gironde).

SAUVAGNARD, ARDE, de Sauvain, c^{ne}, c^{on} de Saint-Georges-en-Couzan, arr^t de Montbrison (Loire).

Les Camisards de Sauvain ; ce mot, par lequel on désignait les calvinistes des Cévennes à la fin du

477

xviie siècle, est encore aujourd'hui le surnom des *Sauvagnards*.

GAIDOZ et SEBILLOT. *(Blason populaire de la France.)*

SAUVETERRAT, ATE, de Sauveterre, ch.-l. de c^{on}, arr^t de Rodez (Aveyron).

SAVARDUNOIS, OISE, de Saverdun, ch.-l. de c^{on}, arr^t de Pamiers (Ariège).

Saverdun s'appelait en latin *Sabardunum* ; en patois, les gens du pays disent *Sabarda*, en prononçant le *b* comme un *v*.

SAVENAISIEN, IENNE, de Savenay, ch.-l. de c^{on}, arr^t de Saint-Nazaire (Loire-Inférieure).

Le Glaneur *Savenaisien*, journal littéraire publié à Savenay.

SAVERNOIS, OISE, de Saverne, ancienne ville de France (Bas-Rhin).

Une des excursions favorites des *Savernois* est celle du Haut-Bar. Non-seulement la vue y est magnifique, mais la petite lieue de chemin qu'il faut parcourir est une charmante promenade.

CH.-G. KLEIN. *(Saverne et ses environs.)*

SAVIGNACOIS, OISE, de Savignac-les-Eglises, ch.-l. de c^{on}, arr^t de Périgueux (Dordogne).

SAVOYARD, ARDE, de l'ancien duché de Savoie, détaché du Piémont et réuni définitivement à la France par le traité du 24 avril 1860. L'ancien duché de Savoie est divisé aujourd'hui en deux départements, ceux de la Savoie et de la Haute-Savoie.

C'est dommage que les *Savoyards* ne soient pas riches, ou peut-être

478

serait-ce dommage qu'ils le fussent, car, tels qu'ils sont, c'est le meilleur et le plus louable peuple que je connaisse.

J.-J. ROUSSEAU. *(Confessions.)*

SAVOISIEN, IENNE, des départements de la Savoie et de la Haute-Savoie.

Le *Savoisien* est religieux et charitable ; ses mœurs sont simples et sa vie est heureuse au milieu des richesses pastorales et forestières qui l'environnent.

(Les Primes d'honneur en 1865.)

Le Petit *Savoisien*, journal publié à Annecy.

Mais on dit également :

SAVOYARD, ARDE.

Le Républicain *Savoyard*, journal publié à Annecy.

Le mot *Savoyard* a été primitivement seul employé comme substantif pour désigner les habitants de la Savoie ; le mot *Savoisien* n'était employé qu'adjectivement. C'est ainsi qu'on devait dire : un *Savoyard* illustre, le mot *Savoyard* employé comme substantif ; un proverbe *Savoisien*, ce dernier mot employé comme adjectif. Telle est la règle (voir le Dictionnaire de Littré aux mots *Savoyard* et *Savoisien*). Mais le mot *Savoisien* est indistinctement employé aujourd'hui comme substantif et comme adjectif, et Littré, après avoir donné le mot *Savoisien* comme adjectif, ajoute : « Les *Savoisiens*, les habitants de la Savoie. » Le même auteur cite le fait suivant (voir Littré, au mot *Savoyard*) : « Il fut résolu dans une » assemblée de plus de trois mille hom- » mes tous armés qu'on ne les appelle- » rait plus *Savoyards*, mais *Savoisiens*.

En résumé, on disait autrefois plus correctement et surtout plus grammaticalement un *Savoyard* ; mais aujourd'hui, l'usage tend à consacrer d'une manière absolue le mot ethnique *Savoisien* ; cela nous paraît être le désir de toute la population *Savoisienne*. Le mot *Savoyard* est pris aujourd'hui dans un mauvais sens ; on attache en effet à ce mot une idée de dénigrement qui doit lui faire préférer celui de *Savoisien*. Il y a la même différence entre un *Savoyard* et un

Savoisien qu'entre un *Auvergnat* et un *Auverpin*. Mgr Rendu, évêque d'Annecy, a du reste consacré le nouveau substantif en disant que le *Savoisien* est religieux et charitable et dévoué à son pays, qu'il n'oublie pas, à quelque distance qu'il s'en éloigne.

SAVOISYEN, YENNE, de Savoisy, c^ne, c^on de Laignes, arr^t de Châtillon (Côte-d'Or).

« Savoyard la rave, qui n'a ni cœur, ni âme, ni ventre, ni sang, Savoyard le grand coquin ! »

Faut-il voir dans ce sobriquet un rapprochement entre les *Savoisyens* et les Savoyards ? N'est-ce qu'un simple hasard ?... Je ne déciderai pas.

. CLÉMENT JANIN. *(Sobriquets des villes et villages de la Côte-d'Or. — Châtillon).*

SCARPONAIS, AISE, de Scarponne *(Pagus Scarponensis)*, hameau, c^ne de Dieulouard, c^on de Pont-à-Mousson, arr^t de Nancy.

L'ancienne porte *Serpenoise*, qui s'appelait d'abord *Scarponaise*, du nom de la première ville importante (Scarponne), qui se rencontrait en allant de Metz à Reims, fut rebâtie vers la fin du IXe siècle.

T.-B. MINSGERN. *(Histoire de la ville de Gorze.)*

Scarponne *(Pagus Scarponensis)*, était une ville considérable du pays Leuquois située dans une île de la Moselle, en face de Dieulouard.

SÉCLINOIS, OISE, de Séclin, ch.-l. de c^on, arr^t de Lille (Nord).

SEDANAIS, AISE, de Sedan, ch.-l. d'arr^t (Ardennes).

La promenade la plus ordinaire des *Sedanais* est celle de la Garenne, qui, autrefois, conduisait à un joli petit bois et qui, pour cela même,

était fort agréable ; mais, depuis que ce bois est coupé, elle est très négligée.

CH. PRANARD. *(Sedan pittoresque.)*

L'Harmonie *Sedanaise*, société musicale.

SEGALAIN*, AINE, appellation ethnique des habitants des Ségalas de l'Aveyron.

Les paysans du Calcaire, les Caoussenaous ou « Caussenards » se distinguent aussi à première vue, et fort à leur avantage, de leurs voisins du granit, les *Segalains*.

E. RECLUS. *(Géographie universelle. — France.)*

* *Segala, Segalas*, sortent des mots de l'ancienne langue d'oc, qui signifient terrain bon pour la culture du seigle.

SEGONZACOIS, OISE, de Segonzac, ch.-l. de c^on, arr^t de Cognac (Charente).

Les *Segonzacois* prirent une part active à la révolte de la gabelle.

Abbé COUSIN. *(Histoire de Cognac.)*

SEGRÉEN, ÉENNE, de Segré, ch.-l. d'arr^t (Maine-et-Loire).

Le Mercure *Segréen*, journal d'annonces, hebdomadaire, publié à Segré.

La petite ville de Segré *(Segreïum, Segredum, Castrum Segreï)*, a été jadis une des baronnies du Bas-Anjou.

SEILHACOIS, OISE, de Seilhac, ch.-l. de c^on, arr^t de Tulle (Corrèze).

Les *Seilhacois*, braies larges et gilet court, dit un vieux proverbe.

— Est-ce pour paraître encore plus petits à la conscription, où ce climat d'étangs les fait presque tous refuser ?

T.-B. CHAMPEVAL. *(Proverbes Bas-Limousins.)*

SEINE-ET-MARNOIS, OISE, du département de Seine-et-Marne.

Les *Seine-et-Marnois* n'auront pas sujet de se plaindre cette année.
Le Gil Blas (2 novembre 1887).

On trouve également :
SEINE-ET-MARNAIS, AISE.

Le *Seine-et-Marnais*, journal républicain, organe du Cercle de Seine-et-Marne.

SEINE-ET-OISON, ONE, du département de Seine-et-Oise.

On tend à faire démissionner M. V.... pour lui substituer un Eliacin des *Seine-et-Oisons* opportunistes.
Le Figaro (23 avril 1885).

On trouve également :
SEINE-OISILLON (en dérision).

Un léger croquis de notre autocrate *Seine-Oisillon* ne sera pas déplacé, aujourd'hui que M. de M... occupe les feuilles publiques de la France entière avec son arrêté sur les écoles laïques.
Le Figaro (19 septembre 1885).

SEMPOUYARD, ARDE, de Saint-Puy, c^ne, c^on de Valence, arr^t de Condom (Gers).

Le Cercle des chasseurs *Sempouyards* organise pour le dimanche 11 mars une grande fête de charité.
La Petite Gironde (10 mars 1888).

SEMURIEN, IENNE, de Semur-en-Auxois, ch.-l. d'arr^t (Côte-d'Or).

La brochure que je livre au public est précédée d'un plan de Semur, qui, grâce à sa clarté, sera d'une utilité incontestable pour l'étranger. Je le dois à l'obligeance d'un *Semurien*.
J. Ledeuil. *(Notice sur Semur-en-Auxois.)*

SÉNÉGALAIS, AISE, du Sénégal, colonie française (Afrique occidentale).

De même qu'en France on peut rester Provençal, tout en habitant Paris, ou Parisien en habitant Marseille, ainsi, les *Sénégalais,* qu'ils soient Yolofs, Sérèves, Mandingues, Sarakolais ou Peuls, se retrouvent dans le pays entier.
P. Gaffarel. *(Les Colonies françaises.)*

Les Tirailleurs *Sénégalais ;* les spahis *Sénégalais.*

Indépendamment des individus de race européenne qui habitent le Sénégal, on trouve sur la rive droite du fleuve deux races blanches distinctes : la race berbère et la race arabe. Aujourd'hui, les Maures de la rive droite forment quatre grandes tribus : les *Trarzas*, les *Braknas*, les *Douaïchs* et les *Darmankours*, qui sont tous soumis à la suzeraineté de la France, qui a fait alliance avec eux.

Quant aux noirs qui habitent le bassin du Sénégal, on les divise en races qui se distinguent par la teinte plus ou moins foncée de leur peau, par les formes du corps et le degré d'intelligence.

C'est en parlant de ces derniers que nous diviserons les peuplades noires du Sénégal en trois grandes races :

1º Les peuplades à peau cuivrée, qui comprennent les *Pouls* ou *Peuls* et les *Toucouleurs.*

Les *Pouls* ou *Peuls* sont des individus d'un brun rougeâtre, aux traits presque européens ; ils sont généralement pasteurs.

Les *Toucouleurs* sont des *Peuls* mélangés avec leurs voisins de race noire. Par suite du métissage, ils sont devenus noirs. Ce sont des musulmans fanatiques, absolument hostiles aux Français, dont ils sont les ennemis implacables.

2º Les peuplades à peau olivâtre, négroïdes, qui comprennent :
Les *Malinké* ou *Mandingues* et les *Soninké* ou *Sarakhollés.*

Les *Malinké* ou *Mandingues* tirent leur nom de Mali, le nom de la capitale de leur ancien empire. *Malinké* veut dire homme de Mali. Ce sont des noirs de haute taille, aux cheveux crépus, très pacifiques, très industrieux et commerçants. Ils sont très sympathiques à la France.

Les *Soninké* ou *Sarakhollés* sont les noirs les plus commerçants de la côte occidentale d'Afrique ; ils aiment beaucoup les Français et parlent couramment notre langue. *Soninké* veut dire homme de Soni, du nom d'un de leurs grands rois, Sonni-Ali. *Sarakhollé* vient de *Séré-Kollé,* qui signifie hommes blancs, désignation qui leur fut donnée par les noirs du Sénégal, lorsqu'ils envahirent le pays, à cause de leur teint relativement clair.

3º Les peuples nègres de la côte, qui comprennent les *Oualofs* ou *Yolofs* et les *Sérers.*

Les *Oualofs* ou *Yolofs* habitent principalement le Oualo ; ce sont des individus d'un caractère doux et apathique, quoique cependant en général assez bons travailleurs. C'est le peuple le plus immédiatemeut en rapport avec les Français, car il forme le fond de la population de Saint-Louis, de Gorée et des pays intermédiaires.

Les *Sérers* habitent le pays situé entre le Cap Vert et la Gambie. Ce sont les nègres les plus grands de la Sénégambie ; les hommes de six pieds de haut sont nombreux parmi eux. Ils sont idolâtres, ivrognes et très réfractaires au progrès.

SENÉZIEN, IENNE, de Senez *(Sanicium),* ch.-l. de c^(on), arr^t de Castellane (Basses-Alpes).

SENLISIEN, IENNE. de Senlis *(Pagus Silvanectensis),* ch.-l. d'arr^t (Oise).

Les *Senlisiens* déploraient amèrement ces malheurs et détestaient le joug anglais.

DE GAULLE. (Nouvelle histoire de Paris et ses environs.)

La *Senlisienne,* société musicale.

SENONCHOIS, OISE, de Senonches, ch.-l. de c^(on), arr^t de Dreux (Eure-et-Loir).

SENONOIS, OISE, de Senones, ch.-l. de c^(on), arr^t de Saint-Dié (Vosges).

Un gouvernement paternel et de sages institutions amenèrent le bonheur dans le petit Etat des princes de Salm ; ils méritèrent l'amour de leurs sujets, et la Révolution, qui les a dépouillés de leur souveraineté,

n'a pu déraciner du cœur des *Senonois* l'affection dont ils aiment encore à donner des preuves à leurs anciens maîtres.

EDOUARD DE BAZELAIRE. (Promenade dans les Vosges.)

SÉNONAIS *, AISE, de Sens *(Pagus Senonensis),* ch.-l. d'arr^t (Yonne).

En 1814, les *Sénonais* résistèrent aux attaques des alliés ; les Wurtembourgeois ne purent se rendre maîtres de la ville qu'après un siège de quinze jours, et encore faut-il ajouter que la trahison d'un habitant leur en ouvrit plutôt les portes que leur valeur.

A. DOILHAC DE BORNE. (Géographie de l'Yonne.)

La métropole *Sénonaise* tenait encore le premier rang parmi les cités gauloises, quand Jules César entreprit de la soumettre à la République.

A. GUILBERT. (Villes de France.)

* Les *Senones* étaient un des peuples les plus puissants et les plus anciens de la Gaule, *antiquissimi Gallorum Senones.* Leur nom a survécu ; il a traversé la longue suite des siècles, puisqu'il sert encore à désigner les habitants de l'antique cité *Sénonaise.*

SÉNONAIS, AISE, de Sens, c^(ne), c^(on) de Saint-Germain, arr^t de Louhans (Saône-et-Loire).

Cercle *Sénonais* des amis de l'instruction.

SÉNOZAND, ANDE, de Sénozan, c^(ne), c^(on) et arr^t de Mâcon (Saône-et-Loire).

SÉRANDIER, IÈRE, de Sérans, c^(ne), c^(on) d'Ecouché, arr^t d'Argentan (Orne).

« Rude comme les *Sérandiers* », dit un vieux proverbe cité par M. Canel, dans le *Blason populaire de la Normandie.*

SERMOYEN, ÈNE, de Sermoyer, c^ne, c^on de Pont-de-Vaux, arr^t de Bourg (Ain).

Les *Sermoyens*, ainsi que les habitants de Boz et d'Uchizy, sont haïs de leurs voisins ; ils passent pour avares et méchants... Si les Burins et les *Sermoyens* ne sont pas aimés de leurs voisins, ceux-là affectent en retour un mépris marqué pour les autres Bressans.

Fr. Michel. *(Les Races maudites.)*

SEURROIS, OISE, de Seurre, ch.-l. de c^on, arr^t de Beaune (Côte-d'Or).

On dit les *Chicaniers* de Seurre ; jamais deux *Seurrois* n'ont pu s'accorder ensemble. Aussi, un Arlequin de Saint-Jean-de-Losne avait-il, certain jour, décoré le cimetière de Seurre de cette inscription fameuse :

« Ici seulement, les *Seurrois* vivent en paix. »

Clément Janin. *(Dictons et sobriquets des villes et villages de la Côte-d'Or. — Beaune.)*

SÉVÉRAQUAIS, UAISE, de Sévérac-le-Château, ch.-l. de c^on, arr^t de Millau (Aveyron).

SÈVRIEN, IENNE, de Sèvres, ch.-l. de c^on, arr^t de Versailles (Seine-et-Oise).

Les habitants de Sèvres, qui s'appelait *Savara* au VIe siècle et *Separa* au XII°, sont désignés sous le nom de *Sèvriens*.

C^on du Maire de Sèvres.

SEYNOIS, OISE, de la Seyne-sur-Mer, c^ne, c^on d'Ollioules, arr^t de Toulon (Var).

SEYNOIS, OISE, de Seyne, ch.-l.

de c^on, arr^t de Digne (Basses-Alpes).

La Lyre *Seynoise*, fanfare.

SÉZANNAIS, AISE, de Sézanne, ch.-l. de c^on, arr^t d'Epernay (Marne).

L'Union *Sézannaise*, fanfare.

SFAKIOTE, de Sfax, place forte de la Tunisie. (Protectorat de la France.)

Avec l'activité qu'ils apportent, les *Sfakiotes* auront certainement englobé dans leurs jardins tous les groupes isolés d'oliviers, appelés dans le pays oliviers du Bey, parce qu'en réalité, ils n'ont pas de propriétaires reconnus.

Dr Rouire. *(Revue de géographie.)*

D'après Piesse, le nom de Sfax pourrait peut-être venir de l'arabe *Sfakous*, qui veut dire concombre, parce qu'on cultive ce fruit en grande quantité, dans les environs de cette ville.

SIGEANNAIS, AISE, de Sigean, ch.-l. de c^on, arr^t de Narbonne (Aude).

L'Orphéon *Sigeannais*; la fanfare *Sigeannaise*, sociétés musicales de Sigean.

SINTES ou SINTI, nom sous lequel se désignent entre eux les Bohémiens qu'on rencontre dans certains départements de l'Est et du Midi de la France. (Voir Zigeuners.)

SISTERONAIS, AISE, de Sisteron *(Pagus Segestericus)*, ch.-l. d'arr^t (Basses-Alpes).

A la nouvelle de l'accident arrivé le 12, la population *Sisteronaise* s'est portée sur les lieux du sinistre.

Le Figaro (13 novembre 1886).

SÉTIFIEN, IENNE, de Sétif, ch.-l. d'arr^t du dép^t de Constantine (Algérie).

Le massif *Sétifien* est compris entre l'Oued-el-Kébir, l'Oued-Sahel et la mer.

H. FISQUET. *(Atlas de la France et de ses colonies.)*

Société de tir *Sétifien*.

SIX-FOURNÉEN, ÈENNE, de Six-Fours, c^no, c^on d'Ollioules, arr^t de Toulon (Var).

Le cap Sicié, offrant un poste des plus commodes pour l'exploration de l'horizon maritime, une garde y fut établie et les *Six-Fournéens* l'entretinrent à leurs frais et dépens.

CH. AUBERT. *(Le Littoral de la France.)*

Conçue, pour une partie, sur le modèle des églises des Templiers, la vieille église *Six-Fournéenne* devait avoir des proportions plus vastes que celles d'aujourd'hui.

CH. AUBERT. *(Ibidem.)*

On dit aussi :

SIX-FOURNIN, INE, et **FOUR-NAISIEN, IENNE.** (Voir FOUR-NAISIEN.)

SIZEROT, OTE, de Sixt, c^no, c^on de Samoëns, arr^t de Bonneville (Haute-Savoie).

SIZEROT, OTE, ou **CHIZEROT, OTE,** de la vallée de Sixt (Haute-Savoie)..

On appelle *Sizerots* et quelquefois même *Chizerots* (*ch* aspiré), les habitants de la vallée de Sixt.

C^on de M. DUCIS, archiviste de la Haute-Savoie.

SOISSONNAIS, AISE, de Soissons *(Pagus Suessionicus)*, ch.-l. d'arr^t (Aisne).

Les *Soissonnais* sont heureux !
Les haricots sont chez eux.

BRILLAT-SAVARIN. *(Physiologie du goût.)*

Dans ses *Caractères et Anecdotes*, Chamfort raconte que M. de Voltaire, passant par Soissons, reçut la visite des députés de l'académie de Soissons, qui disaient que cette académie était la fille aînée de l'académie française. — « Oui, messieurs, répondit-il, la fille aînée, fille sage, fille honnête, qui n'a jamais fait parler d'elle. »

SOIZÉEN, ÉENNE, de Soizé, c^no, c^on d'Authon, arr^t de Nogent-le-Rotrou (Eure-et-Loir).

SOLESMOIS, OISE, de Solesmes, ch.-l. de c^on, arr^t de Cambrai (Nord).

L'Avenir *Solesmois*, société musicale.

SOLOGNOT, OTE, de la Sologne *(Secolaunia)*, ancien pays de l'Orléanais (Cher).

Le *Solognot* est de taille moyenne ; sa poitrine est serrée et son ventre saillant, ses muscles sont pauvres et sans énergie et ses viscères sont d'une ampleur démesurée. Il a presque la peau des ruminants ; il se ride de bonne heure ; son teint est de safran ; son œil incolore, ses jambes grêles et ses bras réduits aboutissent à de gros pieds, à de grosses mains. La tête est petite.

F. PYAT. *(Les Français peints par eux-mêmes. — Le Solognot.)*

On trouve également :
SOLONAIS, AISE.

On a donné le nom de race *Solonaise* aux vaches qui vivent dans un grand nombre de métairies de l'arrondissement de Romorantin.

(Les Primes d'honneur en 1867.)

Sobriquet : « Niais de Sologne. »
Ce sobriquet est donné par antiphrase à l'habitant de la Sologne, car on ne manque jamais d'y ajouter ce correctif : *Qui se trompe à son profit.*

Les *Solognots*, sots à demi,
Qui se trompent à leur profit.

dit en effet un ancien proverbe.

SOLUTRÉEN, ÉENNE, de So-
lutré, c^{ne}, c^{on} et arr^t de Mâcon
(Saône-et-Loire).

Type *Solutréen*.

RACINET. *(Le Costume historique.)*

Pointe *Solutréenne* en feuilles de
laurier, silex sensiblement en lo-
sange.

G. et A. DE MORTILLET. *(Musée
préhistorique.)*

SOMAINAIS, AISE, de Somain,
c^{ne}, c^{on} de Marchiennes, arr^t de
Douai (Nord).

Comité *Somainais* du sou des écoles laïques.

SORÉZIEN*, IENNE, de Sorèze,
c^{ne}, c^{on} de Dourgne, arr^t de Castres
(Tarn).

Combien de *Soréziens* qui ont
ignoré, même longtemps après la
sortie du collège, que tel ou tel de
leurs camarades tenait, par son
origine, aux familles les plus illustres
de l'Espagne, de la France, de
l'Angleterre et de l'Italie !

A. COMBES. *(Histoire de la ville
et de l'école de Sorèze.)*

* L'appellation de *Sorésien* s'applique
tout aussi bien aux élèves du célèbre
collège de Sorèze qu'aux habitants de
cette localité.

SOSCIATE, de Sos, c^{ne}, c^{on} de
Mézin, arr^t de Nérac (Lot-et-Garonne).

SOSPELLITAIN, AINE, de
Sospel, ch.-l. de c^{on}, arr^t de Nice
(Alpes-Maritimes).

SOTTEVILLAIS, AISE, de Sot-
teville-lès-Rouen, c^{ne}, c^{on} de Grand-
Couronne, arr^t de Rouen (Seine-
Inférieure).

Les Messagers *Sottevillais*, de

Sotteville-lès-Rouen, ont effectué le
12 juin un concours à Epernay.

La France Colombophila
(26 juin 1887).

Sotte ville, sottes gens !
Belles maisons et rien dedans,
Belles filles à marier
Et rien à leur donner.

SOUANCÉIEN, ÉIENNE, de
Souancé, c^{ne}, c^{on} et arr^t de Nogent-
le-Rotrou (Eure-et-Loir).

SOUBIEN, IENNE, de Soubie,
c^{ne}, c^{on} de Montpon, arr^t de Périgueux (Dordogne).

SOUDANAIS*, AISE, du Soudan
français, à l'est du Sénégal (Afrique).

La crue des eaux du Nil invite les
Soudanais à marcher en avant.....
On présume généralement que le
plan des *Soudanais* serait de faire
au nord de Nady-Halfa une fausse
attaque.

Correspondance politique
(12 août 1888). Extrait
du *Messager de Paris*
(14 août 1888).

On dit également :
SOUDANIEN, IENNE.

L'industrie des *Soudaniens*, quoique peu avancée, est exercée par
eux avec activité et habileté.

P. LAROUSSE. *(Grand dictionnaire
universel du* XIX° *siècle.)*

* Le mot arabe *Soued*, qui fait au pluriel
Soudan, veut dire noir. Le Soudan est
peuplé par trois races différentes : 1° les
Touaregs ; 2° les *Arabes* ; 3° les *Nègres* ;
ces derniers, qui forment la majorité de
la population, sont encore complètement
idolâtres et professent le plus grossier
fétichisme.

SOUFI* (pluriel SOUÂFA), habitant du Souf, oasis du Sahara, au
sud de la province de Constantine
(Algérie).

Les habitants d'El-Hadjira n'ont
pas le génie persévérant des *Souâfa*.

LARGEAU. *(Le pays de Rirha.)*

Un Chaambi se fût enfui terrifié, mais le *Soufi* est naturellement sceptique et veut tout voir de près.

LARGEAU. *(Le pays de Rirha.)*

Les *Souâfa*, les gens du Souf, sont d'ailleurs d'intrépides négociants que l'on rencontre sur toutes les routes du désert.

A. BEHAGHEL. *(L'Algérie.)*

* Le mot *Soufi* fait au pluriel *Souâfa* ; c'est la forme régulière arabe. Le Souf, oasis du Sahara algérien, fait partie du district de Touggourt.

SOUILLAGUAIS, UAISE, de Souillac, ch.-l. de c^on, arr^t de Gourdon (Lot).

Au concours de Sarlat, la fanfare *Souillaguaise* a obtenu trois premiers prix.

La France du Sud-Ouest (21 septembre 1888).

SOULAINOIS, OISE, de Soulaines, ch.-l. de c^on, arr^t de Bar-sur-Aube (Aube).

La *Soulainoise*, fanfare.

SOULAQUIN, INE, de Soulac-les-Bains, c^ne, c^on de Saint-Vivien, arr^t de Lesparre (Gironde).

SOULARIOT, IOTE, de Soulaires, c^ne, c^on de Maintenon, arr^t de Chartres (Eure-et-Loir).

SOULETIN, INE, de la Soule *(Ager Solensis)*, ancien district de la Gascogne (Basses-Pyrénées).

Un volume nous apprend qu'à la fin du siècle dernier, les *Souletins* jouissaient en Espagne des mêmes privilèges que les Bas-Navarrais.

FR. MICHEL. *(Le pays Basque.)*

La poésie *Souletine* est vive, variée, gracieuse, enjouée et fleurie comme les jolies vallées qui l'inspirent.

FR. MICHEL. *(Ibidem.)*

Oihénart *(Notitia utriusque Vasconiæ, tum Hibericæ, tum Aquilaniæ*, Paris, 1638), regarde le nom de la Soule *(Suberotarra*, en basque), comme une contraction de l'ancien terme *Subola,* qui signifie, en basque, un pays de forêt. Mais, d'après la généralité des auteurs, le mot Soule, *Subola,* voudrait tout simplement dire pays du soleil.

SOULOSSOIS, OISE, du petit pays de Soulossois *(Pagus Solocensis)* et de Soulosse, c^ne, c^on de Coussey, arr^t de Neufchâteau (Vosges).

SOURDIN, INE, sobriquet des habitants de Villedieu-les-Poêles, ch.-l. de c^on, arr^t d'Avranches (Manche).

Je lis dans la *Revue des Traditions populaires* plusieurs grosses facéties que l'on met sur le dos des habitants de Villedieu, entr'autres l'histoire d'un âne trouvé mort dans la rivière et que les naïfs *Sourdins* (c'est le nom des naturels de l'endroit) prirent pour une baleine.

L'histoire est exacte, à cela près toutefois que le narrateur en a négligé le trait comique :

— C'est, ma foi ! bien une baleine, s'écrie un *Sourdin*, et même qu'elle doit venir de loin, car elle est ferrée.

CH. FRÉMINE. *(Le Rappel,* 9 avril 1887).

Par une nuit d'hiver, un violent incendie éclata dans une rue de Villedieu-les-Poêles. On sonna le tocsin, on battit la générale.

Un grand nombre de *Sourdins* accoururent munis de lanternes ou même simplement de chandelles pour voir où était le feu.

JEAN DE LA CLOCHE. *(Blason populaire de Villedieu-les-Poêles.)*

Une pauvre *Sourdine* perdit son enfant âgé de quatre mois ; sa douleur fut grande et elle passait ses jours à pleurer à chaudes larmes.

— Consolez-vous, ma bonne femme, lui dit un voisin, votre enfant est au Paradis, où il prie Dieu pour vous !

— Vieux menteur, répondit la mère, il ne parlait pas encore.

JEAN DE LA CLOCHE. *(Blason populaire de Villedieu-les-Poêles.)*

* Ville-Dieu-les-Poêles *(Villa Dei)* doit son surnom de Poêles à sa principale industrie, qui est la chaudronnerie. Les *Sourdins* fabriquent des dentelles et des blondes ; mais ils ont surtout conservé leur antique industrie : la quincaillerie, le laminage du cuivre et la fonderie des cloches. Dans cette petite ville, tout le monde travaille à fondre ou à battre le cuivre, ce qui fait un tintamarre si continuel, qu'un grand nombre parmi eux deviennent sourds, d'où leur est venu le nom de *Sourdins*.

SOURIOT, IOTE, de Sours, c^{ne}, c^{on} et arr^t de Chartres (Eure-et-Loir).

SOUSSANAIS, AISE, de Soussans, c^{ne}, c^{on} de Castelnau, arr^t de Bordeaux (Gironde).

SOUSSIEN, IENNE, de Sousse *(Adrumetum)*, ch.-l. de cercle de la Tunisie. (Protectorat de la France.)

Avec la conquête arabe Hadrumète devint Sousse. Il paraîtrait, d'après le dire d'un vieux *Soussien*, qu'elle s'appelait d'abord Djohéra (pierre précieuse). Mais un des gouverneurs de la ville ayant fait suspendre au-dessus de Bab-el-Bakar une perle retenue par un fil, il arriva que celui-ci fut coupé pendant une nuit. Le lendemain, de grand matin, un habitant se rendant à son travail s'en aperçut et il s'écria : « Tiens, le fil a été mangé par un ver (en arabe *soussa),* un deuxième,

un troisième firent la même réflexion ; toute la ville accourut pour vérifier le fait et le mot *Soussa* passa de bouche en bouche. Les gens de la campagne qui arrivaient successivement, apportant leurs légumes et leurs fruits, entendaient de tous côtés répéter : « *Soussa, Soussa* » ; ils donnèrent dès lors ce sobriquet à l'ancienne Hadrumète, et le nom lui en resta. Nous ne nous portons pas garants de la valeur scientifique de cette étymologie, mais elle a tout au moins le charme de l'originalité.

CAGNAT et SALADIN. *(Voyage en Tunisie. — Le Tour du Monde, 1885, 1er semestre.)*

SOUSTONNAIS, AISE, de Soustons, ch.-l. de c^{on}, arr^t de Dax (Landes).

SOUTERRAINIER, IÈRE, de la Souterraine, ch.-l. de c^{on}, arr^t de Guéret (Creuse).

Les habitants de la Souterraine sont appelés *Souterrainiers ;* les gens du pays prononcent *Soutraniers, Soutranières.*

C^{on} du Maire de la Souterraine.

SPARNACIEN *, IENNE, d'Epernay, ch.-l. d'arr^t (Marne).

Les *Sparnaciens* sont bons et affables, surtout aux étrangers qu'ils ont toujours aimés.

H.-M. G... *(Histoire de la ville d'Epernay.)* — Epernay, 1800.

En 1740, la population *Sparnacienne* fut décimée par une grande famine... Ce n'était plus l'ennemi qu'Epernay avait à redouter. En sentinelle sur ses remparts, le *Sparnacien* n'attendait plus pour se défendre qu'un soldat farouche vînt l'attaquer.

H.-M. G... *(Ibidem.)*

* Les *Sparnaciens* sont ainsi appelés de l'ancien nom d'Epernay, *Sparnacum*, que les Romains appelèrent ensuite *Aquæ perennes*, d'où l'on fit dans la suite *Aix-perne*, puis enfin Epernay.

SPARNONNIEN *, IENNE, d'Epernon *(Sparno)*, c^{ne}, c^{on} de Maintenon, arr^t de Chartres (Eure-et-Loir).

La *Sparnonnienne*, fanfare.

* Epernon s'est primitivement appelé *Sparno* ou *Sparnonium*. Cette ville était le chef-lieu d'un doyenné, *Decanatus Sparnonensis*.

SPINALIEN*, IENNE, d'Epinal, ch.-l. du dép^t des Vosges.

L'Orphéon *Spinalien*, société musicale.

Epinal a son Cercle *Spinalien* de la Ligue de l'Enseignement.

* *Spinalium* est l'ancien nom d'Epinal ; de là vient l'appellation ethnique des habitants de cette ville. Adrien de Valois prétend que cette cité est appelée *Spinal* dans la langue des paysans, à cause de la configuration toute particulière du lieu ; en effet, si l'on regarde avec attention la forme affectée par la montagne qui domine la ville, on s'aperçoit bientôt que son sommet est pointu et effilé comme une épine. C'est de cette considération que viendraient les noms de *Spinalium*, *Spinaliens*, de *Spina*, mot latin, qui veut dire épine. Plus tard, la ville s'appela Spinaux, Espinaux, Espinal et enfin Epinal.

STAGELLAYRE, AYRE, d'Estagel, c^{ne}, c^{on} de La Tour-de-France, arr^t de Perpignan (Pyrénées-Orientales).

Un grand nombre de *forasters* (étrangers à la localité) est venu se joindre aux *Stagellayres* pour célébrer la fête, *la festa de l'Arago*.

P. VIDAL. *(Guide des Pyrénées-Orientales.)*

STAINVILLOIS, OISE, de Stainville, c^{ne}, c^{on} d'Ancerville, arr^t de Bar-le-Duc (Meuse).

Cercle *Stainvillois* de la Ligue de l'Enseignement.

STÉPHANOIS *, OISE, de Saint-Etienne, ch.-l. du dép^t de la Loire.

L'amour de l'égalité, cette aristocratie des temps modernes, se formule chez les *Stéphanois* par la libre concurrence.

L. ROUX. *(Les Français peints par eux-mêmes. — Le Forésien.)*

Le ruban, la soie sont généralement proscrits du costume des *Stéphanoises*.

L. ROUX. *(Ibidem.)*

Les habitants de Saint-Etienne sont encore désignés dans tout le Forez sous le nom de : GAGAS **.

Permettez que je vous ramène en la cité dolente, à Saint-Etienne, objet touchant de la sympathie et de la curiosité de l'Europe... Bonnes gens, amis de l'ordre et du travail, croyez-moi, saluez la cité des *Gagas*.

JULES JANIN. *(Les révolutions du pays des Gagas.)*

... Un *Gaga*, chez nous, est un être à part dans la cité ; il est le descendant direct de ces anciens Gaulois et forgerons, fils du Cyclope que Théocrite a chanté. Les *Gagas* nos pères étaient de bonnes gens retranchés dans leur petit village aux gais murmures du fleuve paternel.... Les *Gagas* n'étaient pas un peuple : ils étaient une famille... *Ah ! lou Gagas !* les hommes puissants et laborieux.

JULES JANIN. *(Ibidem.)*

* L'appellation ethnique de *Stéphanois* vient de *Stephanus*, nom latin de Saint-Etienne, auquel l'église paroissiale de cette ville est dédiée et dont Saint-Etienne, autrefois Furens, porte le nom depuis le XIe siècle.

** Personne n'est d'accord, même dans le Forez, sur la signification du mot *Gaga* ; c'est en vain, croyons-nous, qu'on rechercherait dans le latin ou le grec la signification de cette dénomination originalc, tirée très probablement, selon nous, du patois local.

Jules Janin, l'illustre critique, était *Gaga...* ou *Stéphanois.*

SULIACAIS, AISE, de Saint-Suliac, cᵐᵉ, cᵒⁿ de Châteauneuf, arrᵗ de Saint-Malo (Ille-et-Vilaine).

SULLINOIS, OISE, de Sully *(Ager Solliacensis),* ch.-l. de cᵒⁿ, arrᵗ de Gien (Loiret).

SURGÉRIEN, IENNE, de Surgères, ch.-l. de cᵒⁿ, arrᵗ de Rochefort (Charente-Inférieure).

Les habitants de Surgères s'appellent *Surgériens.*

Cᵒⁿ du Maire de Surgères.

La *Surgérienne,* société de gymnastique.

Surgères tire son nom d'un ruisseau qui traverse la commune et qui s'appelle la Gères.

SURTAINVILLOIS, OISE, de Surtainville, cᵐᵉ, cᵒⁿ des Pieux, arrᵗ de Cherbourg (Manche).

AGNONAIS, AISE, de Tagnon, c^ne, c^on de Juniville, arr^t de Rethel (Ardennes).

TAILLANAIS, AISE, du Taillan, c^ne, c^on de Blanquefort, arr^t de Bordeaux (Gironde).

TAÏTIEN, IENNE, de Taïti, île principale de l'archipel de la Société, possession française dans la Polynésie (Océanie).

Le caractère des *Taïtiens* est un peu celui de tous les enfants : ils sont capricieux, fantasques, boudeurs tout à coup et sans motif, foncièrement honnêtes et hospitaliers dans l'acception du mot la plus complète.

F. Hue et G. Haurigot.
(Nos Petites colonies.)

La *Taïtienne* se lève peu après le soleil, gagne le ruisseau voisin, et là, enveloppée de son seul paréo, sous les mimosas en fleur, elle prend un bain fort long, qui a un charme particulier dans la fraîcheur des pures matinées.

F. Hue et G. Haurigot.
(Ibidem.)

On écrit mieux *Tahitien, ienne* (l'orthographe officielle étant Tahiti).

Les *Tahitiens* aiment beaucoup la danse et les chants, qui constituent à vrai dire la principale distraction des peuples océaniens.

En général, les *Tahitiennes* vont tête nue, leurs longs cheveux ornés de la fleur blanche du tiaré et séparés en deux tresses tombant sur les épaules.

A. Pailhès. *(Souvenirs du Pacifique.
— Le Tour du Monde,* 1876, 1er semestre.)

TALAISIEN, IENNE, de Talais, c^ne, c^on de Saint-Vivien, arr^t de Lesparre (Gironde).

TALANTAIS, AISE, de Talant, c^ne, c^on et arr^t de Dijon (Côte-d'Or).

Leur antique ceinture de murailles et leurs trente-deux tours, dont ils étaient si fiers, enfermaient les *Talantais* comme des chiens dans leur niche. De là leur sobriquet de : *Chiens.*

Clément Janin. *(Sobriquets
des villes et villages de la
Côte-d'Or. — Dijon.)*

Vers 1816, Julien Deschamps, instituteur de Plombières, revenant de Dijon, passa devant des *Talan-taises* qui lavaient dans une fontaine, près de Vaisson. Elles se mirent à crier : « Hi-han ! hi-han ! âne de Plombières. »

Clément Janin. (Sobriquets des villes et villages de la Côte-d'Or. — Dijon.)

TALENÇAIS, AISE, de Talence, c^{ne}, c^{on} et arr^t de Bordeaux (Gironde).

TALMONDAIS, AISE, du Talmondais, ancien petit pays de la Vendée, dont la ville principale était Saint-Cyr-en-Talmondais, c^{ne}, c^{on} des Moutiers-les-Maufaits, arr^t des Sables (Vendée).

TALMONDAIS, AISE, de Talmont, ch.-l. de c^{on}, arr^t des Sables (Vendée).

TARAIN, AINE, ou TARIN, INE, ou bien encore TARENTAIS, AISE, de la Tarentaise, ancienne province et comté de la Savoie.

La race *Tarentaise* a son siège dans la région alpestre du petit Saint-Bernard. Cette race *Tarentaise* ou *Tarine* est marcheuse, bonne laitière et d'une grande sobriété.

(Les Primes d'honneur en 1865.)

Le *Tarin*, journal hebdomadaire publié à Moutiers (Savoie).

TARARIEN, IENNE, de Tarare, ch.-l. de c^{on}, arr^t de Villefranche (Rhône).

On appelle *Tarariens* les gens de Tarare.

C^{on} du Maire de Tarare.

TARASCONAIS, AISE, de Tarascon, ch.-l. de c^{on}, arr^t de Foix (Ariège).

La Lyre *Tarasconaise,* fanfare.

TARASCONNAIS, AISE, de Tarascon, ch.-l. de c^{on}, arr^t d'Arles (Bouches-du-Rhône).

Dans Tartarin, comme dans tout *Tarasconnais,* il y a la race garenne et la race choux très nettement accentuées.

E. Daudet. (Tartarin sur les Alpes.)

TARBAIS, AISE, ou TARBÉEN, ÉENNE, de Tarbes, ch.-l. du dépt des Hautes-Pyrénées.

Au concours musical organisé à Toulouse, nos deux sociétés *Tarbaises,* l'orphéon la Lyre *Tarbéenne* et la musique municipale des sapeurs pompiers ont obtenu de très beaux succès.

La Gironde (25 mai 1885).

Il faut toutefois reconnaitre que l'administration anglaise se montra douce aux *Tarbais*, et le prince Noir lui-même, en 1366, par lettres datées d'Angoulême, confirma tous leurs privilèges, coutumes et libertés antiques.

Malte-Brun. (La France illustrée.)

A peine les *Tarbais* étaient rentrés dans leur ville que le vicomte de Montamat, lieutenant de Montgommery, vint en faire le siège (20 janvier 1570).

Malte-Brun. (Ibidem.)

TARGHI (pluriel TOUAREG), nom d'une peuplade (berbère) redoutable habitant le Sahara (Afrique).

Le vrai Sahara est une vaste solitude parcourue plutôt qu'habitée par les redoutables *Touaregs,* qu'elle sépare à la fois de la race blanche et de la race noire.

H. Fisquet. (Atlas de la France et de ses colonies.)

Regardez passer sur son rapide méhari ce cavalier mystérieux ; son visage est en partie couvert d'un voile noir, masque sombre qui ne laisse voir que deux yeux perçants et farouches ; ses vêtements sont de la couleur de la nuit ; la housse sur laquelle il est assis est la dépouille d'un tigre ; son bras droit est ceint d'un anneau en serpentine. Sur son avant-bras gauche est fixé un poignard ; sa main droite brandit une lance en fer aigu ; un autre javelot et un long mousquet pendent à sa selle ; au flanc de sa monture résonne un large bouclier carré en peau d'antilope ou d'hippopotame, sur lequel se détache la blanche image de la croix : c'est un *Touareg.*

DUVEYRIER. *(Les Touaregs du Nord.)*

La peuplade des *Touaregs* touche à la fois à l'Algérie et au Soudan français ; ce sont des pillards ; mais c'est un peuple brave, hospitalier, fier, ayant un régime féodal. Les femmes, chastes et fières, sont assez instruites ; elles gardent les traditions et les écrivent. Les *Touaregs* sont monogames.

TARNAIS, AISE, du département du Tarn.

La plupart des députés des communautés *Tarnaises* sont représentés aujourd'hui par de nombreux descendants. C'est à ces derniers qu'il appartient plus particulièrement de défendre l'œuvre de 1789, si étrangement travestie par certains historiens.

Le travail de M. Rolland leur donnera, pour cette défense, des armes précieuses. Qu'ils le lisent, qu'ils le méditent et qu'ils le propagent, — car c'est une excellente brochure de propagande, et que nous ne saurions trop recommander.

Le Nouvelliste de Bordeaux (5 mars 1889).

TARUSATE *, ATE, de Tartas, ch.-l. de c^{on}, arr^t de Saint-Sever (Landes).

Les *Tarusates* sont en liesse.

Le Progrès de la Chalosse (15 avril 1887).

* Le mot *Tarusate* est le nom même des premiers habitants de cette contrée, les *Tarusates,* qui occupaient la vicomté de Tursan et qui donnèrent leur nom à Tartesium ou Tartasium, aujourd'hui Tartas, qui était le chef-lieu du Tursan.

Dans le langage courant, on appelle les habitants de Tartas des *Tartarins ;* mais cette appellation doit être considérée comme *patoise* et nullement scientifique.

TARUSATE, ATE, du Tursan, ancien district de la Gascogne. (Voir ci-dessus.)

Le Tursan *(Pagus Atursanus),* doit son nom à l'Adour, *Atur,* qui l'a également donné à la ville d'Aire, *Atura,* cité très importante autrefois, qui était la capitale du pays occupé par les *Tarusates.* Atursanus, Tursanus, Tursan, pays situé près de l'Adour.

TAULÉSIEN, IENNE, de Taulé, ch.-l. de c^{on}, arr^t de Morlaix (Finistère).

Nous nous étions assis pour regarder la danse des *Taulésiens.*

E. SOUVESTRE. *(Les derniers Bretons.)*

TCHANQUAT * ou TCHANCAYRE, nom patois sous lequel on désigne dans les Landes les indigènes qui se servent des *tchanques* (échasses) comme moyen de locomotion. (Voir BOUYÈS ou BOUGÈS, COUZIOT, LANDAIS, LANDESCOT, MARANSIN, PARENT et RÉSINIER.)

Quand les eaux sont très hautes, que les rivières ont débordé, un *Tchanquat* passe sans difficulté au-

cune dans des endroits où un cavalier courrait le risque de se noyer.

O. DEJEAN, ancien maire
de La Teste. *(Arcachon
et ses environs.)*

Le mot *Tchanquat* se traduit en
français par les mots :

ÉCHASSIER, IÈRE.

La classe des Landescots et des
Echassiers offre quelque chose du
tempérament rude et bilieux de
l'Arabe, quoiqu'elle ne se nourrisse
que d'eau corrompue, de pain de
seigle et de mauvaise bouillie de
mil.

MARY LAFON. *(Villes de France.
— Guienne.)*

Les mots *Tchanquats, Tchancats* ou
Tchancayres ne sont pas des mots ethni-
ques ; ils servent à désigner tous les
Landais qui font usage des *tchanques*,
et plus particulièrement les bergers, les
Aouillés ou *Aouilléys*, que M. Mary
Lafon désigne sous le nom de *Aouillys*.

Pour les Landescots et les *Aouillys* **, bergers qui vivent sur des
échasses, ils n'ont rien changé au
vêtement patriarcal. Elevé sur des
perches *(tchangues)* de cinq à six
pieds et couvert d'une pelisse de
peau de mouton, qu'on appelle *raou-
boun*, et d'un bonnet de laine,
l'*Aouilly*, immobile au milieu des
sables et appuyé sur son bâton, ressemble de loin à une de ces appari-
tions fantastiques si redoutées par
l'habitant des Landes.

MARY LAFON. *(Ibidem.)*

* L'appellation *Tchanquat* vient du mot
tchanque, qui veut dire échasse, d'où les
mots *tchanca*, marcher avec des échasses,
et *panu tchanquéy*, bâton d'échassier. Les
échasses sont de longs bâtons de six
pieds de haut, munis d'un étrier ou pa-
lette sur lequel l'homme ou la femme,
le *Tchanquat,* se tiennent debout, grandis
de six pieds, et gardent ainsi leurs troupeaux. Les échasses sont attachées à la

jambe par une courroie placée immédiatement au dessous du genou ; le pied
repose sur une petite crédence nommée
about ; il y est maintenu par une bride
de cuir appelée *arroumère*, dans le genre
de celles que l'on met aux sabots. Ce
pittoresque piédestal est indispensable
aux bergers pour surveiller leurs troupeaux, qui se perdent dans les bruyères,
et pour traverser les bas-fonds couverts
très souvent de près d'un mètre d'eau.
Les Landais sont uniques dans le monde
pour l'emploi de cet instrument de locomotion.

** Le mot *Aouilly*, tel qu'il est écrit par
Mary Lafon, n'existe pas ; cet écrivain
a voulu franciser le mot *Aouillé*, dont le
féminin est *Aouilleyre* ou bien encore
Aouilléy, variante de *Aouillé*, usitée dans
une partie de la Lande. Ces mots *Aouillé*
ou *Aouilléy* ne sont point des appellations
ethniques ; ils signifient simplement *berger, bergère* et ne sont que des dérivés
du mot patois aouille, aououille (prononc-
cez awouille), ouille, qui signifie brebis
et n'est autre lui-même que l'équivalent
du mot français *ouaille*, au pluriel *oueille*,
du latin *ovicula*, diminutif de *ovis*. Nous
trouvons ce mot *aouillé* reproduit dans
les *Contes populaires recueillis dans la
Grande Lande*, de M. Félix Arnaudin :

L'*Aouillé* è l'*Aouilléyre*
Que s'y 'éyméouén tan.

« Vers Pissos, dit le même auteur
» (page 173), avec quelques variantes
» provenant d'une suppression ou d'une
» mutation de voyelles... il n'y a guère
» à constater que l'emploi presque cons-
» tant des désinences en *éy* dans la
» plupart des mots terminés ailleurs en *é*.
» — *Aouilley*, berger, au lieu de *Aouillé*,
» comme on dit à Sabres, Laboueyre
» et Mimizan. »

Les Landes étant le pays dont les
habitants ont été désignés par les appellations les plus nombreuses, nous
croyons devoir résumer ici et même
compléter les différents articles que
nous avons insérés dans le corps de
notre Dictionnaire sur les Landais.

La véritable appellation ethnique
de l'habitant des Landes est *Landais* ; on trouve quelquefois employés
les mots *Landescots* et *Lanusquets*,
mais ce sont des mots patois.

Les mots *Bouyès* ou *Bougès* (voir

ces mots) sont employés pour désigner les habitants de cette partie des
Landes de la Gironde et du département des Landes connue sous
le nom de pays de Buch *(Pagus
Bogensis)*. Ce pays faisait partie de
la Novempopulanie ; il était borné à
l'ouest par l'Océan, au midi par le
pays de Born, à l'est et au nord par
le territoire des Bituriges Vivisques,
qui s'étendait depuis la pointe de
Graves jusqu'au-delà de Bordeaux.

La capitale du pays de Buch,
nommée *Boïos*, était située sur le
bord de l'Océan, à peu de distance
du territoire actuel de la ville de
La Teste. Le pays était habité par
les *Boii* ou *Boji*, que nous appelons
Boyens, peuple puissant et laborieux
et l'un des plus belliqueux de la
Gaule aquitanique. Ce nom de *Boii*
ou *Boji*, devenu plus tard *Boyens*,
se transforma en celui de *Bougès* (1),
qui sert à désigner les *Résiniers*
(voir ce mot) qui habitent dans le
voisinage du bassin d'Arcachon et
qui forment, suivant M. Dejean, une
caste à part dans les Landes de la
Gironde. Le mot *Résinier* sert partout ailleurs, dans le département
des Landes, à désigner purement et
simplement l'ouvrier employé à recueillir la résine. Le territoire des
Bougès était compris dans le diocèse
de Bordeaux et formait l'archiprêtré
de Buch *(archipresbyteratus Bogeii)*,
dont la paroisse Saint-Vincent de
La Teste était le chef-lieu. — « C'est

____

(1) On appelle chenal de *La Bougesse*
le chenal principal de la Leyre, petit
affluent du bassin d'Arcachon ; cette
appellation perpétue le nom des anciens
Boii ou *Boji*.

» en fuyant devant les dunes qui
» menaçaient de l'engloutir, dit M.
» O. Dejean, ancien maire de La
» Teste, membre de la Société scien-
» tifique d'Arcachon, dans son ou-
» vrage *Arcachon et ses environs*,
» que La Teste est graduellement
» arrivée sur son territoire actuel.
» Dans cette position, les vieux
» *Bougès* pensaient n'avoir plus rien
» à redouter ; la solidité des cons-
» tructions qu'ils élevèrent alors té-
» moigne hautement de cette con-
» fiance. »

On désigne encore les *Landais* sous
les noms de *Cousiots* ou *Couziots* et
de *Cocosates* dans le Bazadais, de
Parents dans le Bordelais et de *Maransins* dans le pays dit *Maransin*.
D'après M. Ducourneau *(La Guienne)*, le nom de *Cousiots* serait réservé
aux Landais de l'arrondissement de
Bazas, l'ancienne *Cossium*, dont les
habitants s'appelaient autrefois les
Cocosates. Ce nom a son origine,
d'après lui, dans la langue indo-européenne. *Cous* signifie terre ; les *Cocosates* étaient donc les enfants de la
terre, ce qui signifiait, dans les temps
primitifs, des *habitants de la plaine.*
Cossium, *Cocosates*, *Cousiots* ont
servi à former le mot *cousin*, qui
signifie maintenant un *parent* plus
ou moins éloigné et primitivement
un *compagnon*, un *compatriote*. De
là viendrait, d'après M. Ducourneau, cette appellation de *Cousiots*
ou de *Parents* appliquée indifféremment aux Landais de la Gironde et à
ceux de la Grande Lande.

Suivant M. Lespy *(Dictionnaire
Béarnais)*, la dénomination de *Cousiots* est la même que celles de *Cousiis*, *Cousiots*, *Cousiotous* qui avaient

cours en Béarn pour désigner les individus de la caste maudite des *Cagots*. « Le nom de *Cagot* étant » injurieux, on comprend que les » malheureux auxquels on le donnait, » dit M. Fr. Michel *(Histoire des » Races maudites)*, n'en fissent pas » usage, quand ils avaient à désigner » des individus de leur caste ; ils » employaient le mot *Cousin*, sans » doute parce que, forcés de s'allier » entre eux, ils étaient tous parents » à un degré plus ou moins rappro- » ché... » Il paraît donc établi que les *Cagots* du Béarn se désignaient entre eux sous les noms de *Cousiis*, *Cousiotous*, *Cousiots* et *Cousins*. Or, un grand nombre de *Cagots* habi- taient les Landes, où ils étaient dési- gnés sous le nom d'*Agots* ou *Agotacs* dans le canton de Saint-Vincent-de- Tyrosse et sous celui de *Gahets* (voir ce mot) dans le Bazadais, ainsi qu'à Arengosse, dans l'arrondissement de Mont-de-Marsan. Dans ces condi- tions, ne pourrait-on pas appliquer aux habitants des Landes, et avec une vraisemblance voisine de la cer- titude, l'opinion émise par M. Lespy sur les *Cagots* du Béarn ?... et dire que l'appellation de *Cousiot* des Lan- des n'a été primitivement qu'un mot employé par les *Agots*, *Agotacs*, *Cagots* et *Gahets* pour se désigner entre eux. Cette qualification a pris ensuite de l'extension et on en est venu à l'appliquer indistinctement à tous les Landais, mais principa- lement aux gens du Maransin (voir ce mot).

Le mot *Cousiot*, qui veut dire litté- ralement cousin, en patois Landais, a, dans les Landes, un sens familier et très usuel. Un jour de fête locale,

par exemple, nous écrit M. Arnau- din, l'auteur des *Contes populaires de la Grande Lande,* on demandera à quelqu'un : « *At hort de cousiots ?* » ou bien encore : « *At hort de parens ?*» Avez-vous beaucoup de [petits] cou- sins ?... où de parents ?...

Le mot *Parent* appliqué aux Lan- dais n'est usité que dans le Borde- lais, et il résulte d'une communica- tion qui nous a été faite par M. J. Arnaudin de Labouheyre, l'auteur des *Contes de la Grande Lande,* que cette appellation est totalement in- connue des *Landais* de la Grande Lande, en tant qu'appellation eth- nique, et que le mot patois landais *Parèn* signifie *Parent* et rien de plus.

Cette appellation est cependant usitée à Bordeaux, où le peuple a conservé l'habitude de désigner sous le nom de *Parents* tous les *Landais* en général, aussi bien ceux des Landes du Bas-Médoc et des envi- rons de Bordeaux que ceux de la Grande Lande. Nous avons souvent entendu dire sur les routes qui aboutissent à Bordeaux, dans la banlieue et dans les faubourgs de cette ville, par des artisans ou des ouvriers : « Voilà un *parent* », en voyant un *Landais* passer conduisant son char attelé de deux mules.

Mais que signifie donc exactement ce mot de *Parent*, appliqué aux *Landais* qui paraissent ignorer cette appellation ?

Pour nous, ce mot a dû être appli- qué dans l'origine aux habitants de Parentis-en-Born, important chef- lieu de canton du département des Landes, qui ont toujours eu de fré- quents rapports avec les Bordelais.

Les habitants de cette localité, distante à peine de cinquante kilomètres de Bordeaux, venaient fréquemment dans cette grande ville et une route directe a toujours existé de Parentis-en-Born à Bordeaux. Pour désigner ces *Landais* qui venaient de Parentis ou des environs de cette localité, c'est-à-dire du sud par rapport à Bordeaux, les Bordelais disaient « *lous Parentis, lous Parèns* », d'où cette appellation populaire à Bordeaux de *Parents* pour désigner les Landais.

Voilà une première explication.

Un habitant des Landes de la Gironde nous en a fourni une deuxième, qui se rapproche un peu de celle fournie par M. Ducourneau et que nous avons donnée ci-dessus.

Tous les Landais se considèrent entre eux comme *cousins* ou *parents*, puisque pour se désigner entre eux ils s'appellent *cousiots*, mot patois qui veut dire *cousin*. Les Bordelais entendant toujours les Landais s'appeler entre eux *cousiots*, c'est-à-dire *cousins*, ont pris l'habitude de les désigner par un terme synonyme, celui de *Parent*, de sorte que les *Landais,* qui sont entre eux et pour eux des *cousiots* ou des *cousins*, sont des *parents* pour les Bordelais.

Enfin, on appelle *Maransins* ou *Marensins* les habitants du pays de Maransin, ancien district de la Gascogne, dont le chef-lieu était Majesq. Le *Maransin* (voir ce mot) était la portion de pays de forme triangulaire, comprise entre Lit et Vieux-Boucau, le long de l'Océan, et Taller, dans l'intérieur des terres. La plupart des géographes donnent le nom de *Maransin* à toute la zone

littorale qui va de Parentis à Cap-Breton, sur une largeur de huit à dix lieues.

TÉBESSIEN, IENNE, de Tébessa, cⁿᵉ, arrᵗ et dépᵗ de Constantine (Algérie).

Le *Tébessien,* journal de Tébessa.

TELLIEN, IENNE, du Tell, région septentrionale de l'Algérie.

Le Saharien doit être humble devant le *Tellien,* mais il doit le détester très cordialement.

CHARLES RICHARD. *(Etude sur l'insurrection du Dhara.)*

La région *Tellienne* renferme trois départements, dont les chefs-lieux sont : Alger, au centre ; Oran, à l'ouest, et Constantine à l'est.

H. FISQUET. *(Atlas de la France et de ses colonies.)*

Suivant M. Mac-Carthy, le mot *Tell,* (au pluriel *Telloun,* les Tells), est un mot arabe qui signifie butte, monticule et par extension colline, petite montagne, et c'est cette dénomination indigène que les Romains ont traduite par *tellus,* terre arable, la terre par excellence.

TÉNÉSIEN, IENNE, de Ténès ou Tenez, ch.-l. de cercle, arrᵗ et province d'Alger (Algérie).

Ses habitants avaient une détestable réputation de voleurs et de pirates. Ahmed-ben-Youssef, le saint de Miliana, confiant dans son caractère sacré, s'étant hasardé chez les *Ténésiens,* qui ont toujours été très mal famés, ceux-ci, qui comptaient parmi leurs nombreux défauts une dose remarquable d'incrédulité, résolurent d'éprouver le vieux marabout. Ils lui servirent à souper un chat dont ils avaient dissimulé les apparences avec toute l'adresse du plus habile gargotier de la banlieue parisienne. Mais Sid Ahmed-ben-Youssef était trop bon marabout ou

trop fin gastronome pour être dupe
d'un piège aussi grossier et ne pas
reconnaître la vérité au premier
coup d'œil. Indigné de la tentative,
il lance un formidable Sob ! Cette
interjection, usitée pour chasser les
chats trop importuns, effraya tellement l'animal mis à la broche que,
tout rôti qu'il était, il partit au galop,
à la grande stupéfaction des *Ténésiens*. C'est alors qu'Ahmed-ben-
Youssef, se levant avec majesté, jeta
à la face de ses hôtes indignés cette
allocution devenue proverbiale en
Algérie :

« Tenès, ville bâtie sur du fumier ;
son eau est du sang, son air est du
poison ; par Dieu, Sid Ahmed n'y
couchera point. »

Après ce jugement, le marabout
de Miliana n'eut que le temps de
prendre la fuite sur sa mule.

Une des montées argileuses au-
dessus de Montenotte a gardé le
nom d'Ahmed-ben-Youssef, parce
que sa mule s'y étant abattue, se
releva miraculeusement et disparut
au moment où les *Ténésiens* éten-
daient la main pour saisir Ahmed.

Louis Piesse. (Itinéraire de
l'Algérie et de la Tunisie.)

TERNOIS, OISE, des Ternes,
quartier de Paris.

Nous avons dit que Lazoche était
marié : sa femme et lui formaient
bien le ménage le plus extravagant
de toute la bohême *Ternoise*.

Emile Bergerat. (Bébé et Cie.)

On trouve également :
TERNIOT, IOTE.

Ira-t-il, notre célèbre ami, se bri-
ser le crâne sur les récifs *Terniotes ?*
ou se perdre, corps et biens, dans le
lac Caspien de la place des Ternes ?

E. Goudeau. (Voyage d'A'Kempis.)

TERRASSONNAIS, AISE, de
Terrasson, ch.-l. de c^{on}, arr^t de Sarlat (Dordogne).

La population *Terrassonnaise* té-
moignera longtemps sa reconnaissance à l'excellente société de gymnastique de Brive.

L'Avenir de la Dordogne
(2 mai 1885).

TERRENEUVIEN, IENNE, de
Terre-Neuve, île anglaise de l'Amérique septentrionale, où la France a
un comptoir et une concession de
pêche de la morue.

Sur les côtes normandes, on désigne
sous le nom de *Terreneuviers* les marins
qui vont à Terre-Neuve se livrer à la
pêche de la morue.

TERVANIEN, IENNE, du Ternois *(Tarvanensis Pagus)*, ancien
pays de l'Artois.

Marianus Scottus, qui vivait vers
le milieu du XI° siècle, dit que
Chlodion vainquit les Romains vers
l'an 483 et s'empara des *Tervaniens*
et des Morins.

G. Sauvage. (Histoire
de Saint-Pol.)

TESTERIN, INE, de La Teste ',
ch.-l. de c^{on}, arr^t de Bordeaux (Gironde).

En parcourant l'un et l'autre côté
du bassin d'Arcachon, on gémira
sur l'incurie ou l'insouciance du *Testerin*.

De Thore. (Promenade sur
le golfe de Gascogne.)

Arcachon n'était autrefois qu'une
dépendance de La Teste et ne se
composait que d'une chapelle où
les marins venaient accomplir leurs
vœux, d'un poste de douaniers, de
l'établissement Legallais, modeste
construction en planches, où *Teste-*

rins et *Testerines* venaient pendant l'été prendre leurs ébats balnéaires.

J. MAZERAC. *(Histoire des bords de la Garonne.)*

Une femme d'esprit me disait à Arès : « Vos *Testerins* sont les petits Spartiates de la France. »

Bon M. DE BOISSE. *(Voyage dans les Landes de la Gascogne.)*

* Ancienne Boïos, Caput Boïorum et, plus tard, Testa Boïorum et Testa de Buch, cette ville est la capitale de l'ancien pays des *Boïes* ou *Bougès,* le pays de Buch. (Voir BOUYÈS et TCHANQUAT.)

THÉIPHALIEN, IENNE, de Tiffauges *(Pagus Teifalgicus),* c^{ne}, c^{on} de Mortagne-sur-Sèvre, arr^t de La Roche-sur-Yon (Vendée).

Théiphal ou Tiffauges fut brûlé par les Normands en 843, incendié de nouveau dans le Xe siècle et pillé par les Anglais pendant la guerre de Philippe-Auguste contre Jean-Sans-Terre. Cette petite cité fut fondée par les *Théiphaliens* auxiliaires des armées romaines (418).

E. DE LA BÉDOLLIÈRE. *(Histoire de Tiffauges.)*

THÉLANDAIS, AISE, de Thélin, hameau, c^{ne} et c^{on} de Plélan-le-Grand, arr^t de Monfort-sur-Meu (Ille-et-Vilaine).

Les *Thélandais* se gouvernaient eux-mêmes, et chaque année, réunis autour d'une fontaine, ils élisaient par acclamation les serviteurs publics ; leurs propriétés étaient communes.

E. RECLUS. *(Géographie universelle. — France.)*

THENAISIEN, IENNE, de Thenay, c^{ne}, c^{on} de Montrichard, arr^t de Blois (Loir-et-Cher).

Epoque *Thenaisienne.*

G. et A. DE MORTILLET. *(Musée préhistorique.)*

THENONAIS, AISE, de Thenon, ch.-l. de c^{on}, arr^t de Périgueux (Dordogne).

THÉODORICIEN, IENNE, de Château-Thierry, ch.-l. d'arr^t (Aisne).

Le nom de cette ville fait allusion à un château fondé par Thierry, un des rois de la première race et dont les ruines imposantes surmontent encore un rocher escarpé qui domine toute la ville de Château-Thierry.

Bien que le nom de *Théodoricien* soit fort peu usité aujourd'hui, on le rencontre néanmoins assez fréquemment dans les vieux manuscrits pour désigner les habitants de cette localité.

THÉROUANNAIS, AISE, de Thérouanne, c^{ne}, c^{on} d'Aire-sur-la-Lys, arr^t de Saint-Omer (Pas-de-Calais).

THIÉRACHIEN *, IENNE, ou TIRACHIEN, IENNE, de la Thiérache ou Tirache *(Theoracia),* ancien pays de la Picardie.

Les *Thiérachiens* vivent à la manière des Bohémiens, mais leur origine est toute différente ; leur nom suffit pour apprendre qu'ils proviennent de la Thiérache, ancien pays de France, qui faisait partie de la Picardie.

FR. MICHEL. *(Histoire des races maudites.)*

Tirachiens,
Tiraloups,
Tire la queue du loup.

(Vieux dicton.)

* On appelle *Thiérachiens* une population nomade que l'on rencontre dans la Brie, où elle vit à la manière des Bohémiens. Le jour, ils travaillent à gages ; la nuit venue, ils se couchent à l'abri de leurs charrettes et lâchent leurs chevaux dans les prairies, sous la garde de l'un d'eux. A la moindre alerte, un coup de sifflet se fait entendre, tous les chevaux se rassemblent et les *Thiérachiens* décampent en un clin d'œil.

THIERNOIS *, OISE, de Thiers *(Pagus Thiernensis),* ch.-l. d'arr^t (Puy-de-Dôme).

La vie de famille, le commerce exercé avec probité, nulle ardeur à changer de position et à s'élever au-dessus de son état ; tel était le caractère des *Thiernois.* Peut-être leur avait-il valu le sobriquet dédaigneux dont ils avaient été affublés en Auvergne ; on disait les *Butors de Thiers.*

> B^{on} de B***, membre de l'Institut.
> *(Histoire de Thiers.)*

Simples notes pour servir à l'histoire de la ville de Thiers aux trois derniers siècles. La coutellerie *Thiernoise* de 1500 à 1800, par G. Saint-Joanny.

Chorale *Thiernoise,* société musicale.

* Thiers s'appelait autrefois *Castrum Thiernum, Pagus Thiernensis* : c'est ce qui explique que les habitants sont appelés *Thiernois* et non *Thierrois.*

THILLOTIN, INE, de Thillot, ch.-l. de c^{on}, arr^t de Remiremont (Vosges).

THIMERAIS, AISE, de Thimert *(Pagus Theodemerensis)*, c^{ne}, c^{on} de Châteauneuf-en-Thymerais, arr^t de Dreux (Eure-et-Loir).

THIRONNAIS, AISE, de Thiron-Gardais, ch.-l. de c^{on}, arr^t de Nogent-le-Rotrou (Eure-et-Loir).

THIVILLOIS, OISE, de Thiville, c^{ne}, c^{on} et arr^t de Châteaudun (Eure-et-Loir).

THOMÉRIEN, IENNE, du pays de Thomières, dans le Languedoc (Hérault).

Nous possédons un acte scellé du sceau de la commune *Thomérienne,* dans lequel les habitants dudit lieu en appellent au futur concile de la violation de leurs droits par le pape.

> A. CHEVALLIER. *(Villes de France.)*

THÔNOIS, OISE, de Thônes, ch.-l. de c^{on}, arr^t d'Annecy (Haute-Savoie).

La race de Thônes ou race *Thônoise* a une charpente un peu forte ; elle est allongée et élevée sur ses jambes et ses extrémités sont marquées de noir.

> *(Les Primes d'honneur en 1865.)*

Il résulte d'une communication qui nous a été faite par M. Ducis, archiviste de la Haute-Savoie, qu'on dit aussi *Thonens* pour désigner les habitants de Thônes.

THONONAIS, AISE, de Thonon, ch.-l. d'arr^t (Haute-Savoie).

On appelle *Thononais* les habitants de Thonon.

> C^{on} de M. DUCIS, archiviste
> de la Haute-Savoie.

Ton sur, *on* eau, ville qui est sur les eaux ; Thonon est située derrière le lac Léman.

THOUARSAIS, AISE, de Thouars *(Pagus Thoarcensis),* ch.-l. de c^{on}, arr^t de Bressuire (Deux-Sèvres).

Le *Thouarsais,* journal républicain hebdomadaire publié à Thouars.

THUIRINOIS, OISE, de Thuir, ch.-l. de c^{on}, arr^t de Perpignan (Pyrénées-Orientales).

Les habitants de la ville de Thuir sont désignés sous le nom de *Thuirinois, oises.*

> C^{on} du Maire de Thuir.

TIGNARD, ARDE, des Tignes *, ancien district de la Savoie, dans l'arrondissement de Moutiers (Savoie).

L'habitant des Tignes s'appelle *Tignard.*

> C^{on} de M. DUCIS, archiviste
> de la Haute-Savoie.

* On appelle *tines* ou *tignes,* du latin *tignæ,* des passages étroits et profonds.

TIGNARD, ARDE, de Tignes, c^{ne}, c^{on} de Bourg-Saint-Maurice, arr^t de Moutiers (Savoie).

TINOIS, OISE, de Tain, ch.-l. de c^{on}, arr^t de Valence (Drôme).

TLEMCÉNIEN, IENNE, de Tlemcen, ch.-l. d'arr^t, province d'Oran (Algérie).

Le massif *Tlemcénien* se trouve compris entre la Mekerra supérieure et le Maroc.

H. Fisquet. (Atlas de la France et de ses colonies.)

Par sa position accidentée, montagneuse, la région *Tlemcénienne* réunit tous les climats, notamment celui du midi de la France.

J. Canal. (L'arrondissement de Tlemcen et la frontière Marocaine.)

TOGEARD, EARDE, de Toges, c^{ne}, c^{on} et arr^t de Vouziers (Ardennes).

Le *Togeard* est bûcheron de naissance ; à peine sait-il marcher qu'il apprend à façonner une foule d'objets, arceaux, fourches, échelles, etc., avec le bois d'autrui. Gardes, procès, rien n'y fait ; le *Togeard* a toujours volé du bois et en volera toujours.

O. Guelliot. (Sobriquets de l'arrondissement de Vouziers. — Revue de Champagne et de Brie, mai 1884.)

TONKINOIS, OISE, du Tonkin, colonie française (Asie).

Tout au début de la guerre du Tonkin, on a tenté d'organiser, sur le modèle des tirailleurs Saïgonnais, un corps de soldats *Tonkinois* auquel on a donné un costume différent. Les *Tonkinois* portent une blouse de toile blanche à parements de drap rouge, un pantalon bleu qui leur vient seulement à mi-jambes, un chapeau de forme conique peint de cercles concentriques, alternativement bleus, blancs, rouges. On leur a cousu sur la blouse, du côté gauche de la poitrine, un petit morceau de coton blanc, sur lequel on a inscrit en noir leur numéro matricule. Comme les Cochinchinois, ils sont armés du sabre droit d'infanterie et du fusil. Ils vont pieds et jambes nus.

Le chapeau des *Tonkinoises* est monumental ; il a la forme d'un couvercle de boîte ronde et mesure bien soixante ou soixante-dix centimètres de diamètre.

Dr Hocquard. (Trente mois au Tonkin. — Le Tour du Monde, 1889, 1er semestre.)

On écrit aussi :
TONGKINOIS, OISE.

Cette industrie *Tongkinoise* sera d'ici peu d'années fort estimée en Europe, et l'on ne voit guère comment la fabrication de pacotille, avec ses emporte-pièces, pourrait, comme au Japon, se substituer un jour au travail méticuleux de la lime.

Le Tour du monde, 1878 (1er semestre).

On écrit assez fréquemment :
TONQUINOIS, OISE.

TONNEINQUAIS, UAISE, de Tonneins, ch.-l. de c^{on}, arr^t de Marmande (Lot-et-Garonne).

Le Sport vélocipédique *Tonneinquais*.

M. P. Touret dirigea non sans quelque succès le journal ayant pour titre la Chronique *Tonneinquaise*.

La Petite Gironde (19 janvier 1889).

TONNERROIS, OISE, de Tonnerre *(Pagus Tornodorensis),* ch.-l. d'arr^t (Yonne).

521

Le collège est cher à juste titre aux *Tonnerrois*, qui se sont toujours occupés avec la plus vive sollicitude de l'instruction de la jeunesse.

A. Dorlhac de Borne. *(Géographie de l'Yonne.)*

Il existe encore quelques monuments dans la vieille cité *Tonnerroise* qui sont dignes d'attention.

A. Dorlhac de Borne. *(Ibidem.)*

TOPAS, AZINE, nom d'une caste indoue. (Voir INDOU.)

Les sœurs de Saint-Joseph de Cluny dirigent une maison de jeunes filles divisée en quatre classes (à Pondichéry), dont une pour les Européennes, une pour les *Topazines*, une pour les Malabaresses et une pour les pariates.

H. Fisquet. *(Atlas de la France et de ses colonies.)*

TOUATIEN, IENNE (en arabe *Touati*, pluriel *Touatia)*, habitant du Touat, oasis du Sahara, au sud de l'Algérie.

Un Soufi arrivé la veille de Rhadamès lui avait dit avoir aperçu sur la route que nous devions suivre des Chaamba, des *Touatiens* et autres mauvais garnements dont le métier est de rhazer (razzier) les caravanes. Je le priai d'envoyer chercher cet homme. Celui-ci m'assura avoir vu, non pas sur la route, mais à Rhadamès même, une quinzaine d'hommes, des Chaamba insoumis et des *Touatiens* dont le métier avoué est de chasser la gazelle et l'antilope, mais qui ne sont en réalité que des brigands toujours prêts à détrousser les caravanes.

V. Largeau. *(Le pays de Rhira.)*

TOUCYQUOIS, UOISE, de

522

Toucy, ch.-l. de c^{on}, arr^t d'Auxerre (Yonne).

TOUGGOURTIN, INE, de Touggourt, capitale de l'Oued-Rhir, pays du Sahara de Constantine (Algérie).

La principale nourriture des *Touggourtins*, comme de tous ceux de l'Oued-Rhir, est la datte ; ils mangent aussi de la rouissa, sorte de bouillie, et rarement de la viande, celle-ci, de même que le couscoussou, étant un mets de luxe trop dispendieux pour les gens du commun, qui ne s'en régalent qu'aux jours de fête.

V. Largeau. *(Le Sahara algérien.)*

TOUILLONNAIS, AISE, de Touillon, c^{ne}, c^{on} de Baigneux-les-Juifs, arr^t de Châtillon (Côte-d'Or).

... Le sanglier est rôti, la table est servie et le pauvre *Touillonnais* se trouve en face de son gibier cuit à point.

Clément Janin. *(Sobriquets des villes et villages de la Côte-d'Or. — Châtillon.)*

TOUIN, INE, sobriquet des habitants d'une partie de la forêt de Cerisy (Manche).

Les habitants du Calvados qui demeurent dans les environs, en deçà de la forêt de Cerisy, appellent *Touins* ceux du département de la Manche qui sont originaires des abords de la même forêt, au-delà, c'est-à-dire de Cerisy, Courains, Saint-Georges-d'Elle, etc., dépendances du diocèse de Bayeux avant les nouvelles divisions ecclésiastiques. Pour un habitant de Littry ou du Molay, l'épithète de *Touin* entraîne avec elle l'idée complexe d'entêté, d'ahuri, de brutal et d'*acho-*

cre, pour nous servir de notre mot patois, si plein d'expression et d'énergie.

Canel. (Blason populaire de la Normandie.)

TOULOIS, OISE, de Toul * *(Pagus Tullensis),* ch.-l. d'arr^t (Meurthe-et-Moselle).

Le *Toulois* est essentiellement ami de l'ordre, industrieux et économe.

C.-L. Bataille. (Histoire de Toul.)

L'Echo *Toulois,* journal républicain publié à Toul.

Mon intention, en terminant ce volume, est de mettre sous les yeux du lecteur les mœurs, les usages et les habitudes vicieuses du moment ; de lui faire voir les travers qui dominent encore aujourd'hui la société *Touloise.*

C.-L. Bataille. (Ibidem.)

Les habitants de Toul sont encore désignés sous le nom de :

LEUQUOIS, UOISE. (Voir ce mot.)

M. C.-L. Bataille a fait un ouvrage intitulé le Foyer *Leuquois,* faits, épisodes et scènes historiques pris dans Toul et ses environs.

* La ville de Toul est bâtie à la place de l'ancienne Tullum, l'antique capitale des Leuks, qui devint au moyen âge *Leucha civitas.* Dans ses commentaires, César parle des Leuks comme d'une peuplade voisine de la Germanie, et le géographe Ptolémée cite les deux villes de Tullum et de Nassium, dans le pays des Leuks. De là le nom de *Leuquois* donné aux habitants de Toul ; celui plus moderne de *Toulois* vient de Tullum, le nom latin de cette cité.

TOULONNAIS, AISE, de Toulon * *(Pagus Telonensis),* ch.-l. d'arr^t (Var).

Paul, comte de Barras, n'est pas

Toulonnais ; cependant, il prend place ici pour la raison que, venu au nom de la Convention presser le siège de Toulon, il distingua Napoléon Bonaparte, alors simple capitaine d'artillerie, s'en fit aider plus tard et le patronna jusqu'au jour où le protégé crut bon d'agir seul.

Ch. Aubert. (Le Littoral de la France.)

Ces violences aliénèrent la majorité des *Toulonnais* ; excitée par les royalistes et par les Anglais, elle se laissa entraîner dans la réaction girondine et fit emprisonner deux commissaires de la Convention.

Malte-Brun. (La France illustrée.)

* Toulon vient, suivant Peiresc, du celtique *tolo* (guitare), à cause de la forme de son port, et, selon d'autres, du grec *telo* (tribut) ou du latin *telonium* (banque). Les Romains la nommaient *Telo Martius.*

TOULOUSAIN, AINE, de Toulouse * *(Pagus Tolosanus),* ch.-l. du dép^t de la Haute-Garonne.

Le capitoulat était jadis la magistrature la plus recherchée par les *Toulousains.*

J. Lavallée. (Voyage dans les départements de la France.)

Les noms des célébrités locales ajouteraient peu d'éclat à la gloire *Toulousaine* et on nous pardonnera de les passer sous silence.

Viennet. (Histoire de Toulouse.)

* L'étymologie de Toulouse, *Tolosa,* est très probablement ibérique, car il y avait en Espagne, dès l'antiquité, des villes du nom de Tolosa ; il y en a encore. Quelques auteurs, le chevalier du Mège entre autres, y trouvent cependant une étymologie celtique : *Dol, tol,* table, lieu uni ; *aos,* lit ou canal de rivière. *Tolosa* signifierait donc plateau au bord d'une rivière. Or, c'est exactement la situation du petit village qui porte encore aujourd'hui le nom de Vieille-Toulouse, à peu de distance au sud de la ville actuelle.

On appelle quelquefois Toulouse la cité Palladienne. Cela vient de ce que, sous les Romains, on la surnommait *Palladia,* la ville de Pallas, hommage rendu à son industrie, à sa prospérité et au génie littéraire de ses habitants, qui, du reste, au point de vue artistique, n'ont pas dégénéré.

Tolosa était la capitale des *Volcæ Tectosages,* dont une fraction s'appela *Tolosates,* de Tolosa.

TOURANGEAU, ELLE, de la Touraine *(Pagus Turonensis),* ancienne province de la France.

Il est bien difficile de tracer le portrait des *Tourangeaux,* l'esprit, le caractère, les mœurs, les usages et la langue de ce peuple n'ayant rien de très particulier. C'est, en général, une race blonde, blanche, fraîche et colorée comme les fruits du pays.

A. Guilbert. *(Villes de France.)*

TOURANGEAU, ELLE, de Tours *, ch.-l. du dépt de l'Indre-et-Loire.

Le *Tourangeau* s'applique à paraître riche plutôt qu'à le devenir.

Touchard-Lafosse. *(La Loire historique.)*

Renvoyant à une autre section l'esquisse plus complète des mœurs *Tourangelles,* nous nous bornerons à ajouter que le caractère des habitants de Tours est doux et hospitalier, comme le suave climat de leur pays.

Touchard-Lafosse. *(Ibidem.)*

Tourangeau, veux-tu de la soupe ? — Oui. — Apporte ton écuelle. — Je n'ai plus faim.

De Balzac. *(L'illustre Gaudissart.)*

J'ai relaté plus haut l'odieux langage tenu par une certaine fraction de la presse *Tourangelle.*

Jules Ranson. *(Le Figaro, 3 février 1886.)*

* Tours est l'ancienne *Cæsarodunum,* la capitale de la peuplade celtique des *Turoni,* à qui elle doit son nom moderne.

TOURIERS *, appellation sous laquelle on désigne en Bretagne les pêcheurs du Légué, petit port voisin de Saint-Brieuc (Côtes-du-Nord).

Depuis Plouha, c'est la Bretagne avouée, parlant toute *brezoneuc.* Jusque-là, les gens se défendent fort d'en être. Et quand les *Touriers* du Légué parlent d'un bateau de Paimpol, ils l'appellent un bateau du *pays breton.*

Jean Ajalbert. *(Supplément littéraire du Figaro* (2 mars 1889).

* Les pêcheurs du Légué sont ainsi nommés parce qu'ils amarrent leurs bateaux au bas de la vieille tour de Cesson qui domine l'entrée de ce port.

TOURNONAIS, AISE, de Tournon, ch.-l. d'arrt (Ardèche).

Les habitants de Tournon s'appellent *Tournonais.*

Con du Maire de Tournon.

TOURNUSIEN, IENNE, de Tournus, ch.-l. de con, arrt de Mâcon (Saône-et-Loire).

La société des Chevaliers *Tournusiens* est la société de tir de Tournus, qui a également son Cercle *Tournusien* de la Ligue de l'Enseignement.

TOUROUVRAIN, AINE, de Tourouvre, ch.-l. de con, arrt de Mortagne (Orne).

Quatre-vingts familles de *Tourouvrains* expatriés il y a plus de deux siècles, ont maintenant 300,000 descendants directs dans la Nouvelle-Ecosse, au Canada et aux Etats-Unis.

E. Reclus. *(Géographie universelle. — France.)*

TOURQUENNOIS, OISE, de Tourcoing, ch.-l. de c^on, arr^t de Lille (Nord).

Il est matériellement impossible d'écrire certains mots comme les prononce le vrai *Tourquennois*.

JULES WATTEUW. *(Chansons, fables et pasquilles Tourquennoises.)*

Les banquets de Sainte-Barbe vont se succéder à Tourcoing pendant quinze jours et sans interruption. Le premier, celui des carabiniers *Tourquennois,* a eu lieu le 4 décembre.

Le Stand (5 décembre 1886).

TOURTOIRACOIS, OISE, de Tourtoirac, c^ne, c^on d'Hautefort, arr^t de Périgueux (Dordogne).

Permettez, monsieur le rédacteur, à un électeur *Tourtoiracois* de vous poser une question !

L'Avenir de la Dordogne (4 février 1887).

TOZEURIEN, IENNE, de Tozeur, oasis du Djerid Tunisien (Afrique).

Voici des *Tozeuriens* qui vont au Hamma, marchant lestement derrière leurs bourricots chargés.

Le Tour du Monde (1er semestre 1885).

TRÉFENTÉSIEN, IENNE, de Tréfentec, petit port dépendant de la commune de Plonevèz-Porzay, c^ne, c^on et arr^t de Châteaulin (Finistère).

Les *Tréfentésiens*, comme tous leurs concitoyens, ont accompli pas mal de progrès, et Plonevèz-Porzay, d'où ils dépendent, devient de plus en plus prospère.

Ch. AUBERT. *(Le Littoral de la France.)*

TRÉGOROIS, OISE, de Tréguier, ch.-l. de c^on, arr^t de Lannion (Côtes-du-Nord).

Aux yeux des *Trégorois*, rien n'égale la puissance de saint Mathurin.

CARPENTIER. *(Galerie armoricaine.)*

Le pardon avait attiré à Lannion une affluence considérable de roses *Trégoroises*.

E. SOUVESTRE. *(Les derniers Bretons.)*

On dit aussi :

TRÉCORIEN, IENNE.

Le celtique présente deux dialectes dans le département des Côtes-du-Nord : le Cornouaillais et le *Trécorien*.

(Les Primes d'honneur en 1865.)

On trouve également :

TRÉCOROIS, OISE.

Le professeur à la Sorbonne n'était pas alors en faveur auprès des *Trécorois*.

Le Figaro (13 novembre 1886).

On rencontre aussi :

TRÉCORRAIS, AISE, ou TRÉGORAIS, AISE.

Le *Trécorrais*, journal politique du canton de Tréguier.

Pendant longtemps, le saint *Trégorais*, tout occupé des splendeurs du Paradis, resta bouche close.

P. SEBILLOT. *(Contes des provinces de la France.)*

On rencontre même :

TRÉGOREN.

Les habitants de Saint-Brieuc sont appelés Briochins, ceux de Guingamp Guingampois, ceux de Tréguier *Trégorens*.

(Les Primes d'honneur en 1865.)

Mais la véritable appellation est :
TRÉGOROIS, OISE.

Voleur comme un *Léonard*,
Traître comme un *Trégorois*,
Sot comme un *Vannetais*,
Brutal comme un *Cornouaillais*.

(Vieux proverbe.)

* Tréguier est la capitale de l'ancien pays de Trécor ou Trécorois, ce qui justifierait l'appellation ethnique de *Trécorais* ou *Trécorois* ; on dit cependant plus communément *Trégorois*. « Le culte de saint Yves n'est pas prêt de s'éteindre au cœur des *Trégorois* », dit Ch. Aubert dans son remarquable ouvrage du *Littoral de la France*, couronné par l'Académie française, ouvrage édité à Paris, mais travaillé sur les lieux mêmes, qui ont été scrupuleusement visités par l'auteur.

Tréguier est la patrie de saint Yves-de-Vérité, le patron des avocats et le plus populaire des saints de la Bretagne.

Sanctus Yvo erat Brito
Advocatus, sed non latro,
Res miranda populo,

dit le chant populaire, peu flatteur pour les autres... avocats.

TREIGNACOIS, OISE, de Treignac, ch.-l. de c^{on}, arr^t de Tulle (Corrèze).

La société de tir la *Treignacoise* s'est réunie hier en assemblée générale.

Le Petit Centre (16 mars 1887).

TRÉLONAIS, AISE, de Trélon, ch.-l. de c^{on}, arr^t d'Avesnes (Nord).

Les Carabiniers *Trélonais*, société de tir et de gymnastique.

La Fanfare *Trélonaise*.

TREMBLADAIS, AISE, de La Tremblade, ch.-l. de c^{on}, arr^t de Marennes (Charente-Inférieure).

Au bal, les jolies *Trembladaises* promettent d'être de plus en plus ravissantes.

La France (26 mai 1887).

TRÉMORELAIS, AISE, de Trémorel, c^{ne}, c^{on} de Merdrignac, arr^t de Loudéac (Côtes-du-Nord).

TRÉPORTAIS, AISE, du Tréport, c^{ne}, c^{on} d'Eu, arr^t de Dieppe (Seine-Inférieure).

TRÉVOLTIEN, IENNE, de Trévoux*, ch.-l. d'arr^t (Ain).

Jusqu'à la Révolution, les ruines du château furent conservées avec un religieux souvenir. Le *Trévoltien* en était fier et les montrait avec orgueil.

C. GUIGUE. *(Notice historique sur le château de Trévoux.)*

* Trévoux *(tres viœ,* les trois chemins), *trivium,* plus tard *Trivultium.* Le nom de cette ville lui vient de ce qu'elle fut bâtie à l'endroit où Agrippa, gendre d'Auguste, fit faire dans les Gaules trois routes *(tres viœ),* pour le passage des troupes romaines. Ce chemin se divisait en trois *(trivium)* à cet endroit, dans des directions différentes. C'est à ce carrefour que fut construite la ville de Trévoux.

TRICASTIN, INE, du Tricastinois, ancien district du Dauphiné (Drôme).

Ce fut sur le territoire des *Tricastins* qu'Annibal, après avoir traversé le Rhône, passa pour arriver aux Alpes, lors de sa fameuse expédition d'Italie.

E. FAURE. *(Villes de France.)*

TRICASTIN *, INE, ou TRICASTINOIS, OISE, de Saint-Paul-Trois-Châteaux *(Pagus Tricastinus),* ch.-l. de c^{on}, arr^t de Montélimar (Drôme).

Saint-Paul-Trois-Châteaux fut jadis la capitale des *Tricastins*.

A. CHEVALLIER. *(Die, Saint-Paul.)*

* Ce nom vient de Tricastinois *(Pagus Tricastinus, Tricastinum),* des deux mots

latins *tria, castra,* les trois châteaux, c'est à-dire le pays autour des trois châteaux. Cette contrée doit son nom à trois forts ou châteaux-forts, qui couronnent la principale avenue de la ville capitale de Saint-Paul.

TRÉMOUILLAIS, AISE, de La Trémouille, ch.-l. de c^on, arr^t de Montmorillon (Vienne).

TRINQUETAILLENC, ENQUE, du quartier de Trinquetaille, à Arles (Bouches-du-Rhône). (Voir AR-LÉSIEN.)

TROPÉZIEN, IENNE, de Saint-Tropez, ch.-l. de c^on, arr^t de Draguignan (Var).

Les *Tropéziens* ont toujours fourni d'excellents marins et leur orgueil, très justifié d'ailleurs, est de se regarder comme les compatriotes de l'illustre Bailli de Suffren.

CH. AUBERT. *(Le Littoral de la France.)*

Le nom de cette ville lui fut donné en l'honneur d'un saint martyr, Torpès ou Tropez, natif de Pise

TROUVILLAIS, AISE, de Trouville-sur-Mer, ch.-l. de c^on, arr^t de Pont-l'Evêque (Calvados).

Ce qui m'étonne, c'est que l'on n'ait pas entendu du boulevard les grincements de dents et les lamentations des habitants de ces côtes inhospitalières ; ils voulaient du Parisien, ces braves ; on ne leur en donnait pas assez vite à déchiqueter, et ils réclamaient ; il fallait voir de quelle manière ! Aujourd'hui, ils en ont, mais depuis ce soir seulement, car, il y a deux jours à peine, c'était ici le vide partout ; on se serait cru en plein Sahara, avec les sœurs Martens comme bêtes fauves.

Tous les trains d'hier ont été triplés, quintuplés, que sais-je ? Bref, le *Trouvillais* est content ; il tient sa proie.

Gil Blas (15 août 1888).

Société de pêcherie *Trouvillaise* à vapeur, à Deauville.

On dit aussi :

TROUVILLOIS, OISE.

Les Boulonnais, les *Trouvillois,* les Dieppois augmentent en nombre toutes les années.

J. LAYRLE. *(Revue contemporaine* (septembre 1852).

TROYEN, ENNE, de Troyes *(Pagus Tricassinus),* ch.-l. du dép^t de l'Aube.

Les habitants de Bar sont fiers de leur puissance et de leurs exploits d'autrefois, que Froissard a célébrés dans les deux vers suivants :

La grande ville de Bar-sur-Saigne
A fait trembler Troie en Champaigne.

Les *Troyens* ne le sont pas moins de les avoir non pas fait trembler, mais vaincus deux fois.

LOISEAU. *(Géographie historique de l'Aube.)*

En 1561, la milice *Troyenne* massacra cent soixante huguenots, tant hommes que femmes.

A. GUILBERT. *(Villes de France.)*

Troyes est l'ancienne *Civitas Tricassium* ou *Tricassinorum,* peuple gaulois. Les Romains y construisirent trois tours *(tres arces),* dont on prétendait naguère retrouver des vestiges ; de là, suivant quelques-uns, son nom de *Trecæ* ou *Treces.*

TUAMOTU, de Tuamotu ou Iles-Basses, groupe d'îles de l'archipel de Taïti ou de la Société (Polynésie). (Protectorat de la France.)

Les *Tuamotu* passent pour être les plus intrépides danseurs des Etats du Protectorat. Les députés de l'archipel ont, dans l'assemblée réunie à Papéiti, il y a vingt-quatre ou vingt-cinq ans, protesté énergiquement contre l'appellation de *Paumotu* (Iles Soumises) donnée autrefois par les Tahitiens vainqueurs ou conquérants de ces îles. L'assemblée indigène, formée des députés de toutes les iles du Protectorat, a formulé le vœu que l'archipel de l'Est ne fût plus désigné que sous le nom de *Tuamotu*. Les autorités françaises, déférant à ce vœu national, n'ont plus, depuis l'année 1852, donné à l'archipel d'autre nom officiel que celui de *Tuamotu*.

Le Tour du monde, 1875
(1er semestre).

C'est donc à tort que M. Louis Figuier a employé l'appellation de *Pomotouens* pour désigner les *Tuamotu*, comme il l'a fait dans l'exemple ci-dessous.

Les *Pomotouens*, qui habitent les îles basses et plates connues des géographes et des navigateurs sous le nom « d'Archipel dangereux de la mer Mauvaise », sont constitués au point de vue physique comme les Taïtiens, auxquels ils ressemblent beaucoup ; mais ils n'en ont point le caractère bienveillant ni les manières affectueuses.

Louis Figuier. *(Les Races humaines.)*

TUCHANAIS, AISE, de Tuchan, ch.-l. de c^{on}, arr^t de Carcassonne (Aude).

TULLISTE, ISTE, de Tulle, ch.-l. du dép^t de la Corrèze.

Au siècle dernier, les *Tullistes* se moquaient volontiers de *Brive-la-*

Gaillarde ; Brive y répondait un peu lourdement par *Tulle-la-Paillarde*, et quelque *Tulliste*, frais rémoulu de la prosodie latine, faisant allusion à la coupole qui surmontait alors l'église de Saint-Martin, ripostait par ce distique :

Protegit insanos immensa cucurbita cives,
Non est in toto corpore mica salis !

Sur ce chapitre, Brive n'était pas de force, paraît-il... en 1699 du moins, et de l'avis de l'intendant Bouchu, qui prétend « que les habitants de Brive sont plus doux, mais moins spirituels que ceux de Tulle. »

F. DE MALLIARD. *(Bulletin de la Société historique et archéologique de la Corrèze,* à Brive, 1880, t. II, 4° livraison.)

On trouve également :

TULLOIS, OISE.

On nous prie d'annoncer que la société chorale la *Tulloise* se réunira en assemblée générale dimanche prochain, 6 février.

Le Progrès républicain de la Corrèze
(5 février 1887).

TUNISIEN, IENNE, de la Tunisie, état de l'Afrique septentrionale, placé sous le protectorat de la France.

Les *Tunisiens* sont considérés comme les plus affinés et les plus doux des habitants de l'ancienne Berbérie......

La maison et la tente se partagent d'une façon à peu près égale la population *Tunisienne*, les villes étant beaucoup plus nombreuses relativement et plus importantes en Tunisie qu'elles ne l'étaient en Algérie, lors de notre débarquement.

Paul Leroy-Beaulieu. *(L'Algérie et la Tunisie.)*

TUNISIEN, IENNE, de Tunis, ch.-l. de la Tunisie.

La salle est blanche avec un pavé émaillé ; le professeur a sa chaire comme en France, et les petits *Tunisiens* en chechia rouge et en bas blancs sont assis à des tables noires.

J. DE SAINT-HAON. *(Revue des Deux-Mondes,* 1er octobre 1882.)

Entre les murs émaillés de leurs chambres, les *Tunisiennes* laissent couler leurs journées vides, et comme elles n'ont aucune idée de la vraie vie, elles ne s'ennuient jamais.

J. DE SAINT-HAON. *(Ibidem.)*

TURBALLAIS, AISE, de La Turballe, c^no, c^on de Guérande, arr^t de Saint-Nazaire (Loire-Inférieure).

La pêche et les industries qui s'y rattachent sont seules en honneur parmi la population *Turballaise.*

CH. AUBERT. *(Le Littoral de la France.)*

TURQUIN, de Déols c^ne, c^on et arr^t de Châteauroux (Indre). (Voir DÉOLOIS.)

TURRIPINOIS, OISE, de La Tour-du-Pin, ch.-l. d'arr^t (Isère).

Les habitants de La Tour-du-Pin s'appellent des *Turripinois.*

C^on du Maire de La Tour-du-Pin.

GINEREN, ÈNE, d'U-gines, ch.-l. de c^on, arr^t d'Albertville (Savoie).

On appelle *Uginerens* les habitants d'Ugines.

C^on de M. Ducis, archiviste de la Haute-Savoie.

USSELLOIS, OISE, d'Ussel, ch.-l. d'arr^t (Corrèze).

Le bailli du vicomte avait con-damné les *Ussellois* à marcher sous la bannière de son maître.

P. Huot. *(Bulletin de la Société des lettres, sciences et arts de la Corrèze* (avril 1886).

Les *Ussellois* aiment fort peu, pa-raît-il, la musique... ambulante.

L'Avenir de la Dordogne (16 octobre 1886).

USSONAIS, AISE, d'Usson *(Pagus Ucionensis)*, c^no, c^on de Sauxillanges, arr^t d'Issoire (Puy-de-de-Dôme).

USSONAIS, AISE, d'Usson-en-Poitou, c^no, c^on de Gençais, arr^t de Civray (Vienne).

UTELLIEN, IENNE, d'Utelle, ch.-l. de c^on, arr^t de Nice (Alpes-Maritimes).

La tradition porte que les *Utel-liens*, accoutumés à l'indépendance et forts de leur réputation militaire, refusèrent d'abord d'accéder à cette convention et qu'ils tentèrent une confédération à laquelle il n'y eut que deux communes qui accédèrent, savoir : Levens et Luceram, leurs anciens alliés ; qu'ils résistèrent pendant trente ans et qu'ils obtinrent une capitulation honorable, dans laquelle il leur fut accordé d'avoir le sel à moitié prix de ce qu'il se vendait à Nice et le port d'armes, même du couteau *d'un palme et demi de lame*, ce qui les fit sur-nommer *les couteliers*.

Fodéré. *(Voyage aux Alpes-Maritimes.)*

UVÉEN, ÉENNE, d'Uvéa, une des îles de l'archipel Wallis. (Pro-tectorat de la France. (Voir Walli-sien.)

Une chevelure noire, épaisse, sur-abondante orne la tête des *Uvéens* jeunes ou vieux ; cette énorme crinière me fait penser aux majestueuses perruques du siècle de Louis XIV.

Le Tour du Monde, 1885
(1er semestre).

UZELLOIS, OISE, d'Uzel, ch.-l. de c^{on}, arr^l de Loudéac (Côtes-du-Nord).

UZERCHOIS, OISE, d'Uzerche *(Pagus Usercensis),* ch.-l. de c^{on}, arr^l de Tulle (Corrèze).

L'Userchoise, société de gymnastique.

UZÉTIEN, IENNE, d'Uzès *(Pagus Uceticus),* ch.-l. d'arr^l (Gard).

La Lyre *Uzétienne,* fanfare.

Nous avons adopté pour les deux premières assises le grès si dur de Combarlo, parce que cette pierre est tout à fait *Uzétienne* et qu'ainsi c'est le roc même d'Uzès qui semble s'élever au-dessus du sol pour recevoir son illustre enfant.

Ville d'Uzès. (Inauguration
de la statue du vice-
amiral comte de Brueys.)

Uzès serait, si on en croit la tradition, une ville très ancienne, puisqu'elle aurait été fondée par Caton d'Utique *(Utica,* d'où Uzès). Les notices de l'Empire l'appellent *Ucecia, castrum Ucecience.*

VAILLICIEN, IENNE, de Vailly, ch.-l. de c^{on}, arr^t de Soissons (Aisne).

On dit les *Vailliciens* pour désigner les habitants de Vailly (*Vesliacum* et *Valliacum*), bien que cette appellation soit peu usitée. On dit plus couramment, en manière de sobriquet, les *Veaux* de Vailly, de même qu'on dit les corbeaux de Braisne, les Singes de Chauny et les Beyeux de Saint-Quentin.

C^{on} du Maire de Vailly.

VALENCÉEN, ÉENNE, de Valençay, ch.-l. de c^{on}, arr^t de Châteauroux (Indre).

On appelle *Valencéens* les habitants de Valençay.

C^{on} du Maire de Valençay.

VALENCIENNOIS, OISE, de Valenciennes *, ch.-l. d'arr^t (Nord).

Les lions sont sans peur, dit le *Valenciennois*, et les cygnes sans tache.

UN BIBLIOMANE. *(Etymologie du nom de Valenciennes.)*

La Revue *Valenciennoise*, organe républicain de l'arrondissement de Valenciennes.

* Certains auteurs disent que Valens agrandit cette ville, d'autres que ce fut Valentinien Ier et d'autres Valentinien II, vers l'an 385. Ce fut l'un ou l'autre de ces empereurs qui lui donna le nom de Valenciennes qu'elle porte aujourd'hui.

VALENSOLLAIS, AISE, de Valensolle, ch.-l. de c^{on}, arr^t de Digne (Basses-Alpes).

VALENTINOIS, OISE, de Valence-sur-Rhône *(Pagus Valentinus)*, ch.-l. du dép^t de la Drôme.

Vrai fils de Roger Bontemps, le *Valentinois* boit à ses soucis, quand il en a, mais, du reste, sans plus se fatiguer que s'il n'en avait pas, et il boit de même au plaisir, lorsque le plaisir lui survient.

GEORGES D'ALCY. *(Les Français peints par eux-mêmes. — Le Dauphinois.)*

Napoléon, n'étant encore que simple officier d'artillerie, demeura quelque temps en garnison à Valence ; il y fréquentait la maison de Mme du Colombier, femme d'un rare mérite, qui recevait chez elle l'élite de la société *Valentinoise*.

E. FAURE. *(Histoire de Valence.)*

543

Les *Valentinoises*, dont le type presque espagnol est si joli et qui ont toutes, vieilles ou jeunes, le regard si caressant, agitent leurs mouchoirs.

Charles Chincholle. *(Le Figaro,*
24 juillet 1888).

VALENTINOIS, OISE, de Valentine, c^{ne}, c^{on} et arr^t de Saint-Gaudens (Haute-Garonne).

VALENTONAIS, AISE, de Valenton, c^{ne}, c^{on} de Boissy-Saint-Léger, arr^t de Corbeil (Seine-et-Oise).

VALÉRYCAIN, AINE, de Saint-Valéry(1)-sur-Somme, ch.-l. de c^{on}, arr^t d'Abbeville (Somme).

On appelle *Valérycains* les habitants de Saint-Valéry-sur-Somme.

C^{on} de M. Bonvallet, officier
de l'instruction publique, à
Amiens.

VALÉRYCAIS, AISE, de Saint-Valéry-en-Caux, ch.-l. de c^{on}, arr^t d'Yvetot (Seine-Inférieure).

On appelle *Valérycais* les habitants de Saint-Valéry-en-Caux.

C^{on} du Maire de Saint-Valéry-en-Caux.

VALÉSIEN, IENNE, de Valay, c^{ne}, c^{on} de Pesmes, arr^t de Gray (Haute-Saône).

La Lyre *Valésienne*, fanfare.

VALEUILLOIS, OISE, de Valeuil, c^{ne}, c^{on} de Brantôme, arr^t de Périgueux (Dordogne).

VALLABRÉGANT, ANTE, de Vallabrègues, c^{ne}, c^{on} d'Aramon, arr^t de Nîmes (Gard).

---

(1) 3 communes portent le nom de Saint-Valéry ; on doit appliquer à leurs habitants la même appellation ethnique.

544

On dit *Vallabrégants, Vallabré-gantes,* pour désigner les habitants de Vallabrègues.

C^{on} du Maire de Vallabrègues.

VALLAURIEN, IENNE, de Vallauris, c^{ne}, c^{on} d'Antibes, arr^t de Grasse (Alpes-Maritimes).

On désigne sous le nom de *Vallauriens, Vallauriennes* les habitants de Vallauris.

C^{on} du Maire de Vallauris.

VALLERAUGOIS, OISE, de Valleraugue, ch.-l. de c^{on}, arr^t du Vigan (Gard).

On appelle *Valleraugois* les habitants de Valleraugue.

C^{on} du Maire de Valleraugue.

VALLIÉRIEN, IENNE, de Vallières, c^{ne}, c^{on} de Rumilly, arr^t d'Annecy (Haute-Savoie).

Chœur des *Valliériens*, société musicale.

VALLOIRIEN, IENNE, de Saint-Vallier, ch.-l. de c^{on}, arr^t de Valence (Drôme).

VALLONNAIS, AISE, de Vallon, ch.-l. de c^{on}, arr^t de Largentière (Ardèche).

C'est le quartier de Pracontier des bons *Vallonnais* qui figure dans le roman d'Eugène Villard, sous le nom de prairie d'Ajaoux.

Dr Francus. *(Voyage dans le Midi
de l'Ardèche.)*

Les *Vallonnaises* sont un véritable écrin de perles !

Dr Francus. *(Ibidem.)*

VALLOUISIEN, IENNE, de Vallouise, c^{ne}, c^{on} de Largentière, arr^t de Briançon (Hautes-Alpes).

On appelle *Vallouisiens* les habitants de Vallouise.

C^{on} du Maire de Vallouise.

Les *Vallouisiennes*, en dépit de la mobilité dont on accuse le sexe, conservent encore beaucoup de l'ancien accoutrement : la collerette en dentelle de la plus admirable grossièreté, celle de la coiffe, de l'aspect le plus agreste.

B. CHAIX. *(Préoccupations statistiques et géographiques du département des Hautes-Alpes.)*

VALOGNOIS, OISE, de Valognes, ch.-l. d'arr^t (Manche).

Plus tard, trop tard peut-être, il vint en effet à Paris et il s'y réalisa selon le rêve *Valognois*.

CALIBAN. *(Le Figaro,* 1er avril 1887).

On dit aussi :
VALOGNAIS, AISE.

VALOISIEN, IENNE, du Valois *(Pagus Vadensis)*, ancien pays de la Picardie (Oise).

La prévôté de Crécy estoit la naturelle habitation des premiers et originaires *Valoisiens*.

(Antiquités des Villes de France.)

VALRÉASSIEN, IENNE, de Valréas, ch.-l. de c^{on}, arr^t d'Orange (Vaucluse).

Valréassiens, Valréassiennes, telles sont les appellations dont on se sert pour désigner les habitants de Valréas.

C^{on} du Maire de Valréas.

VALROMEYSAN, ANNE, du Valromey *(Vallis Romana)*, pays dans le département de l'Ain.

Pour connaître un *Valromeysan,*

il faut coucher sept ans avec lui, et la septième année, on voudrait que le diable l'eût emporté.

GAIDOZ et SEBILLOT. *(Blason populaire de la France.)*

VALSOIS, OISE, de Vals, c^{no}, c^{on} d'Aubenas, arr^t de Privas (Ardèche).

Le surnom de *Coucourdiès* donné aux *Valsois* leur vient de la grande quantité de courges qu'on récoltait autrefois à Vals, dans les jardins qui bordaient la Volane.

A. VASCHALDE. *(Guide à Vals.)*

VALTINOIS, OISE, du Valtin, c^{no}, c^{on} de Fraize, arr^t de Saint-Dié (Vosges).

La religion, la morale, la probité primitive règnent dans le pays ; jusqu'ici, il est inouï qu'un *Valtinois,* d'ancienne race, ait eu à subir un jugement pour vol.

EDOUARD DE BAZELAIRE. *(Promenade dans les Vosges.)*

VANNETAIS, AISE, de Vannes *(Pagus Veneticus)*, ch.-l. du dép^t du Morbihan.

Sot comme un *Vannetais,*
Brutal comme un Cornouaillais.
(Ancien proverbe.)

Le français, sur les lèvres *Vannetaises,* contracte à peine un très léger accent et se montre exempt de toutes locutions vicieuses.

Ch. AUBERT. *(Le Littoral de la France.)*

VANOSCAIN, AINE, de Vanosc, c^{ne}, c^{on} d'Annonay, arr^t de Tournon (Ardèche).

VANSÉEN, ÉENNE, des Vans, ch.-l. de c^{on}, arr^t de Largentière (Ardèche).

· Les habitants des Vans sont appelés *Vanséens, Vanséennes.*

C^on du Rédacteur en chef du
Républicain des Cévennes.

Aubenas sans eau,
Joyeuse sans joie,
Largentière sans argent,
Les Vans sans vent.

(Vieux proverbe.)

VANVISTE, ISTE, de Vanves,
c^no, c^on et arr^t de Sceaux (Seine).

VARINAUX, habitant de la Varenne, pays du Berry (Indre).

On appelle *Varinaux* les habitants
de la Varenne, du pays maigre.

Cte JAUBERT. *(Glossaire du
centre de la France.)*

Le mot Varenne vient du latin *area ;*
il signifie terre sablonneuse. On appelle
pays de Varenne le pays maigre, le *petit
pays,* dont les terres sablonneuses sont
d'un faible produit. *Barren,* en anglais,
veut dire stérile ; *barrenness,* stérilité.
Dans son *Histoire du Berry,* Chaumeau
emploie souvent le mot Varenne, et
Georges Sand, dans *Claudie,* nous dit :
« Chéty pays ! terre de *Varenne !* C'est
maigre. »

VAROIS, OISE, du département
du Var.

L'Avant-Garde *Varoise* exprime le
vœu que le département du Var
porte désormais son choix sur des
candidats locaux connus par leur
passé républicain.

La France (29 mars 1889).

VARSOIS, OISE, de Vars, c^ne,
c^on de Saint-Amand-de-Boixe, arr^t
d'Angoulême (Charente).

On appelle *Varsois* les habitants
de Vars.

C^on du Maire de Vars.

VASSÉEN, ÉENNE, de Vassy,
ch.-l. de c^on, arr^t de Vire (Calvados).

· VASSEMISIEN, IENNE, de
Vassemy, c^ne, c^on de Braisne, arr^t
de Soissons (Aisne).

. Les *Vassemisiens,* tous adonnés à
la culture des vignes et des légumes,
avaient la réputation d'être sobres,
laborieux, économes et même avares,
mais probes et honnêtes ; jamais on
ne volait dans les champs, quoique
n'étant clos que par des haies et non
des murs.

YLLIATUD. *(Dictons et sobriquets
populaires des départements de
l'Aisne, de l'Oise et de la
Somme.)*

Un vieux proverbe dit que les *haies
de Vassemy valent mieux que les murs de
Soissons.*

VAUCLUSIEN, IENNE, du
département de Vaucluse.

L'Indépendant *Vauclusien,* journal républicain opportuniste publié
à Carpentras.

. Le mouvement d'émigration qui
pousse tant de *Vauclusiens* hors du
département natal n'est point en voie
de ralentissement ; il se fait surtout
sentir dans le canton de Mormoiron
et dans la portion sud de celui de
Carpentras.

(Revue de géographie.)

Le raisonnement du ministère public était visiblement celui-ci : « Vous
chiffonnez les *Vauclusiennes* et vous
filoutez P. L. M. ; donc, vous avez
essayé d'empoisonner votre con-
frère. »

Le Figaro (1er novembre 1885).

VAUDOIS, OISE, nom d'une
catégorie d'individus formant une
secte religieuse à part et habitant
principalement le département des
Hautes-Alpes.

Les *Vaudois* passèrent presque
sans transition des erreurs de Luther
à celles de Calvin.

A. GAY. *(Histoire du village
de Buoux.)*

Les *Vaudois* habitaient dans les Hautes-Alpes, entre le mont Viso, le mont Thabor et le Pelvoux, entre Pignerol, Fenestrel et Briançon, les vallées de la Luzerne, d'Angrogna, de la Pérouse, de la Pellice, de la Chizone, de Saint-Martin et de la Pragela, de Piémont et les vallées de la Vallouise, de Queyrat, de Freyssinière et de Barcelonnette en France.

LAGNEAU. *(Anthropologie de la France.)*

· Pierre Valdo ou Pierre de Vaux est désigné par la plupart des historiens comme le fondateur de la religion des Vaudois ; ces derniers sont généralement considérés par les protestants comme leurs précurseurs religieux. Il y a des *Vaudois* en Suisse, en Allemagne et dans le Piémont ; ils parlent tous le Français. Au point de vue anthropologique, il importe de remarquer que chez ces *Vaudois* du Piémont, connus par leur probité et leur pureté de mœurs, les femmes sont incomparablement plus belles que parmi les autres habitants du pays.

· VAUDOIS, OISE, de Vaux (1), c^ne, c^on et arr^t de Villefranche-sur-Saône (Rhône).

Vaux est la patrie de Pierre Valdo, qui fut le fondateur de la secte des *Vaudois*. Les populations catholiques du Dauphiné se distinguent des races *Vaudoises* par des habitudes moins austères, tout aussi pures cependant, mais moins graves et moins calmes, en un mot par plus d'éclat et d'expansion.

G. D'ALCY. *(Les Français peints par eux-mêmes. — Le Dauphinois.)*

On peut remarquer qu'un grand nombre de villages portent, dans l'intérieur de la France, le nom de Vaux ; ils sont généralement habités par des protestants et doivent sans nul doute leur nom à la secte religieuse des *Vaudois*, fondée par Pierre Valdo. Toutefois, certains de ces

---

(1) 46 communes portent le même nom ; on doit appliquer à leurs habitants la même appellation ethnique.

villages doivent leur nom à leur situation topographique dans des vallées ; *vallis,* vallée, *Valdenses, Vaudois,* habitants des vallées. Tel est le cas, par exemple, du village de Vaux, près de Château-Thierry (Aisne).

VAUJOURIEN, IENNE, de Vaujours, c^ne, c^on de Gonesse, arr^t de Pontoise (Seine-et-Oise).

On appelle *Vaujouriens* les habitants de Vaujours.

C^on du Maire de Vaujours.

VAURÉEN *, ÉENNE, de Lavaur, ch.-l. d'arr^t (Tarn).

Nous avons le plaisir d'annoncer à nos lecteurs que, très prochainement la Chorale *Vauréenne* nous donnera un nouveau grand concert.

Le Journal de Lavaur (15 mai 1887).

* Lavaur fut primitivement un lieu fortifié qui s'appelait *Castrum Vauri,* du nom de son fondateur ; de là le nom de *Vauréens* donné à ses habitants.

VAUVERDOIS, OISE, de Vauvert, ch.-l. de c^on, arr^t de Nîmes (Gard).

Les Rabagas *Vauverdois.*

Le Figaro (14 décembre 1886).

VEIGNERAIS, AISE, de Vagney, c^ne, c^on de Saulxures, arr^t de Remiremont (Vosges).

On appelle *Veignerais* les habitants de Vagney ; l'appellation patoise est *Voinraux,* dont le féminin est *Voinraudes.*

C^on du Maire de Vagney.

VELAUCIN, INE, de Velaux, c^ne, c^on de Berre, arr^t d'Aix (Bouches-du-Rhône).

VELLAVIEN, IENNE, du Velay *(Pagus Vellavensis),* ancien pays du Languedoc (Haute-Loire).

Les *Vellaviens* forment une population montagnarde qui, sans avoir les mêmes apparences que celle de l'Auvergne, n'est pas moins robuste, infatigable aux rudes labeurs.

> RACINET. *(Le Costume historique.)*

Un trait caractéristique des mœurs *Vellaviennes*, c'est le goût exagéré des femmes pour les bijoux.

> RACINET. *(Le Costume historique.)*

On dit également :
VELLAVE ou VÉLAVE.

Noëls *Vellaves*, de l'abbé Bordat, publiés au Puy, chez Freydier (1876).

Les montagnards du Velay ou *Vélaves*, entraînés malgré eux dans le courant de la civilisation, ont perdu l'âpreté de leurs anciennes mœurs. Naguère, dit-on, l'homme des plateaux n'entrait point au cabaret sans prendre à la main sa « coutelière ». Il la plantait sur la table, en s'écriant : « Qui en veut ? »

> E. RECLUS. *(Géographie universelle. — France.)*

On rencontre aussi :
VELAUNIEN, IENNE.

La population *Velaunienne* (de *Velaunia*, nom latin du Velay).

On trouve encore :
VELAISIEN, IENNE.

Le chapeau est simple et figure parfaitement une assiette creuse renversée chez les *Velaisiennes* pauvres.

> TOUCHARD-LAFOSSE. *(La Loire historique.)*

VENAISSIN, INE, de Vénasque, c^{ne}, c^{on} de Pernes, arr^t de Carpentras (Vaucluse).

Vénasque était la capitale primitive du comté qui prit d'elle le nom de Comtat *Venaissin.*

VENAISSINOIS, OISE, du Comtat-Venaissin. (Voir COMTADIN.)

Il semble que les Avignonnais et les *Venaissinois*, si longtemps soumis à la tiare, eussent dû haïr les doctrines révolutionnaires ; ce fut le contraire : ils leur ouvrirent les bras.

> MALTE-BRUN. *(La France illustrée.)*

Pie VII fut déclaré prince constitutionnel des *Venaissinois*. Comme Avignon voulait contrarier la Révolution *Venaissinoise* et la forcer de se confondre dans la Révolution française en l'associant à la fédération, l'Assemblée représentative forma un camp de douze mille hommes à la Tour de Sabran, renouvela le serment de fidélité à Pie VII et accueillit le vice-légat fugitif.

> MALTE-BRUN. *(Ibidem.)*

VENDÉEN, ÉENNE, de l'ancienne région de la Vendée et du département actuel de ce nom.

Une taille médiocre, mais assez bien prise, une tête grosse, un cou épais, un teint pâle, des cheveux noirs, des yeux petits mais expressifs : voilà le portrait des *Vendéens*.

> DE LA FONTENELLE DE VAUDORÉ. *(Statistique de la Vendée.)*

Lorsque le traité de La Jaunais fut conclu entre Charrette et les commissaires de la Convention, trois classes d'hommes composaient l'armée *Vendéenne*.

> DE LA FONTENELLE DE VAUDORÉ. *(Ibidem.)*

VENDELAIS, AISE, de Vendel *(Pagus Vendellensis)*, c^{ne}, c^{on} de Saint-Aubin-du-Cormier, arr^t de Fougères (Ille-et-Vilaine).

VENDÔMOIS, OISE, de Vendôme *(Pagus Vendocinus)*, ch.-l. d'arr^t (Loir-et-Cher).

Le *Vendômois* aime le plaisir, la bonne chère et il ne calcule pas toujours assez l'essor de ses goûts, relativement au moyen de les satisfaire.

Touchard-Lafosse. (La Loire historique.)

L'Union *Vendômoise,* société musicale.

VENDROIS, OISE, de Vendres, c^{ne}, c^{on} et arr^t de Béziers (Hérault).

La Fanfare *Vendroise.*

VENELLIN, INE, de Venelles, c^{ne}, c^{on} et arr^t d'Aix (Bouches-du-Rhône).

VÉNISSIAN, IANE, de Vénissieux, c^{ne}, c^{on} de Villeurbanne, arr^t de Lyon (Rhône).

On appelle *Venissians* les habitants de Venissieux.

C^{on} du Maire de Venissieux.

VENTABRENCIER, IÈRE, de Ventabren, c^{ne}, c^{on} de Berre, arr^t d'Aix (Bouches-du-Rhône).

VERDIGEOIS, EOISE, de Varzy, ch.-l. de c^{on}, arr^t de Clamecy (Nièvre).

Varzy, autrefois *Verdy,* dont on a tiré la dénomination de *Verdigeois,* est, selon quelques historiens, un nom celtique signifiant deux collines.

Touchard-Lafosse. (La Loire historique.)

VERDONAIS, AISE, du Verdon, c^{ne}, c^{on} de Saint-Vivien, arr^t de Lesparre (Gironde).

VERDUNOIS, OISE, de Verdun (*Pagus Virdunensis*), ch.-l. d'arr^t (Meuse).

Wenceslas arma, alors, contre les *Verdunois* assujettis à son droit de garde.

A. Jeantin. (Histoire de Montmédy.)

'Verdun est l'ancienne *Verodunum.* Son nom vient de deux mots celtiques : *Ver,* qui signifie gué, et *dun,* qui signifie hauteur. La ville est en effet située sur une hauteur qui domine un gué de la Meuse.

VERDUNOIS, OISE, de Verdun ou Verdun-sur-le-Doubs, ch.-l. de c^{on}, arr^t de Châlon (Saône-et-Loire).

Quand, avec leurs pronoms en *o* et leurs terminaisons en *ot,* les *Verdunois* disent, en parlant d'un cheval qui fait feu en courant : *Ah ! o patalot ! o patalot !* je vois involontairement le coursier qui galope, je l'entends frapper ses quatre pieds sur le sol et je me rappelle le *quadrupedante putrem* de Virgile.

F. Fertiault. (Le Bourguignon.)

La coiffe à la *paysanne,* la *folle* des jolies *Verdunoises,* était connue et proverbiale dans la moitié du département de Saône-et-Loire.

F. Fertiault. (Ibidem.)

VERDUNOIS, OISE, de Verdun-sur-Garonne, ch.-l. de c^{on}, arr^t de Castelsarrazin (Tarn-et-Garonne). (Voir Castelsarrazinois.)

VERGÉZOIS, OISE, de Vergèze, c^{ne}, c^{on} de Vauvert, arr^t de Nîmes (Gard).

VERMANDOIS, OISE, du Vermandois (*Pagus Vermandensis*), ancien pays de la Picardie (Somme).

MM. Godron et Ancelon signalent des colonnes de Picards et de *Vermandois* qui, par ordre de Louis XIV, seraient venus habiter, au milieu des populations allemandes, quarante villages ruinés et dépeuplés par les épidémies et les guerres atroces qui eurent lieu sous Louis XIII.

Lagneau. (Anthropologie de la France.)

On trouve également :
VERMANDISIEN, IENNE (vieille forme).

On rencontre aussi :
VERMANDESIEN, IENNE.

VERMANDOIS, OISE, de Vermand, ch.-l. de c^on, arr^t de Saint-Quentin (Aisne).

Le *Vermandois*, revue d'histoire locale, beaux-arts et littérature.

Sobriquet : « Les larrons de Vermand. » — Les archers de cette ville étaient connus sous le nom de *larrons*, quelquefois aussi sous celui de *coqs*. On ne connaît pas l'origine de ce sobriquet.

VERNOIS, * OISE, de Vergt, ch.-l. de c^on, arr^t de Périgueux (Dordogne).

Jamais, depuis la loi sur la publicité des séances, le petit parlement *Vernois* n'avait réuni un auditoire aussi considérable.
L'Indépendant de la Dordogne (26 novembre 1886).

* Vergt s'appelait autrefois *Vern*, du nom du petit ruisseau qui l'arrose, *Vernium, aqua qui dicitur Vernium*. Le *Vern* se jette dans l'Isle au-dessus de Neuvic.

VERNOLIEN (1), IENNE, de Verneuil, ch.-l. de c^on, arr^t d'Evreux (Eure).

VERNONNAIS, AISE, de Vernon, ch.-l. de c^on, arr^t d'Evreux (Eure).

Après avoir excité les Andelysiens à maintes rasades, les *Vernonnais*, voyant leurs compagnons de bouteilles entre deux vins, se lèvent de table et entraînent leurs antagonistes dans l'arène...
B. DE RUVILLE. *(Histoire des Andelys.)*

(1) 18 communes portent le même nom ; on doit appliquer à leurs habitants les mêmes appellations ethniques de *Vernoliens, Verneuillois* ou *Verneuillais*.

Le Petit *Vernonnais*, journal.

VERO, de la vallée du Biot (Haute-Savoie).

Les habitants de la vallée du Biot sont appelés *Vero*, parce qu'autrefois il y avait un passage fermé par une porte, sur laquelle étaient inscrits ces mots : « *Deo Vero.* »
(Les Primes d'honneur en 1865.)
Le Biot est un chef-lieu de canton assez important de l'arrondissement de Thonon (Haute-Savoie).

VÉROLEN, ÈNE, de Veyrier *(Veyriacum)*, c^ne, c^on et arr^t d'Annecy (Haute-Savoie).

On appelle *Vérolens* les habitants de Veyrier.
C^on de M. DUCIS, archiviste de la Haute-Savoie.

VERSAILLAIS, AISE, de Versailles, ch.-l. du dép^t de Seine-et-Oise.

C'était hier l'anniversaire de la naissance du général Hoche. Le matin, des salves d'artillerie ont rappelé aux *Versaillais* qu'il a vu le jour dans leur ville le 24 juin 1768.
Le Figaro (25 juin 1886).

La *Versaillaise* est remarquable par son élégance ; grande dame ou grisette, elle conserve ce cachet de propreté et en même temps d'apparente régularité qui forme le caractère essentiel de la ville.
A. FREMY. *(L'habitant de Versailles.)*

VERTOIS, OISE, de Vert, c^ne, c^on de Labrit, arr^t de Mont-de-Marsan (Landes).

On appelle *Vertois* les habitants de Vert.
C^on du Maire de Vert.

VERTOUIN, INE, de Vertou, ch.-l. de c^on, arr^t de Nantes (Loire-Inférieure).

On appelle *Vertouins* les habitants de Vertou ; en manière de sobriquet, on dit les « Béliers de Vertou. »

C^{on} du Maire de Vertou.

VERVINOIS, OISE, de Vervins, ch.-l. d'arr^t (Aisne).

Comme noblesse oblige, les *Vervinois* ne négligent rien dans les grandes occasions pour soutenir la vieille réputation de leurs écrevisses.

YLLIATUD. (Dictons et sobriquets populaires de l'Aisne, de l'Oise et de la Somme.)

VESULIEN *, **IENNE**, de Vesoul, ch.-l. du dép^t de la Haute-Saône.

Telle fut l'avidité du vainqueur (Turenne, 1644) que les malheureux *Vesuliens* se virent forcés, pour la satisfaire, d'engager leurs vases sacrés et de vendre les cloches de leurs églises.

A. GUILBERT. (Villes de France.)

La *Vesulienne*, société musicale.

* Cette appellation ethnique vient de *Vesulum, Vesulium,* le nom ancien de Vesoul.

VEXINOIS, OISE, du Vexin *(Pagus Vilcassinus)*, ancien pays de la Normandie (Eure).

VEYRINOIS, OISE, de Veyrines, c^{ne}, c^{on} de Domme, arr^t de Sarlat (Dordogne).

Lettre adressée à l'*Avenir de la Dordogne*, le 1er février 1886, et signée « Un propriétaire *Veyrinois*. »

VÉZELIEN, IENNE, de Vézelay, ch.-l. de c^{on}, arr^t d'Avallon (Yonne).

La *Vézelienne*, fanfare.

VIADENENCQ, ENQUE, du pays des Viadènes *, dans l'Auvergne.

* Le nom de ce pays signifierait chemin des ânes, praticable seulement pour les ânes, *via asinorum,* parce que ce n'est qu'avec les ânes qu'il est possible de cheminer à travers cette contrée très accidentée et coupée de précipices.

VIANNOIS, OISE, de Vianne, c^{ne}, c^{on} de Lavardac, arr^t de Nérac (Lot-et-Garonne).

On cite un combat que les *Viannois* soutinrent en 1632 contre une compagnie de Bohémiens qui voulait loger par force dans la ville. Ces aventuriers périrent tous ; leur chef fut pris et conduit devant le parlement de Bordeaux, qui le condamna à être pendu.

LAFONT-DU-CUJULA. (Annuaire du Lot-et-Garonne.)

VIBRAYSIEN, IENNE, de Vibraye, ch.-l. de c^{on}, arr^t de Saint-Calais (Sarthe).

On appelle *Vibraysiens* les habitants de Vibraye.

C^{on} du Maire de Vibraye.

VICHYSSOIS, OISE, de Vichy *(Pagus Viciacensis)*, c^{ne}, c^{on} de Cusset, arr^t de La Palisse (Allier).

Bonne chance au veloce-club *Vichyssois*.

Revue des Sports (19 janvier 1889).

Il résulte des renseignements qui nous ont été très obligeamment fournis par M. Bonneton, ancien président du tribunal de Gannat, aujourd'hui conseiller à la cour de Riom, que le terme *Vichicatois*, qui a été quelque peu usité autrefois, est aujourd'hui à peu près abandonné ; on a également employé les expressions *Vichycois* et *Vichynois ;* mais l'ethnique *Vichyssois* est celui qui est aujourd'hui généralement admis et employé dans les journaux, revues et livres, ainsi que dans le monde des gens lettrés et des gens bien élevés.

Signalons un dicton très connu et tout à fait burlesque :

Entre Vesse, Crotte et Pet,
Se trouvent Vichy et Cusset.

Vesse, Crotte et Pet sont trois localités du Bourbonnais.

VICOIS, *OISE, de Vic-Fezensac, ch.-l. de c^on, arr^t d'Auch (Gers).

La Lyre *Vicoise*, fanfare.

* *Vicois*, Vic, viennent de *Vicus*, bourg, et s'expliquent tout naturellement.

VICQUOIS, UOISE, de Vicq, c^ne, c^on de Saint-Germain-les-Belles, arr^t de Saint-Yrieix (Haute-Vienne).

VICQUOIS, UOISE, de Vic-en-Bigorre, ch.-l. de c^on, arr^t de Tarbes (Hautes-Pyrénées).

La Lyre *Vicquoise*, fanfare.

VIDUSIEN *, IENNE, de Void, ch.-l. de c^on, arr^t de Commercy (Meuse).

* Cette appellation ethnique vient du petit ruisseau le *Vidus*, qui traverse ce bourg, ainsi du reste que le nom de Void.

VIELMUROIS, OISE, de Vielmur, ch.-l. de c^on, arr^t de Castres (Tarn).

L'Indépendante *Vielmuroise*, fanfare.

VIENNOIS, OISE, de Vienne-en-Val, c^ne, c^on de Jargeau, arr^t d'Orléans (Loiret).

La *Viennoise*, fanfare.

VIENNOIS, OISE, de Vienne (*Pagus Viennensis*), ch.-l. d'arr^t (Isère).

Des discussions fort graves survenues entre les *Viennois* et les habitants de la colonie lyonnaise, qu'une secrète inimitié avait toujours divisés, furent terminées par une sentence rendue à Rome en faveur des premiers.

ALPHONSE DANTIER. *(Histoire de Vienne)*.

L'Harmonie *Viennoise*, société musicale.

François Ponsard vint au monde dans une maison de la rue des Clercs, c'est-à-dire au centre même de la chicane *Viennoise*.

EUGÈNE DE MIRECOURT. *(Ponsard.)*

VIENNOIS, OISE, de Vienne-le-Château, c^ne, c^on de Ville-sur-Tourbe, arr^t de Sainte-Menehould (Marne).

La Chorale *Viennoise*, société musicale.

VIERZONNAIS, AISE, de Vierzon, ch.-l. de c^on, arr^t de Bourges (Cher).

Le *Cri du Peuple* arrive tous les matins à onze heures et chauffe les *Vierzonnais* à blanc.

Le Figaro (15 décembre 1886).

La Gazette *Vierzonnaise*, journal républicain, industriel, agricole et commercial publié à Vierzon.

VIEUX-CONDÉEN, ÉENNE, de Vieux-Condé, c^ne, c^on de Condé, arr^t de Valenciennes (Nord).

Société du Sou *Vieux-Condéen*.

Il existe une autre société, fondée le 26 novembre 1881, dite Société de l'Union *Vieux-Condéenne*.

VIGANAIS, AISE, du Vigan, ch.-l. d'arr^t (Gard).

Le *Viganais*, journal conservateur publié au Vigan.

La Société philharmonique *Viganaise*, du Vigan.

VIGNACOURIER, IÈRE, de Vignacourt, c^ne, c^on de Picquigny, arr^t d'Amiens (Somme).

On appelle *Vignacouriers* les habitants de Vignacourt.

C^on de M. BONVALLET, officier de l'instruction publique à Amiens.

VILLAMBLARDAIS, AISE, de Villamblard, ch.-l. de c°ⁿ, arrᵗ de Bergerac (Dordogne).

Périgourdins, Bergeracois, *Villamblardais* ont lutté à qui mieux mieux.
La France du Sud-Ouest
(28 décembre 1887).

VILLANDRAUTIN, INE, de Villandraut, ch.-l. de c°ⁿ, arrᵗ de Bazas (Gironde).

Le 14, à l'aube, les maisons sont pavoisées et de nouvelles salves d'artillerie réveillent le public *Villandrautin.*
La France du Sud-Ouest
(17 juillet 1887).

VILLAREN, ENE, de Villard-de-Beaufort, c°ᵉ, c°ⁿ de Beaufort, arrᵗ d'Albertville (Savoie).

On appelle *Villarens* les habitants de Villard.
C°ⁿ de M. Ducis, archiviste
de la Haute-Savoie.

VILLEFRANCHAIS, AISE, de Villefranche-de-Rouergue, ch.-l. d'arrᵗ (Aveyron).

La Lyre *Villefranchaise,* orphéon.

On dit aussi :

VILLEFRANCHOIS, OISE.

Le *Villefranchois* est en général bien vêtu et bien nourri ; il place son luxe dans la multiplicité des ustensiles de ménage ; ses maisons reluisent d'étain et de cuivre.
MONTEIL. (Description du
département de l'Aveyron.)

Villefranche est une des plus jolies petites villes du Midi. Son origine ne paraît pas remonter au-delà de Louis IX. Alphonse, comte de Toulouse, et père du pieux monarque, passe pour être le fondateur de cette ville franche *(villa franca).*

VILLEFRANCHAIS, AISE, de Villefranche-de-Lauraguais, ch.-l. d'arrᵗ (Haute-Garonne).

Les idées démocratiques n'ont pas encore bien profondément pénétré dans l'arrondissement de Villefranche. Le chef-lieu est tout dévoué à la République, et nous comptons sur l'activité, l'énergie, le dévouement des *Villefranchais* pour ramener les populations rurales aux vrais sentiments républicains.
L'Indépendant de Murat
(24 avril 1887).

On dit aussi :

VILLEFRANCHOIS, OISE.

VILLENAVOIS, OISE, de Villenave-d'Ornon, c°ᵉ, c°ⁿ de Pessac, arrᵗ de Bordeaux (Gironde).

Nous avons été curieux, le 23 juillet, de compter le nombre des visiteurs bordelais qui oseraient entrer dans le temple ! Il ne dépassa pas treize. Il y avait six anglais, trois *Villenavois,* deux de la Bastide.
R. DE LA MORILLIÈRE. (Les
Bordelais partout.)

On dit aussi :

VILLENAVAIS, AISE.

VILLENEUVOIS, OISE, de Villeneuve-sur-Lot, ch.-l. d'arrᵗ (Lot-et-Garonne).

Les Enfants *Villeneuvois,* société chorale.

On a émis l'idée d'organiser tous les mois de juin, afin d'intéresser à la Société nautique toute la jeunesse *Villeneuvoise,* un grand bal champêtre.
La Petite Gironde (10 mai 1887).

VILLERVILLOIS, OISE, de Villerville, c°ᵉ, c°ⁿ de Trouville, arrᵗ de Pont-l'Evêque (Calvados).

« Maoudit guénou! » exclamation honfleuraise et *Villervilloise,* qui signifie « mauvais singe ».
E. GOUDEAU. (Voyage d'A'Kempis.)

VIMONASTÉRIEN, IENNE, de Vimoutiers, ch.-l. de c^on, arr^t d'Argentan (Orne).

Les habitants de Vimoutiers sont appelés *Vimonastériens*.
Con du Maire de Vimoutiers.

VINÇANENCH, ENCHA, de Vinça, ch.-l. de c^on; arr^t de Prades (Pyrénées-Orientales).

VINCELLOIS, OISE, de Vincelles, c^ne, c^on de Coulanges-la-Vineuse, arr^t d'Auxerre (Yonne).

La Lyre *Vincelloise*.

VINCENNOIS, OISE, de Vincennes, ch.-l. de c^on, arr^t de Sceaux (Seine).

Il ouvre la lettre cependant et y trouve.... un bordereau de 50,000 francs, adressé par M. S..., banquier au Fontaine *Vincennois*.
La Lanterne (15 avril 1888).

VINCIEN, IENNE, de Vence, ch.-l. de c^on, arr^t de Grasse (Alpes-Maritimes).

VIROIS, OISE, de Vire, ch.-l. d'arr^t (Calvados).

Il est impossible de nier l'esprit de ruse et de chicane des Bas-Normands en général et des *Virois* en particulier.
Cazin. *(Journal d'un touriste.)*

Les *Viroises* sont fines et coquettes.
Racinet. *(Le costume historique.)*

VISERON, ONNE, de Vix, c^ne, c^on de Maillezais, arr^t de Fontenay-le-Comte (Vendée).

Les habitants de Vix sont désignés sous les noms de *Viserons, Viseronnes*.
Con du Maire de Vix.

VITRÉEN, ÉENNE, de Vitré, ch.-l. d'arr^t (Ille-et-Vilaine).

Le siège fut bravement supporté pendant cinq mois par les *Vitréens* et les *Vitréennes*, et le prince de Dombes, qui arriva au secours des assiégés, força finalement Mercœur à se retirer.
Le Magasin pittoresque (mars 1875).

VITRYAT, ATE, de Vitry-le-François, ch.-l. d'arr^t (Marne).

Les habitants de Vitry-le-François sont désignés sous le nom de *Vitryats, ates*.
Con de M. Pessez, directeur du *Messager de la Marne*.

VIVAROIS, OISE, du Vivarais *(Pagus Vivariensis)*, ancien district du Languedoc (Ardèche).

Après avoir protesté contre la façon dont on arrange la nature *Vivaroise*, nous protestons encore plus vivement contre le caractère des *Vivarois* ou *Vivaroises* de convention, que crée l'imagination des romanciers.
Dr Francus. *(Voyage dans le Midi de l'Ardèche.)*

VIVAROIS, OISE, de Viviers ch.-l. de c^on, arr^t de Privas (Ardèche).

En été, le paysan *Vivarois* fait. cinq repas.
Dr Francus. *(Ibidem.)*

VIZILLOIS, OISE, de Vizille, ch.-l. de c^on, arr^t de Grenoble (Isère).

VOIRONNAIS, AISE, de Voiron, ch.-l. de c^on, arr^t de Grenoble (Isère).

Le Petit *Voironnais*, journal commercial, industriel et agricole publié à Voiron.

La *Voironnaise*, fanfare.

VOLNAISIEN, IENNE, de Volnay, c^{ne}, c^{on} et arr^t de Beaune (Côte-d'Or).

« Les endiablés de Volnay » ; — peut-être ce sobriquet fut-il donné aux *Volnaisiens* à cause des prêches que les protestants y faisaient avant la révocation de l'édit de Nantes.

> CLÉMENT JANIN. *(Dictons et sobriquets des villes et villages de la Côte-d'Or. — Beaune.)*

VORGIEN, IENNE, ou VORGEOIS, EOISE, de Vorges, c^{ne}, c^{on} et arr^t de Laon (Aisne).

« Les cocus de Vorges, » dit un vieux proverbe. — Que les *Vorgiens* ou *Vorgeois* (comme on voudra) se consolent ; ils ont bien des confrères en France. Outre ceux de Nesles, il y a les cocus d'Auxais, de la Bouille, etc., etc... Et tous ces cocus sont les premiers à rire de leur dicton ; ils ont bien raison. Le bonhomme n'a-t-il pas dit :

Quand on le sait, c'est peu de chose,
Quand on l'ignore, ce n'est rien.

> YLLIATUD. *(Dictons et sobriquets populaires de l'Aisne, de l'Oise et de la Somme.)*

VOSGIEN, IENNE, du département des Vosges.

Est-ce que l'entêtement serait aussi une vertu auvergnate ?... M. Amagat est têtu comme un Breton doublé d'un *Vosgien*.

> *Le Figaro* (9 juin 1885).

Le *Vosgien* est généreux, bienveillant, sociable, hospitalier ; le *Vosgien* aime passionnément son pays.

> E. DE BAZELAIRE. *(Promenade dans les Vosges.)*

Le département des Vosges, l'un des quatre formés du territoire de la Lorraine, occupe la partie méridionale de cette ancienne province et doit à la chaîne de montagnes qui le borne à l'ouest son nom, dont voici l'étymologie celtique : *Von*, bœuf ; *gues*, sauvage ; *hus*, hauteur, d'où la réunion *Vogesus*, c'est-à-dire mont qui nourrit les bœufs sauvages.

VOUVRILLON, ONNE, de Vouvray, ch.-l. de c^{on}, arr^t de Tours (Indre-et-Loire).

A ce mot, Gaudissart fondit sur le teinturier pour lui appliquer un soufflet ; mais les *Vouvrillons*, attentifs, se jetèrent entre eux, et l'illustre Gaudissart ne souffleta que la perruque du teinturier, laquelle alla tomber sur la tête de Mlle Claire Vernier.

> DE BALZAC. *(L'Illustre Gaudissart.)*

VOUZINOIS, OISE, de Vouziers, ch.-l. d'arr^t (Ardennes).

Vouziers est une petite ville pleine de ressources gastronomiques ; sa charcuterie et sa pâtisserie ont une réputation qu'elles méritent. Voilà sans doute ce qui a valu aux *Vouzinois* le surnom de gourmands.

> O. GUILLIOT. *(Sobriquets de l'arrondissement de Vouziers. — Revue de Champagne et de Brie, mai 1884.)*

ALLISIEN, IENNE, des îles Wallis, groupe d'îles de l'Océanie (Polynésie), dont les habitants ont conclu, en 1842, un traité de commerce avec la France.

Les *Wallisiens* ont le sentiment musical très développé et un goût prononcé pour le chant. Les *Wallisiens* n'ont pas d'instrument de musique ; cependant, pour accompagner le chant dans certains cas et pour marquer le rythme, ils se servent d'une sorte de tambour. Ce ne sont plus là les affreux Canaques de la Nouvelle-Calédonie ; les indigènes d'Uvéa * représentent le type le plus élevé de cette grande race polynésienne que l'on trouve dans toutes les parties de l'Océanie.

Le Tour du Monde, 1883
(1er semestre).

* Uvéa ou Ouréa est la plus étendue des îles de l'archipel Wallis.

WASSEYEN, ENNE, de Wassy ou Vassy, ch.-l. d'arr^t (Haute-Marne).

Non seulement M. Vitry est un travailleur, mais c'est un homme expert en affaires, un avocat de talent bien apprécié des *Wasseyens*.

Le Progrès de la Haute-Marne
(8 mai 1887).

La veille encore, il s'était fait remarquer au Château-Pissot, pendant la vente, par son état d'ébriété et par des excentricités bien connues des *Wasseyens*.

Le Progrès de la Haute-Marne
(19 mai 1887).

On trouve aussi :
VASSÉEN ÉENNE.

Cette ville est bâtie sur l'ancien territoire des *Vodicasses* ou *Vodicassii*, qui avaient pour capitale *Nomagus Vodicassiorum*. Successivement *Vassiacum* et *Vasseum* pendant la période romaine ; on écrivait au moyen âge Vuassy et Waissy.

WATTRELOSIEN, IENNE, de Wattrelos, c^ne, c^on de Roubaix, arr^t de Lille (Nord).

On appelle *Wattrelosiens* les habitants de Wattrelos.

C^on du Maire de Wattrelos.

WAZEMMOIS, OISE, du faubourg de Wazemmes, c^ne, c^on et arr^t de Lille (Nord).

Le *Wazemmois*, journal d'annonces.

AINTRICOIS, OISE, de la Xaintrie, ancien pays du Bas-Limousin (Corrèze).

Ne fidas Santriæ !
Xaintricois,
Gens de mauvaise foi !

On parle vaguement d'une bulle ancienne du pape accordant à notre pays certaines faveurs dont auraient été exceptés les gens de la Xaintrie, *nisi Santricos ob malam fidem,* leçon fort douteuse, mais à rapporter comme *on-dit.*

J.-B. CHAMPEVAL. *(Proverbes Bas-Limousins.)*

ENNOIS, OISE, de Yenne, ch.-l. de c^{on}, arr^t de Chambéry (Savoie).

On appelle *Yennois* les habitants de la ville d'Yenne.

C^{on} du Maire d'Yenne.

YONNAIS, AISE, du département de l'Yonne. (Voir ICAUNAIS.)

YPORTAIS, AISE, d'Yport, c^{ne}, c^{on} de Fécamp, arr^t du Havre (Seine-Inférieure).

Vous savez, Messieurs, comment le choléra est venu chez nos voisins les *Yportais.*

Recueil de la Société havraise (1886).

YSSANDONAIS, AISE d'Yssandon *(Pagus Exandonensis),* c^{ne}, c^{on} d'Objat, arr^t de Brive (Corrèze).

YVETOTAIS, AISE, d'Yvetot, ch.-l. d'arr^t (Seine-Inférieure).

On ne peut se figurer par quelle suite de mensonges plus hideux les uns que les autres, les jacobinistes *Yvetotais* obtinrent, en faveur de la ville d'Yvetot, le déplacement du district de Caudebec.

A. SAULNIER. *(Caudebec et ses environs.)*

Pendant toute la durée de la réunion *Yvetotaise* (qui n'a cessé de protester contre la suppression de la sous-préfecture d'Yvetot), plusieurs vaches, encore invendues sur la place du marché, n'ont cessé de faire entendre de plaintifs mugissements.

P. GIFFARD. *(Le Figaro,* 27 janvier 1887).

YZEURIEN, IENNE, d'Yzeure, c^{ne}, c^{on} et arr^t de Moulins (Allier).

On appelle *Yzeuriens* les habitants d'Yzeure ; plusieurs hameaux importants dépendent de notre commune ; ce sont les Bataillots, Saint-Bonnet et Sainte-Catherine, où il existe une maison d'aliénés entretenue par le département et qui reçoit plus de six cents pensionnaires.

C^{on} du Maire d'Yzeure.

Les *Yzeuriens* n'apprendront pas sans une profonde tristesse cette fin si brusque d'une vie d'abnégation.

Le Courrier de l'Allier (11 janvier 1889).

ZIBANAIS , AISE , du *Ziban,* contrée de l'Algérie.

Les *Zibanais,* de même que les Mzabites, méritent une mention spéciale. On appelle Zab, au pluriel *Ziban,* les oasis dont Biskra est la capitale. Si frugale qu'y soit la vie, si minime que soit la dépense, le Zab est trop peuplé. Les *Zibanais* qui ne peuvent vivre dans leur pays, émigrent dans le Tell.

PAUL GAFFAREL. *(L'Algérie).*

Ces indigènes, qui portent au galop cadencé de leurs jambes fléchissantes, mais vigoureuses, de lourds fardeaux au moyen de cordes et de longs bâtons, ces autres qui gravissent les rues tortueuses de la vieille Alger, le front en sueur et la koulla ou cruche en cuivre, remplie d'eau, sur l'épaule, ces cureurs de puits ou d'égouts sont encore des *Zibanais.*

ZIGEUNERS, classe d'individus de race Tzigane que l'on rencontrait dans les villages de Bœrenthal (Moselle), de Philippsbourg, de Graufthal et dans l'ancien canton de Bitche (Vosges), ainsi que dans certains départements du Midi de la France.

Les *Zigeuners,* des Vosges, sauf peut-être une certaine brièveté de la figure et du corps, diffèrent peu des autres Bohémiens ziganes ou gitanos, aux traits peut-être un peu plus allongés, mais parfois aussi au visage large et arrondi, que MM. Walkenaer, Henry et de Rochas ont observé dans le midi de la France.

G. LAGNEAU. *(Anthropologie de la France.)*

Suivant M. Richon, les *Zigeuners* ou *Hnidns,* qui longtemps auraient habité les forêts de cette région, pourchassés par les gardes, se seraient fixés en plus grand nombre dans l'ancien département du Bas-Rhin que dans celui de la Moselle.

G. LAGNEAU. *(Ibidem).*

C'est à la race des *Zigeuners* que doivent être rapportés les étrangers qui, sous le nom de *Hnidns,* qu'ils paraissent surtout se donner, et aussi sous ceux de *Hüngar, Hongres* ou *Honck,* habitent en petit nombre les villages de Bœrenthal, Philippsbourg, Verrerie Sophie, Graufthal, dans la partie des Vosges comprise dans l'ancien canton de Bitche, sur l'ancienne frontière du département de la Moselle, près de celui du Bas-Rhin, région où ils ont été signalés par MM. Dussieux, de la Fizelière et de Quatrefages.

G. LAGNEAU. (Anthropologie de la France.)

« Les *Zigeuners* sont à proprement parler, des Bohémiens dont la présence a été constatée dans les anciens départements du Bas-Rhin et du Haut-Rhin, ainsi que dans les Vosges et dans plusieurs départements du Midi, notamment dans le Gard, auprès de Nimes, dans les Pyrénées-Orientales, auprès de Perpignan, mais principalement dans les Basses-Pyrénées, surtout dans l'arrondissement de Mauléon. A diverses époques, ces Bohémiens furent bannis de France ; traqués sur tous les points, chassés de partout, ces malheureux parias se réfugièrent dans les montagnes de nos frontières, surtout dans les Pyrénées. Différentes mesures administratives ont été prises pour se débarrasser de ces Bohémiens, notamment en 1856, époque

à laquelle on en déporta un grand nombre.

Suivant quelques auteurs les *Cascarots* de Ciboure appartiennent à cette race de Bohémiens ou Tziganes. (Voir CASCAROT.)

Les Bohémiens sont parfois aussi appelés Egyptiens en France, Gypsies en Angleterre, Gitanos en Espagne, Tsiganes sur les bords du Danube, Zingari et Zigeuners en Allemagne ; ils se désignent entre eux sous les noms de *Roumanichal, Romaneichl, Roumna-chal*, signifiant hommes errants, ou de *Sintes* ou *Sinti*, rappelant peut-être leur provenance indienne des bords du Sindh. On a vu, par les exemples ci-dessus relatés, qu'on les désigne également, suivant les contrées où on les a rencontrés, sous les noms de *Hungars, Hongres, Honcks* et enfin *Hnidns*, cette dernière appellation étant plus spécialement appliquée aux Bohémiens qu'on rencontre dans les Vosges.

SUPPLÉMENT

AU

DICTIONNAIRE

A

AÏN-MAHDIEN, IENNE, d'Aïn-Mahdi, ksour ou village fortifié du Djebel-Amour (Algérie).

A la porte, je trouve une quarantaine d'*Aïn-Mahdiens* ; l'un d'eux me demande si je ne veux pas voir le marabout ; je réponds : « Si, volontiers. »

PAUL SOLEILLET. (Voyages
et découvertes dans le
Sahara et le Soudan.)

ALATESE, ESE, d'Alata, c^ne, c^on et arr^t d'Ajaccio (Corse).

En marchant vers le nord, à cinq kilomètres environ d'Ajaccio, on rencontre Alata, village de cinq cents habitants, bâti sur le penchant d'une montagne d'où l'on découvre une vue admirable. Les paysans de cette contrée sont renommés pour leur intelligence et la facilité de leur élocution ; c'est pour cela qu'il est d'usage, pour désigner un beau parleur, de l'appeler *Alatese.*

LÉONARD DE SAINT-GERMAIN.
(Itinéraire de la Corse.)

AMBOISIEN, IENNE, d'Amboise, ch.-l. de c^on, arr^t de Tours (Indre-et-Loire).

L'*Amboisien,* amaigrissant le son de l'*a* et de l'*oi,* prononce *lierd* pour *liard, armouère* pour *armoire.*

TOUCHARD-LAFOSSE. (La Loire
historique.)

19

AMOGNOT, OTE, des Amognes *(Pagus Amoniensis)*, ancien district du Nivernais (Nièvre).

On appelle *Amognot* l'habitant des Amognes.

Cte JAUBERT. *(Glossaire du centre de la France.)*

On appelle dorlotte le bonnet de femme *Morvandelle* (du Morvand) ou *Amognote* (des Amognes), et garni de grosse blonde noire.

Cte JAUBERT. *(Ibidem.)*

On dit également :

AMOGNAUD, AUDE (voir ce mot) et même AMOGNON, ainsi que AMOIGNON. (Voir le supplément au *Glossaire du centre de la France*, du comte Jaubert, p. 458.)

ANDELARROT, OTE, d'Andelarre, c^ne, c^on et arr^t de Vesoul (Haute-Saône).

Andelarre, *Andelarrot*,
Les femmes n'y valent pas un pot (un pet).

Ce vieux proverbe est cité par Gaidoz et Sébillot dans le *Blason libre de la France*.

ANTIPOLITAIN, AINE, d'Antibes, ch.-l. de c^on, arr^t de Grasse (Alpes-Maritimes). (Voir ANTIBOIS.)

Le Ier mars 1815, Antibes fermait ses portes à Napoléon, qui venait d'aborder au golfe Juan. Cette même année 1815 fut, pour la ville, l'occasion d'une courageuse résistance. Par deux fois, ses habitants, seuls, tinrent tête à l'armée austro-sarde. C'est en souvenir de cette héroïque conduite que la place principale a reçu (1818) un obélisque portant l'inscription la plus flatteuse et la plus méritée pour les *Antipolitains*.

CH. AUBERT. *(Le littoral de la France.)*

On dit aussi :
ANTIBOIS, OISE. (Voir ce mot.)

ARANAIS, AISE, du val d'Aran *(Arania)*, dans le Couserans (Guyenne et Gascogne).

Les Andorrans, les *Aranais*, les montagnards des vallées de Biros et de Betmale, bien qu'ils aient oublié leur langue et perdu jusqu'au souvenir de leurs aïeux, ont le même droit au nom de Basques que les habitants de la Soule et du Labourd.

A. JOANNE. *(Itinéraire des Pyrénées.)*

On dit aussi :
ARANOIS, OISE. (Voir ce mot.)

ARCENANDIAU, AUDE, d'Arcenant, c^ne, c^on de Nuits, arr^t de Beaune (Côte-d'Or).

On les appelle *Lé Gogan,* c'est-à-dire les ribauds, ivrognes et railleurs, du vieux mot *gogue*... plaisanterie. Avec ces dispositions à la vie joyeuse et au rien faire, les *Arcenandiaux* ne pouvaient être riches.

CLÉMENT JANIN. *(Sobriquets des villes et villages de la Côte-d'Or. — Beaune.)*

ARVORIS ou ARMORIS, nom qui se donne en Bretagne aux gens du littoral breton (ancienne Armorique).

Les riverains de la côte, qui se nomment *Armoris,* appellent leurs compatriotes de l'intérieur Ar-coadis, habitants des bois.

Armoris est, selon M. Beaudouin, le nom des habitants de la côte maritime de la Bretagne, et Arcoadis celui des habitants de l'intérieur de cette péninsule ; cela est vrai, mais à une petite altération près. On dit et on doit dire Arvoris et Argoadis, comme on dit Arvor (ARVOR) et Argoat, Argoet ou Agot pour le pays des côtes ou de l'intérieur. Cependant, le nom d'Armorique, des *Commentaires de César*, prouve qu'on disait autrefois *Armor* pour la côte maritime et *Armoris* pour les habitants des côtes.

Mémoires de l'Académie celtique,
tome IV(1809).

On dit aussi :

ARMORICAIN, AINE. (Voir ce mot.)

ARZÉWIEN, IENNE, d'Arzew-le-Port, c^{ne}, arr^t et dépt d'Oran (Algérie).

Réellement, nous sommes à plaindre, pauvres *Arzéwiens :* il faut croire que la ville a été créée sous une mauvaise étoile.

L'Echo d'Oran (21 septembre 1888).

AZUNOIS, OISE, du val d'Azun, dans l'arrondissement d'Argelès (Hautes-Pyrénées).

Le castelnau d'Azun ou de la Loubère est un édifice de la fin du XIVe siècle, jadis occupé par les Anglais et pris d'assaut par les *Azunois* en 1404, la même année que celui de Luz.

A. JOANNE. *(Itinéraire des Pyrénées.)*

B

BANQUAIS, appellation donnée sur le littoral de la baie du Mont-Saint-Michel aux marins qui vont pêcher au banc de Terre-Neuve. (Voir TERRE-NEUVIEN.)

Sur le littoral de la baie du Mont-Saint-Michel, les *Banquais* sont les navires et les marins qui vont pêcher au banc de Terre-Neuve.

EDOUARD LE HÉRICHER. *(Glossaire Germanique, Scandinave et Hébraïque.)*

BARÔZAI *, appellation sous laquelle les Dijonnais désignent les vignerons du département de la Côte-d'Or.

Aujourd'hui, vigneron et *Barôzai* sont synonymes à Dijon.

CLÉMENT JANIN. *(Sobriquets des villes et villages de la Côte-d'Or. — Dijon.)*

. Cette inscription d'une fontaine : *Nymphis loci : bibe, lava, tace,* fut traduite ainsi par un *Barôzai* pour certaine belle dame du demi-monde : Nymphe, bois et lave ta tasse.

CLÉMENT JANIN. *(Sobriquets des villes et villages de la Côte-d'Or. — Dijon.)*

* D'après M. Clément Janin, le mot *barôzai* viendrait du mot *baraot, barô,* qui veut dire baril. Dans nos pays, dit-il, de temps immémorial, jamais vigneron (et Dieu sait s'ils étaient gueux jadis !) n'est allé au travail sans le *barô*. Ainsi armé, le vigneron allait aux vignes et *barôzait* jusqu'à complet épuisement, d'où *barôzou* et, plus tard, *barôzai*.

On applique souvent ce sobriquet de *Barôzai*, par extension, à tous les Dijonnais.

BAS-PYRÉNÉEN, BASSE-PYRÉNÉENNE, du département des Basses-Pyrénées.

BATZIEN *, IENNE, de Batz, c^{ne}, c^{on} du Croisic, arr^t de Saint-Nazaire (Loire-Inférieure).

Etrangers à tout ce qui les entoure, les *Batziens*, ne s'alliant qu'entre eux, comme les Juifs, forment un peuple à part, dont le type originaire doit s'être un peu altéré.

TOUCHARD-LAFOSSE. *(La Loire historique.)*

On dit également :

BATZAIN, AINE (très peu usité).

On désigne plus particulièrement l'habitant de Batz sous le nom de : PALUDIER, IÈRE.

Les habitants de Batz sont donc tous *paludiers*, c'est-à-dire cultivateurs de marais... Les *paludiers* de Batz ont des vêtements et des usages particuliers.

J. LE BOYER. *(Notices sur le département de la Loire-Inférieure.)*

Nous avons rencontré de charmantes *paludières* devenues d'élégantes beautés et qui, désabusées d'une infinité de choses, regrettaient vivement d'avoir fait avec trop d'abandon le commerce d'un sel qui n'était pas le *sal sapientiæ.*

TOUCHARD-LAFOSSE. *(La Loire historique.)*

* Les mots *Batzien, Batzain* ne sont que très rarement employés pour désigner les habitants de Batz ; on se sert plus communément des termes *Paludiers, Paludières,* qu'on applique d'une manière générale à toute la population salicole de la presqu'île de Guérande.

Cette péninsule s'étend à l'extrémité ouest de la Loire-Inférieure ; elle est uniquement habitée par les *Paludiers,* répartis dans une demi-douzaine de villages, dont les principaux sont Saillé, qui dépend de Guérande, et le bourg de Batz. Batz est situé au milieu des marais salans ; son nom signifie lieu submergé, en celtique. Les *Paludiers* qui habitent le bourg de Batz et les villages environnants, dit Girault de Saint-Fargeau, dans sa *Géographie de la Loire-Inférieure,* forment une peuplade que ses usages antiques, son costume, son langage et la

singularité de ses mœurs rendent extrêmement remarquable. Les *Paludiers,* en effet, qui doivent leur nom aux marais ou *palus* qu'ils habitent, se livrent exclusivement à la culture des marais salans ; isolés par leur profession, ils ne s'allient qu'entre eux, et voilà ce qui perpétue sans altération et sans mélange leur irrégularité de langage, de mœurs et de costume.

BEAUTIRANNAIS, AISE, de Beautiran, c^ne^, c^on^ de Labrède, arr^t^ de Bordeaux (Gironde).

Société du Sphinx *Beautirannais.*
Les Annales politiques et littéraires (7 octobre 1888).

BEL-ABBÉSIEN, IENNE, 'de Sidi-Bel-Abbès, ch.-l. d'arr^t^ du dép^t^ d'Oran (Algérie).

Alors, toutes les causes d'insalubrité disparaîtront, et, après s'être débarrassés du miasme tellurique du début, les *Bel-Abbésiens* auront réduit à son minimum d'infection le miasme humain, que font naître fatalement sous leurs pas les agglomérations colonisatrices.

L'Echo d'Oran (23 septembre 1888).

BELINOIS, OISE, de Belin, ch.-l. de c^on^, arr^t^ de Bordeaux (Gironde).

BERCOUAT, ATE, de Barcou, hameau de la c^ne^ de Bias, c^on^ de Mimizan, arr^t^ de Mont-de-Marsan (Landes).

On retrouve le nom des Bercorates, peuple gaulois, dans celui de *Bercouats,* que portent encore aujourd'hui les habitants d'un lieu anciennement nommé Barcou, maintenant Jouanon, dans la paroisse de Bias et dans le canton de Born, diocèse de Bordeaux, département de la Gironde.

Bon WALCKÊNAER. *(Géographie ancienne des Gaules.)*

BÉRITIN, INE, des vallées de Saint-Pierre et de Pène (Provence).

Les *Beritini* habitaient la vallée de Saint-Pierre et de Pène, où a été trouvée l'inscription antique qui constate leur existence, et, dès lors, on a connu l'origine véritable du surnom de *Leis Beritins*, donné de temps immémorial aux habitants de cette vallée, qui est située au sud-est d'Entrevaux et qui a la vallée du Seroz à l'est.

Bᵒⁿ WALCKÊNAER. *(Géographie ancienne des Gaules.)*

BERNERIOT, OTE, de la Bernerie, cⁿᵉ, cᵒⁿ de Bourgneuf-en-Retz, arrᵗ de Paimbœuf (Loire-Inférieure).

BERRIAUD, AUDE, du Berry, ancienne province de la France.

On dit également *Berrichon* et *Berruyer*. (Voir ces mots.) M. le comte Jaubert, dans son *Glossaire du centre de la France*, indique également les mots *Berryer*, contraction de *Berruyer* et *Berrion*, contraction de *Berrichon*, comme étant employés pour désigner les habitants du Berry.

BEURIZIEN, IENNE, de Saint-Beury, cⁿᵒ, cᵒⁿ de Vitteaux, arrᵗ de Semur (Côte-d'Or).

Les *Beuriziens* vont de nuit à la chasse aux corbeaux, et voici comment ils procèdent : ils ouvrent de larges sacs sous les arbres où les oiseaux sont perchés et les y font tomber en secouant fortement, en *crolant* les arbres.

Cette chasse doit venir de la Béotie.

CLÉMENT JANIN. *(Sobriquets des villes et villages de la Côte-d'Or. — Semur.)*

BISOUARD ou BISOUART, nom donné aux colporteurs sortis des montagnes du Haut-Dauphiné.

Cette appellation est très ancienne. Rabelais s'en servait de son temps, ainsi que le prouve l'exemple suivant :

« Qui vous meut ? qui vous poinct ? qui vous dict que blanc signifie foy et bleu fermeté ? Ung (dictes-vous) livre trepelu qui se vend par les *Bisouarts* et porteballes... »

Ceux qu'on nomme *Bisouarts*, dit Le Duchat dans ses *Commentaires sur Rabelais*, sont proprement les habitants des montagnes du Haut-Dauphiné et particulièrement ceux de la vallée du bourg d'Oisans *(Osanum burgum)*. Comme le pays ne leur fournit pas de quoi subsister et qu'au contraire ils courraient risque d'y mourir de faim pendant dix mois de l'année qu'ils y sont assiégés par les neiges, ils sortent de leurs montagnes avant l'hiver et se répandent en différentes provinces, où, entre autres marchandises, ils vendent de petits livres à feuilles brochées, tels que des almanachs, des Jean de Paris, des Pierre de Provence, le *Blason des Couleurs* et autres semblables. *I. Valdesi*, dit Ménage dans ses *Origines italiennes*, au mot *Bisoco, ritirati nelle valle del Delfinato, chiamangi oggi Bissi, e Bisordi*. Voilà tout juste nos *Bisouarts*, et on leur a donné ce nom à cause qu'ils sont communément vêtus d'une grosse bure de couleur *bise*.

BIZERTIN, INE, de Bizerte, ville de la Tunisie. (Protectorat de la France.)

Nous avons dit dans un précédent article que Bizerte était privée de toute communication extérieure, soit route, soit chemin de fer, soit paquebot. La question du paquebot relâchant à Bizerte est depuis longtemps pendante. Le résident général ne vient pas dans la contrée sans jurer ses grands dieux que ce paquebot si désiré ne saurait tarder à se montrer. Mais les *Bizertins* sont comme sœur Anne, ils ne voient rien venir.

Le Soleil (28 octobre 1888).

BLÉRANCOURTOIS, OISE, de Blérancourt, cⁿᵉ, cᵒⁿ de Coucy, arrᵗ de Laon (Aisne).

Continuant à vouloir consoler les *Blérancourtois* de leur vilain sobriquet *(les voleurs)*, je leur citerai le proverbe picard :

Vaut mieux ein voleux
Qu'ein menteux.

YLLIATUD. *(Dictons et sobriquets populaires de l'Aisne, de l'Oise et de la Somme.)*

BOCAGEON, EONNE, du Bocage Vendéen, ancien district de la Vendée, dont le chef-lieu est La Roche-sur-Yon (Vendée). (Voir BOCAGER.)

Les *Bocageons* (habitants du Bocage), sont encore appelés *Dannions* ou *Dagnons*. Ce mot est interprété de deux façons différentes. Ecrit *Dannion* par les uns, il viendrait de *damné homme,* terme de mépris dont la cause première est inconnue ; d'autres, qui écrivent *Dagnon,* font dériver ce terme d'*Agnonotes,* peuple qui refoula les *Colliberts* dans le marais.

La haine se serait perpétuée entre les deux races, et le *Dagnon* ne serait pas un damné, mais un ennemi. Pour adopter cette dernière opinion, il faudrait prouver que nos *Maraîchins* descendent, comme ceux des rives de la Sèvre Niortaise, des *Colliberts,* peuplade de pêcheurs originaire de l'île de *Maillezais.* L'analogie de race et de mœurs qui existe entre les habitants des deux marais n'est pas une preuve de cette origine commune. (Voir dans le *Dictionnaire* les mots COLLIBERT, BOCAGER, MARAÎCHIN.)

GALLET, cité par CH. AUBERT. *(Le Littoral de la France.)*

BOISCHAUTIN, INE, du Boischaut, pays dans le département de l'Indre. (Voir CHAMPIGNOU et QUIAULIN.)

BORDACHIEN, sobriquet des élèves du vaisseau-école le *Borda,* à Brest, ch.-l. d'arr^t (Finistère).

Les *Bordachiens* dînaient en bas, dans la batterie.

Supplément littéraire du Figaro (8 septembre 1888).

BORDIN, INE, des Bordes, hameau de la commune de Sancergues, ch.-l. de c^on, arr^t de Sancerre (Cher).

Cette appellation est indiquée par M. le comte Jaubert, dans son *Glossaire du centre de la France.*

BOUCONVILLOIS, OISE, de Bouconville, c^ne, c^on de Monthois, arr^t de Vouziers (Ardennes).

On appelle les habitants de Séchault « les Laids ours » ; cette épithète, nullement méritée, est un effet de la jalousie de leurs voisins et surtout des *Bouconvillois ;* on prononce *Laid'ours.*

O. GUELLIOT. *(Sobriquets de l'arrondissement de Vouziers. — Revue de Champagne et de Brie.)*

BOUDREVILLAIN, AINE, de Boudreville, c^ne, c^on de Montignysur-Aube, arr^t de Châtillon (Côted'Or).

Comment les *Boudrevillains* ontils mérité le sobriquet de *Lé traînia?* Je pense qu'il leur fut attiré par un servilisme exagéré.

CLÉMENT JANIN. *(Sobriquets des villes et villages de la Côte-d'Or. — Châtillon).*

BOUJU, du pays des Bauges *(Boviliæ),* ancien district du duché de Savoie (Savoie).

Les *Boujus* n'émigrent pas ; leur industrie s'exerce sur place. Pasteurs ou laboureurs durant l'été, pendant l'hiver ils fabriquent des clous et des ustensiles en bois, qu'Annecy et Chambéry leur achètent.

F. DE LA FALOISE. *(Revue de Paris, 1843.)*

Nous avons déjà parlé des Bauges dans le corps de cet ouvrage (voir BAUJU, p. 60, BOUJU, p. 88) ; nous croyons devoir compléter nos renseignements en citant l'exemple ci-dessus et en résumant par la note ci-dessous tout ce qui a trait au pays des Bauges.

L'habitant des Bauges s'appelle *Bauju* ou *Bauju*, mais il vaut mieux dire *Bauju*. On appelle Bauges, du latin *Boviliœ*, pays de bestiaux, un immense plateau de pâturages situé dans le pays montagneux du canton de Chatelard, arrondissement de Chambéry (Savoie) ; ce plateau est presque entièrement consacré à l'élevage des bœufs. L'ancien mot français *Bauge* veut dire boue, terre fangeuse, et par extension, terrain gras et fertile.

BOURGUIGNONNAIS, AISE,

de Bourguignon-sous-Coucy, c^ne, c^on de Coucy, arr^t de Laon (Aisne).

Cette noyade ou immersion ne convient pas aux *Bourguignonnais;* ils croient qu'on ne doit pas être bien dans un terrain aussi frais, et ils se font généralement enterrer à Camelin, où le cimetière est sur la hauteur.

YLLIATUD. *(Dictons et sobriquets populaires de l'Aisne, de l'Oise et de la Somme.)*

BOU-SAADIN, INE, de Bou-

Saada, c^ne du dép^t d'Alger (Algérie).

Les *Bou-Saadines* s'y rencontraient parfois, jasaient une minute ensemble, tout en s'entr'aidant pour replacer commodément sur leurs reins les peaux de bouc et les amphores pleines.

GUSTAVE GUILLAUMET. *(Tableaux Algériens.)*

BRASÉEN, ÉENNE, de Brazey-

en-Plaine, c^ne, c^on de Saint-Jean-de-Losne, arr^t de Beaune (Côte-d'Or).

D'après certaines personnes, le sobriquet de *gueules noires* aurait été donné aux *Braséens* à cause des terminaisons en *oire* qui abondent dans leur patois. Il daterait probablement alors du XVIIe siècle, époque où Scarron et d'autres avaient mis ces terminaisons à la mode.

CLÉMENT JANIN. *(Sobriquets des villes et villages de la Côte-d'Or. — Beaune.)*

BRAYAU, sobriquet du paysan de la Limagne, ancien district de l'Auvergne. (Voir LIMAGNIER dans le *Dictionnaire* et LIMAGNIS dans le *Supplément.)*

BRENOUS, OUSE, de la Brenne, ancien pays du Berry (Indre). (Voir BRENNOU dans le *Dictionnaire*.)

On appelle *Brenous, ouse,* l'habitant de la Brenne. (On prononce *Beurnou, B'rnou.)*

Cte JAUBERT. *(Glossaire du centre de la France.)*

On dit aussi *Brennou.* (Voir ce mot, page 95, ainsi que *Champignou,* page 133.)

BRUTION, sobriquet des élèves de l'école militaire de La Flèche (Sarthe). (Voir FLÉCHOIS.)

Dans le corps de notre ouvrage, nous avons mis sur le compte d'une boutade d'écolier l'origine du mot *Brution* appliqué aux élèves du Prytanée militaire de La Flèche. Une autre variante tendrait à enlever aux élèves eux-mêmes de cette école la paternité de ce sobriquet. Voici, du reste, les renseignements qui, à la dernière heure, nous parviennent à ce sujet. Cette version nous paraît la seule vraie :

A l'ouverture de l'école du Prytanée militaire et jusque vers 1835, les élèves ne sortaient jamais et n'allaient guère en vacances, par suite de la difficulté des communications qui rendait les déplacements incommodes et parfois très onéreux. Cette existence, sans contact avec le dehors, cette sorte de claustration qui durait des années entières, la discipline très sévère du Prytanée, toutes ces circonstances réunies n'avaient pas peu contribué à faire des Fléchois des jeunes gens à part comme allures et comme caractère. Habitués à vivre entre eux, ils continuaient à se séparer du reste du monde à Saint-Cyr et même dans les régiments.

Or, sous la Restauration surtout, on se piquait, à Saint-Cyr, de belles manières. On était près de Paris, la ville rayonnante, et La Flèche, qui en était si loin, ne voyait qu'en rêve les élégances et le grand ton de la capitale. La Flèche, la petite cité du département de la Sarthe, perdue au fond de la province, le Prytanée surtout, avec ses hautes murailles claustrales, apparaissaient comme le *Brutium* de la France policée. Or, on sait ce qu'était le *Brutium*, ce territoire situé dans la partie la plus méridionale de l'Italie, et on sait aussi ce qu'étaient les *Brutii*, ce peuple de révoltés, dont le nom veut dire *rebelles,* en lucanien, et les élèves du Prytanée de La Flèche, soldats dans l'âme dès l'enfance, vivant dix années·

durant, loin du monde, privés même des caresses maternelles, étaient *rebelles* aux belles manières et au bon ton tels qu'on les entendait alors. Aussi, on prit l'habitude, à Saint-Cyr, de les appeler *Brutions,* par allusion aux rebelles du sud de l'ancien pays Romain.

Les élèves du Prytanée ont tenu à conserver ce sobriquet que ceux-là même auxquels il avait été appliqué ont illustré sur tous les champs de bataille du xixe siècle.

Comment, en effet, les élèves du Prytanée ne seraient-ils pas fiers de ces valeureux *Brutions* d'autrefois, qui s'appellent Pélissier, le héros de Crimée, Uhrich, Mayran, Soumain, d'Aurelles de Paladines, l'illustre Renault, que notre armée d'Afrique connaissait mieux sous le sobriquet de l'*Arrière-Garde,* Bedeau, de Laveaucoupet, de Chabron, Decaen, de Wimpffen, Bourbaki, Bataille, Deligny, Cambriels, etc..., dont les noms sont écrits à toutes les pages de nos fastes militaires !

C

CADIEN, IENNE, nom donné sur les côtes normandes aux Français nés dans l'Amérique du Nord. (Voir Acadien.)

Le nom de *Cadien,* donné sur nos côtes aux Français nés dans l'Amérique du Nord, rappelle notre belle et ancienne colonie d'Acadie, que Longfelow a chantée dans son poème d'*Evangeline*... Notre point de départ fut ce nom de *Cadien* qu'on donne, sur le littoral de l'Avranchin, aux Normands nés ou élevés au delà de la mer.

Le Héricher. *(Littérature populaire de Normandie.)*

CÂLIN, INE, du Câlinage*, pays dans le département de Seine-et-Marne.

Les *Câlins*. — Ainsi sont appelés encore aujourd'hui les habitants de cette réunion de quatre paroisses, qui, sous le nom de *Câlinage,* formait autrefois une des parties du Montois, avec Savins pour chef-lieu.

A. Fourtier. *(Les Dictons de Seine-et-Marne.)*

Chez les *Câlins* du Montois, la prononciation est restée lente, légèrement chantante.

A. Fourtier. *(Ibidem.)*

* On appelle Câlinage la réunion des quatre communes de Cessoy, Savins, Sognolles et Thénisy, du canton de Donnemarie, dans l'arrondissement de Provins. Le Câlinage n'était qu'une portion du Montois, ou pays de Mons (canton de Donnemarie), où l'on s'adonnait à la culture du chanvre et surtout de la vigne. Le mot *Câlin* est pris en mauvaise part ; il signifie niais, paresseux, indolent.

(Voir *Calin, Caliner*, dans le *Glossaire du centre de la France,* du comte Jaubert.)

CAMBRESINE, sobriquet donné par les Caladois, ou habitants de Villefranche, aux ouvrières qui travaillent le coton filé à Villefranche-sur-Saône (Rhône).

CAMOUSIN, INE, de Camou-Cihigue, c^ne, c^on de Tardets, arr^t de Mauléon (Basses-Pyrénées).

CAROLAN, ANE, de la vallée de Carol (Pyrénées-Orientales).

Placés hors des frontières naturelles de France, gouvernés par ses lois, mais Espagnols par le fait, les *Carolans* sont, dès le berceau, appelés à être les agents d'un commerce entre la Cerdagne et le revers septentrional... Comme la fraude offre moins de concurrence et plus de profit, par suite, voilà les *Carolans* entraînés à être contrebandiers.

ARBANÈRE. (Tableau des Pyrénées françaises.)

CÂTIN, INE, de Saint-Cast, c^ne, c^on de Matignon, arr^t de Dinan (Côtes-du-Nord).

Les voleurs de Pléhérel ; ce sont les *Câtins* (gens de Saint-Cast) qui les surnomment ainsi, parce qu'ils les accusent de dérober les homards dans leurs casiers (nasses).

PAUL SÉBILLOT. (Blason populaire de la Haute-Bretagne. — Côtes-du-Nord.)

CAUNETTE, sobriquet des femmes de Plancoët, ch.-l. de c^on, arr^t de Dinan (Côtes-du-Nord).

Les *Caunettes* de Plancoët... Les femmes de ce pays ont une coiffure qu'on appelle caunette ou cornette.

PAUL SÉBILLOT. (Blason populaire de la Haute-Bretagne. — Côtes-du-Nord.)

CÉRONAIS, AISE, de Cérons, c^ne, c^on de Podensac, arr^t de Bordeaux (Gironde).

CESTADAIS, AISE, de Cestas, c^ne, c^on de Pessac, arr^t de Bordeaux (Gironde).

CHAMPCEVINELLOIS, OISE, de Champcevinel, c^ne, c^on et arr^t de Périgueux (Dordogne).

L'inspecteur de police arriva et eut quelque peine à démontrer à nos farouches *Champcevinellois* qu'au lieu d'un espion, ils n'avaient suivi qu'un brave militaire, lequel, d'ailleurs, fut le premier à rire de l'aventure.

L'Echo de la Dordogne
(26 octobre 1888).

CHEVROLIN, INE, de La Chevrolière, c^ne, c^on de Saint-Philbert-de-Grandlieu, arr^t de Nantes (Loire-Inférieure).

COTTERÉZIEN, IENNE, de Villers-Cotterets, ch.-l. de c^on, arr^t de Soissons (Aisne).

On appelle *Cotterésiens* les habitants de Villers-Cotterets.

C^on du Maire de Villers-Cotterets.

COUDRECIEUSOIS, OISE, de Coudrecieux, c^ne, c^on de Bouloire, arr^t de Saint-Calais (Sarthe).

Le *Coudrecieusois* fumiste et farceur qui avait organisé cette pyramidale fumisterie a dû bien s'amuser.

Le Progrès de l'Ouest
(9 septembre 1888).

COZZANESE, ESE, de Cozzano, c^ne, c^on de Zicavo, arr^t d'Ajaccio (Corse).

Les autres villages se moquèrent des *Cozzanesi,* qui, disaient-ils, ne savaient pas faire des hommes complets, puisqu'ils naissaient sans cul.

GAIDOZ et SEBILLOT. (Le Blason libre de la France.)

D

DAGNON ou DANNION, appellations sous lesquelles on désigne parfois les habitants du Bocage Vendéen. (Voir BOCAGEON, dans le *Supplément.)*

DAMAZANAIS, AISE, de Damazan, ch.-l. de c^{on}, arr^{t} de Nérac (Lot-et-Garonne).

Dimanche prochain, 31 mars, la fanfare-lyre *Damazanaise* se fera entendre sur les promenades.

La Petite Gironde (27 mars 1889).

DJURDJURIEN, IENNE, du Djurdjura, grande chaîne de montagnes de la Kabylie (Afrique).

Mais en dehors de cette organisation, qui leur assurait de ce côté une certaine sécurité en opposant l'Arabe au Kabyle, les pachas introduisirent au cœur du massif *Djurdjurien* un élément nouveau... les nègres.

A. CHERBONNEAU. *(Revue de géographie.)*

E

ÉCHENONAIS, AISE, d'Échenon, c^{ne}, c^{on} de Saint-Jean-de-Losne, arr^{t} de Beaune (Côte-d'Or).

Il me semble toujours voir les *Échenonais* lever alternativement la patte droite et la patte gauche.

CLÉMENT JANIN. *(Sobriquets des villes et villages de la Côte-d'Or. — Beaune.)*

ERMENONVILLOIS, OISE, d'Ermenonville, c^{ne}, c^{on} de Nanteuil-le-Haudoin, arr^{t} de Senlis (Oise).

Trompée par un temps d'arrêt qu'a pris l'orateur, elle exécute un nouveau morceau qui coupe ainsi en son milieu le discours de l'*Ermenonvillois.*

Le Figaro (4 février 1889).

ERNACÉEN, ÉENNE, d'Ernée, ch.-l. de c^{on}, arr^{t} de Mayenne (Mayenne).

Ernacéens, déliez vos bourses, car ce sermon n'est que le préambule d'un autre dans lequel on vous demandera quelque argent pour soutenir les confrères du pendu de Dijon.

La Lanterne (22 novembre 1888).

F

FIGUIGHIEN, IENNE, de Figuig, oasis du Sud-Oranais (Algérie).

Les *Figuighiens* sont ce qu'on appelle de beaux hommes, bien plantés, taillés en Hercule, en majo-rité bruns, bien que j'en aie remarqué ayant la peau blanche, les yeux bleus et la barbe blonde..... Toutes les *Figuighiennes* que j'ai vues chez elles et sans voile avaient de beaux traits ; quelques-unes aux cheveux blonds et aux yeux bleus auraient fait envie à de belles ladies.

ANNE LEVINCK. *(Revue de Géographie.)*

G

GÂTINAISAN, ANE, du Gâtinais Orléanais.

Le *Gâtinaisan* est actif, industrieux, enclin aux spéculations commerciales, habile à réaliser les produits que son travail lui procure.

TOUCHARD-LAFOSSE. *(La Loire historique.)*

On dit aussi :

GASTINAISAN. (Voir ce mot.)

GÔNE ou GONNE, appellation sous laquelle les Lyonnais se désignent entre eux.

H

HAUT-PYRÉNÉEN, HAUTE-PYRÉNÉENNE, du département des Hautes-Pyrénées.

Les appellations *Haut-Pyrénéen, Bas-*

I

ILOIS, OISE, de l'Isle-d'Yeu, ch.-l. de c^{on}, arr^t des Sables (Vendée).

Tout le travail, toutes les préoccupations des *Ilois* se portent vers la mer et les industries qui en sont la conséquence.

CH. AUBERT. *(Le Littoral de la France.)*

FROSTIN, INE, de Frossay, c^{ne}, c^{on} de Saint-Père-en-Retz, arr^t de Paimbœuf (Loire-Inférieure).

Le mot *Gône* est, à Lyon, à peu près l'équivalent du mot *gosse* à Paris ; on l'applique surtout aux enfants. On prononce plutôt *gonne* que *gône*. C'est un mot d'argot local, dont il est impossible d'indiquer la signification. Un Lyonnais dira très bien d'un de ses compatriotes : C'est un *Gône*, pour indiquer que la personne dont il parle est native de Lyon.

Il y a un certain nombre d'années, quelques peintres fantaisistes de Lyon organisèrent une exposition de peinture qu'ils baptisèrent : « Exposition des *Gônes*. » Ce mot d'argot local, nous écrit-on, est très employé par le Guignol Lyonnais....

Pyrénéen, n'excluent pas celle de *Pyrénéen,* qui est appliquée d'une manière générale à tous les habitants de la chaîne des Pyrénées. (Voir PYRÉNÉEN.)

ISOLANO, ANA, de l'Ile-Rousse, ch.-l. de c^{on}, arr^t de Calvi (Corse).

Cette petite ville s'est d'abord appelée *Paulina*, du nom de son fondateur, puis *Devaux,* en souvenir de M. Devaux, général de Louis XV. Enfin, elle a adopté celui de l'Ile-Rousse, à cause de la couleur des rochers qui sont en face du port. Les *Isolani* ne cessent de réclamer le transfert dans leur ville, du chef-lieu d'arrondissement qui est à Calvi.

IZONNAIS, AISE, d'Izon, c^ne, c^on et arr^t de Libourne (Gironde).

Nous avons la satisfaction de pouvoir dire que jusqu'au dernier mo-ment, nous avons défendu une candidature *Izonnaise*.

L'Éclaireur de Bordeaux
(27 février 1889).

K

KERKÉNIEN, IENNE, des îles Kerkénah (Cercina), îles de l'Etat de Tunis. (Protectorat de la France.)

Marins éprouvés et émérites, les *Kerkéniens* ont tous navigué et beau-coup voyagé ; ils ont appris, au contact des Européens, à ne rien ignorer des mérites du vin.

Journal de la Compagnie générale transatlantique (26 janvier 1889).

L

LABRITAIS, AISE de Labrit, ch.-l. de c^on, arr^t de Mont-de-Marsan (Landes).

LAIGNOIS, OISE, de Laignes ch.-l. de c^on, arr^t de Châtillon (Côte-d'Or).

La déroute allait commencer, quand un *Laignois* arrive, se précipite dans la mêlée, frappe, assomme, abat, anime ses compatriotes d'un courage nouveau, et décide de la victoire.

CLÉMENT JANIN. *(Sobriquets des villes et villages de la Côte-d'Or. — Châtillon.)*

LAÏVAVIEN, IENNE, de Laïvavaï, une des îles Tubuaï, archipel de l'Océanie placé sous le protectorat français.

Les *Laïvaviennes* ont une démarche un peu balancée singulièrement gracieuse. Le sourire aux lèvres, la taille cambrée, la main droite relevant avec un geste plein d'am-pleur la longue traîne de leur peignoir, elles vinrent nous offrir des cigarettes de pandanus faites de leurs doigts effilés et pour la plupart à moitié fumées. On m'apprit qu'accepter la cigarette commencée était une politesse du meilleur goût.

AYLIC MORIN. *(Promenades en Océanie. — Le Tour du Monde, 1885).*

LICHANIEN, IENNE, de Lichana, ksour des environs de Zaatcha, province de Constantine (Algérie).

Au dehors, la fermeté du commandant Bourbaki avait arrêté à la fois les tentatives des assiégés qui voulaient échapper au désastre et celles des *Lichaniens* qui s'efforçaient de venir en aide à leurs frères.

CAMILLE ROUSSET. *(Revue des Deux-Mondes,* 1er novembre 1888.)

LIMAGNIS (par contraction MAGNIS) de la Limagne *(Limania),* ancien district de l'Auvergne (Puy-de-Dôme). (Voir BITOUX et LIMA-GNIER.)

Dans l'Ardèche on appelle *Magnis* ou *Limagnis*, les habitants de la Limagne.

La vaisselle d'étain des familles riches se pesait par quintaux. Qu'est devenu tout cet étain ? Demandez-le aux *Magnis* ou *Limagnis*, hommes de la Limagne. Le Cévenol viva-rois leur a confié son plat ou son *bichié** d'étain et les *Magnis* lui ont

rendu une simple cuillière en lui disant : *N'y a pas d'estan san crasso !* Honnête Auvergnat ! Trop confiant Vivarois !

Dr FRANCUS. (Voyage dans le midi de l'Ardèche.)

* Le mot *bichié* vient de l'italien *bic-chiere*, qui veut dire coupe, huiliers.

LITOIS, OISE, de Lit-et-Mixe, c^{ne}, c^{on} de Castets, arr^t de Dax (Landes).

La fanfare *Litoise*.

M

MAGDUNOIS, OISE, de Meung-sur-Loire, ch.-l. de c^{on}, arr^t d'Or-léans (Loiret).

MATHALIEN, IENNE, de Ma-tha, ch.-l. de c^{on}, arr^t de Saint-Jean-d'Angely (Charente-Inférieure).

Hier soir, M. B..., a réuni la jeu-nesse *Mathalienne* dans la grande salle du Café du Commerce pour un bal paré et masqué.

La Petite Gironde (6 mars 1889).

MATIGNONNAIS, AISE, de Matignon, ch.-l. de c^{on}, arr^t de Di-nan (Côtes-du-Nord).

Les avares de Matignon. — Ce sobriquet leur est donné par les pê-cheurs, parce que, quand ils vont vendre du poisson, les *Matignonnais* le trouvent toujours trop cher.

PAUL SÉBILLOT. (Blason populaire de la Haute-Bretagne. — Côtes-du-Nord.)

N

NÉDROMI, de Nédroma, c^{ne}, arr^t de Tlemcem, dép^t d'Oran (Al-gérie).

Jusqu'en 1880, les Européens avaient été exclus de Nédroma, sans doute par respect pour cette sorte de ville sainte, capitale des Trara,

et aussi à cause des engagements moraux pris par les chefs des pre-mières colonnes françaises en échan-ge de la soumission des *Nédromis*.

J. CANAL. (Bulletin de la Société de Géographie de la province d'Oran.)

O

ORBANAIS, AISE, d'Orban, c^ne, c^on de Réalmont, arr^t d'Albi (Tarn).

ORLIAÇOIS, OISE, d'Orliac, c^ne, c^on de Villefranche-de-Belvès, arr^t de Sarlat (Dordogne).

P

PALUDIER, IÈRE, habitant des marais salans de la presqu'île de Guérande (Loire-Inférieure). (Voir BATZIEN dans le *Supplément.)*

PELLEBOIS, OISE, habitant de la partie méridionale fort boisée des arrondissements de Melle et de Niort (Deux-Sèvres).

Dans le département des Deux-Sèvres et en moindre proportion dans les départements voisins, cet aliéniste (M. Lunier) a observé sur un certain nombre d'habitants une déformation crânienne artificielle, paraissant déterminer parfois l'idiotie et l'épilepsie. Cette déformation se montrerait principalement chez les *Pelleboises,* femmes de la partie méridionale fort boisée des arrondissements de Melle et de Niort... Elle serait déterminée par la pression exercée par un fil de fer nommé arcelet entrant dans la confection d'un bandeau mis aux jeunes enfants, d'une calotte de carton portée par les filles et les femmes. Cette coiffure, sorte de bonnet rond parfois appelé colbach, par son nom sinon par sa forme, semble rappeler le kolbach, bonnet de fourrure encore en usage en Orient, dans l'empire Turc.

LAGNEAU. *(Dictionnaire encyclopédique des Sciences médicales. — Anthropologie de la France.)*

PONANTAIS *, appellation donnée par les marins de notre flotte à ceux d'entre eux qui appartiennent à la région occidentale de la France.

Ils prennent le temps comme il vient, nos matelots, et le plaisir comme il se présente, sans crainte, sans remords, sans regrets... Ils s'en vont séparés en *Ponantais* et *Provençaux.* Le Ponant commence à Dunkerque et finit à Rochefort ; la Provence, c'est toute la côte de Bordeaux à Nice. Ce sont les deux grands types de notre marine, qui ne se fondent et ne s'évanouissent pas, comme dans l'armée. Le *Ponantais* est pieux, rêveur, silencieux, avec des ivresses terribles : le Provençal est gai, bavard, sceptique.

HENRY FOUQUIER. *(Le Figaro,* 3 septembre 1888.)

* L'appellation *Ponantais* est formée du mot Ponant, qui signifie l'occident, la partie du monde qui est au couchant du soleil. Le mot ponant vient de l'italien *ponente,* formé lui-même du latin *ponere,* dans le sens de cesser, se reposer.

PROVENÇAL, appellation donnée par les marins de notre flotte à ceux d'entre eux qui appartiennent à la région du littoral comprise entre Nice et Bordeaux. (Voir PONANTAIS.)

Le Ponantais, gardant souvent au cœur quelque passion honnête pour une promise qui l'attend au pays, n'est qu'un résigné aux amours banales. Le *Provençal,* pour une heure, s'y donne tout entier ; là encore, il veut plaire et étonner...... Il faut parfois que les gendarmes s'en mêlent, les *Provençaux* devenant de plus en plus gais, les Ponantais de plus en plus sombres, à mesure que les tournées succèdent aux tournées.

HENRY FOUQUIER. *(Le Figaro,* 3 septembre 1888.)

PUY-MALSIGNAT, ATE, de Puy-Malsignat, c^ne, c^on de Chénérailles, arr^t d'Aubusson (Creuse).

Accompagner une belle et jeune mariée que son futur conduit à l'autel et... dégringoler dans un ruisseau ! n'est-ce pas là un des plus cruels petits accidents qui puissent arriver à une jeune fille ?

Je crois que c'est l'avis des quatre beautés *Puy-Malsignates,* que leur phaéton a si malencontreusement envoyées barboter, comme de simples sarcelles, dans une mare de Mourgoux.

Le Rapide (29 mars 1889).

R

ROQUEVAIROIS, OISE, de Roquevaire, ch.-l. de c^on, arr^t de Marseille (Bouches-du-Rhône).

Mais pour le trouver, ce moyen, il fallait toute l'ingéniosité native des Provençaux en général et des *Roquevairois* en particulier !

PAUL ARÈNE. *(Revue illustrée,* 15 juin 1886.)

S

SAINT-DIÉZIN, INE, de Saint-Dié, ch.-l. d'arr^t (Vosges).

La machine la plus en faveur parmi les cyclists *Saint-Diézins* est la bicyclette.

Le Veloce-Sport (21 mars 1889).

Le terme scientifique employé pour désigner les habitants de Saint-Dié est *Déodatien.* (Voir ce mot.)

SAINT-MACAIRIEN, IENNE, de Saint-Macaire, ch.-l. de c^on, arr^t de La Réole (Gironde).

En 1331, il s'éleva entre les Langonnais et les *Saint-Macairiens* une discussion ayant pour objet l'étendue de leurs juridictions respectives.

J. O'REILLY. *(Essai sur l'histoire de la ville et de l'arrondissement de Basas.)*

On dit aussi :

MACARIEN. (Voir ce mot.)

SEPTMONCELOIS, OISE, de Septmoncel, c^ne, c^on et arr^t de Saint-Claude (Jura).

L'ouvrier *Septmoncelois* se tient assis sur un escabeau élevé, prétendant que sa main, s'il se tenait debout, ne serait pas aussi sûre.

A. AUDIGANNE. *(Revue des Deux-Mondes,* 15 mai 1859.)

Y

YONNAIS, AISE, termes sous lesquels on cherche à désigner les habitants de La Roche-sur-Yon, ch.-l. du dépt de la Vendée.

Ces termes ne sont pas encore consacrés par l'usage. Le nom des habitants de cette cité est tout à fait indéterminé ; cela tient à ce que cette ville avait autrefois le nom de Bourbon-Vendée et même primitivement celui de Napoléon-Vendée. Ce n'est que depuis 1871 que la ville a pris définitivement le nom de La Roche-sur-Yon.

Quoi qu'il en soit, la presse locale dit toujours « les habitants de La Roche-sur-Yon. »

C^{on} de M. TREMBLAY, rédacteur
du Libéral de la Vendée.

YSSINGEAVIER, IÈRE, ou YSSINGEAVAIS, AISE, d'Yssingeaux, ch.-l. d'arr^t (Haute-Loire). (Voir ISSINGEALOIS.)

Les habitants d'Yssingeaux s'appellent *Yssingeaviers* ou *Yssingeavais*.

C^{on} de M. POUZOLS, maire
d'Yssingeaux.

TABLE ALPHABÉTIQUE

DES

MOTS ETHNIQUES * ET DES LOCALITÉS

MENTIONNÉS DANS CE DICTIONNAIRE

A

* Les mots ethniques sont imprimés dans la Table en caractères gras et le nom des localités en caractères ordinaires.

B

C

D

E

F

G

H

I

J

K

L

M

P

Q

R

S

T

U

V

W X Y Z

ERRATA

Page 23. — Article Antillais: Au lieu de : des Antilles, groupe d'îles dans l'Amérique occidentale, lire : *dans l'Amérique centrale.*

Page 32. — A la fin de l'article Armagnacais, au lieu de H. Castellan, lire : *H. Castillon.*

Page 50. — Article Azunois : Au lieu du Val d'Azun, arr^t de Bagnères-de-Bigorre, lire : *arr^t d'Argelès.*

Page 83. — Article Bocain : A la suite de Bocain, aine, ou Boschain, aine, lire : *du Bocage.*

Page 86. — Article Borghen : Au lieu de : Voir Luccianesi, lire : *Luccianese.*

Page 94. — Article Brayau : A la suite de Brayau, ajouter : *sobriquet du paysan de la Limagne, ancien district de l'Auvergne.*

Page 245. — Article Ilien : Au lieu de Ilien, ienne, de l'Ile-de-Batz, c^{ne}, c^{on} du Croisic, arr^t de Saint-Nazaire (Loire-Inférieure), lire : *de l'Isle-de-Batz, c^{ne}, c^{on} de Saint-Pol-de-Léon, arr^t de Morlaix (Finistère).*

Page 289. — Article Luccianese : Au lieu de Luccianese, ese, lire : *Luccianese, esa.*

Page 307. — Article Marie-Galantais : Au lieu d'Amérique occidentale, lire : *Amérique centrale.*

Page 318. — Article Médéen : Au lieu de Médéah, lire : *Médéa.*

Page 327. — Article Milianais : Au lieu de Milianah, lire : *Miliana.*

Page 386. — Article Parent, 7° et 9° lignes de la page 386 : Au lieu de Caous, lire : *Cous.*

Page 433. — Article Rhétais, au commencement de la note, au lieu de cette ville, lire : *cette île.*

Page 434. — La pagination est mal faite et porte 344 au lieu de 434.

Page 490. — Article Soudanais : Au lieu de Nady-Halfa, lire : *Wady-Halfa.*

Page 547. — Article Varinaux : A la suite de Varinaux, au lieu de habitant, lire : *habitants.*

Page 549. — Article Vaudois, ligne 8 : Au lieu de Piémont, lire : *en Piémont.*

Page 577. — Article Alatese : Au lieu de Alatese, ese, lire : *Alatese, esa.*

Page 594. — Article Cozzanese : Au lieu de Cozzanese, ese, lire : *Cozzanese, esa.*

LIBRAIRIE HISTORIQUE DES PROVINCES
ÉMILE LECHEVALIER
39, Quai des Grands-Augustins, 39
PARIS.

Histoire de la Faculté de Médecine d'Avignon, ses origines, son organisation et son enseignement, 1303-1791, par le Docteur LAVAL, 1889, T. I *(seul paru)*, beau vol. gr. in-8º de 500 pages, orné de sceaux. . . . . . **7 fr. 50**

Cartulaire de l'Université d'Avignon, 1303-1791, publié avec introduction et notes, par le Docteur LAVAL, 1884, T. I *(seul paru)*, beau vol. gr. in-8º de 500 pages. . . . . **10 fr.**

Coutumes et règlements de la République d'Avignon au XIIIᵉ siècle, par de MAULDE, 1879, 1 vol. in-8º. . . . . **4 fr.**

Histoire du Roussillon, par de GAZANYOLA, publiée avec de nombr. documents inédits, par GIRAUD DE SAINT-MARCHAL, 1857, fort vol. gr. in-8º de 576 pag. avec carte très détaillée. . . . . **7 fr. 50**

Privilèges et titres relatifs aux franchises, institutions et propriétés communales de **Roussillon et de Cerdagne** depuis le XIᵉ siècle jusqu'à l'an 1660, recueillis et publiés par ALART, 1878, T. I *(seul paru)*, 1 vol. in-4º. . **10 fr.**

Histoire de la baronnie de Craon de 1382 à 1626, d'après les archives inédites de Chartrier de Thouars (fonds Craon), par ANDRÉ JOUBERT, 1888, beau vol. gr. in-8º de 600 pag. . . . . **5 fr.**

Etablissement du christianisme dans les Gaules. — Origines du diocèse de Langres, de Dijon et d'Autun, par l'abbé LUCOTTE, 1888, 1 gr. vol. in-8º de près de 500 pag., orné de 10 grav. . . . . **8 fr.**

Dictionnaire Languedocien-Français, contenant les définitions, radicaux et étymologies des mots, les idiotismes, dictons, maximes et proverbes, coutumes, usages et institutions, noms de personnes et de lieux, origines, étymologies et significations, etc., etc., etc., par D'HOMBRES et CHARVET, 1884, gros vol. in-4º à 2 colonnes. . . . . **25 fr.**

Les anciennes provinces de la France. Études étymologiques et onomatologiques sur leur nom et celui de leurs habitants, par ANDRÉ ROLLAND DE DENUS, 1885, beau vol. gr. in-8º. . . . . **8 fr.**

L'Auvergne artistique et littéraire, par G. VITOUX, 1888, 1 vol. gr. in-8º orné de 12 *grav. hors texte.* . . . . **7 fr. 50**

Etudes lexicographiques sur l'ancienne langue française à propos du *Dictionnaire de M. Godefroy*, par le Docteur A. MILLET, 1888, in-8º de 72 pages. . . . . **2 fr. 50**

Manuel élémentaire d'archéologie nationale, par l'abbé J. CORBLET, 1873, gros vol. in-8º orné de 3 planches et 700 grav. . . . . **10 fr.**

La France d'autrefois et celle d'aujourd'hui, par le comte de LAPEYROUSE BONFILS, 1888, 1 vol. in-12 . . . . **2 fr.**

Contes populaires recueillis dans la Grande-Lande, Le Born, Les Petites-Landes et le Marensin, par FÉLIX ARNAUDIN, 1887, 1 vol. in-12 avec traduction française et texte grand-landais. . . . . **5 fr.**

Esquisses du Bocage normand, contes, légendes, croyances, superstitions, usages, coutumes, traditions, etc., etc., 1883-1885, 2 gros vol. gr. in-8º ornés de nombr. gravures. . . . . **15 fr.**

Chansons et Danses des Bretons, par N. QUELLIEN, 1889, beau vol. gr. in-8º avec mélodies notées. . . . . **10 fr.**

Histoire anecdotique de la ville de Nantes, par J. de TRÉMAUDAN, 1889, fort. vol. . . . . **6 fr.**

Nouveau Dictionnaire des Peintres anciens et contemporains, par TH. GUÉDY. 1882, 1 vol. gr. in-8 à 2 colonnes, avec marques et monogrammes, *au lieu de 10 fr.* . . . . **6 fr.**

État présent de la Noblesse française, par BACHELIN-DEFLORENNE, 1887, gros vol. gr. in-8 de 1852 pag. à 2 colonnes, *au lieu de 50 fr.* . . . **20 fr.**

Nobiliaire universel de France, par de SAINT-ALLAIS DE COURCELLES, etc., 1872-78, 41 vol. in-8, *au lieu de 250 fr.* . . . . **75 fr.**

Nouveau traité des Armoiries, ou la science et l'art du blason, par BOUTON, 1887, fort vol. gr. in-8 de 648 pag. orné de **900** blasons, *au lieu de 25 fr.* **20 fr.**

Les Jeux publics et le Théâtre chez les Gaulois, par LIONEL-BONNEMÈRE, 1888, in-8 de 78 pag. avec **15** *dessins de Léofanti* . . . . **2 fr. 50**

Histoire littéraire du Maine, par HAURÉAU, 1870-77, 10 vol. in-12, *au lieu de 35 fr* . . . . **20 fr.**

La Muse historique de Loret, *né à Carentan* (Manche). Recueil de lettres contenant les nouvelles du temps (1650-1665), nouv. édition, revue sur les manuscrits et les éditions originales, par J. RAVENEL ; DE LA PELOUZE et LIVET. 1878, 4 gros vol. in-8, *au lieu de 52 fr. 50.* . . . . **15 fr.**

Le Livre d'or de la noblesse, par DE MAGNY, 1845-47, 3 gros vol. in-folio *au lieu de 150 fr.* . . . . **30 fr.**

> *T. II, III, IV, chaque vol. forme un tout complet. Ces 3 vol. contiennent plus de 200 grands blasons coloriés hors texte et 5,000 armoiries gravées dans le texte; plus de 10,000 familles y sont citées.*

Archives de l'Ouest. — Recueil de documents concernant l'histoire de la Révolution, 1789-1800, par PROUST, 1867-68, 5 vol. petit in-4. . . . . . **20 fr.**

La Loire historique, pittoresque et biographique de la source de ce fleuve à son embouchure dans l'Océan, par TOUCHARD-LAFOSSE, 1851, 5 gr. vol. gr. in-8, ornés de **62** grav. hors texte et 3 cartes. . . . . **30 fr.**

L'Archéologie préhistorique, par le baron J. DE BAYE, 1880, 1 vol. in-4, orné de nombr. planches et grav., *au lieu de 20 fr.* . . . . **10 fr.**

Dictionnaire historique de l'ancien langage français depuis son origine jusqu'au siècle de Louis XIV, par LA CURNE DE STE-PALAYE, publié par FAVRE et PAJOT, 10 gros vol. in-4º, *au lieu de 300 fr.* . . . . **120 fr.**

Dictionnaire raisonné de diplomatique, par DOM DE VAINES, publié par Bonnetty, 1863, 2 vol. in-8º avec **73** planches hors texte, reliés demi-chag. non rogn. . . . . **15 fr.**

Le Droit du Seigneur au Moyen-Age, étude critique et historique, par A. de FORAS. 1886, beau vol. in-12, titre rouge et noir, couvert parch. illustrée.
3 fr. 50

Les Murailles révolutionnaires de 1848 avec préface, par DELVAU, 3 vol. in-4º, 16ᵉ édition augmentée de 28 portraits et d'une table des noms de personnes, contient plus de **3,000** affiches noires et coloriées, *au lieu de 30 fr.* . **10 fr.**

Chevaliers de Malte ou de Saint-Jean de Jérusalem, organisation contemporaine, liste générale, par ELIZÉ DE MONTAGNAC, 1874, 1 vol. in-12. . . **2 fr.**

La maison publie tous les **deux mois** des catalogues à prix marqués des ouvrages relatifs à l'histoire des anciennes provinces ; ils sont adressés GRATIS sur demande.

Elle accepte en dépôt toutes les publications concernant l'histoire, l'archéologie, la numismatique, les patois, les beaux-arts, le blason, la noblesse, qui sont ses spécialités.

Par suite de ses relations journalières avec toute la France, elle est à même de pouvoir fournir dans le plus bref délai et aux meilleures conditions, tous les ouvrages publiés dans les départements.

www.ingramcontent.com/pod-product-compliance
Lightning Source LLC
LaVergne TN
LVHW010749060726
842527LV00002B/411